新編諸子集成

四書章句集注

〔宋〕朱熹撰

中華書局

圖書在版編目(CIP)數據

四書章句集注/(宋)朱熹撰. —北京:中華書局,2016.4
(2025.12重印)
(新編諸子集成)
ISBN 978-7-101-11677-9

Ⅰ.四…　Ⅱ.朱…　Ⅲ.①儒家②四書-注釋
Ⅳ.B222.12

中國版本圖書館 CIP 數據核字(2016)第 062435 號

責任編輯：高　天
責任印製：陳麗娜

新編諸子集成
四書章句集注
〔宋〕朱　熹　撰

*

中華書局出版發行
(北京市豐臺區太平橋西里 38 號　100073)
http://www.zhbc.com.cn
E-mail:zhbc@zhbc.com.cn
三河市中晟雅豪印務有限公司印刷

*

920×1250 毫米 1/32 · 12¾印張 · 2 插頁 · 270 千字
2016 年 4 月第 1 版　2025 年12月第 7 次印刷
印數:30001-33000 册　定價:64.00 元

ISBN 978-7-101-11677-9

新編諸子集成精裝本出版説明

子書是我國古籍的重要組成部分。最早的一批子書産生在春秋末到戰國時期的百家争鳴中，其中不少是我國古代思想文化的珍貴结晶。秦漢以後，還有不少思想家和學者寫過類似的著作，其中也不乏優秀的作品。

二十世紀五十年代，中華書局修訂重印了由原世界書局出版的諸子集成。這套叢書匯集了清代學者校勘、注釋子書的成果，較爲適合學術研究的需要。但其中未能包括近幾十年特别是一九四九年後一些學者整理子書的新成果，所收的子書種類不够多，斷句、排印尚有不少錯誤，爲此我們從一九八二年開始編輯出版新編諸子集成，至今已出滿四十種。

爲滿足不同讀者的需求，這套書將分批出版精裝本，版面疏朗，裝訂考究，非常適合閱讀與收藏。敬請關注。

中華書局編輯部

二〇一六年三月

點校説明

四書章句集注是朱熹（一一三〇——一二〇〇年）最有代表性的著作之一。朱熹祖述二程的觀點和做法，特别尊崇孟子和禮記中的大學、中庸，使之與論語並列。認爲大學中「經」的部分是「孔子之言而曾子述之」，「傳」的部分是「曾子之意而門人記之」，中庸是「孔門傳授心法」而由「子思筆之於書以授孟子」。四者合起來，代表了由孔子經過曾參、子思傳到孟子這樣一個儒家道統，而二程和自己則是這一久已中斷的道統的繼承、發揚者。他爲四者分别作了注釋，對大學還區分了經傳並重新編排了章節，作爲一套書同時刊行，稱爲四子（朱文公文集卷八二有書臨漳所刊四子後一篇，又朱子語類卷一〇五云「四子，六經之階梯」）。大學、中庸的注釋稱「章句」，論語、孟子的注釋因引用二程、程門弟子及其他人的説法較多，稱「集注」。後人合稱之爲四書章句集注，簡稱四書集注。

朱熹在其後半生中用了大量心血撰寫和反覆修改四書的注釋。據他自己説，對語、孟「自三十歲便下工夫」，六十七八歲還「改猶未了」（年譜寧宗慶元三年引），前後經過「四十餘年理會」（語類卷一九）。他在七十一歲臨死前一天（一説三天）還在修改大學誠意章的注，確實做到了他自己説的「畢力鑽研，死而後已」（文集卷五九答余正叔）。他注釋四書，主要目的當然是爲了借此宣揚程朱派的理學思想，因此他的注釋毫無疑問對原意有不少歪曲，特别是把理學家特有的許多概念和思想强加給四書。在大學中，他按照自己的意思杜撰了他認爲原文闕佚的格物傳一章補進去，更是突出的例子。這是在閱讀和研究時首先必須注意的。但是另一方面也應看到，程朱理學是在新的歷史條件下對先秦儒學的繼承與發展，兩者之間在理論邏輯上有着共同性和内在的聯繫。從這一方面説，朱熹的解釋又並不完全是曲解。其次，朱熹固然注重義理的解釋與發揮，但對文字訓詁也並非不注意。他説過：「某所解語、孟，和訓詁注在下面，要人精粗本末，字字爲咀嚼過。」（年譜寧宗慶元三年引）。他字斟句酌，反覆修改，也説明了這一點。他在訓詁上的若干錯誤，時代條件的限制也是一個重要原因；而清朝的漢學家能够糾正朱熹的許多錯誤，也和當時語言文字學、考據學的空前發達分不開。此外，朱熹較之清朝的漢學家，更多地注意從整體上去探求與把握原書的思想體系，而不斤斤於字義、名物、制度等的孤立煩瑣的考證，這使他對古代儒家思想的理解較之漢學家往往有更深入之處，加上他的文字很洗練，因此四書章句集注特别是論、孟的注在舊注本中仍不失爲較好的讀本之一，所以我們將它與清朝學者的注釋本一起收入新編諸子集成。

據朱熹的書臨漳所刊四子後一文，本書最早是朱熹在知漳州任上用官帑於南宋紹熙元年（一一九〇年）首次刊印的。此本現已不可見，而且刊出後朱熹自己又多次做過修改，並非最後定本。據元陳櫟四書發明引朱熹嫡孫朱鑑的話説，定本在朱熹死後曾刊於興國（今江西省興國縣），但此本現在也不可得見。朱熹死後，此書逐漸風行，特别是元朝延祐間被懸爲功令以後，翻刻者不可勝計，爲之作疏釋者也愈益增多。明初官修的四書大全，全録朱熹的注，爲此後坊間各本所宗依，其實並非善本。清嘉慶間吴縣吴英、吴志忠父子用多種古本和宋元人所作疏釋本相校，力求恢復朱熹定本的原貌，糾正流傳中的錯誤，於嘉慶十六年（一八一一年）刊出，是現存各本中較好的，我們這次整理就用它做底本。但此本在刊刻中也有一些新的錯誤，我們用我局圖書館所藏清康熙内府仿刻的宋淳祐二年（一二四二年）大字本（簡稱清仿宋大字本）進行了校勘，改正了若干錯誤並寫了校記，個别有參考價值的異文也予指出。兩通或大字本避宋諱的字（如匡作正、恆作常、慎作謹、惇作厚、擴作拓）一律不從，也不出校。大字本論語序説之後較底本多讀論語孟子法一篇，全係引用二程有關論、孟之語，據朱熹曾説「考舊聞爲之音訓以便觀者，又悉著凡程子之言及此者附於其後，以爲讀之之法」（書臨漳所刊四子後），可知此篇實係朱熹本人所輯集，故予以補録。底本避孔丘及清諱的字（如丘、寧、弘缺筆，玄作元、淳作湻等），逕改不出校。原書章節之間用圓圈隔開，現改爲每章另起行。

底本原附有吴志忠撰四書章句附考四卷，吴英撰四書家塾讀本句讀一卷，因參考價值不大，均删去。但吴英所作附考序及四書章句集注定本辨仍予保留，以資參考。

中華書局編輯部

一九八二年四月

目録

大學章句

中庸章句

論語集注

孟子集注

附録

大學章句序

大學之書，古之大學所以教人之法也。蓋自天降生民，則既莫不與之以仁義禮智之性矣，然其氣質之稟或不能齊，是以不能皆有以知其性之所有而全之也。一有聰明睿智能盡其性者出於其閒，則天必命之以爲億兆之君師，使之治而教之，以復其性。此伏羲、神農、黄帝、堯、舜所以繼天立極，而司徒之職、典樂之官所由設也。

三代之隆，其法寖備，然後王宫、國都以及閭巷，莫不有學。人生八歲，則自王公以下，至於庶人之子弟，皆入小學，而教之以灑掃、應對、進退之節，禮樂、射御、書數之文；及其十有五年，則自天子之元子、衆子，以至公、卿、大夫、元士之適子，與凡民之俊秀，皆入大學，而教之以窮理、正心、修己、治人之道。此又學校之教、大小之節所以分也。

夫以學校之設，其廣如此，教之之術，其次第節目之詳又如此，而其所以爲教，則又皆本之人君躬行心得之餘，不待求之民生日用彝倫之外，是以當世之人無不學。其學焉者，無不有以知其性分之所固有，職分之所當爲，而各俛焉以盡其力。此古昔盛時所以治隆於上，俗美於下，而非後世之所能及也！

及周之衰，賢聖之君不作，學校之政不修，教化陵夷，風俗頽敗，時則有若孔子之聖，而不得君師之位以行其政教，於是獨取先王之法，誦而傳之以詔後世。若曲禮、少儀、内則、弟子職諸篇，固小學之支流餘裔，而此篇者，則因小學之成功，以著大學之明法，外有以極其規模之大，而内有以盡其節目之詳者也。三千之徒，蓋莫不聞其説，而曾氏之傳獨得其宗，於是作爲傳義，以發其意。及孟子没而其傳泯焉，則其書雖存，而知者鮮矣！

自是以來，俗儒記誦詞章之習，其功倍於小學而無用；異端虚無寂滅之教，其高過於大學而無實。其他權謀術數，一切以就功名之説，與夫百家衆技之流，所以惑世誣民、充塞仁義者，又紛然雜出乎其閒。使其君子不幸而不得聞大道之要，其小人不幸而不得蒙至治之澤，晦盲否塞，反覆沉痼，以及五季之衰，而壞亂極矣！

天運循環，無往不復。宋德隆盛，治教休明。於是河南程氏兩夫子出，而有以接乎孟氏之傳。實始尊信此篇而表章之，既又爲之次其簡編，發其歸趣，然後古者大學教人之法、聖經賢傳之指，粲然復明於世。雖以熹之不敏，亦幸私淑而與有聞焉。顧其爲書猶頗放失，是以忘其固陋，采而輯之，閒亦竊附己意，補其闕略，以俟後之君子。極知僭踰，無所逃罪，然於國家化民成俗之意、學者修己治人之方，則未必無小補云。

淳熙己酉二月甲子，新安朱熹序

大學章句

大，舊音泰，今讀如字。

子程子曰：「大學，孔氏之遺書，而初學入德之門也。」於今可見古人爲學次第者，獨賴此篇之存，而論、孟次之。學者必由是而學焉，則庶乎其不差矣。

大學之道，在明明德，在親民，在止於至善。程子曰：「親，當作新。」○大學者，大人之學也。明，明之也。明德者，人之所得乎天，而虛靈不昧，以具衆理而應萬事者也。但爲氣稟所拘，人欲所蔽，則有時而昏；然其本體之明，則有未嘗息者。故學者當因其所發而遂明之，以復其初也。新者，革其舊之謂也，言既自明其明德，又當推以及人，使之亦有以去其舊染之污也。止者，必至於是而不遷之意。至善，則事理當然之極也。言明明德、新民，皆當至於至善之地而不遷。蓋必其有以盡夫天理之極，而無一毫人欲之私也。此三者，大學之綱領也。知止而后有定，定而后能静，静而后能安，安而后能慮，慮而后能得。后，與後同，後放此。○止者，所當止之地，即至善之所在也。知之，則志有定向。静，謂心不妄動。安，謂所處而安。慮，謂處事精詳。得，謂得其所止。物有本末，事有終始，知所先後，則近道矣。明德爲本，新民爲末。知止爲始，能得爲終。本始所先，末終所後。此結上文兩節之意。古之欲明明德於天下者，先治其國；欲治其國者，先齊其家；欲齊其家者，先脩其身；欲脩其身者，先正其心；欲正其心者，先誠其意；欲誠其意者，先致其知；致知在格物。治，平聲，後放此。○明明德於天下者，使天下之人皆有以明其明德也。心者，身之所主也。誠，實也。意者，心之所發也。實其心之所窮至事物之理，欲其極處無不到也。此八者，大學之條目也。**物格而后知至，知至而后意誠，意誠而后心正，心正而后身脩，身脩而后家齊，家齊而后國治，國治而后天下平。**治，去聲，後放此。○物格者，物理之極處無不到也。知至者，吾心之所知無不盡也。知既盡，則意可得而實矣；意既實，則心可得而正矣。脩身以上，明明德之事也。齊家以下，新民之事也。物格知至，則知所止矣。意誠以下，則皆得所止之序也。**自天子以至於庶人，壹是皆以脩身爲本。**壹是，一切也。正心以上，皆所以脩身也。齊家以下，則舉此而措之耳。**其本亂而末治者否矣，其所厚者薄，而其所薄者厚，未之有也！**本，謂身也。所厚，謂家也。此兩節結上文兩節之意。

右經一章，蓋孔子之言，而曾子述之。凡二百五字。**其傳十章，則曾子之意而門人記之也。舊本頗有錯簡，今因程子所定，而更考經文，別爲序次如左。**凡千五百四十六字。○凡傳文，雜引經傳，若無統紀，然文理接續，血脈貫通，深淺始終，至爲精密。熟讀詳味，久當見之，今不盡釋也。

康誥曰：「克明德。」康誥，周書。克，能也。**大甲曰：「顧諟天之明命。」**大，讀作泰。諟，古是字。○大甲，商書。顧，謂常目在之也。諟，猶此也，或曰審也。天之明命，即天之所以與我，而我之所以爲德者也。常目在之，則無時不明矣。**帝典曰：「克明峻德。」**峻，書作俊。○帝典，堯典，虞書。峻，大也。**皆自明也。**結所引書，皆言自明己德之意。

右傳之首章。釋明明德。此通下三章至「止於信」，舊本誤在「没世不忘」之下。

湯之盤銘曰：「苟日新，日日新，又日新。」盤，沐浴之盤也。銘，名其器以自警之辭也。苟，誠也。湯以人之洗濯其心以去惡，如沐浴其身以去垢，故銘其盤，言誠能一日有以滌其舊染之汙而自新，則當因其已新者，而日日新之，又日新之，不可略有間斷也。康誥曰：「作新民。」鼓之舞之之謂作，言振起其自新之民也。詩曰：「周雖舊邦，其命惟新。」詩大雅文王之篇。言周國雖舊，至於文王，能新其德以及於民，而始受天命也。是故君子無所不用其極。自新新民，皆欲止於至善也。

右傳之二章。釋新民。

詩云：「邦畿千里，惟民所止。」詩商頌玄鳥之篇。邦畿，王者之都也。止，居也，言物各有所當止之處也。詩云：「緡蠻黃鳥，止于丘隅。」子曰：「於止，知其所止，可以人而不如鳥乎！」緡，詩作緜。○詩小雅緜蠻之篇。緡蠻，鳥聲。丘隅，岑蔚之處。子曰以下，孔子說詩之辭。言人當知所當止之處也。詩云：「穆穆文王，於緝熙敬止！」爲人君，止於仁；爲人臣，止於敬；爲人子，止於孝；爲人父，止於慈；與國人交，止於信。於緝之於，音烏。○詩文王之篇。穆穆，深遠之意。於，歎美辭。緝，繼續也。熙，光明也。敬止，言其無不敬而安所止也。引此而言聖人之止，無非至善。五者乃其目之大者也。學者於此，究其精微之蘊，而又推類以盡其餘，則於天下之事，皆有以知其所止而無疑矣。詩云：「瞻彼淇澳，菉竹猗猗。有斐君子，如切如磋，如琢如磨。瑟兮僩兮，赫兮喧兮。有斐君子，終不可諠兮！」如切如磋者，道學也；如琢如磨者，自脩也；瑟兮僩兮者，恂慄也；赫兮喧兮者，威儀也；有斐君子，終不可諠兮者，道盛德至善，民之不能忘也。澳，於六反。菉，詩作緑。猗，叶韻音阿。僩，下版反。喧，詩作咺；諠，詩作諼，並况晚反。恂，鄭氏讀作峻。○詩衛風淇澳之篇。淇，水名。澳，隈也。猗猗，美盛貌。興也。斐，文貌。切以刀鋸，琢以椎鑿，皆裁物使成形質也。磋以鑢鐋，磨以沙石，皆治物使其滑澤也。治骨角者，既切而復磋之。治玉石者，既琢而復磨之。皆言其治之有緒，而益致其精也。瑟，嚴密之貌。僩，武毅之貌。赫喧，宣著盛大之貌。諠，忘也。道，言也。學，謂講習討論之事。自脩者，省察克治之功。恂慄，戰懼也。威，可畏也。儀，可象也。引詩而釋之，以明明明德者之止於至善。道學自脩，言其所以得之之由。恂慄、威儀，言其德容表裏之盛。卒乃指其實而歎美之也。詩云：「於戲前王不忘！」君子賢其賢而親其親，小人樂其樂而利其利，此以没世不忘也。於戲，音嗚呼。樂，音洛。○詩周頌烈文之篇。於戲，歎辭。前王，謂文、武也。君子，謂其後賢後王。小人，謂後民也。此言前王所以新民者止於至善，能使天下後世無一物不得其所，所以既没世而人思慕之，愈久而不忘也。此兩節咏歎淫泆，其味深長，當熟玩之。

右傳之三章。釋止於至善。此章内自引淇澳詩以下，舊本誤在誠意章下。

子曰：「聽訟，吾猶人也，必也使無訟乎！」無情者不得盡其辭。大畏民志，此謂知本。猶人，不異於人也。情，實也。引夫子之言，而言聖人能使無實之人不敢盡其虚誕之辭。蓋我之明德既明，自然有以畏服民之心志，故訟不待聽而自無也。觀於此言，可以知本末之先後矣。

右傳之四章。釋本末。此章舊本誤在「止於信」下。

此謂知本，程子曰：「衍文也。」此謂知之至也。此句之上别有闕文，此特其結語耳。

右傳之五章，蓋釋格物、致知之義，而今亡矣。此章舊本通下章，誤在經文之下。閒嘗竊取程子之意以補之曰：「所謂致知在格物者，言欲致吾之知，在即物而窮其理也。蓋人心之靈莫不有知，而天下之物莫不有理，惟於理有未窮，故其知有不盡也。是以大學始教，必使學者即凡天下之物，莫不因其已知之理而益窮之，以求至乎其極。至於用力之久，而一旦豁然貫通焉，則衆物之表裏精粗無不到，而吾心之全體大用無不明矣。此謂物格，此謂知之至也。」

所謂誠其意者，毋自欺也，如惡惡臭，如好好色，此之謂自謙，故君子必慎其獨也！惡、好上字，皆去聲。謙讀爲慊，苦劫反。○誠其意者，自脩之首也。毋者，禁止之辭。自欺云者，知爲善以去惡，而心之所發有未實也。謙，快也，足也。獨者，人所不知而己所獨知之地也。言欲自脩者知爲善以去其惡，則當實用其力，而禁止其自欺。使其惡惡則如惡惡臭，好善則如好好色，皆務決去，而求必得之，以自快足於己，不可徒苟且以殉外而爲人也。然其實與不實，蓋有他人所不及知而己獨知之者，故必謹之於此以審其幾焉。小人閒居爲不善，無所不至，見君子而后厭然，揜其不善，而著其善。人之視己，如見其肺肝然，則何益矣。此謂誠於中，形於外，故君子必慎其獨也。閒，音閑。厭，鄭氏讀爲黶。○閒居，獨處也。厭然，消沮閉藏之貌。此言小人陰爲不善，而陽欲揜之，則是非不知善之當爲與惡之當去也；但不能實用其力以至此耳。然欲揜其惡而卒不可揜，欲詐爲善而卒不可詐，則亦何益之有哉！此君子所以重以爲戒，而必謹其獨也。曾子曰：「十目所視，十手所指，其嚴乎！」引此以明上文之意。言雖幽獨之中，而其善惡之不可揜如此。可畏之甚也。富潤屋，德潤身，心廣體胖，故君子必誠其意。胖，步丹反。○胖，安舒也。言富則能潤屋矣，德則能潤身矣，故心無愧怍，則廣大寬平，而體常舒泰，德之潤身者然也。蓋善之實於中而形於外者如此，故又言此以結之。

右傳之六章。釋誠意。經曰：「欲誠其意，先致其知。」又曰：「知至而后意誠。」蓋心體之明有所未盡，則其所發必有不能實用其力，而苟焉以自欺者。然或已明而不謹乎此，則其所明又非己有，而無以爲進德之基。故此章之指，必承上章而通考之，然後有以見其用力之始終，其序不可亂而功不可闕如此云。

所謂脩身在正其心者，身有所忿懥，則不得其正；有所恐懼，則不得其正；有所好樂，則不得其正；有所憂患，則不得其正。程子曰：「身有之身當作心。」忿，弗粉反。懥，敕值反。好、樂，並去聲。○忿懥，怒也。蓋是四者，皆心之用，而人所不能無者。然一有之而不能察，則欲動情勝，而其用之所行，或不能不失其正矣。心不在焉，視而不見，聽而不聞，食而不知其味。心有不存，則無以檢其身，是以君子必察乎此而敬以直之，然後此心常存而身無不脩也。此謂脩身在正其心。

右傳之七章。釋正心脩身。此亦承上章以起下章。蓋意誠則真無惡而實有善矣，所以能存是心以檢其身。然或但知誠意，而不能密察此心之存否，則又無以直內而脩身也。○自此以下，並以舊文爲正。

所謂齊其家在脩其身者：人之其所親愛而辟焉，之其所賤惡而辟焉，之其所畏敬而辟焉，之其所哀矜而辟焉，之其所敖惰而辟焉。故好而知其惡，惡而知其美者，天下鮮矣！辟，讀爲僻。惡而之惡、敖、好，並去聲。鮮，上聲。○人，謂衆人。之，猶於也。辟，猶偏也。五者，在人本有當然之則；然常人之情惟其所向而不加審焉，則必陷於一偏而身不脩矣。故諺有之曰：「人莫知其子之惡，莫知其苗之碩。」諺，音彦。碩，叶韻，時若反。○諺，俗語也。溺愛者不明，貪得者無厭，是則偏之爲害，而家之所以不齊也。

此謂身不脩不可以齊其家。

右傳之八章。釋脩身齊家。

所謂治國必先齊其家者，其家不可教而能教人者，無之。故君子不出家而成教於國：孝者，所以事君也；弟者，所以事長也；慈者，所以使衆也。弟，去聲。長，上聲。○身脩，則家可教矣；孝、弟、慈，所以脩身而教於家者也；然而國之所以事君事長使衆之道不外乎此。此所以家齊於上，而教成於下也。康誥曰「如保赤子」，心誠求之，雖不中，不遠矣。未有學養子而后嫁者也！中，去聲。○此引書而釋之，又明立教之本不假强爲，在識其端而推廣之耳。一家仁，一國興仁；一家讓，一國興讓；一人貪戾，一國作亂：其機如此。此謂一言僨事，一人定國。僨，音奮。○一人，謂君也。機，發動所由也。僨，覆敗也。此言教成於國之效。堯舜帥天下以仁，而民從之；桀紂帥天下以暴，而民從之；其所令反其所好，而民不從。是故君子有諸己而后求諸人，無諸己而后非諸人。所藏乎身不恕，而能喻諸人者，未之有也。好，去聲。○此又承上文一人定國而言。有善於己，然後可以責人之善；無惡於己，然後可以正人之惡。皆推己以及人，所謂恕也，不如是，則所令反其所好，而民不從矣。喻，曉也。故治國在齊其家。通結上文。詩云：「桃之夭夭，其葉蓁蓁；之子于歸，宜其家人。」宜其家人，而后可以教國人。夭，平聲。蓁，音臻。○詩周南桃夭之篇。夭夭，少好貌。蓁蓁，美盛貌。興也。之子，猶言是子，此指女子之嫁者而言也。婦人謂嫁曰歸。宜，猶善也。詩云：「宜兄宜弟。」宜兄宜弟，而后可以教國人。詩小雅蓼蕭篇。詩云：「其儀不忒，正是四國。」其爲父子兄弟足法，而后民法之也。詩曹風鳲鳩篇。忒，差也。此謂治國在齊其家。此三引詩，皆以詠歎上文之事，而又結之如此。其味深長，最宜潛玩。

右傳之九章。釋齊家治國。

所謂平天下在治其國者：上老老而民興孝，上長長而民興弟，上恤孤而民不倍，是以君子有絜矩之道也。長，上聲。弟，去聲。倍，與背同。絜，胡結反。○老老，所謂老吾老也。興，謂有所感發而興起也。孤者，幼而無父之稱。絜，度也。矩，所以爲方也。言此三者，上行下效，捷於影響，所謂家齊而國治也。亦可以見人心之所同，而不可使有一夫之不獲矣。是以君子必當因其所同，推以度物，使彼我之間各得分願，則上下四旁均齊方正，而天下平矣。所惡於上，毋以使下；所惡於下，毋以事上；所惡於前，毋以先後；所惡於後，毋以從前；所惡於右，毋以交於左；所惡於左，毋以交於右：此之謂絜矩之道。惡、先，並去聲。○此覆解上文絜矩二字之義。如不欲上之無禮於我，則必以此度下之心，而亦不敢以此無禮使之。不欲下之不忠於我，則必以此度上之心，而亦不敢以此不忠事之。至於前後左右，無不皆然，則身之所處，上下、四旁、長短、廣狹，彼此如一，而無不方矣。彼同有是心而興起焉者，又豈有一夫之不獲哉。所操者約，而所及者廣，此平天下之要道也。故章内之意，皆自此而推之。詩云：「樂只君子，民之父母。」民之所好好之，民之所惡惡之，此之謂民之父母。樂，音洛。只，音紙。好、惡，並去聲，下並同。○詩小雅南山有臺之篇。只，語助辭。言能絜矩而以民心爲己心，則是愛民如子，而民愛之如父母矣。**詩云：「節彼南山，維石巖巖，赫赫師尹，民具爾瞻。」有國者不可以不慎，辟則爲天下僇矣。**節，讀爲截。辟，讀爲僻。僇，與戮同。○詩小雅節南山之篇。節，截然高大貌。師尹，周太師尹氏也。具，俱也。辟，偏也。言在上者人所瞻仰，不可不謹。若不能絜矩而好惡殉於一己之偏，則身弒國亡，爲天下之大戮矣。**詩云：「殷之未喪師，克配上帝；儀監于殷，峻命不易。」道得衆則得國，失衆則失國。**喪，去聲。儀，詩作宜。峻，詩作駿。易，去聲。○詩文王篇。師，衆也。配，對也。配上帝，言其爲天下君，而對乎上帝也。監，視也。峻，大也。不易，言難保也。道，言也。引詩而言此，以結上文兩節之意。有天下者，能存此心而不失，則所以絜矩而與民同欲者，自不能已矣。**是故君子先慎乎德。有德此有人，有人此有土，有土此有財，有財此有用。**先慎乎德，承上文不可不慎而言。德，即所謂明德。有人，謂得衆。有土，謂得國。有國則不患無財用矣。**德者本也，財者末也，**本上文而言。**外本内末，爭民施奪。**人君以德爲外，以財爲内，則是爭鬭其民，而施之以劫奪之教也。蓋財者人之所同欲，不能絜矩而欲專之，則民亦起而爭奪矣。**是故財聚則民散，財散則民聚。**外本内末故財聚，爭民施奪故民散，反是則有德而有人矣。**是故言悖而出者，亦悖而入；貨悖而入者，亦悖而出。**悖，布内反。○悖，逆也。此以言之出入，明貨之出入也。自先慎乎德以下至此，又因財貨以明能絜矩與不能者之得失也。**康誥曰：「惟命不于常！」道善則得之，不善則失之矣。**道，言也。因上文引文王詩之意而申言之，其丁寧反覆之意益深切矣。**楚書曰：「楚國無以爲寶，惟善以爲寶。」**楚書，楚語。言不寶金玉而寶善人也。**舅犯曰：「亡人無以爲寶，仁親以爲寶。」**舅犯，晉文公舅狐偃，字子犯。亡人，文公，時爲公子，出亡在外也。仁，愛也。事見檀弓。此兩節又明不外本而内末之意。秦誓曰：「若有一个臣，斷斷兮無他技，其心休休焉，其如有容焉。人之有技，若己有之，人之彦聖，其心好之，不啻若自其口出，寔能容之，以能保我子孫黎民，尚亦有利哉。人之有技，媢疾以惡之，人之彦聖，而違之俾不通，寔不能容，以不能保我子孫黎民，亦曰殆哉。」个，古賀反，書作介。斷，丁亂反。媢，音冒。○秦誓，周書。斷斷，誠一之貌。彦，美士也。聖，通明也。尚，庶幾也。媢，忌也。違，拂戾也。殆，危也。唯仁人放流之，迸諸四夷，不與同中國。此謂唯仁人爲能愛人，能惡人。迸，讀爲屏，古字通用。○迸，猶逐也。言有此媢疾之人，妨賢而病國，則仁人必深惡而痛絶之。以其至公無私，故能得好惡之正如此也。見賢而不能舉，舉而不能先，命也；見不善而不能退，退而不能遠，過也。命，鄭氏云：「當作慢。」程子云：「當作怠。」未詳孰是。遠，去聲。○若此者，知所愛惡矣，而未能盡愛惡之道，蓋君子而未仁者也。好人之所惡，惡人之所好，是謂拂人之性，菑必逮夫身。菑，古災字。夫，音扶。○拂，逆也。好善而惡惡，人之性也；至於拂人之性，則不仁之甚者也。自秦誓至此，又皆以申言好惡公私之極，以明上文所引南山有臺、節南山之意。是故君子有大道，必忠信以得之，驕泰以失之。君子，以位言之。道，謂居其位而修己治人之術。發己自盡爲忠，循物無違謂信。驕者矜高，泰者侈肆。此因上所引文王、康誥之意而言。章内三言得失，而語益加切，蓋至此而天理存亡之幾決矣。生財有大道，生之者衆，食之者寡，爲之者疾，用之者舒，則財恒足矣。恒，胡登反。○吕氏曰：「國無遊民，則生者衆矣；朝無幸位，則食者寡矣；不奪農時，則爲之疾矣；量入爲出，則用之舒矣。」愚按：此因有土有財而言，以明足國之道在乎務本而節用，非必外本內末而後財可聚也。自此以至終篇，皆一意也。仁者以財發身，不仁者以身發財。發，猶起也。仁者散財以得民，不仁者亡身以殖貨。未有上好仁而下不好義者也，未有好義其事不終者也，未有府庫財非其財者也。上好仁以愛其下，則下好義以忠其上；所以事必有終，而府庫之財無悖出之患也。孟獻子曰：「畜馬乘不察於雞豚，伐冰之家不畜牛羊，百乘之家不畜聚斂之臣，與其有聚斂之臣，寧有盜臣。」此謂國不以利爲利，以義爲利也。畜，許六反。乘、斂，並去聲。○孟獻子，魯之賢大夫仲孫蔑也。畜馬乘，士初試爲大夫者也。伐冰之家，卿大夫以上，喪祭用冰者也。百乘之家，有采地者也。君子寧亡己之財，而不忍傷民之力；故寧有盜臣，而不畜聚斂之臣。此謂以下，釋獻子之言也。長國家而務財用者，必自小人矣。彼爲善之，小人之使爲國家，菑害並至。雖有善者，亦無如之何矣！此謂國不以利爲利，以義爲利也。長，上聲。「彼爲善之」，此句上下，疑有闕文誤字。○自，由也，言由小人導之也。此一節，深明以利爲利之害，而重言以結之，其丁寧之意切矣。

右傳之十章。釋治國平天下。此章之義，務在與民同好惡而不專其利，皆推廣絜矩之意也。能如是，則親賢樂利各得其所，而天下平矣。凡傳十章：前四章統論綱領指趣，後六章細論條目功夫。其第五章乃明善之要，第六章乃誠身之本，在初學尤爲當務之急，讀者不可以其近而忽之也。

中庸章句序

中庸何爲而作也？子思子憂道學之失其傳而作也。蓋自上古聖神繼天立極，而道統之傳有自來矣。其見於經，則「允執厥中」者，堯之所以授舜也；「人心惟危，道心惟微，惟精惟一，允執厥中」者，舜之所以授禹也。堯之一言，至矣，盡矣！而舜復益之以三言者，則所以明夫堯之一言，必如是而後可庶幾也。

蓋嘗論之：心之虛靈知覺，一而已矣，而以爲有人心、道心之異者，則以其或生於形氣之私，或原於性命之正，而所以爲知覺者不同，是以或危殆而不安，或微妙而難見耳。然人莫不有是形，故雖上智不能無人心，亦莫不有是性，故雖下愚不能無道心。二者雜於方寸之間，而不知所以治之，則危者愈危，微者愈微，而天理之公卒無以勝夫人欲之私矣。精則察夫二者之間而不雜也，一則守其本心之正而不離也。從事於斯，無少閒斷，必使道心常爲一身之主，而人心每聽命焉，則危者安、微者著，而動静云爲自無過不及之差矣。

夫堯、舜、禹，天下之大聖也。以天下相傳，天下之大事也。以天下之大聖，行天下之大事，而其授受之際，丁寧告戒，不過如此。則天下之理，豈有以加於此哉？自是以來，聖聖相承：若成湯、文、武之爲君，皋陶、伊、傅、周、召之爲臣，既皆以此而接夫道統之傳，若吾夫子，則雖不得其位，而所以繼往聖、開來學，其功反有賢於堯舜者。然當是時，見而知之者，惟顔氏、曾氏之傳得其宗。及曾氏之再傳，而復得夫子之孫子思，則去聖遠而異端起矣。子思懼夫愈久而愈失其真也，於是推本堯舜以來相傳之意，質以平日所聞父師之言，更互演繹，作爲此書，以詔後之學者。蓋其憂之也深，故其言之也切；其慮之也遠，故其説之也詳。其曰「天命率性」，則道心之謂也；其曰「擇善固執」，則精一之謂也；其曰「君子時中」，則執中之謂也。世之相後，千有餘年，而其言之不異，如合符節。歷選前聖之書，所以提挈綱維、開示藴奥，未有若是之明且盡者也。自是而又再傳以得孟氏，爲能推明是書，以承先聖之統，及其没而遂失其傳焉。則吾道之所寄不越乎言語文字之閒，而異端之説日新月盛，以至於老佛之徒出，則彌近理而大亂真矣。然而尚幸此書之不泯，故程夫子兄弟者出，得有所考，以續夫千載不傳之緒；得有所據，以斥夫二家似是之非。蓋子思之功於是爲大，而微程夫子，則亦莫能因其語而得其心也。惜乎！其所以爲説者不傳，而凡石氏之所輯録，僅出於其門人之所記，是以大義雖明，而微言未析。至其門人所自爲説，則雖頗詳盡而多所發明，然倍其師説而淫於老佛者，亦有之矣。

熹自蚤歲即嘗受讀而竊疑之，沈潛反復，蓋亦有年，一旦恍然似有以得其要領者，然後乃敢會衆說而折其中，既爲定著章句一篇，以竢後之君子。而一二同志復取石氏書，删其繁亂，名以輯略，且記所嘗論辯取舍之意，别爲或問，以附其後。然後此書之旨，支分節解、脈絡貫通、詳略相因、巨細畢舉，而凡諸說之同異得失，亦得以曲暢旁通，而各極其趣。雖於道統之傳，不敢妄議，然初學之士，或有取焉，則亦庶乎行遠升高之一助云爾。

淳熙己酉春三月戊申，新安朱熹序

中庸章句

中者，不偏不倚、無過不及之名。庸，平常也。

子程子曰：「不偏之謂中，不易之謂庸。中者，天下之正道；庸者，天下之定理。」此篇乃孔門傳授心法，子思恐其久而差也，故筆之於書，以授孟子。其書始言一理，中散爲萬事，末復合爲一理，「放之則彌六合，卷之則退藏於密」，其味無窮，皆實學也。善讀者玩索而有得焉，則終身用之，有不能盡者矣。

天命之謂性，率性之謂道，脩道之謂教。命，猶令也。性，即理也。天以陰陽五行化生萬物，氣以成形，而理亦賦焉，猶命令也。於是人物之生，因各得其所賦之理，以爲健順五常之德，所謂性也。率，循也。道，猶路也。人物各循其性之自然，則其日用事物之間，莫不各有當行之路，是則所謂道也。脩，品節之也。性道雖同，而氣稟或異，故不能無過不及之差，聖人因人物之所當行者而品節之，以爲法於天下，則謂之教，若禮、樂、刑、政之屬是也。蓋人之所以爲人，道之所以爲道，聖人之所以爲教，原其所自，無一不本於天而備於我。學者知之，則其於學知所用力而自不能已矣。故子思於此首發明之，讀者所宜深體而默識也。

道也者，不可須臾離也，可離非道也。是故君子戒慎乎其所不睹，恐懼乎其所不聞。離，去聲。○道者，日用事物當行之理，皆性之德而具於心，無物不有，無時不然，所以不可須臾離也。若其可離，則爲外物而非道矣。是以君子之心常存敬畏，雖不見聞，亦不敢忽，所以存天理之本然，而不使離於須臾之頃也。

莫見乎隱，莫顯乎微，故君子慎其獨也。見，音現。○隱，暗處也。微，細事也。獨者，人所不知而己所獨知之地也。言幽暗之中，細微之事，跡雖未形而幾則已動，人雖不知而己獨知之，則是天下之事無有著見明顯而過於此者。是以君子既常戒懼，而於此尤加謹焉，所以遏人欲於將萌，而不使其滋長於隱微之中，以至離道之遠也。**喜怒哀樂之未發，謂之中；發而皆中節，謂之和。中也者，天下之大本也；和也者，天下之達道也。**樂，音洛。中節之中，去聲。○喜、怒、哀、樂，情也。其未發，則性也，無所偏倚，故謂之中。發皆中節，情之正也，無所乖戾，故謂之和。大本者，天命之性，天下之理皆由此出，道之體也。達道者，循性之謂，天下古今之所共由，道之用也。此言性情之德，以明道不可離之意。**致中和，天地位焉，萬物育焉。**致，推而極之也。位者，安其所也。育者，遂其生也。自戒懼而約之，以至於至静之中，無少偏倚，而其守不失，則極其中而天地位矣。自謹獨而精之，以至於應物之處，無少差謬，而無適不然，則極其和而萬物育矣。蓋天地萬物本吾一體，吾之心正，則天地之心亦正矣，吾之氣順，則天地之氣亦順矣。故其效驗至於如此。此學問之極功、聖人之能事，初非有待於外，而修道之教亦在其中矣。是其一體一用雖有動静之殊，然必其體立而後用有以行，則其實亦非有兩事也。故於此合而言之，以結上文之意。

右第一章。子思述所傳之意以立言：首明道之本原出於天而不可易，其實體備於己而不可離，次言存養省察之要，終言聖神功化之極。蓋欲學者於此反求諸身而自得之，以去夫外誘之私，而充其本然之善，楊氏所謂一篇之體要是也。其下十章，蓋子思引夫子之言，以終此章之義。

仲尼曰：「君子中庸，小人反中庸。中庸者，不偏不倚、無過不及，而平常之理，乃天命所當然，精微之極致也。惟君子爲能體之，小人反是。君子之中庸也，君子而時中；小人之中庸也，小人而無忌憚也。」王肅本作「小人之反中庸也」，程子亦以爲然。今從之。○君子之所以爲中庸者，以其有君子之德，而又能隨時以處中也。小人之所以反中庸者，以其有小人之心，而又無所忌憚也。蓋中無定體，隨時而在，是乃平常之理也。君子知其在我，故能戒謹不睹、恐懼不聞，而無時不中。小人不知有此，則肆欲妄行，而無所忌憚矣。

右第二章。此下十章，皆論中庸以釋首章之義。文雖不屬，而意實相承也。變和言庸者，游氏曰：「以性情言之，則曰中和，以德行言之，則曰中庸。」是也。然中庸之中，實兼中和之義。

子曰：「中庸其至矣乎！民鮮能久矣！」鮮，上聲。下同。○過則失中，不及則未至，故惟中庸之德爲至。然亦人所同得，初無難事，但世教衰，民不興行，故鮮能之，今已久矣。論語無能字。

右第三章。

子曰：「道之不行也，我知之矣，知者過之，愚者不及也；道之不明也，我知之矣，賢者過之，不肖者不及也。知者之知，去聲。○道者，天理之當然，中而已矣。知愚賢不肖之過不及，則生稟之異而失其中也。知者知之過，既以道爲不足行；愚者不及知，又不知所以行，此道之所以常不行也。賢者行之過，既以道爲不足知；不肖者不及行，又不求所以知，此道之所以常不明也。人莫不飲食也，鮮能知味也。」道不可離，人自不察，是以有過不及之弊。

右第四章。

子曰：「道其不行矣夫！」夫，音扶。○由不明，故不行。

右第五章。此章承上章而舉其不行之端，以起下章之意。

子曰：「舜其大知也與！舜好問而好察邇言，隱惡而揚善，執其兩端，用其中於民，其斯以爲舜乎！」知，去聲。與，平聲。好，去聲。○舜之所以爲大知者，以其不自用而取諸人也。邇言者，淺近之言，猶必察焉，其無遺善可知。然於其言之未善者則隱而不宣，其善者則播而不匿，其廣大光明又如此，則人孰不樂告以善哉。兩端，謂衆論不同之極致。蓋凡物皆有兩端，如小大厚薄之類，於善之中又執其兩端，而量度以取中，然後用之，則其擇之審而行之至矣。然非在我之權度精切不差，何以與此。此知之所以無過不及，而道之所以行也。

右第六章。

子曰：「人皆曰予知，驅而納諸罟擭陷阱之中，而莫之知辟也。人皆曰予知，擇乎中庸而不能期月守也。」予知之知，去聲。罟，音古。擭，胡化反。阱，才性反。辟，避同。期，居之反。○罟，網也；擭，機檻也；陷阱，坑坎也；皆所以掩取禽獸者也。擇乎中庸，辨別衆理，以求所謂中庸，即上章好問用中之事也。期月，匝一月也。言知禍而不知辟，以況能擇而不能守，皆不得爲知也。

右第七章。承上章大知而言，又舉不明之端，以起下章也。

子曰：「回之爲人也，擇乎中庸，得一善，則拳拳服膺而弗失之矣。」回，孔子弟子顏淵名。拳拳，奉持之貌。服，猶著也。膺，胷也。奉持而著之心胷之間，言能守也。顏子蓋真知之，故能擇能守如此，此行之所以無過不及，而道之所以明也。

右第八章。

子曰：「天下國家可均也，爵禄可辭也，白刃可蹈也，中庸不可能也。」均，平治也。三者亦知仁勇之事，天下之至難也，然不必其合於中庸，則質之近似者皆能以力爲之。若中庸，則雖不必皆如三者之難，然非義精仁熟，而無一毫人欲之私者，不能及也。三者難而易，中庸易而難，此民之所以鮮能也。

右第九章。亦承上章以起下章。

子路問强。子路，孔子弟子仲由也。子路好勇，故問强。子曰：「南方之强與？北方之强與？抑而强與？與，平聲。○抑，語辭。而，汝也。寬柔以教，不報無道，南方之强也，君子居之。寬柔以教，謂含容巽順以誨人之不及也。不報無道，謂横逆之來，直受之而不報也。南方風氣柔弱，故以含忍之力勝人爲强，君子之道也。衽金革，死而不厭，北方之强也，而强者居之。衽，席也。金，戈兵之屬。革，甲冑之屬。北方風氣剛勁，故以果敢之力勝人爲强，强者之事也。故君子和而不流，强哉矯！中立而不倚，强哉矯！國有道，不變塞焉，强哉矯！國無道，至死不變，强哉矯！」此四者，汝之所當强也。矯，强貌。詩曰「矯矯虎臣」是也。倚，偏著也。塞，未達也。國有道，不變未達之所守；國無道，不變平生之所守也。此則所謂中庸之不可能者，非有以自勝其人欲之私，不能擇而守也。君子之强，孰大於是。夫子以是告子路者，所以抑其血氣之剛，而進之以德義之勇也。

右第十章。

子曰：「素隱行怪，後世有述焉，吾弗爲之矣。素，按漢書當作索，蓋字之誤也。索隱行怪，言深求隱僻之理，而過爲詭異之行也。然以其足以欺世而盗名，故後世或有稱述之者。此知之過而不擇乎善，行之過而不用其中，不當强而强者也，聖人豈爲之哉！**君子遵道而行，半塗而廢，吾弗能已矣。**遵道而行，則能擇乎善矣；半塗而廢，則力之不足也。此其知雖足以及之，而行有不逮，當强而不强者也。已，止也。聖人於此，非勉焉而不敢廢，蓋至誠無息，自有所不能止也。**君子依乎中庸，遯世不見知而不悔，唯聖者能之。」**不爲索隱行怪，則依乎中庸而已。不能半塗而廢，是以遯世不見知而不悔也。此中庸之成德，知之盡、仁之至、不賴勇而裕如者，正吾夫子之事，而猶不自居也。故曰唯聖者能之而已。

右第十一章。子思所引夫子之言，以明首章之義者止此。蓋此篇大旨，以知仁勇三達德爲入道之門。故於篇首，即以大舜、顏淵、子路之事明之。舜，知也；顏淵，仁也；子路，勇也：三者廢其一，則無以造道而成德矣。餘見第二十章。

君子之道費而隱。費，符味反。○費，用之廣也。隱，體之微也。**夫婦之愚，可以與知焉，及其至也，雖聖人亦有所不知焉；夫婦之不肖，可以能行焉，及其至也，雖聖人亦有所不能焉。天地之大也，人猶有所憾。故君子語大，天下莫能載焉；語小，天下莫能破焉。**與，去聲。○君子之道，近自夫婦居室之間，遠而至於聖人天地之所不能盡，其大無外，其小無内，可謂費矣。然其理之所以然，則隱而莫之見也。蓋可知可能者，道中之一事，及其至而聖人不知不能。則舉全體而言，聖人固有所不能盡也。侯氏曰：「聖人所不知，如孔子問禮問官之類；所不能，如孔子不得位、堯舜病博施之類。」愚謂人所憾於天地，如覆載生成之偏，及寒暑災祥之不得其正者。**詩云：「鳶飛戾天，魚躍于淵。」言其上下察也。**鳶，余專反。○詩大雅旱麓之篇。鳶，鴟類。戾，至也。察，著也。子思引此詩以明化育流行，上下昭著，莫非此理之用，所謂費也。然其所以然者，則非見聞所及，所謂隱也。故程子曰：「此一節，子思喫緊爲人處，活潑潑地。」讀者其致思焉。

君子之道，造端乎夫婦；及其至也，察乎天地。結上文。

右第十二章。子思之言，蓋以申明首章道不可離之意也。其下八章，雜引孔子之言以明之。

子曰：「道不遠人。人之爲道而遠人，不可以爲道。道者，率性而已，固衆人之所能知能行者也，故常不遠於人。若爲道者，厭其卑近以爲不足爲，而反務爲高遠難行之事，則非所以爲道矣。**詩云：『伐柯伐柯，其則不遠。』執柯以伐柯，睨而視之，猶以爲遠。故君子以人治人，改而止。**睨，研計反。○詩豳風伐柯之篇。柯，斧柄。則，法也。睨，邪視也。言人執柯伐木以爲柯者，彼柯長短之法，在此柯耳。然猶有彼此之別，故伐者視之猶以爲遠也。若以人治人，則所以爲人之道，各在當人之身，初無彼此之別。故君子之治人也，即以其人之道，還治其人之身。其人能改，即止不治。蓋責之以其所能知能行，非欲其遠人以爲道也。張子所謂「以衆人望人則易從」是也。**忠恕違道不遠，施諸己而不願，亦勿施於人。**盡己之心爲忠，推己及人爲恕。違，去也，如春秋傳「齊師違穀七里」之違。言自此至彼，相去不遠，非背而去之之謂也。道，即其不遠人者是也。施諸己而不願亦勿施於人，忠恕之事也。以己之心度人之心，未嘗不同，則道之不遠於人者可見。故己之所不欲，則勿以施之於人，亦不遠人以爲道之事。張子所謂「以愛己之心愛人則盡仁」是也。**君子之道四，丘未能一焉：所求乎子，以事父未能也；所求乎臣，以事君未能也；所求乎弟，以事兄未能也；所求乎朋友，先施之未能也。庸**

德之行，庸言之謹，有所不足，不敢不勉，有餘不敢盡；言顧行，行顧言，君子胡不慥慥爾！」子、臣、弟、友，四字絶句。○求，猶責也。道不遠人，凡己之所以責人者，皆道之所當然也，故反之以自責而自修焉。庸，平常也。行者，踐其實。謹者，擇其可。德不足而勉，則行益力；言有餘而訒，則謹益至。謹之至則言顧行矣；行之力則行顧言矣。慥慥，篤實貌。言君子之言行如此，豈不慥慥乎，贊美之也。凡此皆不遠人以爲道之事。張子所謂「以責人之心責己則盡道」是也。

右第十三章。道不遠人者，夫婦所能；丘未能一者，聖人所不能，皆費也。而其所以然者，則至隱存焉。下章放此。

君子素其位而行，不願乎其外。素，猶見在也。言君子但因見在所居之位而爲其所當爲，無慕乎其外之心也。素富貴，行乎富貴；素貧賤，行乎貧賤；素夷狄，行乎夷狄；素患難，行乎患難，君子無入而不自得焉。難，去聲。○此言素其位而行也。在上位不陵下，在下位不援上，正己而不求於人則無怨。上不怨天，下不尤人。援，平聲。○此言不願乎其外也。故君子居易以俟命，小人行險以徼幸。易，去聲。○易，平地也。居易，素位而行也。俟命，不願乎外也。徼，求也。幸，謂所不當得而得者。子曰：「射有似乎君子，失諸正鵠，反求諸其身。」正，音征。鵠，工毒反。○畫布曰正，棲皮曰鵠，皆侯之中，射之的也。子思引此孔子之言，以結上文之意。

右第十四章。子思之言也。凡章首無「子曰」字者放此。

君子之道，辟如行遠必自邇，辟如登高必自卑。辟、譬同。詩曰：「妻子好合，如鼓瑟琴；兄弟既翕，和樂且耽；宜爾室家，樂爾妻帑。」好，去聲。耽，詩作湛，亦音耽。樂，音洛。○詩小雅常棣之篇。鼓瑟琴，和也。翕，亦合也。耽，亦樂也。帑，子孫也。子曰：「父母其順矣乎！」夫子誦此詩而贊之曰：人能和於妻子，宜於兄弟如此，則父母其安樂之矣。子思引詩及此語，以明行遠自邇、登高自卑之意。

右第十五章。

子曰：「鬼神之爲德，其盛矣乎！程子曰：「鬼神，天地之功用，而造化之迹也。」張子曰：「鬼神者，二氣之良能也。」愚謂以二氣言，則鬼者陰之靈也，神者陽之靈也。以一氣言，則至而伸者爲神，反而歸者爲鬼，其實一物而已。爲德，猶言性情功效。視之而弗見，聽之而弗聞，體物而不可遺。鬼神無形與聲，然物之終始，莫非陰陽合散之所爲，是其爲物之體，而物所不能遺也。其言體物，猶易所謂幹事。使天下之人齊明盛服，以承祭祀。洋洋乎！如在其上，如在其左右。齊，側皆反。○齊之爲言齊也，所以齊不齊而致其齊也。明，猶潔也。洋洋，流動充滿之意。能使人畏敬奉承，而發見昭著如此，乃其體物而不可遺之驗也。孔子曰：「其氣發揚于上，爲昭明君蒿悽愴。此百物之精也，神之著也」，正謂此爾。詩曰：『神之格思，不可度思！矧可射思！』度，待洛反。射，音亦，詩作斁。○詩大雅抑之篇。格，來也。矧，況也。射，厭也，言厭怠而不敬也。思，語辭。夫微之顯，誠之不可揜如此夫。」夫，音扶。○誠者，真實無妄之謂。陰陽合散，無非實者。故其發見之不可揜如此。

右第十六章。不見不聞，隱也。體物如在，則亦費矣。此前三章，以其費之小者而言。此後三章，以其費之大者而言。此一章，兼費隱、包大小而言。

子曰：「舜其大孝也與！德爲聖人，尊爲天子，富有四海之内。宗廟饗之，子孫保之。舜年百有十歲。與，平聲。○子孫，謂虞思、陳胡公之屬。故大德必得其位，必得其禄，必得其名，必得其壽。故天之生物，必因其材而篤焉。故栽者培之，傾者覆之。材，質也。篤，厚也。栽，植也。氣至而滋息爲培。氣反而游散則覆。詩曰：『嘉樂君子，憲憲令德！宜民宜人，受禄于天；保佑命之，自天申之！』詩大雅假樂之篇。假，當依此作嘉。憲，當依詩作顯。申，重也。故大德者必受命。」受命者，受天命爲天子也。

右第十七章。此由庸行之常，推之以極其至，見道之用廣也。而其所以然者，則爲體微矣。後二章亦此意。

子曰：「無憂者其惟文王乎！以王季爲父，以武王爲子，父作之，子述之。此言文王之事。書言「王季其勤王家」，蓋其所作，亦積功累仁之事也。武王纘大王、王季、文王之緒，壹戎衣而有天下，身不失天下之顯名，尊爲天子，富有四海之内，宗廟饗之，子孫保之。大，音泰，下同。○此言武王之事。纘，繼也。大王，王季之父也。書云：「大王肇基王迹。」詩云：「至于大王，實始翦商。」緒，業也。戎衣，甲冑之屬。壹戎衣，武成文，言一著戎衣以伐紂也。武王末受命，周公成文武之德，追王大王、王季，上祀先公以天子之禮。斯禮也，達乎諸侯大夫，及士庶人。父爲大夫，子爲士，葬以大夫，祭以士。父爲士，子爲大夫，葬以士，祭以大夫。期之喪達乎大夫，三年之喪達乎天子，父母之喪無貴

賤一也。」追王之王，去聲。○此言周公之事。末，猶老也。追王，蓋推文武之意，以及乎王迹之所起也。先公，組紺以上至后稷也。上祀先公以天子之禮，又推大王、王季之意，以及於無窮也。制爲禮法，以及天下，使葬用死者之爵，祭用生者之禄。喪服自期以下，諸侯絶，大夫降；而父母之喪，上下同之，推己以及人也。

右第十八章。

子曰：「武王、周公，其達孝矣乎！達，通也。承上章而言武王、周公之孝，乃天下之人通謂之孝，猶孟子之言達尊也。**夫孝者，善繼人之志，善述人之事者也。**上章言武王纘大王、王季、文王之緒以有天下，而周公成文武之德以追崇其先祖，此繼志述事之大者也。下文又以其所制祭祀之禮，通於上下者言之。**春秋脩其祖廟，陳其宗器，設其裳衣，薦其時食。**祖廟：天子七，諸侯五，大夫三，適士二，官師一。宗器，先世所藏之重器，若周之赤刀、大訓、天球、河圖之屬也。裳衣，先祖之遺衣服，祭則設之以授尸也。時食，四時之食，各有其物，如春行羔、豚、膳、膏、香之類是也。**宗廟之禮，所以序昭穆也；序爵，所以辨貴賤也；序事，所以辨賢也；旅酬下爲上，所以逮賤也；燕毛，所以序齒也。**昭，如字。爲，去聲。○宗廟之次：左爲昭，右爲穆，而子孫亦以爲序。有事於太廟，則子姓、兄弟、羣昭、羣穆咸在而不失其倫焉。爵，公、侯、卿、大夫也。事，宗祝有司之職事也。旅，衆也。酬，導飲也。旅酬之禮，賓弟子、兄弟之子各舉觶於其長而衆相酬。蓋宗廟之中以有事爲榮，故逮及賤者，使亦得以申其敬也。燕毛，祭畢而燕，則以毛髮之色別長幼，爲坐次也。齒，年數也。**踐其位，行其禮，奏其樂，敬其所尊，愛其所親，事死如事生，事亡如事存，孝之至也。**踐，猶履也。其，指先王也。所尊所親，先王之祖考、子孫、臣庶也。始死謂之死，既葬則曰反而亡焉，皆指先王也。此結上文兩節，皆繼志述事之意也。**郊社之禮，所以事上帝也；宗廟之禮，所以祀乎其先也。明乎郊社之禮、禘嘗之義，治國其如示諸掌乎。」**郊，祀天。社，祭地。不言后土者，省文也。禘，天子宗廟之大祭，追祭太祖之所自出於太廟，而以太祖配之也。嘗，秋祭也。四時皆祭，舉其一耳。禮必有義，對舉之，互文也。示，與視同。視諸掌，言易見也。此與論語文意大同小異，記有詳畧耳。

右第十九章。

哀公問政。哀公，魯君，名蔣。**子曰：「文武之政，布在方策。其人存，則其政舉；其人亡，則其政息。**方，版也。策，簡也。息，猶滅也。有是君，有是臣，則有是政矣。**人道敏政，地道敏樹。**夫，音扶。○敏，速也。**夫政也者，蒲盧也。**蒲盧，沈括以爲蒲葦是也。以人立政，猶以地種樹，其成速矣，而蒲葦又易生之物，其成尤速也。言人存政舉，其易如此。**故爲政在人，取人以身，脩身以道，脩道以仁。**此承上文人道敏政而言也。爲政在人，家語作「爲政在於得人」，語意尤備。人，謂賢臣。身，指君身。道者，天下之達道。仁者，天地生物之心，而人得以生者，所謂元者善之長也。言人君爲政在於得人，而取人之則又在脩身。能脩〔一〕其身，則有君有臣，而政無不舉矣。**仁者人也，親親爲大；義者宜也，尊賢爲大。親親之殺，尊賢之等，禮所生也。**

〔一〕「脩」原作「仁」，據清仿宋大字本改。

殺，去聲。○人，指人身而言。具此生理，自然便有惻怛慈愛之意，深體味之可見。宜者，分別事理，各有所宜也。禮，則節文斯二者而已。**在下位不獲乎上，民不可得而治矣！**鄭氏曰：「此句在下，誤重在此。」**故君子不可以不脩身；思脩身，不可以不事親；思事親，不可以不知人；思知人，不可以不知天。**」爲政在人，取人以身，故不可以不脩身。脩身以道，脩道以仁，故思脩身不可以不事親。欲盡親親之仁，必由尊賢之義，故又當知人。親親之殺，尊賢之等，皆天理也，故又當知天。**天下之達道五，所以行之者三：曰君臣也，父子也，夫婦也，昆弟也，朋友之交也：五者天下之達道也。知、仁、勇三者，天下之達德也，所以行之者一也。**知，去聲。○達道者，天下古今所共由之路，即書所謂五典，孟子所謂「父子有親，君臣有義，夫婦有別，長幼有序，朋友有信」是也。知，所以知此也；仁，所以體此也；勇，所以强此也；謂之達德者，天下古今所同得之理也。一則誠而已矣。達道雖人所共由，然無是三德，則無以行之；達德雖人所同得，然一有不誠，則人欲間之，而德非其德矣。程子曰：「所謂誠者，止是誠實此三者。三者之外，更別無誠。」**或生而知之，或學而知之，或困而知之，及其知之一也；或安而行之，或利而行之，或勉强而行之，及其成功一也。**强，上聲。○知之者之所知，行之者之所行，謂達道也。以其分而言：則所以知者知也，所以行者仁也，所以至於知之成功而一者勇也。以其等而言：則生知安行者知也，學知利行者仁也，困知勉行者勇也。蓋人性雖無不善，而氣稟有不同者，故聞道有蚤莫，行道有難易，然能自强不息，則其至一也。呂氏曰：「所入之塗雖異，而所至之域則同，此所以爲中庸。若乃企生知安行之資爲不可幾及，輕困知勉行謂不能有成，此道之所以不明不行也。」**子曰：「好學近乎知，力行近乎仁，知恥近乎勇。**「子曰」二字衍文。好、近乎知之知，並去聲。○此言未及乎達德而求以入德之事。通上文三知爲知，三行爲仁，則此三近者，勇之次也。呂氏曰：「愚者自是而不求，自私者殉人欲而忘反，懦者甘爲人下而不辭。故好學非知，然足以破愚；力行非仁，然足以忘私；知恥非勇，然足以起懦。」知斯三者，則知所以脩身；知所以脩身，則知所以治人；知所以治人，則知所以治天下國家矣。」斯三者，指三近而言。人者，對己之稱。天下國家，則盡乎人矣。言此以結上文脩身之意，起下文九經之端也。凡爲天下國家有九經，曰：脩身也，尊賢也，親親也，敬大臣也，體羣臣也，子庶民也，來百工也，柔遠人也，懷諸侯也。經，常也。體，謂設以身處其地而察其心也。子，如父母之愛其子也。柔遠人，所謂無忘賓旅者也。此列九經之目也。呂氏曰：「天下國家之本在身，故脩身爲九經之本。然必親師取友，然後脩身之道進，故尊賢次之。道之所進，莫先其家，故親親次之。由家以及朝廷，故敬大臣、體羣臣次之。由朝廷以及其國，故子庶民、來百工次之。由其國以及天下，故柔遠人、懷諸侯次之。此九經之序也。視群臣猶吾四體，視百姓猶吾子，此視臣視民之別也。」脩身則道立，尊賢則不惑，親親則諸父昆弟不怨，敬大臣則不眩，體羣臣則士之報禮重，子庶民則百姓勸，來百工則財用足，柔遠人則四方歸之，懷諸侯則天下畏之。此言九經之效也。道立，謂道成於己而可爲民表，所謂皇建其有極是也。不惑，謂不疑於理。不眩，謂不迷於事。敬大臣則信任專，而小臣不得以間之，故臨事而不眩也。來百工則通功易事，農末相資，故財用足。柔遠人，則天下之旅皆悦而願出於其塗，故四方歸。懷諸侯，則德之所施者博，而威之所制者廣矣，故曰天下畏之。齊明盛服，非禮不動，所以脩身也；去讒遠色，賤貨而貴德，所以勸賢也；尊其位，重其禄，同其好惡，所以勸親親也；官盛任使，所以勸大臣也；忠信重禄，所以勸士也；時使薄斂，所以勸百姓也；日省月試，既禀稱事，所以勸百工也；送往迎來，嘉善而矜不能，所以柔遠人也；繼絶世，舉廢國，治亂持危，朝聘以時，厚往而薄來，所以懷諸侯也。齊，側皆反。去，上聲。遠、好、惡、斂，並去聲。既，許氣反。稟，彼錦、力錦二反。稱，去聲。朝，音潮。○此言九經之事也。官盛任使，謂官屬衆盛，足任使令也，蓋大臣不當親細事，故所以優之者如此。忠信重禄，謂待之誠而養之厚，蓋以身體之，而知其所賴乎上者如此也。既，讀曰餼。餼稟，稍食也。稱事，如周禮稾人職曰「考其弓弩，以上下其食」是也。往則爲之授節以送之，來則豐其委積以迎之。朝，謂諸侯見於天子。聘，謂諸侯使大夫來獻。王制「比年一小聘，三年一大聘，五年一朝」。厚往薄來，謂燕賜厚而納貢薄。凡爲天下國家有九經，所以行之者一也。一者，誠也。一有不誠，則是九者皆爲虚文矣，此九經之實也。凡事豫則立，不豫則廢。言前定則不跲，事前定則不困，行前定則不疚，道前定則不窮。跲，其劫反。行，去聲。○凡事，指達道達德九經之屬。豫，素定也。跲，躓也。疚，病也。此承上文，言凡事皆欲先立乎誠，如下文所推是也。在下位不獲乎上，民不可得而治矣。獲乎上有道：不信乎朋友，不獲乎上矣。信乎朋友有道：不順乎親，不信乎朋友矣。順乎親有道：反諸身不誠，不順乎親矣。誠身有道：不明乎善，不誠乎身矣。此又以在下位者推言素定之意。反諸身不誠，謂反求諸身而所存所發未能真實而無妄也。不明乎善，謂未能察於人心天命之本然，而真知至善之所在也。誠者，天之道也；誠之者，人之道也。誠者不勉而中，不思而得，從容中道，聖人也。誠之者，擇善而固執之者也。中，並去聲。從，七容反。○此承上文誠身而言。誠者，真實無妄之謂，天理之本然也。誠之者，未能真實無妄，而欲其真實無妄之謂，人事之當然也。聖人之德，渾然天理，真實無妄，不待思勉而從容中道，則亦天之道也。未至於聖，則不能無人欲之私，而其爲德不能皆實。故未能不思而得，則必擇善，然後可以明善；

未能不勉而中，則必固執，然後可以誠身，此則所謂人之道也。不思而得，生知也。不勉而中，安行也。擇善，學知以下之事。固執，利行以下之事也。**博學之，審問之，慎思之，明辨之，篤行之。**此誠之之目也。學、問、思、辨，所以擇善而爲知，學而知也。篤行，所以固執而爲仁，利而行也。程子曰：「五者廢其一，非學也。」**有弗學，學之弗能弗措也；有弗問，問之弗知弗措也；有弗思，思之弗得弗措也；有弗辨，辨之弗明弗措也；有弗行，行之弗篤弗措也。人一能之己百之，人十能之己千之。**君子之學，不爲則已，爲則必要其成，故常百倍其功。此困而知、勉而行者也，勇之事也。**果能此道矣，雖愚必明，雖柔必强。**明者擇善之功，强者固執之效。吕氏曰：「君子所以學者，爲能變化氣質而已。德勝氣質，則愚者可進於明，柔者可進於强。不能勝之，則雖有志於學，亦愚不能明、柔不能立而已矣。蓋均善而無惡者，性也，人所同也；昏明强弱之稟不齊者，才也，人所異也。誠之者，所以反其同而變其異也。夫以不美之質，求變而美，非百倍其功，不足以致之。今以鹵莽滅裂之學，或作或輟，以變其不美之質，及不能變，則曰天質不美，非學所能變。是果於自棄，其爲不仁甚矣！」

右第二十章。此引孔子之言，以繼大舜、文、武、周公之緒，明其所傳之一致，舉而措之，亦猶是耳。蓋包費隱、兼小大，以終十二章之意。章内語誠始詳，而所謂誠者，實此篇之樞紐也。又按：孔子家語亦載此章，而其文尤詳。「成功一也」之下，有「公曰：子之言美矣！至矣！寡人實固，不足以成之也」。故其下復以「子曰」起答辭。今無此問辭，而猶有「子曰」二字，蓋子思删其繁文以附于篇，而所删有不盡者，今當爲衍文也。「博學之」以下，家語無之，意彼有闕文，抑此或子思所補也歟？

自誠明，謂之性；自明誠，謂之教。誠則明矣，明則誠矣。自，由也。德無不實而明無不照者，聖人之德。所性而有者也，天道也。先明乎善，而後能實其善者，賢人之學。由教而入者也，人道也。誠則無不明矣，明則可以至於誠矣。

右第二十一章。子思承上章夫子天道、人道之意而立言也。自此以下十二章，皆子思之言，以反覆推明此章之意。

唯天下至誠，爲能盡其性；能盡其性，則能盡人之性；能盡人之性，則能盡物之性；能盡物之性，則可以贊天地之化育；可以贊天地之化育，則可以與天地參矣。 天下至誠，謂聖人之德之實，天下莫能加也。盡其性者德無不實，故無人欲之私，而天命之在我者，察之由之，巨細精粗，無毫髮之不盡也。人物之性，亦我之性，但以所賦形氣不同而有異耳。能盡之者，謂知之無不明而處之無不當也。贊，猶助也。與天地參，謂與天地並立爲三也。此自誠而明者之事也。

右第二十二章。言天道也。

其次致曲，曲能有誠，誠則形，形則著，著則明，明則動，動則變，變則化，唯天下至誠爲能化。 其次，通大賢以下凡誠有未至者而言也。致，推致也。曲，一偏也。形者，積中而發外。著，則又加顯矣。明，則又有光輝發越之盛也。動者，誠能動物。變者，物從而變。化，則有不知其所以然者。蓋人之性無不同，而氣則有異，故惟聖人能舉其性之全體而盡之。其次則必自其善端發見之偏，而悉推致之，以各造其極也。曲無不致，則德無不實，而形、著、動、變之功自不能已。積而至於能化，則其至誠之妙，亦不異於聖人矣。

右第二十三章。言人道也。

至誠之道，可以前知。國家將興，必有禎祥；國家將亡，必有妖孽；見乎蓍龜，動乎四體。禍福將至：善，必先知之；不善，必先知之。故至誠如神。見，音現。○禎祥者，福之兆。妖孽者，禍之萌。蓍，所以筮。龜，所以卜。四體，謂動作威儀之閒，如執玉高卑，其容俯仰之類。凡此皆理之先見者也。然惟誠之至極，而無一毫私僞留於心目之間者，乃能有以察其幾焉。神，謂鬼神。

右第二十四章。言天道也。

誠者自成也，而道自道也。道也之道音導。○言誠者物之所以自成，而道者人之所當自行也。誠以心言，本也；道以理言，用也。誠者物之終始，不誠無物。是故君子誠之爲貴。天下之物，皆實理之所爲，故必得是理，然後有是物。所得之理既盡，則是物亦盡而無有矣。故人之心一有不實，則雖有所爲亦如無有，而君子必以誠爲貴也。蓋人之心能無不實，乃爲有以自成，而道之在我者亦無不行矣。誠者非自成己而已也，所以成物也。成己，仁也；成物，知也。性之德也，合外内之道也，故時措之宜也。知，去聲。○誠雖所以成己，然既有以自成，則自然及物，而道亦行於彼矣。仁者體之存，知者用之發，是皆吾性之固有，而無内外之殊。既得於己，則見於事者，以時措之，而皆得其宜也。

右第二十五章。言人道也。

故至誠無息。既無虚假，自無間斷。不息則久，久則徵，久，常於中也。徵，驗於外也。徵則悠遠，悠遠則博厚，博厚則高明。此皆以其驗於外者言之。鄭氏所謂「至誠之德，著於四方」者是也。存諸中者既久，則驗於外者益悠遠而無窮矣。悠遠，故其積也廣博而深厚；博厚，故其發也高大而光明。

博厚，所以載物也；高明，所以覆物也；悠久，所以成物也。悠久，即悠遠，兼內外而言之也。本以悠遠致高厚，而高厚又悠久也。此言聖人與天地同用。

博厚配地，高明配天，悠久無疆。此言聖人與天地同體。

如此者，不見而章，不動而變，無爲而成。見，音現。○見，猶示也。不見而章，以配地而言也。不動而變，以配天而言也。無爲而成，以無疆而言也。

天地之道，可一言而盡也：其爲物不貳，則其生物不測。此以下，復以天地明至誠無息之功用。天地之道，可一言而盡，不過曰誠而已。不貳，所以誠也。誠故不息，而生物之多，有莫知其所以然者。

天地之道：博也，厚也，高也，明也，悠也，久也。言天地之道，誠一不貳，故能各極其盛，而有下文生物之功。

今夫天，斯昭昭之多，及其無窮也，日月星辰繫焉，萬物覆焉。今夫地，一撮土之多，及其廣厚，載華嶽而不重，振河海而不洩，萬物載焉。今夫山，一卷石之多，及其廣大，草木生之，禽獸居之，寶藏興焉。今夫水，一勺之多，及其不測，黿鼉、蛟龍、魚鼈生焉，貨財殖焉。夫，音扶。華、藏，並去聲。卷，平聲。勺，市若反。○昭昭，猶耿耿，小明也。此指其一處而言之。及其無窮，猶十二章及其至也之意，蓋舉全體而言也。振，收也。卷，區也。此四條，皆以發明由其不貳不息以致盛大而能生物之意。然天、地、山、川，實非由積累而後大，讀者不以辭害意可也。

詩云：「維天之命，於穆不已！」蓋曰天之所以爲天也。「於乎不顯！文王之德之純！」蓋曰文王之所以爲文也，純亦不已。於，音烏。乎，音呼。○詩周頌維天之命篇。於，歎辭。穆，深遠也。不顯，猶言豈不顯也。純，純一不雜也。引此以明至誠無息之意。

程子曰：「天道不已，文王純於天道，亦不已。純則無二無雜，不已則無間斷先後。」

右第二十六章。言天道也。

大哉聖人之道！包下文兩節而言。洋洋乎！發育萬物，峻極于天。峻，高大也。此言道之極於至大而無外也。優優大哉！禮儀三百，威儀三千。優優，充足有餘之意。禮儀，經禮也。威儀，曲禮也。此言道之入於至小而無閒也。待其人而後行。總結上兩節。故曰苟不至德，至道不凝焉。至德，謂其人。至道，指上兩節而言也。凝，聚也，成也。故君子尊德性而道問學，致廣大而盡精微，極高明而道中庸。温故而知新，敦厚以崇禮。尊者，恭敬奉持之意。德性者，吾所受於天之正理。道，由也。温，猶燖温之温，謂故學之矣，復時習之也。敦，加厚也。尊德性，所以存心而極乎道體之大也。道問學，所以致知而盡乎道體之細也。二者修德凝道之大端也。不以一毫私意自蔽，不以一毫私欲自累，涵泳乎其所已知，敦篤乎其所已能，此皆存心之屬也。析理則不使有毫釐之差，處事則不使有過不及之謬，理義則日知其所未知，節文則日謹其所未謹，此皆致知之屬也。蓋非存心無以致知，而存心者又不可以不致知。故此五句，大小相資，首尾相應，聖賢所示入德之方，莫詳於此，學者宜盡心焉。是故居上不驕，爲下不倍，國有道其言足以興，國無道其默足以容。詩曰「既明且哲，以保其身」，其此之謂與！倍，與背同。與，平聲。○興，謂興起在位也。詩大雅烝民之篇。

右第二十七章。言人道也。

子曰：「愚而好自用，賤而好自專，生乎今之世，反古之道。如此者，烖及其身者也。」

好，去聲。烖，古災字。○以上孔子之言，子思引之。反，復也。非天子，不議禮，不制度，不考文。此以下，子思之言。禮，親疏貴賤相接之體也。度，品制。文，書名。今天下車同軌，書同文，行同倫。行，去聲。○今，子思自謂當時也。軌，轍迹之度。倫，次序之體。三者皆同，言天下一統也。雖有其位，苟無其德，不敢作禮樂焉；雖有其德，苟無其位，亦不敢作禮樂焉。鄭氏曰：「言作禮樂者，必聖人在天子之位。」子曰：「吾説夏禮，杞不足徵也；吾學殷禮，有宋存焉；吾學周禮，今用之，吾從周。」此又引孔子之言。杞，夏之後。徵，證也。宋，殷之後。三代之禮，孔子皆嘗學之而能言其意；但夏禮既不可考證，殷禮雖存，又非當世之法，惟周禮乃時王之制，今日所用。孔子既不得位，則從周而已。

右第二十八章。承上章爲下不倍而言，亦人道也。

王天下有三重焉，其寡過矣乎！王，去聲。○吕氏曰：「三重，謂議禮、制度、考文。惟天子得以行之，則國不異政，家不殊俗，而人得寡過矣。」上焉者雖善無徵，無徵不信，不信民弗從；下焉者雖善不尊，不尊不信，不信民弗從。上焉者，謂時王以前，如夏、商之禮雖善，而皆不可考。下焉者，謂聖人在下，如孔子雖善於禮，而不在尊位也。故君子之道：本諸身，徵諸庶民，考諸三王而不繆，建諸天地而不悖，質諸鬼神而無疑，百世以俟聖人而不惑。此君子，指王天下者而言。其道，即議禮、制度、考文之事也。本諸身，有其德也。徵諸庶民，驗其所信從也。建，立也，立於此而參於彼也。天地者，道也。鬼神者，造化之迹也。百世以俟聖人而不惑，所謂聖人復起，不易吾言者也。質諸鬼神而無疑，知天也；百世以俟聖人而不惑，知人也。知天知人，知其理也。是故君子動而世爲天下道，行而世爲天下法，言而世爲天下則。遠之則有望，近之則不厭。動，兼言行而言。道，兼法則而言。法，法度也。則，準則也。詩曰：「在彼無惡，在此無射；庶幾夙夜，以永終譽！」君子未有不如此而蚤有譽於天下者也。惡，去聲。射，音妒，詩作斁。○詩周頌振鷺之篇。射，厭也。所謂此者，指本諸身以下六事而言。

右第二十九章。承上章居上不驕而言，亦人道也。

仲尼祖述堯舜，憲章文武；上律天時，下襲水土。祖述者，遠宗其道。憲章者，近守其法。律天時者，法其自然之運。襲水土者，因其一定之理。皆兼內外該本末而言也。辟如天地之無不持載，無不覆幬，辟如四時之錯行，如日月之代明。辟，音譬。幬，徒報反。○錯，猶迭也。此言聖人之德。萬物並育而不相害，道並行而不相悖，小德川流，大德敦化，此天地之所以爲大也。悖，猶背也。天覆地載，萬物並育於其間而不相害；四時日月，錯行代明而不相悖。所以不害不悖者，小德之川流；所以並育並行者，大德之敦化。小德者，全體之分；大德者，萬殊之本。川流者，如川之流，脈絡分明而往不息也。敦化者，敦厚其化，根本盛大而出無窮也。此言天地之道，以見上文取辟之意也。

右第三十章。言天道也。

唯天下至聖，爲能聰明睿知，足以有臨也；寬裕溫柔，足以有容也；發强剛毅，足以有執也；齊莊中正，足以有敬也；文理密察，足以有别也。知，去聲。齊，側皆反。别，彼列反。○聰明睿知，生知之質。臨，謂居上而臨下也。其下四者，乃仁義禮知之德。文，文章也。理，條理也。密，詳細也。察，明辯也。

溥博淵泉，而時出之。 溥博，周徧而廣闊也。淵泉，靜深而有本也。出，發見也。言五者之德，充積於中，而以時發見於外也。

溥博如天，淵泉如淵。見而民莫不敬，言而民莫不信，行而民莫不說。 見，音現。說，音悅。○言其充積極其盛，而發見當其可也。

是以聲名洋溢乎中國，施及蠻貊，舟車所至，人力所通，天之所覆，地之所載，日月所照，霜露所隊，凡有血氣者，莫不尊親，故曰配天。 施，去聲。隊，音墜。○舟車所至以下，蓋極言之。配天，言其德之所及，廣大如天也。

右第三十一章。 承上章而言小德之川流，亦天道也。

唯天下至誠，爲能經綸天下之大經，立天下之大本，知天地之化育。夫焉有所倚？ 夫，音扶。焉，於虔反。○經、綸，皆治絲之事。經者，理其緒而分之；綸者，比其類而合之也。經，常也。大經者，五品之人倫。大本者，所性之全體也。惟聖人之德極誠無妄，故於人倫各盡其當然之實，而皆可以爲天下後世法，所謂經綸之也。其於所性之全體，無一毫人欲之僞以雜之，而天下之道千變萬化皆由此出，所謂立之也。其於天地之化育，則亦其極誠無妄者有默契焉，非但聞見之知而已。此皆至誠無妄，自然之功用，夫豈有所倚著於物而後能哉。

肫肫其仁！淵淵其淵！浩浩其天！ 肫，之純反。○肫肫，懇至貌，以經綸而言也。淵淵，靜深貌，以立本而言也。浩浩，廣大貌，以知化而言也。其淵其天，則非特如之而已。

苟不固聰明聖知達天德者，其孰能知之？ 聖知之知，去聲。○固，猶實也。鄭氏曰：「惟聖人能知聖人也。」

右第三十二章。 承上章而言大德之敦化，亦天道也。前章言至聖之德，此章言至誠之道。然至誠之道，非至聖不能知，至聖之德，非至誠不能爲，則亦非二物矣。此篇言聖人天道之極致，至此而無以加矣。

詩曰「衣錦尚絅」，惡其文之著也。故君子之道，闇然而日章；小人之道，的然而日亡。君子之道：淡而不厭，簡而文，温而理，知遠之近，知風之自，知微之顯，可與入德矣。衣，去聲。絅，口迥反。惡，去聲。闇，於感反。○前章言聖人之德，極其盛矣。此復自下學立心之始言之，而下文又推之以至其極也。詩國風衛碩人、鄭之丰，皆作「衣錦褧衣」。褧、絅同，禪衣也。尚，加也。古之學者爲己，故其立心如此。尚絅故闇然，衣錦故有日章之實。淡、簡、温，絅之襲於外也；不厭而文且理焉，錦之美在中也。小人反是，則暴於外而無實以繼之，是以的然而日亡也。遠之近，見於彼者由於此也。風之自，著乎外者本乎内也。微之顯，有諸内者形諸外也。有爲己之心，而又知此三者，則知所謹而可入德矣。故下文引詩言謹獨之事。

詩云：「潛雖伏矣，亦孔之昭！」故君子内省不疚，無惡於志。君子之所不可及者，其唯人之所不見乎。惡，去聲。○詩小雅正月之篇。承上文言「莫見乎隱、莫顯乎微」也。疚，病也。無惡於志，猶言無愧於心，此君子謹獨之事也。

詩云：「相在爾室，尚不愧于屋漏。」故君子不動而敬，不言而信。相，去聲。○詩大雅抑之篇。相，視也。屋漏，室西北隅也。承上文又言君子之戒謹恐懼，無時不然，不待言動而後敬信，則其爲己之功益加密矣。故下文引詩並言其效。

詩曰：「奏假無言，時靡有争。」是故君子不賞而民勸，不怒而民威於鈇鉞。假，格同。鈇，音夫。○詩商頌烈祖之篇。奏，進也。承上文而遂及其效，言進而感格於神明之際，極其誠敬，無有言説而人自化之也。威，畏也。鈇，莝斫刀也。鉞，斧也。

詩曰：「不顯惟德！百辟其刑之。」是故君子篤恭而天下平。詩周頌烈文之篇。不顯，説見二十六章，此借引以爲幽深玄遠之意。承上文言天子有不顯之德，而諸侯法之，則其德愈深而效愈遠矣。篤，厚也。篤恭，言不顯其敬也。篤恭而天下平，乃聖人至德淵微，自然之應，中庸之極功也。詩云：「予懷明德，不大聲以色。」子曰：「聲色之於以化民，末也。」詩曰「德輶如毛」，毛猶有倫。「上天之載，無聲無臭」，至矣！輶，由、酉二音。○詩大雅皇矣之篇。引之以明上文所謂不顯之德者，正以其不大聲與色也。又引孔子之言，以爲聲色乃化民之末務，今但言不大之而已，則猶有聲色者存，是未足以形容不顯之妙。不若烝民之詩所言「德輶如毛」，則庶乎可以形容矣，而又自以爲謂之毛，則猶有可比者，是亦未盡其妙。不若文王之詩所言「上天之載，無聲無臭」，然後乃爲不顯之至耳。蓋聲臭有氣無形，在物最爲微妙，而猶曰無之，故惟此可以形容不顯篤恭之妙。非此德之外，又別有是三等，然後爲至也。

右第三十三章。子思因前章極致之言，反求其本，復自下學爲己謹獨之事，推而言之，以馴致乎篤恭而天下平之盛。又贊其妙，至於無聲無臭而後已焉。蓋舉一篇之要而約言之，其反復丁寧示人之意，至深切矣，學者其可不盡心乎！

論語序說

史記世家曰：孔子名丘，字仲尼。其先宋人。父叔梁紇，母顏氏。以魯襄公二十二年，庚戌之歲，十一月庚子，生孔子於魯昌平鄉陬邑。爲兒嬉戲，常陳俎豆，設禮容。及長，爲委吏，料量平；委吏，本作季氏史。索隱云：「一本作委吏，與孟子合。」今從之。爲司職吏，畜蕃息。職，見周禮牛人，讀爲樴，義與杙同，蓋繫養犧牲之所。此官即孟子所謂乘田。適周，問禮於老子，既反，而弟子益進。昭公二十五年甲申，孔子年三十五，而昭公奔齊，魯亂。於是適齊，爲高昭子家臣，以通乎景公。有聞韶、問政二事。公欲封以尼谿之田，晏嬰不可，公惑之。有季孟吾老之語。孔子遂行，反乎魯。定公元年壬辰，孔子年四十三，而季氏强僭，其臣陽虎作亂專政。故孔子不仕，而退修詩、書、禮、樂，弟子彌衆。九年庚子，孔子年五十一。公山不狃以費畔季氏，召，孔子欲往，而卒不行。有答子路東周語。定公以孔子爲中都宰，一年，四方則之，遂爲司空，又爲大司寇。十年辛丑，相定公會齊侯于夾谷，齊人歸魯侵地。十二年癸卯，使仲由爲季氏宰，墮三都，收其甲兵。孟氏不肯墮成，圍之不克。十四年乙巳，孔子年五十六，攝行相事，誅少正卯，與聞國政。三月，魯國大治。齊人歸女樂以沮之，季桓子受之。郊又不致膰俎於大夫，孔子行。魯世家以此以上皆爲十二年事。適衞，主於子路妻兄顔濁鄒家。孟子作顔讎由。適陳，過匡，匡人以爲陽虎而拘之。有顔淵後及文王既没之語。既解，還衞，主蘧伯玉家，見南子。有矢子路及未見好德之語。去，適宋，司馬桓魋欲殺之。有天生德語及微服過宋事。又去，適陳，主司城貞子家。居三歲而反于衞，靈公不能用。有三年有成之語。晉趙氏家臣佛肸以中牟畔，召孔子，孔子欲往，亦不果。有答子路堅白語及荷蕢過門事。將西見趙簡子，至河而反，又主蘧伯玉家。靈公問陳，不對而行，復如陳。據論語則絶糧當在此時。季桓子卒，遺言謂康子必召孔子，其臣止之，康子乃召冉求。史記以論語歸與之歎爲在此時，又以孟子所記歎辭爲主司城貞子時語，疑不然。蓋語孟所記，本皆此一時語，而所記有異同耳。孔子如蔡及葉。有葉公問答子路不對、沮溺耦耕、荷蓧丈人等事。史記云：「於是楚昭王使人聘孔子，孔子將往拜禮，而陳蔡大夫發徒圍之，故孔子絶糧於陳蔡之間。」有慍見及告子貢一貫之語。按是時陳蔡臣服於楚，若楚王來聘孔子，陳蔡大夫安敢圍之。且據論語，絶糧當在去衞如陳之時。楚昭王將以書社地封孔子，令尹子西不可，乃止。史記云「書社地七百里」，恐無此理，時則有接輿之歌。又反乎衞，時靈公已卒，衞君輒欲得孔子爲政。有魯衞兄弟及答子貢夷齊，子路正名之語。而冉求爲季氏將，與齊戰有功，康子乃召孔子，而孔子歸魯，實哀公之十一年丁巳，而孔子年六十八矣。有對哀公及康子語。然魯終不能用孔子，孔子亦不求仕，乃叙書傳、禮記。有杞宋、損益、從周等語。删詩正樂，有語大師及樂正之語。序易彖、繫、象、説卦、文言。有假我數年之語。弟子蓋三千焉，身通六藝者七十二人。弟子顔回最賢，蚤死，後惟曾參得傳孔子之道。十四年庚申，魯西狩獲麟，有莫我知之歎。孔子作春秋。有知我罪我等語，論語請討陳恒事，亦在是年。明年辛酉，子路死於衛。十六年壬戌、四月己丑，孔子卒，年七十三，葬魯城北泗上。弟子皆服心喪三年而去，惟子貢廬於冢上，凡六年。孔子生鯉，字伯魚，先卒。伯魚生伋，字子思，作中庸。子思學於曾子，而孟子受業子思之門人。

何氏曰：「魯論語二十篇。齊論語別有問王、知道，凡二十二篇，其二十篇中章句，頗多於魯論。古論出孔氏壁中，分堯曰下章子張問以爲一篇，有兩子張，凡二十一篇，篇次不與齊魯論同。」

程子曰：「論語之書，成於有子曾子之門人，故其書獨二子以子稱。」

程子曰：「讀論語：有讀了全然無事者；有讀了後其中得一兩句喜者；有讀了後知好之者；有讀了後直有不知手之舞之足之蹈之者。」

程子曰：「今人不會讀書。如讀論語，未讀時是此等人，讀了後又只是此等人，便是不曾讀。」

程子曰：「頤自十七八讀論語，當時已曉文義。讀之愈久，但覺意味深長。」

讀論語孟子法

據清仿宋大字本補。

程子曰：「學者當以論語孟子爲本。論語孟子既治，則六經可不治而明矣。讀書者當觀聖人所以作經之意，與聖人所以用心，聖人之所以至於聖人，而吾之所以未至者、所以未得者，句句而求之，晝誦而味之，中夜而思之，平其心，易其氣，闕其疑，則聖人之意可見矣。」

程子曰：「凡看文字，須先曉其文義，然後可以求其意。未有不曉文義而見意者也。」

程子曰：「學者須將論語中諸弟子問處便作自己問，聖人答處便作今日耳聞，自然有得。雖孔孟復生，不過以此教人。若能於語孟中深求玩味，將來涵養成甚生氣質！」

程子曰：「凡看語孟，且須熟讀玩味。須將聖人言語切己，不可只作一場話說。人只看得二書切己，終身儘多也。」

程子曰：「論孟只剩讀着便自意足。學者須是玩味。若以語言解着，意便不足。」

或問：「且將論孟緊要處看，如何？」程子曰：「固是好，但終是不浹洽耳。」

程子曰：「孔子言語句句是自然，孟子言語句句是事實。」

程子曰：「學者先讀論語孟子，如尺度權衡相似，以此去量度事物，自然見得長短輕重。」

程子曰：「讀論語孟子而不知道，所謂『雖多，亦奚以爲』。」

論語集注卷一

學而第一

此爲書之首篇，故所記多務本之意，乃入道之門、積德之基、學者之先務也。凡十六章。

子曰：「**學而時習之，不亦説乎？**說、悦同。○學之爲言效也。人性皆善，而覺有先後，後覺者必效先覺之所爲，乃可以明善而復其初也。習，鳥數飛也。學之不已，如鳥數飛也。說，喜意也。既學而又時時習之，則所學者熟，而中心喜説，其進自不能已矣。程子曰：「習，重習也。時復思繹，浹洽於中，則説也。」又曰：「學者，將以行之也。時習之，則所學者在我，故説。」謝氏曰：「時習者，無時而不習。坐如尸，坐時習也；立〔一〕如齊，立時習也。」**有朋自遠方來，不亦樂乎？**樂，音洛。○朋，同類也。自遠方來，則近者可知。程子曰：「以善及人，而信從者衆，故可樂。」又曰：「説在心，樂主發散在外。」**人不知而不慍，不亦君子乎？**」慍，紆問反。○慍，含怒意。君子，成德之名。尹氏曰：「學在己，知不知在人，何慍之有？」程子曰：「雖樂於及人，不見是而無悶，乃所謂君子。」愚謂及人而樂者順而易，不知而不慍者逆而難，故惟成德者能之。然德之所以成，亦曰學之正、習之熟、説之深而不已焉耳。○程子曰：「樂由説而後得，非樂不足以語君子。」

〔一〕「立」，原作「一」，據清仿宋大字本改。

有子曰：「其爲人也孝弟，而好犯上者，鮮矣；不好犯上，而好作亂者，未之有也。弟、好，皆去聲。鮮，上聲，下同。○有子，孔子弟子，名若。善事父母爲孝，善事兄長爲弟。犯上，謂干犯在上之人。鮮，少也。作亂，則爲悖逆爭鬭之事矣。此言人能孝弟，則其心和順，少好犯上，必不好作亂也。**君子務本，本立而道生。孝弟也者，其爲仁之本與！」**與，平聲。○務，專力也。本，猶根也。仁者，愛之理，心之德也。爲仁，猶曰行仁。與者，疑辭，謙退不敢質言也。言君子凡事專用力於根本，根本既立，則其道自生。若上文所謂孝弟，乃是爲仁之本，學者務此，則仁道自此而生也。○程子曰：「孝弟，順德也，故不好犯上，豈復有逆理亂常之事。德有本，本立則其道充大。孝弟行於家，而後仁愛及於物，所謂親親而仁民也。故爲仁以孝弟爲本，論性，則以仁爲孝弟之本。」或問：「孝弟爲仁之本，此是由孝弟可以至仁否？」曰：「非也。謂行仁自孝弟始，孝弟是仁之一事。謂之行仁之本則可，謂是仁之本則不可。蓋仁是性也，孝弟是用也，性中只有箇仁、義、禮、智四者而已，曷嘗有孝弟來。然仁主於愛，愛莫大於愛親，故曰孝弟也者，其爲仁之本與！」

子曰：「巧言令色，鮮矣仁！」巧，好。令，善也。好其言，善其色，致飾於外，務以悦人，則人欲肆而本心之德亡矣。聖人辭不迫切，專言鮮，則絶無可知，學者所當深戒也。○程子曰：「知巧言令色之非仁，則知仁矣。」

曾子曰：「吾日三省吾身：爲人謀而不忠乎？與朋友交而不信乎？傳不習乎？」省，悉井反。爲，去聲。傳，平聲。○曾子，孔子弟子，名參，字子輿。盡己之謂忠。以實之謂信。傳，謂受之於師。習，謂熟之於己。曾子以此三者日省其身，有則改之，無則加勉，其自治誠切如此，可謂得爲學之本矣。而三者之序，則又以忠信爲傳習之本也。○尹氏曰：「曾子守約，故動必求諸身。」謝氏曰：「諸子之學，皆出於聖人，其後愈遠而愈失其真。獨曾子之學，專用心於內，故傳之無弊，觀於子思孟子可見矣。惜乎！其嘉言善行，不盡傳於世也。其幸存而未泯者，學者其可不盡心乎！」

子曰：「道千乘之國：敬事而信，節用而愛人，使民以時。」道、乘，皆去聲。○道，治也。馬氏云：「八百家出車一乘。」〔一〕千乘，諸侯之國，其地可出兵車千乘者也。敬者，主一無適之謂。敬事而信者，敬其事而信於民也。時，謂農隙之時。言治國之要，在此五者，亦務本之意也。○程子曰：「此言至淺，然當時諸侯果能此，亦足以治其國矣。聖人言雖至近，上下皆通。此三言者，若推其極，堯舜之治亦不過此。若常人之言近，則淺近而已矣。」楊氏曰：「上不敬則下慢，不信則下疑，下慢而疑，事不立矣。敬事而信，以身先之也。易曰：『節以制度，不傷財，不害民。』蓋侈用則傷財，傷財必至於害民，故愛民必先於節用。然使之不以其時，則力本者不獲自盡，雖有愛人之心，而人不被其澤矣。然此特論其所存而已，未及爲政也。苟無是心，則雖有政，不行焉。」胡氏曰：「凡此數者，又皆以敬爲主。」愚謂五者反復相因，各有次第，讀者宜細推之。

子曰：「弟子入則孝，出則弟，謹而信，汎愛衆而親仁。行有餘力，則以學文。」弟子之弟，上聲。則弟之弟，去聲。○謹者，行之有常也。信者，言之有實也。汎，廣也。衆，謂衆人。親，近也。仁，謂仁者。餘力，猶言暇日。以，用也。文，謂詩書六藝之文。○程子曰：「爲弟子之職，力有餘則學文，不修其職而先文，非爲己之學也。」尹氏曰：「德行，本也。文藝，末也。窮其本末，知所先後，可以入德矣。」洪氏曰：「未有餘力而學文，則文滅其質；有餘力而不學文，則質勝而野。」愚謂力行而不學文，則無以考聖賢之成法，識事理之當然，而所行或出於私意，非但失之於野而已。

子夏曰：「賢賢易色，事父母能竭其力，事君能致其身，與朋友交言而有信。雖曰未

〔一〕「馬氏云八百家出車一乘」十字，據清仿宋大字本補。

學，吾必謂之學矣。」子夏，孔子弟子，姓卜，名商。賢人之賢，而易其好色之心，好善有誠也。致，猶委也。委致其身，謂不有其身也。四者皆人倫之大者，而行之必盡其誠，學求如是而已。故子夏言有能如是之人，苟非生質之美，必其務學之至。雖或以爲未嘗爲學，我必謂之已學也。○游氏曰：「三代之學，皆所以明人倫也。能是四者，則於人倫厚矣。學之爲道，何以加此。子夏以文學名，而其言如此，則古人之所謂學者可知矣。故學而一篇，大抵皆在於務本。」吴氏曰：「子夏之言，其意善矣。然辭氣之間，抑揚太過，其流之弊，將或至於廢學。必若上章夫子之言，然後爲無弊也。」

子曰：「君子不重則不威，學則不固。重，厚重。威，威嚴。固，堅固也。輕乎外者，必不能堅乎内，故不厚重則無威嚴，而所學亦不堅固也。主忠信。人不忠信，則事皆無實，爲惡則易，爲善則難，故學者必以是爲主焉。程子曰：「人道惟在忠信，不誠則無物，且出入無時，莫知其鄉者，人心也。若無忠信，豈復有物乎？」無友不如己者。無、毋通，禁止辭也。友所以輔仁，不如己，則無益而有損。過則勿憚改。」勿，亦禁止之辭。憚，畏難也。自治不勇，則惡日長，故有過則當速改，不可畏難而苟安也。程子曰：「學問之道無他也，知其不善，則速改以從善而已。」○程子曰：「君子自修之道當如是也。」游氏曰：「君子之道，以威重爲質，而學以成之。學之道，必以忠信爲主，而以勝己者輔之。然或吝於改過，則終無以入德，而賢者亦未必樂告以善道，故以過勿憚改終焉。」

曾子曰：「慎終追遠，民德歸厚矣。」慎終者，喪盡其禮。追遠者，祭盡其誠。民德歸厚，謂下民化之，其德亦歸於厚。蓋終者，人之所易忽也，而能謹之；遠者，人之所易忘也，而能追之：厚之道也。故以此自爲，則己之德厚，下民化之，則其德亦歸於厚也。

子禽問於子貢曰：「夫子至於是邦也，必聞其政，求之與？抑與之與？」之與之與，平聲，下同。○子禽，姓陳，名亢。子貢，姓端木，名賜。皆孔子弟子。或曰：「亢，子貢弟子。」未知孰是。抑，反語辭。**子貢曰：「夫子温、良、恭、儉、讓以得之。夫子之求之也，其諸異乎人之求之與？」**温，和厚也。良，易直也。恭，莊敬也。儉，節制也。讓，謙遜也。五者，夫子之盛德光輝接於人者也。其諸，語辭也。人，他人也。言夫子未嘗求之，但其德容如是，故時君敬信，自以其政就而問之耳，非若他人必求之而後得也。聖人過化存神之妙，未易窺測，然即此而觀，則其德盛禮恭而不願乎外，亦可見矣。學者所當潛心而勉學也。○謝氏曰：「學者觀於聖人威儀之間，亦可以進德矣。若子貢亦可謂善觀聖人矣，亦可謂善言德行矣。今去聖人千五百年，以此五者想見其形容，尚能使人興起，而況於親炙之者乎？」張敬夫曰：「夫子至是邦必聞其政，而未有能委國而授之以政者。蓋見聖人之儀刑而樂告之者，秉彝好德之良心也，而私欲害之，是以終不能用耳。」

子曰：「父在，觀其志；父没，觀其行；三年無改於父之道，可謂孝矣。」行，去聲。○父在，子不得自專，而志則可知。父没，然後其行可見。故觀此足以知其人之善惡，然又必能三年無改於父之道，乃見其孝，不然，則所行雖善，亦不得爲孝矣。○尹氏曰：「如其道，雖終身無改可也。如其非道，何待三年？然則三年無改者，孝子之心有所不忍故也。」游氏曰：「三年無改，亦謂在所當改而可以未改者耳。」

有子曰：「禮之用，和爲貴。先王之道斯爲美，小大由之。禮者，天理之節文，人事之儀則也。和者，從容不迫之意。蓋禮之爲體雖嚴，而皆出於自然之理，故其爲用，必從容而不迫，乃爲可貴。先王之道，此其所以爲美，而小事大事無不由之也。**有所不行，知和而和，不以禮節之，亦不可行也。」**承上文而言，如此而復有所不行者，以其徒知和之爲貴而一於和，不復以禮節之，則亦非復理之本然矣，所以流蕩忘反，而亦不可行也。○程子曰：「禮勝則離，故禮之用和爲貴。先王之道以斯爲美，而小大由之。樂勝則流，故有所不行者，知和而和，不以禮節之，亦不可行。」范氏曰：「凡禮之體主於敬，而其用則以和爲貴。敬者，禮之所以立也；和者，樂之所由生也。若有子可謂達禮樂之本矣。」愚謂嚴而泰，和而節，此理之自然，禮之全體也。毫釐有差，則失其中正，而各倚於一偏，其不可行均矣。

有子曰：「信近於義，言可復也；恭近於禮，遠恥辱也；因不失其親，亦可宗也。」近、遠，皆去聲。○信，約信也。義者，事之宜也。復，踐言也。恭，致敬也。禮，節文也。因，猶依也。宗，猶主也。言約信而合其宜，則言必可踐矣。致恭而中其節，則能遠恥辱矣。所依者不失其可親之人，則亦可以宗而主之矣。此言人之言行交際，皆當謹之於始而慮其所終，不然，則因仍苟且之間，將有不勝其自失之悔者矣。

子曰：「君子食無求飽，居無求安，敏於事而慎於言，就有道而正焉，可謂好學也已。」好，去聲。○不求安飽者，志有在而不暇及也。敏於事者，勉其所不足。慎於言者，不敢盡其所有餘也。然猶不敢自是，而必就有道之人，以正其是非，則可謂好學矣。凡言道者，皆謂事物當然之理，人之所共由者也。○尹氏曰：「君子之學，能是四者，可謂篤志力行者矣。然不取正於有道，未免有差，如楊墨學仁義而差者也，其流至於無父無君，謂之好學可乎？」

子貢曰：「貧而無諂，富而無驕，何如？」子曰：「可也。未若貧而樂，富而好禮者也。」樂，音洛。好，去聲。○諂，卑屈也。驕，矜肆也。常人溺於貧富之中，而不知所以自守，故必有二者之病。無諂無驕，則知自守矣，而未能超乎貧富之外也。凡曰可者，僅可而有所未盡之辭也。樂則心廣體胖而忘其貧，好禮則安處善，樂循理，亦不自知其富矣。子貢貨殖，蓋先貧後富，而嘗用力於自守者，故以此爲問。而夫子答之如此，蓋許其所已能，而勉其所未至也。

子貢曰：「詩云：『如切如磋，如琢如磨。』其斯之謂與？」磋，七多反。與，平聲。○詩衛風淇澳之篇，言治骨角者，既切之而復磋之；治玉石者，既琢之而復磨之；治之已精，而益求其精也。子貢自以無諂無驕爲至矣，聞夫子之言，又知義理之無窮，雖有得焉，而未可遽自足也，故引是詩以明之。**子曰：「賜也，始可與言詩已矣！告諸往而知來者。」**往者，其所已言者。來者，其所未言者。○愚按：此章問答，其淺深高下，固不待辨說而明矣。然不切則磋無所施，不琢則磨無所措。故學者雖不可安於小成，而不求造道之極致；亦不可騖於虛遠，而不察切己之實病也。

子曰：「不患人之不己知，患不知人也。」尹氏曰：「君子求在我者，故不患人之不己知。不知人，則是非邪正或不能辨，故以爲患也。」

爲政第二凡二十四章。

子曰：「爲政以德，譬如北辰，居其所而衆星共之。」共，音拱，亦作拱。○政之爲言正也，所以正人之不正也。德之爲言得也，得於心而不失也。北辰，北極，天之樞也。居其所，不動也。共，向也，言衆星四面旋繞而歸向之也。爲政以德，則無爲而天下歸之，其象如此。○程子曰：「爲政以德，然後無爲。」范氏曰：「爲政以德，則不動而化、不言而信、無爲而成。所守者至簡而能御煩，所處者至靜而能制動，所務者至寡而能服衆。」

子曰：「詩三百，一言以蔽之，曰『思無邪』。」詩三百十一篇，言三百者，舉大數也。蔽，猶蓋也。「思無邪」，魯頌駉篇之辭。凡詩之言，善者可以感發人之善心，惡者可以懲創人之逸志，其用歸於使人得其情性之正而已。然其言微婉，且或各因一事而發，求其直指全體，則未有若此之明且盡者。故夫子言詩三百篇，而惟此一言足以盡蓋其義，其示人之意亦深切矣。○程子曰：「『思無邪』者，誠也。」范氏曰：「學者必務知要，知要則能守約，守約則足以盡博矣。經禮三百，曲禮三千，亦可以一言以蔽之，曰『毋不敬』。」

子曰：「道之以政，齊之以刑，民免而無恥；道，音導，下同。○道，猶引導，謂先之也。政，謂法制禁令也。齊，所以一之也。道之而不從者，有刑以一之也。免而無恥，謂苟免刑罰而無所羞愧，蓋雖不敢爲惡，而爲惡之心未嘗忘也。**道之以德，齊之以禮，有恥且格。」**禮，謂制度品節也。格，至也。言躬行以率之，則民固有所觀感而興起矣，而其淺深厚薄之不一者，又有禮以一之，則民恥於不善，而又有以至於善也。一說，格，正也。書曰：「格其非心。」○愚謂政者，爲治之具。刑者，輔治之法。德禮則所以出治之本，而德又禮之本也。此其相爲終始，雖不可以偏廢，然政刑能使民遠罪而已，德禮之效，則有以使民日遷善而不自知。故治民者不可徒恃其末，又當深探其本也。

子曰：「吾十有五而志于學，古者十五而入大學。心之所之謂之志。此所謂學，即大學之道也。志乎此，則念念在此而爲之不厭矣。**三十而立，**有以自立，則守之固而無所事志矣。**四十而不惑，**於事物之所當然，皆無所疑，則知之明而無所事守矣。**五十而知天命，**天命，即天道之流行而賦於物者，乃事物所以當然之故也。知此則知極其精，而不惑又不足言矣。**六十而耳順，**聲入心通，無所違逆，知之之至，不思而得也。**七十而從心所欲，不踰矩。」**從，如字。○從，隨也。矩，法度之器，所以爲方者也。隨其心之所欲，而自不過於法度，安而行之，不勉而中也。○程子曰：「孔子生而知之也，言亦由學而至，所以勉進後人也。立，能自立於斯道也。不惑，則無所疑矣。知天命，窮理盡性也。耳順，所聞皆通也。從心所欲，不踰矩，則不勉而中矣。」又曰：「孔子自言其進德之序如此者，聖人未必然，但爲學者立法，使之盈科而後進，成章而後達耳。」胡氏曰：「聖人之教亦多術，然其要使人不失其本心而已。欲得此心者，惟志乎聖人所示之學，循其序而進焉。至於一疵不存、萬理明盡之後，則其日用之間，本心瑩然，隨所意欲，莫非至理。蓋心即體，欲即用，體即道，用即義，聲爲律而身爲度矣。」又曰：「聖人言此，一以示學者當優游涵泳，不可躐等而進；二以示學者當日就月將，不可半途而廢也。」愚謂聖人生知安行，固無積累之漸，然其心未嘗自謂已至此也。是其日用之間，必有獨覺其進而人不及知者。故因其近似以自名，欲學者以是爲則而自勉，非心實自聖而姑爲是退託也。後凡言謙辭之屬，意皆放此。

孟懿子問孝。子曰：「無違。」孟懿子，魯大夫仲孫氏，名何忌。無違，謂不背於理。**樊遲御，子告之曰：「孟孫問孝於我，我對曰『無違』。」**樊遲，孔子弟子，名須。御，爲孔子御車也。孟孫，即仲孫也。夫子以懿子未達而不能問，恐其失指，而以從親之令爲孝，故語樊遲以發之。**樊遲曰：「何謂也？」子曰：「生，事之以禮；死，葬之以禮，祭之以禮。」**生事葬祭，事親之始終具矣。禮，即理之節文也。人之事親，自始至終，一於禮而不苟，其尊親也至矣。是時三家僭禮，故夫子以是警之，然語意渾然，又若不專爲三家發者，所以爲聖人之言也。○胡氏曰：「人之欲孝其親，心雖無窮，而分則有限。得爲而不爲，與不得爲而爲之，均於不孝。所謂以禮者，爲其所得爲者而已矣。」

孟武伯問孝。子曰：「父母唯其疾之憂。」武伯，懿子之子，名彘。言父母愛子之心，無所不至，惟恐其有疾病，常以爲憂也。人子體此，而以父母之心爲心，則凡所以守其身者，自不容於不謹矣，豈不可以爲孝乎？舊説，人子能使父母不以其陷於不義爲憂，而獨以其疾爲憂，乃可謂孝。亦通。

子游問孝。子曰：「今之孝者，是謂能養。至於犬馬，皆能有養；不敬，何以別乎？」養，去聲。別，彼列反。○子游，孔子弟子，姓言，名偃。養，謂飲食供奉也。犬馬待人而食，亦若養然。言人畜犬馬，皆能有以養之，若能養其親而敬不至，則與養犬馬者何異。甚言不敬之罪，所以深警之也。○胡氏曰：「世俗事親，能養足矣。狎恩恃愛，而不知其漸流於不敬，則非小失也。子游聖門高弟，未必至此，聖人直恐其愛踰於敬，故以是深警發之也。」

子夏問孝。子曰：「色難。有事弟子服其勞，有酒食先生饌，曾是以爲孝乎？」食，音嗣。○色難，謂事親之際，惟色爲難也。食，飯也。先生，父兄也。饌，飲食之也。曾，猶嘗也。蓋孝子之有深愛者，必有和氣；有和氣者，必有愉色；有愉色者，必有婉容。故事親之際，惟色爲難耳，服勞奉養未足爲孝也。舊説，承順父母之色爲難，亦通。○程子曰：「告懿子，告衆人者也。告武伯者，以其人多可憂之事。子游能養而或失於敬，子夏能直義而或少温潤之色。各因其材之高下，與其所失而告之，故不同也。」

子曰：「吾與回言終日，不違如愚。退而省其私，亦足以發。回也不愚。」回，孔子弟子，姓顔，字子淵。不違者，意不相背，有聽受而無問難也。私，謂燕居獨處，非進見請問之時。發，謂發明所言之理。愚聞之師曰：「顔子深潛純粹，其於聖人體段已具。其聞夫子之言，默識心融，觸處洞然，自有條理。故終日言，但見其不違如愚人而已。及退省其私，則見其日用動静語默之間，皆足以發明夫子之道，坦然由之而無疑，然後知其不愚也。」

子曰：「視其所以，以，爲也。爲善者爲君子，爲惡者爲小人。**觀其所由，**觀，比視爲詳矣。由，從也。事雖爲善，而意之所從來者有未善焉，則亦不得爲君子矣。或曰：「由，行也。謂所以行其所爲者也。」**察其所安。**察，則又加詳矣。安，所樂也。所由雖善，而心之所樂者不在於是，則亦僞耳，豈能久而不變哉？**人焉廋哉？人焉廋哉？」**焉，於虔反。廋，所留反。○焉，何也。廋，匿也。重言以深明之。○程子曰：「在己者能知言窮理，則能以此察人如聖人也。」

子曰：「温故而知新，可以爲師矣。」温，尋繹也。故者，舊所聞。新者，今所得。言學能時習舊聞，而每有新得，則所學在我，而其應不窮，故可以爲人師。若夫記問之學，則無得於心，而所知有限，故學記譏其「不足以爲人師」，正與此意互相發也。

子曰：「君子不器。」器者，各適其用而不能相通。成德之士，體無不具，故用無不周，非特爲一才一藝而已。

子貢問君子。子曰：「先行其言而後從之。」周氏曰：「先行其言者，行之於未言之前；而後從之者，言之於既行之後。」○范氏曰：「子貢之患，非言之艱而行之艱，故告之以此。」

子曰：「君子周而不比，小人比而不周。」周，普徧也。比，偏黨也。皆與人親厚之意，但周公而比私耳。○君子小人所爲不同，如陰陽晝夜，每每相反。然究其所以分，則在公私之際，毫釐之差耳。故聖人於周比、和同、驕泰之屬，常對舉而互言之，欲學者察乎兩閒，而審其取舍之幾也。

子曰：「學而不思則罔，思而不學則殆。」不求諸心，故昏而無得。不習其事，故危而不安。○程子曰：「博學、審問、慎思、明辨、篤行五者，廢其一，非學也。」

子曰：「攻乎異端，斯害也已！」范氏曰：「攻，專治也，故治木石金玉之工曰攻。異端，非聖人之道，而別爲一端，如楊墨是也。其率天下至於無父無君，專治而欲精之，爲害甚矣！」○程子曰：「佛氏之言，比之楊墨，尤爲近理，所以其害爲尤甚。學者當如淫聲美色以遠之，不爾，則駸駸然入於其中矣。」

子曰：「由！誨女知之乎？知之爲知之，不知爲不知，是知也。」女，音汝。○由，孔子弟子，姓仲，字子路。子路好勇，蓋有强其所不知以爲知者，故夫子告之曰：我教女以知之之道乎！但所知者則以爲知，所不知者則以爲不知。如此則雖或不能盡知，而無自欺之蔽，亦不害其爲知矣。況由此而求之，又有可知之理乎？

子張學干禄。子張，孔子弟子，姓顓孫，名師。干，求也。禄，仕者之奉也。**子曰：「多聞闕疑，慎言其餘，則寡尤；多見闕殆，慎行其餘，則寡悔。言寡尤，行寡悔，禄在其中矣。」**行寡之行，去聲。○呂氏曰：「疑者所未信，殆者所未安。」程子曰：「尤，罪自外至者也。悔，理自内出者也。」愚謂多聞見者學之博，闕疑殆者擇之精，慎言行者守之約。凡言在其中者，皆不求而自至之辭。言此以救子張之失而進之也。○程子曰：「修天爵則人爵至，君子言行能謹，得禄之道也。子張學干禄，故告之以此，使定其心而不爲利禄動，若顔閔則無此問矣。或疑如此亦有不得禄者，孔子蓋曰耕也餒在其中，惟理可爲者爲之而已矣。」

哀公問曰：「何爲則民服？」孔子對曰：「舉直錯諸枉，則民服；舉枉錯諸直，則民不服。」哀公，魯君，名蔣。凡君問，皆稱孔子對曰者，尊君也。錯，捨置也。諸，衆也。程子曰：「舉錯得義，則人心服。」○謝氏曰：「好直而惡枉，天下之至情也。順之則服，逆之則去，必然之理也。然或無道以照之，則以直爲枉、以枉爲直者多矣，是以君子大居敬而貴窮理也。」

季康子問：「使民敬、忠以勸，如之何？」子曰：「臨之以莊則敬，孝慈則忠，舉善而教不能則勸。」季康子，魯大夫季孫氏，名肥。莊，謂容貌端嚴也。臨民以莊，則民敬於己。孝於親，慈於衆，則民忠於己。善者舉之而不能者教之，則民有所勸而樂於爲善。○張敬夫曰：「此皆在我所當爲，非爲欲使民敬忠以勸而爲之也。然能如是，則其應蓋有不期然而然者矣。」

或謂孔子曰：「子奚不爲政？」定公初年，孔子不仕，故或人疑其不爲政也。子曰：「書云：『孝乎惟孝，友于兄弟，施於有政。』是亦爲政，奚其爲爲政？」書周書君陳篇。書云孝乎者，言書之言孝如此也。善兄弟曰友。書言君陳能孝於親，友於兄弟，又能推廣此心，以爲一家之政。孔子引之，言如此，則是亦爲政矣，何必居位乃爲爲政乎？蓋孔子之不仕，有難以語或人者，故託此以告之，要之至理亦不外是。

子曰：「人而無信，不知其可也。大車無輗，小車無軏，其何以行之哉？」輗，五兮反。軏，音月。○大車，謂平地任載之車。輗，轅端橫木，縛軛以駕牛者。小車，謂田車、兵車、乘車。軏，轅端上曲，鉤衡以駕馬者。車無此二者，則不可以行，人而無信，亦猶是也。

子張問：「十世可知也？」陸氏曰：「也，一作乎。」○王者易姓受命爲一世。子張問：自此以後，十世之事，可前知乎？子曰：「殷因於夏禮，所損益，可知也；周因於殷禮，所損益，可知也；其或繼周者，雖百世可知也。」馬氏曰：「所因，謂三綱五常。所損益，謂文質三統。」愚按：三綱，謂君爲臣綱，父爲子綱，夫爲妻綱。五常，謂仁、義、禮、智、信。文質，謂夏尚忠，商尚質，周尚文。三統，謂夏正建寅爲人統，商正建丑爲地統，周正建子爲天統。三綱五常，禮之大體，三代相繼，皆因之而不能變。其所損益，不過文章制度小過不及之間，而其已然之迹，今皆可見。則自今以往，或有繼周而王者，雖百世之遠，所因所革，亦不過此，豈但十世而已乎！聖人所以知來者蓋如此，非若後世讖緯術數之學也。○胡氏曰：「子張之問，蓋欲知來，而聖人言其既往者以明之也。夫自修身以至於爲天下，不可一日而無禮。天敘天秩，人所共由，禮之本也。商不能改乎夏，周不能改乎商，所謂天地之常經也。若乃制度文爲，或太過則當損，或不足則當益，益之損之，與時宜之，而所因者不壞，是古今之通義也。因往推來，雖百世之遠，不過如此而已矣。」

子曰：「非其鬼而祭之，諂也。非其鬼，謂非其所當祭之鬼。諂，求媚也。見義不爲，無勇也。」知而不爲，是無勇也。

論語集注卷二

八佾第三凡二十六章。通前篇末二章，皆論禮樂之事。

孔子謂季氏：「八佾舞於庭，是可忍也，孰不可忍也？」佾，音逸。○季氏，魯大夫季孫氏也。佾，舞列也，天子八，諸侯六，大夫四，士二。每佾人數，如其佾數。或曰：「每佾八人。」未詳孰是。季氏以大夫而僭用天子之樂，孔子言其此事尚忍爲之，則何事不可忍爲。或曰：「忍，容忍也。」蓋深疾之之辭。○范氏曰：「樂舞之數，自上而下，降殺以兩而已，故兩之間，不可以毫髮僭差也。孔子爲政，先正禮樂，則季氏之罪不容誅矣。」謝氏曰：「君子於其所不當爲不敢須臾處，不忍故也。而季氏忍此矣，則雖弒父與君，亦何所憚而不爲乎？」

三家者以雍徹。子曰：「『相維辟公，天子穆穆』，奚取於三家之堂？」徹，直列反。相，去聲。○三家，魯大夫孟孫、叔孫、季孫之家也。雍，周頌篇名。徹，祭畢而收其俎也。天子宗廟之祭，則歌雍以徹，是時三家僭而用之。相，助也。辟公，諸侯也。穆穆，深遠之意，天子之容也。此雍詩之辭，孔子引之，言三家之堂非有此事，亦何取於此義而歌之乎？譏其無知妄作，以取僭竊之罪。○程子曰：「周公之功固大矣，皆臣子之分所當爲，魯安得獨用天子禮樂哉？成王之賜，伯禽之受，皆非也。其因襲之弊，遂使季氏僭八佾，三家僭雍徹，故仲尼譏之。」

子曰：「人而不仁，如禮何？人而不仁，如樂何？」游氏曰：「人而不仁，則人心亡矣，其如禮樂何哉？言雖欲用之，而禮樂不爲之用也。」○程子曰：「仁者天下之正理。失正理，則無序而不和。」李氏曰：「禮樂待人而後行，苟非其人，則雖玉帛交錯，鐘鼓鏗鏘，亦將如之何哉？」然記者序此於八佾雍徹之後，疑其爲僭禮樂者發也。

林放問禮之本。林放，魯人。見世之爲禮者，專事繁文，而疑其本之不在是也，故以爲問。**子曰：「大哉問！**孔子以時方逐末，而放獨有志於本，故大其問。蓋得其本，則禮之全體無不在其中矣。**禮，與其奢也，寧儉；喪，與其易也，寧戚。」**易，去聲。○易，治也。孟子曰：「易其田疇。」在喪禮，則節文習熟，而無哀痛慘怛之實者也。戚則一於哀，而文不足耳。禮貴得中，奢易則過於文，儉戚則不及而質，二者皆未合禮。然凡物之理，必先有質而後有文，則質乃禮之本也。○范氏曰：「夫祭與其敬不足而禮有餘也，不若禮不足而敬有餘也；喪與其哀不足而禮有餘也，不若禮不足而哀有餘也。禮失之奢，喪失之易，皆不能反本，而隨其末故也。禮奢而備，不若儉而不備之愈也；喪易而文，不若戚而不文之愈也。儉者物之質，戚者心之誠，故爲禮之本。」楊氏曰：「禮始諸飲食，故汙尊而抔飲，爲之簠、簋、籩、豆、罍、爵之飾，所以文之也，則其本儉而已。喪不可以徑情而直行，爲之衰麻哭踊之數，所以節之也，則其本戚而已。周衰，世方以文滅質，而林放獨能問禮之本，故夫子大之，而告之以此。」

子曰：「夷狄之有君，不如諸夏之亡也。」吳氏曰：「亡，古無字，通用。」程子曰：「夷狄且有君長，不如諸夏之僭亂，反無上下之分也。」○尹氏曰：「孔子傷時之亂而歎之也。無，非實無也，雖有之，不能盡其道爾。」

季氏旅於泰山。子謂冉有曰：「女弗能救與？」對曰：「不能。」子曰：「嗚呼！曾謂泰山，不如林放乎？」女，音汝。與，平聲。○旅，祭名。泰山，山名，在魯地。禮，諸侯祭封内山川，季氏祭之，僭也。冉有，孔子弟子，名求，時爲季氏宰。救，謂救其陷於僭竊之罪。嗚呼，歎辭。言神不享非禮，欲季氏知其無益而自止，又進林放以厲冉有也。○范氏曰：「冉有從季氏，夫子豈不知其不可告也，然而聖人不輕絶人。盡己之心，安知冉有之不能救、季氏之不可諫也。既不能正，則美林放以明泰山之不可誣，是亦教誨之道也。」

子曰：「君子無所争，必也射乎！揖讓而升，下而飲，其争也君子。」飲，去聲。○揖讓而升者，大射之禮，耦進三揖而後升堂也。下而飲，謂射畢揖降，以俟衆耦皆降，勝者乃揖不勝者升，取觶立飲也。言君子恭遜不與人争，惟於射而後有争。然其争也，雍容揖遜乃如此，則其争也君子，而非若小人之争矣。

子夏問曰：「『巧笑倩兮，美目盼兮，素以爲絢兮。』何謂也？」倩，七練反。盼，普莧反。絢，呼縣反。○此逸詩也。倩，好口輔也。盼，目黑白分也。素，粉地，畫之質也。絢，采色，畫之飾也。言人有此倩盼之美質，而又加以華采之飾，如有素地而加采色也。子夏疑其反謂以素爲飾，故問之。子曰：「繪事後素。」繪，胡對反。○繪事，繪畫之事也。後素，後於素也。考工記曰：「繪畫之事後素功。」謂先以粉地爲質，而後施五采，猶人有美質，然後可加文飾。曰：「禮後乎？」子曰：「起予者商也！始可與言詩已矣。」禮必以忠信爲質，猶繪事必以粉素爲先。起，猶發也。起予，言能起發我之志意。謝氏曰：「子貢因論學而知詩，子夏因論詩而知學，故皆可與言詩。」○楊氏曰：「『甘受和，白受采，忠信之人，可以學禮。苟無其質，禮不虚行。』此『繪事後素』之説也。孔子曰『繪事後素』，而子夏曰『禮後乎』，可謂能繼其志矣。非得之言意之表者能之乎？商賜可與言詩者以此。若夫玩心於章句之末，則其爲詩也固而已矣。所謂起予，則亦相長之義也。」

子曰：「夏禮吾能言之，杞不足徵也；殷禮吾能言之，宋不足徵也。文獻不足故也，足則吾能徵之矣。」杞，夏之後。宋，殷之後。徵，證也。文，典籍也。獻，賢也。言二代之禮，我能言之，而二國不足取以爲證，以其文獻不足故也。文獻若足，則我能取之，以證吾言矣。

子曰：「禘自既灌而往者，吾不欲觀之矣。」禘，大計反。○趙伯循曰：「禘，王者之大祭也。王者既立始祖之廟，又推始祖所自出之帝，祀之於始祖之廟，而以始祖配之也。成王以周公有大勳勞，賜魯重祭。故得禘於周公之廟，以文王爲所出之帝，而周公配之，然非禮矣。」灌者，方祭之始，用鬱鬯之酒灌地，以降神也。魯之君臣，當此之時，誠意未散，猶有可觀，自此以後，則浸以懈怠而無足觀矣。蓋魯祭非禮，孔子本不欲觀，至此而失禮之中又失禮焉，故發此歎也。○謝氏曰：「夫子嘗曰：『我欲觀夏道，是故之杞，而不足徵也；我欲觀殷道，是故之宋，而不足徵也。』又曰：『我觀周道，幽厲傷之，吾舍魯何適矣。魯之郊禘非禮也，周公其衰矣！』考之杞宋已如彼，考之當今又如此，孔子所以深歎也。」

或問禘之説。子曰：「不知也。知其説者之於天下也，其如示諸斯乎！」指其掌。先王報本追遠之意，莫深於禘。非仁孝誠敬之至，不足以與此，非或人之所及也。而不王不禘之法，又魯之所當諱者，故以不知答之。示，與視同。指其掌，弟子記夫子言此而自指其掌，言其明且易也。蓋知禘之説，則理無不明，誠無不格，而治天下不難矣。聖人於此，豈真有所不知也哉？

祭如在，祭神如神在。程子曰：「祭，祭先祖也。祭神，祭外神也。祭先主於孝，祭神主於敬。」愚謂此門人記孔子祭祀之誠意。**子曰：「吾不與祭，如不祭。」**與，去聲。○又記孔子之言以明之。言己當祭之時，或有故不得與，而使他人攝之，則不得致其如在之誠。故雖已祭，而此心缺然，如未嘗祭也。○范氏曰：「君子之祭，七日戒，三日齊，必見所祭者，誠之至也。是故郊則天神格，廟則人鬼享，皆由己以致之也。有其誠則有其神，無其誠則無其神，可不謹乎？吾不與祭如不祭，誠爲實，禮爲虚也。」

王孫賈問曰：「與其媚於奧，寧媚於竈，何謂也？」王孫賈，衛大夫。媚，親順也。室西南隅爲奧。竈者，五祀之一，夏所祭也。凡祭五祀，皆先設主而祭於其所，然後迎尸而祭於奧，畧如祭宗廟之儀。如祀竈，則設主於竈陘，祭畢，而更設饌於奧以迎尸也。故時俗之語，因以奧有常尊，而非祭之主；竈雖卑賤，而當時用事。喻自結於君，不如阿附權臣也。賈，衛之權臣，故以此諷孔子。子曰：「不然，獲罪於天，無所禱也。」天，即理也；其尊無對，非奧竈之可比也。逆理，則獲罪於天矣，豈媚於奧竈所能禱而免乎？言但當順理，非特不當媚竈，亦不可媚於奧也。○謝氏曰：「聖人之言，遜而不迫。使王孫賈而知此意，不爲無益；使其不知，亦非所以取禍。」

子曰：「周監於二代，郁郁乎文哉！吾從周。」郁，於六反。○監，視也。二代，夏商也。言其視二代之禮而損益之。郁郁，文盛貌。○尹氏曰：「三代之禮至周大備，夫子美其文而從之。」

子入大廟，每事問。或曰：「孰謂鄹人之子知禮乎？入大廟，每事問。」子聞之曰：「是禮也。」大，音泰。鄹，側留反。○大廟，魯周公廟。此蓋孔子始仕之時，入而助祭也。鄹，魯邑名。孔子父叔梁紇，嘗爲其邑大夫。孔子自少以知禮聞，故或人因此而譏之。孔子言是禮者，敬謹之至，乃所以爲禮也。○尹氏曰：「禮者，敬而已矣。雖知亦問，謹之至也，其爲敬莫大於此。謂之不知禮者，豈足以知孔子哉？」

子曰：「射不主皮，爲力不同科，古之道也。」爲，去聲。○射不主皮，鄉射禮文。爲力不同科，孔子解禮之意如此也。皮，革也，布侯而棲革於其中以爲的，所謂鵠也。科，等也。古者射以觀德，但主於中，而不主於貫革，蓋以人之力有强弱，不同等也。記曰：「武王克商，散軍郊射，而貫革之射息。」正謂此也。周衰，禮廢，列國兵争，復尚貫革，故孔子歎之。○楊氏曰：「中可以學而能，力不可以强而至。聖人言古之道，所以正今之失。」

子貢欲去告朔之餼羊。去，起吕反。告，古篤反。餼，許氣反。○告朔之禮：古者天子常以季冬，頒來歲十二月之朔於諸侯，諸侯受而藏之祖廟。月朔，則以特羊告廟，請而行之。餼，生牲也。魯自文公始不視朔，而有司猶供此羊，故子貢欲去之。**子曰：「賜也，爾愛其羊，我愛其禮。」**愛，猶惜也。子貢蓋惜其無實而妄費。然禮雖廢，羊存，猶得以識之而可復焉。若併去其羊，則此禮遂亡矣，孔子所以惜之。○楊氏曰：「告朔，諸侯所以稟命於君親，禮之大者。魯不視朔矣，然羊存則告朔之名未泯，而其實因可舉。此夫子所以惜之也。」

子曰：「事君盡禮，人以爲諂也。」黄氏曰：「孔子於事君之禮，非有所加也，如是而後盡爾。時人不能，反以爲諂。故孔子言之，以明禮之當然也。」○程子曰：「聖人事君盡禮，當時以爲諂。若他人言之，必曰我事君盡禮，小人以爲諂，而孔子之言止於如此。聖人道大德宏，此亦可見。」

定公問：「君使臣，臣事君，如之何？」孔子對曰：「君使臣以禮，臣事君以忠。」定公，魯君，名宋。二者皆理之當然，各欲自盡而已。○吕氏曰：「使臣不患其不忠，患禮之不至；事君不患其無禮，患忠之不足。」尹氏曰：「君臣以義合者也。故君使臣以禮，則臣事君以忠。」

子曰：「關雎，樂而不淫，哀而不傷。」樂，音洛。○關雎，周南國風詩之首篇也。淫者，樂之過而失其正者也。傷者，哀之過而害於和者也。關雎之詩，言后妃之德，宜配君子。求之未得，則不能無寤寐反側之憂；求而得之，則宜其有琴瑟鐘鼓之樂。蓋其憂雖深而不害於和，其樂雖盛而不失其正，故夫子稱之如此。欲學者玩其辭，審其音，而有以識其性情之正也。

哀公問社於宰我。宰我對曰：「夏后氏以松，殷人以柏，周人以栗，曰使民戰栗。」宰我，孔子弟子，名予。三代之社不同者，古者立社，各樹其土之所宜木以爲主也。戰栗，恐懼貌。宰我又言周所以用栗之意如此。豈以古者戮人於社，故附會其説與？　**子聞之曰：「成事不説，遂事不諫，既往不咎。」**遂事，謂事雖未成，而勢不能已者。孔子以宰我所對，非立社之本意，又啓時君殺伐之心，而其言已出，不可復救，故歷言此以深責之，欲使謹其後也。○尹氏曰：「古者各以所宜木名其社，非取義於木也。宰我不知而妄對，故夫子責之。」

子曰：「管仲之器小哉！」管仲，齊大夫，名夷吾，相桓公霸諸侯。器小，言其不知聖賢大學之道，故局量褊淺、規模卑狹，不能正身修德以致主於王道。　**或曰：「管仲儉乎？」曰：「管氏有三歸，官事不攝，焉得儉？」**焉，於虔反。○或人蓋疑器小之爲儉。三歸，臺名。事見説苑。攝，兼也。家臣不能具官，一人常兼數事。管仲不然，皆言其侈。　**「然則管仲知禮乎？」曰：「邦君樹塞門，管氏亦樹塞門；邦君爲兩君之好，有反坫，管氏亦有反坫。管氏而知禮，孰不知禮？」**好，去聲。坫，丁念反。○或人又疑不儉爲知禮。屏謂之樹。塞，猶蔽也。設屏於門，以蔽内外也。好，謂好會。坫，在兩楹之間，獻酬飲畢，則反爵於其上。此皆諸侯之禮，而管仲僭之，不知禮也。○愚謂孔子譏管仲之器小，其旨深矣。或人不知而疑其儉，故斥其奢以明其非儉。或又疑其知禮，故又斥其僭，以明其不知禮。蓋雖不復明言小器之所以然，而其所以小者，於此亦可見矣。故程子曰：「奢而犯禮，其器之小可知。蓋器大，則自知禮而無此失矣。」此言當深味也。蘇氏曰：「自修身正家以及於國，則其本深，其及者遠，是謂大器。揚雄所謂『大器猶規矩準繩』，先自治而後治人者是也。管仲三歸反坫，桓公内嬖六人，而霸天下，其本固已淺矣。管仲死，桓公薨，天下不復宗齊。」楊氏曰：「夫子大管仲之功而小其器。蓋非王佐之才，雖能合諸侯、正天下，其器不足稱也。道學不明，而王霸之略混爲一途。故聞管仲之器小，則疑其爲儉，以不儉告之，則又疑其知禮。蓋世方以詭遇爲功，而不知爲之範，則不悟其小，宜矣。」

子語魯大師樂。曰：「樂其可知也：始作，翕如也；從之，純如也，皦如也，繹如也，以成。」語，去聲。大，音泰。從，音縱。○語，告也。大師，樂官名。時音樂廢缺，故孔子教之。翕，合也。從，放也。純，和也。皦，明也。繹，相續不絶也。成，樂之一終也。○謝氏曰：「五音六律不具，不足以爲樂。翕如，言其合也。五音合矣，清濁高下，如五味之相濟而後和，故曰純如。合而和矣，欲其無相奪倫，故曰皦如，然豈宫自宫而商自商乎？不相反而相連，如貫珠可也，故曰繹如也，以成。」

儀封人請見。曰：「君子之至於斯也，吾未嘗不得見也。」從者見之。出曰：「二三子，何患於喪乎？天下之無道也久矣，天將以夫子爲木鐸。」請見、見之之見，賢遍反。從、喪，皆去聲。○儀，衛邑。封人，掌封疆之官，蓋賢而隱於下位者也。君子，謂當時賢者。至此皆得見之，自言其平日不見絶於賢者，而求以自通也。見之，謂通使得見。喪，謂失位去國，禮曰「喪欲速貧」是也。木鐸，金口木舌，施政教時所振，以警衆者也。言亂極當治，天必將使夫子得位設教，不久失位也。封人一見夫子而遽以是稱之，其所得於觀感之間者深矣。或曰：「木鐸所以狥于道路，言天使夫子失位，周流四方以行其教，如木鐸之狥于道路也。」

子謂韶，「盡美矣，又盡善也」。謂武，「盡美矣，未盡善也」。韶，舜樂。武，武王樂。美者，聲容之盛。善者，美之實也。舜紹堯致治，武王伐紂救民，其功一也，故其樂皆盡美。然舜之德，性之也，又以揖遜而有天下；武王之德，反之也，又以征誅而得天下，故其實有不同者。○程子曰：「成湯放桀，惟有慙德，武王亦然，故未盡善。堯、舜、湯、武，其揆一也。征伐非其所欲，所遇之時然爾。」

子曰：「居上不寬，爲禮不敬，臨喪不哀，吾何以觀之哉？」居上主於愛人，故以寬爲本。爲禮以敬爲本，臨喪以哀爲本。既無其本，則以何者而觀其所行之得失哉？

里仁第四 凡二十六章。

子曰：「里仁爲美。擇不處仁，焉得知？」處，上聲。焉，於虔反。知，去聲。○里有仁厚之俗爲美。擇里而不居於是焉，則失其是非之本心，而不得爲知矣。

子曰：「不仁者不可以久處約，不可以長處樂。仁者安仁，知者利仁。」樂，音洛。知，去聲。○約，窮困也。利，猶貪也，蓋深知篤好而必欲得之也。不仁之人，失其本心，久約必濫，久樂必淫。惟仁者則安其仁而無適不然，知者則利於仁而不易所守，蓋雖深淺之不同，然皆非外物所能奪矣。○謝氏曰：「仁者心無内外遠近精粗之間，非有所存而自不亡，非有所理而自不亂，如目視而耳聽，手持而足行也。知者謂之有所見則可，謂之有所得則未可。有所存斯不亡，有所理斯不亂，未能無意也。安仁則一，利仁則二。安仁者，非顔閔以上，去聖人爲不遠，不知此味也。諸子雖有卓越之才，謂之見道不惑則可，然未免於利之也。」

子曰：「唯仁者能好人，能惡人。」好、惡，皆去聲。○唯之爲言獨也。蓋無私心，然後好惡當於理，程子所謂「得其公正」是也。○游氏曰：「好善而惡惡，天下之同情，然人每失其正者，心有所繫而不能自克也。惟仁者無私心，所以能好惡也。」

子曰：「苟志於仁矣，無惡也。」惡，如字。○苟，誠也。志者，心之所之也。其心誠在於仁，則必無爲惡之事矣。○楊氏曰：「苟志於仁，未必無過舉也，然而爲惡則無矣。」

子曰：「富與貴是人之所欲也，不以其道得之，不處也；貧與賤是人之所惡也，不以其道得之，不去也。惡，去聲。○不以其道得之，謂不當得而得之。然於富貴則不處，於貧賤則不去，君子之審富貴而安貧賤也如此。君子去仁，惡乎成名？惡，平聲。○言君子所以爲君子，以其仁也。若貪富貴而厭貧賤，則是自離其仁，而無君子之實矣，何所成其名乎？君子無終食之間違仁，造次必於是，顛沛必於是。」造，七到反。沛，音貝。○終食者，一飯之頃。造次，急遽苟且之時。顛沛，傾覆流離之際。蓋君子之不去乎仁如此，不但富貴、貧賤、取舍之間而已也。○言君子爲仁，自富貴、貧賤、取舍之間，以至於終食、造次、顛沛之頃，無時無處而不用其力也。然取舍之分明，然後存養之功密；存養之功密，則其取舍之分益明矣。

子曰：「我未見好仁者，惡不仁者。好仁者，無以尚之；惡不仁者，其爲仁矣，不使不仁者加乎其身。好、惡，皆去聲。○夫子自言未見好仁者、惡不仁者。蓋好仁者真知仁之可好，故天下之物無以加之。惡不仁者真知不仁之可惡，故其所以爲仁者，必能絶去不仁之事，而不使少有及於其身。此皆成德之事，故難得而見之也。有能一日用其力於仁矣乎？我未見力不足者。言好仁、惡不仁者，雖不可見，然或有人果能一旦奮然用力於仁，則我又未見其力有不足者。蓋爲仁在己，欲之則是，而志之所至，氣必至焉。故仁雖難能，而至之亦易也。蓋有之矣，我未之見也。」蓋，疑辭。有之，謂有用力而力不足者。蓋人之氣質不同，故疑亦容或有此昏弱之甚，欲進而不能者，但我偶未之見耳。蓋不敢終以爲易，而又歎人之莫肯用力於仁也。○此章言仁之成德，雖難其人，然學者苟能實用其力，則亦無不可至之理。但用力而不至者，今亦未見其人焉，此夫子所以反覆而歎惜之也。

子曰：「人之過也，各於其黨。觀過，斯知仁矣。」黨，類也。程子曰：「人之過也，各於其類。君子常失於厚，小人常失於薄；君子過於愛，小人過於忍。」尹氏曰：「於此觀之，則人之仁不仁可知矣。」○吴氏曰：「後漢吴祐謂：『掾以親故：受汙辱之名，所謂觀過知仁。』是也。」愚按：此亦但言人雖有過，猶可即此而知其厚薄，非謂必俟其有過，而後賢否可知也。

子曰：「朝聞道，夕死可矣。」道者，事物當然之理。苟得聞之，則生順死安，無復遺恨矣。朝夕，所以甚言其時之近。○程子曰：「言人不可以不知道，苟得聞道，雖死可也。」又曰：「皆實理也，人知而信者爲難。死生亦大矣！非誠有所得，豈以夕死爲可乎？」

子曰：「士志於道，而恥惡衣惡食者，未足與議也。」心欲求道，而以口體之奉不若人爲恥，其識趣之卑陋甚矣，何足與議於道哉？○程子曰：「志於道而心役乎外，何足與議也？」

子曰：「君子之於天下也，無適也，無莫也，義之與比。」適，丁歷反。比，必二反。○適，專主也。春秋傳曰「吾誰適從」是也。莫，不肯也。比，從也。○謝氏曰：「適，可也。莫，不可也。無可無不可，苟無道以主之，不幾於猖狂自恣乎？此佛老之學，所以自謂心無所住而能應變，而卒得罪於聖人也。聖人之學不然，於無可無不可之間，有義存焉。然則君子之心，果有所倚乎？」

子曰：「君子懷德，小人懷土；君子懷刑，小人懷惠。」懷，思念也。懷德，謂存其固有之善。懷土，謂溺其所處之安。懷刑，謂畏法。懷惠，謂貪利。君子小人趣向不同，公私之間而已。○尹氏曰：「樂善惡不善，所以爲君子；苟安務得，所以爲小人。」

子曰：「放於利而行，多怨。」放，上聲。○孔氏曰：「放，依也。多怨，謂多取怨。」○程子曰：「欲利於己，必害於人，故多怨。」

子曰：「能以禮讓爲國乎？何有？不能以禮讓爲國，如禮何？」讓者，禮之實也。何有，言不難也。言有禮之實以爲國，則何難之有，不然，則其禮文雖具，亦且無如之何矣，而況於爲國乎？

子曰：「不患無位，患所以立；不患莫己知，求爲可知也。」所以立，謂所以立乎其位者。可知〔一〕，謂可以見知之實。○程子曰：「君子求其在己者而已矣。」

子曰：「參乎！吾道一以貫之。」曾子曰：「唯。」參，所金反。唯，上聲。○參乎者，呼曾子之名而告之。貫，通也。唯者，應之速而無疑者也。聖人之心，渾然一理，而泛應曲當，用各不同。曾子於其用處，蓋已隨事精察而力行之，但未知其體之一爾。夫子知其真積力久，將有所得，是以呼而告之。曾子果能默契其指，即應之速而無疑也。

子出。門人問曰：「何謂也？」曾子曰：「夫子之道，忠恕而已矣。」盡己之謂忠，推己之謂恕。而已矣者，竭盡而無餘之辭也。夫子之一理渾然而泛應曲當，譬則天地之至誠無息，而萬物各得其所也。自此之外，固無餘法，而亦無待於推矣。曾子有見於此而難言之，故借學者盡己、推己之目以著明之，欲人之易曉也。蓋至誠無息者，道之體也，萬殊之所以一本也；萬物各得其所者，道之用也，一本之所以萬殊也。以此觀之，一以貫之之實可見矣。或曰：「中心爲忠，如心爲恕。」於義亦通。○程子曰：「以己及物，仁也；推己及物，恕也，違道不遠是也。忠恕一以貫之：忠者天道，

〔一〕「知」原作「矣」，據清仿宋大字本改。

恕者人道；忠者無妄，恕者所以行乎忠也；忠者體，恕者用，大本達道也。此與違道不遠異者，動以天爾。」又曰：「『維天之命，於穆不已』，忠也；『乾道變化，各正性命』，恕也。」又曰：「聖人教人各因其才，吾道一以貫之，惟曾子爲能達此，孔子所以告之也。曾子告門人曰『夫子之道，忠恕而已矣』，亦猶夫子之告曾子也。中庸所謂『忠恕違道不遠』，斯乃下學上達之義。」

子曰：「君子喻於義，小人喻於利。」喻，猶曉也。義者，天理之所宜。利者，人情之所欲。○程子曰：「君子之於義，猶小人之於利也。唯其深喻，是以篤好。」楊氏曰：「君子有舍生而取義者，以利言之，則人之所欲無甚於生，所惡無甚於死，孰肯舍生而取義哉？其所喻者義而已，不知利之爲利故也，小人反是。」

子曰：「見賢思齊焉，見不賢而内自省也。」省，悉井反。○思齊者，冀己亦有是善；内自省者，恐己亦有是惡。○胡氏曰：「見人之善惡不同，而無不反諸身者，則不徒羨人而甘自棄，不徒責人而忘自責矣。」

子曰：「事父母幾諫。見志不從，又敬不違，勞而不怨。」此章與内則之言相表裏。幾，微也。微諫，所謂「父母有過，下氣怡色，柔聲以諫」也。見志不從，又敬不違，所謂「諫若不入，起敬起孝，悦則復諫」也。勞而不怨，所謂「與其得罪於鄉、黨、州、閭，寧熟諫。父母怒不悦，而撻之流血，不敢疾怨，起敬起孝」也。

子曰：「父母在，不遠遊。遊必有方。」遠遊，則去親遠而爲日久，定省曠而音問疎；不惟己之思親不置，亦恐親之念我不忘也。遊必有方，如已告云之東，即不敢更適西，欲親必知己之所在而無憂，召己則必至而無失也。范氏曰：「子能以父母之心爲心則孝矣。」

子曰：「三年無改於父之道，可謂孝矣。」胡氏曰：「已見首篇，此蓋複出而逸其半也。」

子曰：「父母之年，不可不知也。一則以喜，一則以懼。」知，猶記憶也。常知父母之年，則既喜其壽，又懼其衰，而於愛日之誠，自有不能已者。

子曰：「古者言之不出，恥躬之不逮也。」言古者，以見今之不然。逮，及也。行不及言，可恥之甚。古者所以不出其言，爲此故也。○范氏曰：「君子之於言也，不得已而後出之，非言之難，而行之難也。人惟其不行也，是以輕言之。言之如其所行，行之如其所言，則出諸其口必不易矣。」

子曰：「以約失之者鮮矣。」鮮，上聲。○謝氏曰：「不侈然以自放之謂約。」尹氏曰：「凡事約則鮮失，非止謂儉約也。」

子曰：「君子欲訥於言而敏於行。」行，去聲。○謝氏曰：「放言易，故欲訥；力行難，故欲敏。」○胡氏曰：「自吾道一貫至此十章，疑皆曾子門人所記也。」

子曰：「德不孤，必有鄰。」鄰，猶親也。德不孤立，必以類應。故有德者，必有其類從之，如居之有鄰也。

子游曰：「事君數，斯辱矣；朋友數，斯疏矣。」數，色角反。○程子曰：「數，煩數也。」胡氏曰：「事君，諫不行則當去；導友，善不納則當止。至於煩瀆，則言者輕，聽者厭矣，是以求榮而反辱，求親而反疏也。」范氏曰：「君臣朋友，皆以義合，故其事同也。」

論語集注卷三

公冶長第五

此篇皆論古今人物賢否得失，蓋格物窮理之一端也。凡二十七章。胡氏以爲疑多子貢之徒所記云。

子謂公冶長，「可妻也。雖在縲絏之中，非其罪也」。以其子妻之。妻，去聲，下同。縲，力追反。絏，息列反。○公冶長，孔子弟子。妻，爲之妻也。縲，黑索也。絏，攣也。古者獄中以黑索拘攣罪人。長之爲人無所考，而夫子稱其可妻，其必有以取之矣。又言其人雖嘗陷於縲絏之中，而非其罪，則固無害於可妻也。夫有罪無罪，在我而已，豈以自外至者爲榮辱哉？

子謂南容，「邦有道，不廢；邦無道，免於刑戮」。以其兄之子妻之。南容，孔子弟子，居南宫。名縚，又名适。字子容，謚敬叔。孟懿子之兄也。不廢，言必見用也。以其謹於言行，故能見用於治朝，免禍於亂世也。事又見第十一篇。○或曰：「公冶長之賢不及南容，故聖人以其子妻長，而以兄子妻容，蓋厚於兄而薄於己也。」程子曰：「此以己之私心窺聖人也。凡人避嫌者，皆内不足也，聖人自至公，何避嫌之有？況嫁女必量其才而求配，尤不當有所避也。若孔子之事，則其年之長幼、時之先後皆不可知，惟以爲避嫌則大不可。避嫌之事，賢者且不爲，況聖人乎？」

子謂子賤，「君子哉若人！魯無君子者，斯焉取斯？」焉，於虔反。○子賤，孔子弟子，姓宓，名不齊。上斯斯此人，下斯斯此德。子賤蓋能尊賢取友以成其德者。故夫子既歎其賢，而又言若魯無君子，則此人何所取以成此德乎？因以見魯之多賢也。○蘇氏曰：「稱人之善，必本其父兄師友，厚之至也。」

子貢問曰：「賜也何如？」子曰：「女器也。」曰：「何器也？」曰：「瑚璉也。」女，音汝。瑚，音胡。璉，力展反。○器者，有用之成材。夏曰瑚，商曰璉，周曰簠簋，皆宗廟盛黍稷之器而飾以玉，器之貴重而華美者也。子貢見孔子以君子許子賤，故以己爲問，而孔子告之以此。然則子貢雖未至於不器，其亦器之貴者歟？

或曰：「雍也仁而不佞。」雍，孔子弟子，姓冉，字仲弓。佞，口才也。仲弓爲人重厚簡默，而時人以佞爲賢，故美其優於德，而病其短於才也。**子曰：「焉用佞？禦人以口給，屢憎於人。不知其仁，焉用佞？」**焉，於虔反。○禦，當也，猶應答也。給，辨也。憎，惡也。言何用佞乎？佞人所以應答人者，但以口取辨而無情實，徒多爲人所憎惡爾。我雖未知仲弓之仁，然其不佞乃所以爲賢，不足以爲病也。再言焉用佞，所以深曉之。○或疑仲弓之賢而夫子不許其仁，何也？曰：「仁道至大，非全體而不息者，不足以當之。如顏子亞聖，猶不能無違於三月之後；況仲弓雖賢，未及顏子，聖人固不得而輕許之也。」

子使漆雕開仕。對曰：「吾斯之未能信。」子説。説，音悦。○漆雕開，孔子弟子，字子若。斯，指此理而言。信，謂真知其如此，而無毫髮之疑也。開自言未能如此，未可以治人，故夫子説其篤志。○程子曰：「漆雕開已見大意，故夫子説之。」又曰：「古人見道分明，故其言如此。」謝氏曰：「開之學無可考。然聖人使之仕，必其材可以仕矣。至於心術之微，則一毫不自得，不害其爲未信。此聖人所不能知，而開自知之。其材可以仕，而其器不安於小成，他日所就，其可量乎？夫子所以説之也。」

子曰：「道不行，乘桴浮于海。從我者其由與？」子路聞之喜。子曰：「由也好勇過我，無所取材。」桴，音孚。從、好，並去聲。與，平聲。材，與裁同，古字借用。○桴，筏也。程子曰：「浮海之歎，傷天下之無賢君也。子路勇於義，故謂其能從己，皆假設之言耳。子路以爲實然，而喜夫子之與己，故夫子美其勇，而譏其不能裁度事理，以適於義也。」

孟武伯問：「子路仁乎？」子曰：「不知也。」子路之於仁，蓋日月至焉者。或在或亡，不能必其有無，故以不知告之。又問。子曰：「由也，千乘之國，可使治其賦也，不知其仁也。」乘，去聲。○賦，兵也。古者以田賦出兵，故謂兵爲賦，春秋傳所謂「悉索敝賦」是也。言子路之才，可見者如此，仁則不能知也。「求也何如？」子曰：「求也，千室之邑，百乘之家，可使爲之宰也，不知其仁也。」千室，大邑。百乘，卿大夫之家。宰，邑長家臣之通號。「赤也何如？」子曰：「赤也，束帶立於朝，可使與賓客言也，不知其仁也。」朝，音潮。○赤，孔子弟子，姓公西，字子華。

子謂子貢曰：「女與回也孰愈？」女，音汝，下同。○愈，勝也。對曰：「賜也何敢望回。回也聞一以知十，賜也聞一以知二。」一，數之始。十，數之終。二者，一之對也。顔子明睿所照，即始而見終；子貢推測而知，因此而識彼。「無所不悦」，「告往知來」，是其驗矣。子曰：「弗如也！吾與女，弗如也。」與，許也。○胡氏曰：「子貢方人，夫子既語以不暇，又問其與回孰愈，以觀其自知之如何。聞一知十，上知之資，生知之亞也。聞一知二，中人以上之資，學而知之之才也。子貢平日以己方回，見其不可企及，故喻之如此。夫子以其自知之明，而又不難於自屈，故既然之，又重許之。此其所以終聞性與天道，不特聞一知二而已也。」

宰予晝寢。子曰：「朽木不可雕也，糞土之牆不可杇也，於予與何誅。」朽，許久反。杇，音汙。與，平聲，下同。○晝寢，謂當晝而寐。朽，腐也。雕，刻畫也。杇，鏝也。言其志氣昏惰，教無所施也。與，語辭。誅，責也。言不足責，乃所以深責之。**子曰：「始吾於人也，聽其言而信其行；今吾於人也，聽其言而觀其行。於予與改是。」**行，去聲。○宰予能言而行不逮，故孔子自言於予之事而改此失，亦以重警之也。胡氏曰：「『子曰』疑衍文，不然，則非一日之言也。」○范氏曰：「君子之於學，惟日孜孜，斃而後已，惟恐其不及也。宰予晝寢，自棄孰甚焉，故夫子責之。」胡氏曰：「宰予不能以志帥氣，居然而倦。是宴安之氣勝，儆戒之志惰也。古之聖賢未嘗不以懈惰荒寧爲懼，勤勵不息自强，此孔子所以深責宰予也。聽言觀行，聖人不待是而後能，亦非緣此而盡疑學者。特因此立教，以警羣弟子，使謹於言而敏於行耳。」

子曰：「吾未見剛者。」或對曰：「申棖。」子曰：「棖也慾，焉得剛？」焉，於虔反。○剛，堅强不屈之意，最人所難能者，故夫子歎其未見。申棖，弟子姓名。慾，多嗜慾也。多嗜慾，則不得爲剛矣。○程子曰：「人有慾則無剛，剛則不屈於慾。」謝氏曰：「剛與慾正相反。能勝物之謂剛，故常伸於萬物之上；爲物揜之謂慾，故常屈於萬物之下。自古有志者少，無志者多，宜夫子之未見也。棖之慾不可知，其爲人得非悻悻自好者乎？故或者疑以爲剛，然不知此其所以爲慾爾。」

子貢曰：「我不欲人之加諸我也，吾亦欲無加諸人。」子曰：「賜也，非爾所及也。」子貢言我所不欲人加於我之事，我亦不欲以此加之於人。此仁者之事，不待勉强，故夫子以爲非子貢所及。○程子曰：「我不欲人之加諸我，吾亦欲無加諸人，仁也；施諸己而不願，亦勿施於人，恕也。恕則子貢或能勉之，仁則非所及矣。」愚謂無者自然而然，勿者禁止之謂，此所以爲仁恕之别。

子貢曰：「夫子之文章，可得而聞也；夫子之言性與天道，不可得而聞也。」文章，德之見乎外者，威儀文辭皆是也。性者，人所受之天理；天道者，天理自然之本體，其實一理也。言夫子之文章，日見乎外，固學者所共聞；至於性與天道，則夫子罕言之，而學者有不得聞者。蓋聖門教不躐等，子貢至是始得聞之，而歎其美也。○程子曰：「此子貢聞夫子之至論而歎美之言也。」

子路有聞，未之能行，唯恐有聞。前所聞者既未及行，故恐復有所聞而行之不給也。○范氏曰：「子路聞善，勇於必行，門人自以爲弗及也，故著之。若子路，可謂能用其勇矣。」

子貢問曰：「孔文子何以謂之文也？」子曰：「敏而好學，不恥下問，是以謂之文也。」好，去聲。○孔文子，衛大夫，名圉。凡人性敏者多不好學，位高者多恥下問。故謚法有以「勤學好問」爲文者，蓋亦人所難也。孔圉得謚爲文，以此而已。○蘇氏曰：「孔文子使太叔疾出其妻而妻之。疾通於初妻之娣，文子怒，將攻之。訪於仲尼，仲尼不對，命駕而行。疾奔宋，文子使疾弟遺室孔姞。其爲人如此而謚曰文，此子貢之所以疑而問也。孔子不没其善，言能如此，亦足以爲文矣，非經天緯地之文也。」

子謂子產，「有君子之道四焉：其行己也恭，其事上也敬，其養民也惠，其使民也義」。子產，鄭大夫公孫僑。恭，謙遜也。敬，謹恪也。惠，愛利也。使民義，如都鄙有章、上下有服、田有封洫、廬井有伍之類。○吴氏曰：「數其事而責之者，其所善者多也，臧文仲不仁者三、不知者三是也。數其事而稱之者，猶有所未至也，子產有君子之道四焉是也。今或以一言蓋一人、一事蓋一時，皆非也。」

子曰：「晏平仲善與人交，久而敬之。」晏平仲，齊大夫，名嬰。程子曰：「人交久則敬衰，久而能敬，所以爲善。」

子曰：「臧文仲居蔡，山節藻梲，何如其知也？」梲，章悦反。知，去聲。○臧文仲，魯大夫臧孫氏，名辰。居，猶藏也。蔡，大龜也。節，柱頭斗栱也。藻，水草名。梲，梁上短柱也。蓋爲藏龜之室，而刻山於節、畫藻於梲也。當時以文仲爲知，孔子言其不務民義，而諂瀆鬼神如此，安得爲知？春秋傳所謂作虚器，即此事也。○張子曰：「山節藻梲爲藏龜之室，祀爰居之義，同歸於不知，宜矣。」

子張問曰：「令尹子文三仕爲令尹，無喜色；三已之，無愠色。舊令尹之政，必以告新令尹。何如？」子曰：「忠矣。」曰：「仁矣乎？」曰：「未知，焉得仁？」知，如字。焉，於虔反。○令尹，官名，楚上卿執政者也。子文，姓鬭，名穀於菟。其爲人也，喜怒不形，物我無閒，知有其國而不知有其身，其忠盛矣，故子張疑其仁。然其所以三仕三已而告新令尹者，未知其皆出於天理而無人欲之私也，是以夫子但許其忠，而未許其仁也。「崔子弑齊君，陳文子有馬十乘，棄而違之。至於他邦，則曰：『猶吾大夫崔子也。』違之。之一邦，則又曰：『猶吾大夫崔子也。』違之。何如？」子曰：「清矣。」曰：「仁矣乎？」曰：「未知，焉得仁？」乘，去聲。○崔子，齊大夫，名杼。齊君，莊公，名光。陳文子，亦齊大夫，名須無。十乘，四十匹也。違，去也。文子潔身去亂，可謂清矣，然未知其心果見義理之當然，而能脱然無所累乎？抑不得已於利害之私，而猶未免於怨悔也。故夫子特許其清，而不許其仁。○愚聞之師曰：「當理而無私心，則仁矣。」今以是而觀二子之事，雖其制行之高若不可及，然皆未有以見其必當於理，而真無私心也。子張未識仁體，而悦於苟難，遂以小者信其大者，夫子之不許也宜哉。讀者於此，更以上章「不知其仁」、後篇「仁則吾不知」之語并與三仁夷齊之事觀之，則彼此交盡，而仁之爲義可識矣。今以他書考之，子文之相楚，所謀者無非僭王猾夏之事。文子之仕齊，既失正君討賊之義，又不數歲而復反於齊焉，則其不仁亦可見矣。

季文子三思而後行。子聞之，曰：「再，斯可矣。」三，去聲。○季文子，魯大夫，名行父。每事必三思而後行，若使晉而求遭喪之禮以行，亦其一事也。斯，語辭。程子曰：「爲惡之人，未嘗知有思，有思則爲善矣。然至於再則已審，三則私意起而反惑矣，故夫子譏之。」○愚按：季文子慮事如此，可謂詳審，而宜無過舉矣。而宣公篡立，文子乃不能討，反爲之使齊而納賂焉，豈非程子所謂私意起而反惑之驗歟？是以君子務窮理而貴果斷，不徒多思之爲尚。

子曰：「甯武子邦有道則知，邦無道則愚。其知可及也，其愚不可及也。」知，去聲。○甯武子，衛大夫，名俞。按春秋傳，武子仕衛，當文公、成公之時。文公有道，而武子無事可見，此其知之可及也。成公無道，至於失國，而武子周旋其閒，盡心竭力，不避艱險。凡其所處，皆智巧之士所深避而不肯爲者，而能卒保其身以濟其君，此其愚之不可及也。○程子曰：「邦無道能沈晦以免患，故曰不可及也。亦有不當愚者，比干是也。」

子在陳曰：「歸與！歸與！吾黨之小子狂簡，斐然成章，不知所以裁之。」與，平聲。斐，音匪。○此孔子周流四方，道不行而思歸之歎也。吾黨小子，指門人之在魯者。狂簡，志大而畧於事也。斐，文貌。成章，言其文理成就，有可觀者。裁，割正也。夫子初心，欲行其道於天下，至是而知其終不用也。於是始欲成就後學，以傳道於來世。又不得中行之士而思其次，以爲狂士志意高遠，猶或可與進於道也。但恐其過中失正，而或陷於異端耳，故欲歸而裁之也。

子曰：「伯夷、叔齊不念舊惡，怨是用希。」伯夷、叔齊，孤竹君之二子。孟子稱其「不立於惡人之朝，不與惡人言。與鄉人立，其冠不正，望望然去之，若將浼焉」。其介如此，宜若無所容矣，然其所惡之人，能改即止，故人亦不甚怨之也。○程子曰：「不念舊惡，此清者之量。」又曰：「二子之心，非夫子孰能知之？」

子曰：「孰謂微生高直？或乞醯焉，乞諸其鄰而與之。」醯，呼西反。○微生姓，高名，魯人，素有直名者。醯，醋也。人來乞時，其家無有，故乞諸鄰家以與之。夫子言此，譏其曲意殉物，掠美市恩，不得爲直也。○程子曰：「微生高所枉雖小，害直爲大。」范氏曰：「是曰是，非曰非，有謂有，無謂無，曰直。聖人觀人於其一介之取予，而千駟萬鍾從可知焉。故以微事斷之，所以教人不可不謹也。」

子曰：「巧言、令色、足恭，左丘明恥之，丘亦恥之。匿怨而友其人，左丘明恥之，丘亦恥之。」足，將樹反。○足，過也。程子曰：「左丘明，古之聞人也。」謝氏曰：「二者之可恥，有甚於穿窬也。左丘明恥之，其所養可知矣。夫子自言『丘亦恥之』，蓋竊比老彭之意。又以深戒學者，使察乎此而立心以直也。」

顏淵、季路侍。子曰：「盍各言爾志？」盍，音合。○盍，何不也。**子路曰：「願車馬、衣輕裘，與朋友共。敝之而無憾。」**衣，去聲。○衣，服之也。裘，皮服。敝，壞也。憾，恨也。**顏淵曰：「願無伐善，無施勞。」**伐，誇也。善，謂有能。施，亦張大之意。勞，謂有功，易曰「勞而不伐」是也。或曰：「勞，勞事也。勞事非己所欲，故亦不欲施之於人。」亦通。**子路曰：「願聞子之志。」子曰：「老者安之，朋友信之，少者懷之。」**老者養之以安，朋友與之以信，少者懷之以恩。一說：安之，安我也；信之，信我也；懷之，懷我也。亦通。○程子曰：「夫子安仁，顏淵不違仁，子路求仁。」又曰：「子路、顏淵、孔子之志，皆與物共者也，但有小大之差爾。」又曰：「子路勇於義者，觀其志，豈可以勢利拘之哉？亞於浴沂者也。顏子不自私己，故無伐善；知同於人，故無施勞。其志可謂大矣，然未免出於有意也。至於夫子，則如天地之化工，付與萬物而己不勞焉，此聖人之所爲也。今夫羈靮以御馬而不以制牛，人皆知羈靮之作在乎人，而不知羈靮之生由於馬，聖人之化，亦猶是也。先觀二子之言，後觀聖人之言，分明天地氣象。凡看論語，非但欲理會文字，須要識得聖賢氣象。」

子曰：「已矣乎！吾未見能見其過而内自訟者也。」已矣乎者，恐其終不得見而歎之也。内自訟者，口不言而心自咎也。人有過而能自知者鮮矣，知過而能内自訟者爲尤鮮。能内自訟，則其悔悟深切而能改必矣。夫子自恐終不得見而歎之，其警學者深矣。

子曰：「十室之邑，必有忠信如丘者焉，不如丘之好學也。」焉，如字，屬上句。好，去聲。○十室，小邑也。忠信如聖人，生質之美者也。夫子生知而未嘗不好學，故言此以勉人。言美質易得，至道難聞，學之至則可以爲聖人，不學則不免爲鄉人而已。可不勉哉？

雍也第六

凡二十八章。篇内第十四章以前，大意與前篇同。

子曰：「雍也可使南面。」南面者，人君聽治之位。言仲弓寬洪簡重，有人君之度也。**仲弓問子桑伯子，子曰：「可也簡。」**子桑伯子，魯人，胡氏以爲疑即莊周所稱子桑户者是也。仲弓以夫子許己南面，故問伯子如何。可者，僅可而有所未盡之辭。簡者，不煩之謂〔一〕。**仲弓曰：「居敬而行簡，以臨其民，不亦可乎？**

〔一〕「謂」字，據文義及各本補。

居簡而行簡，無乃大簡乎？」大，音泰。○言自處以敬，則中有主而自治嚴，如是而行簡以臨民，則事不煩而民不擾，所以爲可。若先自處以簡，則中無主而自治疎矣，而所行又簡，豈不失之太簡，而無法度之可守乎？家語記伯子不衣冠而處，夫子譏其欲同人道於牛馬。然則伯子蓋太簡者，而仲弓疑夫子之過許與？**子曰：「雍之言然。」**仲弓蓋未喻夫子可字之意，而其所言之理，有默契焉者，故夫子然之。○程子曰：「子桑伯子之簡，雖可取而未盡善，故夫子云可也。仲弓因言內主於敬而簡，則爲要直；內存乎簡而簡，則爲疎畧，可謂得其旨矣。」又曰：「居敬則心中無物，故所行自簡；居簡則先有心於簡，而多一簡字矣，故曰太簡。」

哀公問：「弟子孰爲好學？」孔子對曰：「有顏回者好學，不遷怒，不貳過。不幸短命死矣！今也則亡，未聞好學者也。」好，去聲。亡，與無同。○遷，移也。貳，復也。怒於甲者，不移於乙；過於前者，不復於後。顏子克己之功至於如此，可謂真好學矣。短命者，顏子三十二而卒也。既云今也則亡，又言未聞好學者，蓋深惜之，又以見真好學者之難得也。○程子曰：「顏子之怒，在物不在己，故不遷。有不善未嘗不知，知之未嘗復行，不貳過也。」又曰：「喜怒在事，則理之當喜怒者也，不在血氣則不遷。若舜之誅四凶也，可怒在彼，己何與焉。如鑑之照物，妍媸在彼，隨物應之而已，何遷之有？」又曰：「如顏子地位，豈有不善？所謂不善，只是微有差失。纔差失便能知之，纔知之便更不萌作。」張子曰：「慊於己者，不使萌於再。」或曰：「詩書六藝，七十子非不習而通也，而夫子獨稱顏子爲好學。顏子之所好，果何學歟？」程子曰：「學以至乎聖人之道也。」「學之道奈何？」曰：「天地儲精，得五行之秀者爲人。其本也真而靜。其未發也五性具焉，曰仁、義、禮、智、信。形既生矣，外物觸其形而動於中矣。其中動而七情出焉，曰喜、怒、哀、懼、愛、惡、欲。情既熾而益蕩，其性鑿矣。故覺者約其情使合於中，正其心，養其性而已。然必先明諸心，知所往，然後力行以求至焉。若顏子之非禮勿視、聽、言、動，不遷怒貳過者，則其好之篤而學之得其道也。然其未至於聖人者，守之也，非化之也。假之以年，則不日而化矣。今人乃謂聖本生知，非學可至，而所以爲學者，不過記誦文辭之間，其亦異乎顔子之學矣。」

子華使於齊，冉子爲其母請粟。子曰：「與之釜。」請益。曰：「與之庾。」冉子與之粟五秉。使、爲，並去聲。○子華，公西赤也。使，爲孔子使也。釜，六斗四升。庾，十六斗。秉，十六斛。**子曰：「赤之適齊也，乘肥馬，衣輕裘。吾聞之也，君子周急不繼富。」**衣，去聲。○乘肥馬、衣輕裘，言其富也。急，窮迫也。周者，補不足。繼者，續有餘。**原思爲之宰，與之粟九百，辭。**原思，孔子弟子，名憲。孔子爲魯司寇時，以思爲宰。粟，宰之禄也。九百不言其量，不可考。**子曰：「毋！以與爾鄰里鄉黨乎！」**毋，禁止辭。五家爲鄰，二十五家爲里，萬二千五百家爲鄉，五百家爲黨。言常禄不當辭，有餘自可推之以周貧乏，蓋鄰、里、鄉、黨有相周之義。○程子曰：「夫子之使子華，子華之爲夫子使，義也。而冉子乃爲之請，聖人寬容，不欲直拒人。故與之少，所以示不當與也。請益而與之亦少，所以示不當益也。求未達而自與之多，則已過矣，故夫子非之。蓋赤苟至乏，則夫子必自周之，不待請矣。原思爲宰，則有常禄。思辭其多，故又教以分諸鄰里之貧者，蓋亦莫非義也。」張子曰：「於斯二者，可見聖人之用財矣。」

子謂仲弓曰：「犂牛之子騂且角，雖欲勿用，山川其舍諸？」犂，利之反。騂，息營反。舍，上聲。○犂，雜文。騂，赤色。周人尚赤，牲用騂。角，角周正，中犧牲也。用，用以祭也。山川，山川之神也。言人雖不用，神必不舍也。仲弓父賤而行惡，故夫子以此譬之。言父之惡，不能廢其子之善，如仲弓之賢，自當見用於世也。然此論仲弓云爾，非與仲弓言也。○范氏曰：「以瞽瞍爲父而有舜，以鯀爲父而有禹。古之聖賢，不係於世類，尚矣。子能改父之過，變惡以爲美，則可謂孝矣。」

子曰：「回也，其心三月不違仁，其餘則日月至焉而已矣。」三月，言其久。仁者，心之德。心不違仁者，無私欲而有其德也。日月至焉者，或日一至焉，或月一至焉，能造其域而不能久也。○程子曰：「三月，天道小變之節，言其久也，過此則聖人矣。不違仁，只是無纖毫私欲。少有私欲，便是不仁。」尹氏曰：「此顏子於聖人未達一間者也，若聖人則渾然無閒斷矣。」張子曰：「始學之要，當知『三月不違』與『日月至焉』内外賓主之辨。使心意勉勉循循而不能已，過此幾非在我者。」

季康子問：「仲由可使從政也與？」子曰：「由也果，於從政乎何有？」曰：「賜也，可使從政也與？」曰：「賜也達，於從政乎何有？」曰：「求也，可使從政也與？」曰：「求也藝，於從政乎何有？」與，平聲。○從政，謂爲大夫。果，有決斷。達，通事理。藝，多才能。○程子曰：「季康子問三子之才可以從政乎？夫子答以各有所長。非惟三子，人各有所長。能取其長，皆可用也。」

季氏使閔子騫爲費宰。閔子騫曰：「善爲我辭焉。如有復我者，則吾必在汶上矣。」費，音秘。爲，去聲。汶，音問。○閔子騫，孔子弟子，名損。費，季氏邑。汶，水名，在齊南魯北竟上。閔子不欲臣季氏，令使者善爲己辭。言若再來召我，則當去之齊。○程子曰：「仲尼之門，能不仕大夫之家者，閔子、曾子數人而已。」謝氏曰：「學者能少知内外之分，皆可以樂道而忘人之勢。況閔子得聖人爲之依歸，彼其視季氏不義之富貴不啻犬彘，又從而臣之，豈其心哉？在聖人則有不然者，蓋居亂邦、見惡人，在聖人則可；自聖人以下，剛則必取禍，柔則必取辱。閔子豈不能早見而豫待之乎？如由也不得其死，求也爲季氏附益，夫豈其本心哉？蓋既無先見之知，又無克亂之才故也。然則閔子其賢乎？」

伯牛有疾，子問之，自牖執其手，曰：「亡之，命矣夫！斯人也而有斯疾也！斯人也而有斯疾也！」夫，音扶。○伯牛，孔子弟子，姓冉，名耕。有疾，先儒以爲癩也。牖，南牖也。禮：病者居北牖下。君視之，則遷於南牖下，使君得以南面視己。時伯牛家以此禮尊孔子，孔子不敢當，故不入其室，而自牖執其手，蓋與之永訣也。命，謂天命。言此人不應有此疾，而今乃有之，是乃天之所命也。然則非其不能謹疾而有以致之，亦可見矣。○侯氏曰：「伯牛以德行稱，亞於顏、閔。故其將死也，孔子尤痛惜之。」

子曰：「賢哉，回也！一簞食，一瓢飲，在陋巷。人不堪其憂，回也不改其樂。賢哉，回也！」食，音嗣。樂，音洛。○簞，竹器。食，飯也。瓢，瓠也。顏子之貧如此，而處之泰然，不以害其樂，故夫子再言「賢哉回也」以深歎美之。○程子曰：「顏子之樂，非樂簞瓢陋巷也，不以貧窶累其心而改其所樂也，故夫子稱其賢。」又曰：「簞瓢陋巷非可樂，蓋自有其樂爾。其字當玩味，自有深意。」又曰：「昔受學於周茂叔，每令尋仲尼、顏子樂處，所樂何事？」愚按：程子之言，引而不發，蓋欲學者深思而自得之。今亦不敢妄爲之說。學者但當從事於博文約禮之誨，以至於欲罷不能而竭其才，則庶乎有以得之矣。

冉求曰：「非不說子之道，力不足也。」子曰：「力不足者，中道而廢。今女畫。」說，音悅。女，音汝。○力不足者，欲進而不能。畫者，能進而不欲。謂之畫者，如畫地以自限也。○胡氏曰：「夫子稱顏回不改其樂，冉求聞之，故有是言。然使求說夫子之道，誠如口之說芻豢，則必將盡力以求之，何患力之不足哉？畫而不進，則日退而已矣，此冉求之所以局於藝也。」

子謂子夏曰：「女爲君子儒，無爲小人儒。」儒，學者之稱。程子曰：「君子儒爲己，小人儒爲人。」○謝氏曰：「君子小人之分，義與利之閒而已。然所謂利者，豈必殖貨財之謂？以私滅公，適己自便，凡可以害天理者皆利也。子夏文學雖有餘，然意其遠者大者或昧焉，故夫子語之以此。」

子游爲武城宰。子曰：「女得人焉爾乎？」曰：「有澹臺滅明者，行不由徑。非公事，未嘗至於偃之室也。」女，音汝。澹，徒甘反。○武城，魯下邑。澹臺姓，滅明名，字子羽。徑，路之小而捷者。公事，如飲射讀法之類。不由徑，則動必以正，而無見小欲速之意可知。非公事不見邑宰，則其有以自守，而無枉己殉人之私可見矣。○楊氏曰：「爲政以人才爲先，故孔子以得人爲問。如滅明者，觀其二事之小，而其正大之情可見矣。後世有不由徑者，人必以爲迂；不至其室，人必以爲簡。非孔氏之徒，其孰能知而取之？」愚謂持身以滅明爲法，則無苟賤之羞；取人以子游爲法，則無邪媚之惑。

子曰：「孟之反不伐，奔而殿。將入門，策其馬，曰：『非敢後也，馬不進也。』」殿，去聲。○孟之反，魯大夫，名側。胡氏曰：「反即莊周所稱孟子反者是也。」伐，誇功也。奔，敗走也。軍後曰殿。策，鞭也。戰敗而還，以後爲功。反奔而殿，故以此言自揜其功也。事在哀公十一年。○謝氏曰：「人能操無欲上人之心，則人欲日消、天理日明，而凡可以矜己誇人者，皆無足道矣。然不知學者欲上人之心無時而忘也，若孟之反，可以爲法矣。」

子曰：「不有祝鮀之佞而有宋朝之美，難乎免於今之世矣！」鮀，徒河反。○祝，宗廟之官。鮀，衛大夫，字子魚，有口才。朝，宋公子，有美色。言衰世好諛悦色，非此難免，蓋傷之也。

子曰：「誰能出不由户？何莫由斯道也？」言人不能出不由户，何故乃不由此道邪？怪而歎之之辭。○洪氏曰：「人知出必由户，而不知行必由道。非道遠人，人自遠爾。」

子曰：「質勝文則野，文勝質則史。文質彬彬，然後君子。」野，野人，言鄙略也。史，掌文書，多聞習事，而誠或不足也。彬彬，猶班班，物相雜而適均之貌。言學者當損有餘，補不足，至於成德，則不期然而然矣。○楊氏曰：「文質不可以相勝。然質之勝文，猶之甘可以受和，白可以受采也。文勝而至於滅質，則其本亡矣。雖有文，將安施乎？然則與其史也，寧野。」

子曰：「人之生也直，罔之生也幸而免。」程子曰：「生理本直。罔，不直也，而亦生者，幸而免爾。」

子曰：「知之者不如好之者，好之者不如樂之者。」好，去聲。樂，音洛。○尹氏曰：「知之者，知有此道也。好之者，好而未得也。樂之者，有所得而樂之也。」○張敬夫曰：「譬之五穀，知者知其可食者也，好者食而嗜之者也，樂者嗜之而飽者也。知而不能好，則是知之未至也；好之而未及於樂，則是好之未至也。此古之學者所以自强而不息者歟？」

子曰：「中人以上，可以語上也；中人以下，不可以語上也。」以上之上，上聲。語，去聲。○語，告也。言教人者，當隨其高下而告語之，則其言易入而無躐等之弊也。○張敬夫曰：「聖人之道，精粗雖無二致，但其施教，則必因其材而篤焉。蓋中人以下之質，驟而語之太高，非惟不能以入，且將妄意躐等，而有不切於身之弊，亦終於下而已矣。故就其所及而語之，是乃所以使之切問近思，而漸進於高遠也。」

樊遲問知。子曰：「務民之義，敬鬼神而遠之，可謂知矣。」問仁。曰：「仁者先難而後獲，可謂仁矣。」知、遠，皆去聲。○民，亦人也。獲，謂得也。專用力於人道之所宜，而不惑於鬼神之不可知，知者之事也。先其事之所難，而後其效之所得，仁者之心也。此必因樊遲之失而告之。○程子曰：「人多信鬼神，惑也。而不信者又不能敬，能敬能遠，可謂知矣。」又曰：「先難，克己也。以所難爲先，而不計所獲，仁也。」吕氏曰：「當務爲急，不求所難知；力行所知，不憚所難爲。」

子曰：「知者樂水，仁者樂山；知者動，仁者靜；知者樂，仁者壽。」知，去聲。樂，上二字並五教反，下一字音洛。○樂，喜好也。知者達於事理而周流無滯，有似於水，故樂水；仁者安於義理而厚重不遷，有似於山，故樂山。動靜以體言，樂壽以效言也。動而不括故樂，靜而有常故壽。○程子曰：「非體仁知之深者，不能如此形容之。」

子曰：「齊一變，至於魯；魯一變，至於道。」孔子之時，齊俗急功利，喜夸詐，乃霸政之餘習。魯則重禮教，崇信義，猶有先王之遺風焉，但人亡政息，不能無廢墜爾。道，則先王之道也。言二國之政俗有美惡，故其變而之道有難易。○程子曰：「夫子之時，齊强魯弱，孰不以爲齊勝魯也，然魯猶存周公之法制。齊由桓公之霸，爲從簡尚功之治，太公之遺法變易盡矣，故一變乃能至魯。魯則修舉廢墜而已，一變則至於先王之道也。」愚謂二國之俗，惟夫子爲能變之而不得試。然因其言以考之，則其施爲緩急之序，亦畧可見矣。

子曰：「觚不觚，觚哉！觚哉！」觚，音孤。○觚，棱也，或曰酒器，或曰木簡，皆器之有棱者也。不觚者，蓋當時失其制而不爲棱也。觚哉觚哉，言不得爲觚也。○程子曰：「觚而失其形制，則非觚也。舉一器，而天下之物莫不皆然。故君而失其君之道，則爲不君；臣而失其臣之職，則爲虚位。」范氏曰：「人而不仁則非人，國而不治則不國矣。」

宰我問曰：「仁者，雖告之曰：『井有仁焉。』其從之也？」子曰：「何爲其然也？君子可逝也，不可陷也；可欺也，不可罔也。」劉聘君曰「有仁之仁當作人」，今從之。從，謂隨之於井而救之也。宰我信道不篤，而憂爲仁之陷害，故有此問。逝，謂使之往救。陷，謂陷之於井。欺，謂誑之以理之所有。罔，謂昧之以理之所無。蓋身在井上，乃可以救井中之人；若從之於井，則不復能救之矣。此理甚明，人所易曉，仁者雖切於救人而不私其身，然不應如此之愚也。

子曰：「君子博學於文，約之以禮，亦可以弗畔矣夫！」夫，音扶。○約，要也。畔，背也。君子學欲其博，故於文無不考；守欲其要，故其動必以禮。如此，則可以不背於道矣。○程子曰：「博學於文而不約之以禮，必至於汗漫。博學矣，又能守禮而由於規矩，則亦可以不畔道矣。」

子見南子，子路不說。夫子矢之曰：「予所否者，天厭之！天厭之！」說，音悅。否，方九反。○南子，衛靈公之夫人，有淫行。孔子至衛，南子請見，孔子辭謝，不得已而見之。蓋古者仕於其國，有見其小君之禮。而子路以夫子見此淫亂之人爲辱，故不悅。矢，誓也。所，誓辭也，如云「所不與崔、慶者」之類。否，謂不合於禮，不由其道也。厭，棄絶也。聖人道大德全，無可不可。其見惡人，固謂在我有可見之禮，則彼之不善，我何與焉。然此豈子路所能測哉？故重言以誓之，欲其姑信此而深思以得之也。

子曰：「中庸之爲德也，其至矣乎！民鮮久矣。」鮮，上聲。○中者，無過無不及之名也。庸，平常也。至，極也。鮮，少也。言民少此德，今已久矣。○程子曰：「不偏之謂中，不易之謂庸。中者天下之正道，庸者天下之定理。自世教衰，民不興於行，少有此德久矣。」

子貢曰：「如有博施於民而能濟衆，何如？可謂仁乎？」子曰：「何事於仁，必也聖乎！堯舜其猶病諸！施，去聲。○博，廣也。仁以理言，通乎上下。聖以地言，則造其極之名也。乎者，疑而未定之辭。病，心有所不足也。言此何止於仁，必也聖人能之乎！則雖堯舜之聖，其心猶有所不足於此也。以是求仁，愈難而愈遠矣。**夫仁者，己欲立而立人，己欲達而達人。**夫，音扶。○以己及人，仁者之心也。於此觀之，可以見天理之周流而無閒矣。狀仁之體，莫切於此。**能近取譬，可謂仁之方也已。」**譬，喻也。方，術也。近取諸身，以己所欲譬之他人，知其所欲亦猶是也，然後推其所欲以及於人，則恕之事而仁之術也。於此勉焉，則有以勝其人欲之私，而全其天理之公矣。○程子曰：「醫書以手足痿痹爲不仁，此言最善名狀。仁者以天地萬物爲一體，莫非己也。認得爲己，何所不至；若不屬己，自與己不相干。如手足之不仁，氣已不貫，皆不屬己。故博施濟衆，乃聖人之功用。仁至難言，故止曰：『己欲立而立人，己欲達而達人。能近取譬，可謂仁之方也已。』欲令如是觀仁，可以得仁之體。」又曰：「論語言『堯舜其猶病諸』者二。夫博施者，豈非聖人之所欲？然必五十乃衣帛，七十乃食肉。聖人之心，非不欲少者亦衣帛食肉也，顧其養有所不贍爾，此病其施之不博也。濟衆者，豈非聖人之所欲？然治不過九州。聖人非不欲四海之外亦兼濟也，顧其治有所不及爾，此病其濟之不衆也。推此以求，脩己以安百姓，則爲病可知。苟以吾治已足，則便不是聖人。」呂氏曰：「子貢有志於仁，徒事高遠，未知其方。孔子教以於己取之，庶近而可入。是乃爲仁之方，雖博施濟衆，亦由此進。」

論語集注卷四

述而第七

此篇多記聖人謙己誨人之辭及其容貌行事之實。凡三十七章。

子曰：「述而不作，信而好古，竊比於我老彭。」好，去聲。○述，傳舊而已。作，則創始也。故作非聖人不能，而述則賢者可及。竊比，尊之之辭。我，親之之辭。老彭，商賢大夫，見大戴禮，蓋信古而傳述者也。孔子刪詩書，定禮樂，贊周易，脩春秋，皆傳先王之舊，而未嘗有所作也，故其自言如此。蓋不惟不敢當作者之聖，而亦不敢顯然自附於古之賢人，蓋其德愈盛而心愈下，不自知其辭之謙也。然當是時，作者略備，夫子蓋集羣聖之大成而折衷之，其事雖述，而功則倍於作矣，此又不可不知也。

子曰：「默而識之，學而不厭，誨人不倦，何有於我哉？」識，音志，又如字。○識，記也。默識，謂不言而存諸心也。一說：識，知也，不言而心解也。前說近是。何有於我，言何者能有於我也。三者已非聖人之極至，而猶不敢當，則謙而又謙之辭也。

子曰：「德之不脩，學之不講，聞義不能徙，不善不能改，是吾憂也。」尹氏曰：「德必脩而後成，學必講而後明，見善能徙，改過不吝，此四者日新之要也。苟未能之，聖人猶憂，況學者乎？」

子之燕居，申申如也，夭夭如也。燕居，閒暇無事之時。楊氏曰：「申申，其容舒也。夭夭，其色愉也。」○程子曰：「此弟子善形容聖人處也，爲申申字説不盡，故更著夭夭字。今人燕居之時，不怠惰放肆，必太嚴厲。嚴厲時著此四字不得，怠惰放肆時亦著此四字不得，惟聖人便自有中和之氣。」

子曰：「甚矣吾衰也！久矣吾不復夢見周公。」復，扶又反。○孔子盛時，志欲行周公之道，故夢寐之間，如或見之。至其老而不能行也，則無復是心，而亦無復是夢矣，故因此而自歎其衰之甚也。○程子曰：「孔子盛時，寤寐常存行周公之道；及其老也，則志慮衰而不可以有爲矣。蓋存道者心，無老少之異；而行道者身，老則衰也。」

子曰：「志於道，志者，心之所之之謂。道，則人倫日用之間所當行者是也。知此而心必之焉，則所適者正，而無他歧之惑矣。**據於德，**據者，執守之意。德者，得也，得其道〔一〕於心而不失之謂也。得之於心而守之不失，則終始惟一，而有日新之功矣。**依於仁，**依者，不違之謂。仁，則私欲盡去而心德之全也。功夫至此而無終食之違，則存養之熟，無適而非天理之流行矣。**游於藝。」**游者，玩物適情之謂。藝，則禮樂之文，射、御、書、數之法，皆至理所寓，而日用之不可闕者也。朝夕游焉，以博其義理之趣，則應務有餘，而心亦無所放矣。○此章言人之爲學當如是也。蓋學莫先於立志，志道，則心存於正而不他；據德，則道得於心而不失；依仁，則德性常用而物欲不行；遊藝，則小物不遺而動息有養。學者於此，有以不失其先後之序、輕重之倫焉，則本末兼該，内外交養，日用之間，無少間隙，而涵泳從容，忽不自知其入於聖賢之域矣。

〔一〕「德者，得也，得其道」，清仿宋大字本作「德則行道而有得」。吴英以爲後者非朱熹定本之文，故不取，詳本書附録四書章句集注定本辨。

子曰：「自行束脩以上，吾未嘗無誨焉。」脩，脯也。十脡爲束。古者相見，必執贄以爲禮，束脩其至薄者。蓋人之有生，同具此理，故聖人之於人，無不欲其入於善，但不知來學，則無往教之禮，故苟以禮來，則無不有以教之也。

子曰：「不憤不啓，不悱不發，舉一隅不以三隅反，則不復也。」憤，房粉反。悱，芳匪反。復，扶又反。○憤者，心求通而未得之意。悱者，口欲言而未能之貌。啓，謂開其意。發，謂達其辭。物之有四隅者，舉一可知其三。反者，還以相證之義。復，再告也。上章已言聖人誨人不倦之意，因并記此，欲學者勉於用力，以爲受教之地也。○程子曰：「憤悱，誠意之見於色辭者也。待其誠至而後告之。既告之，又必待其自得，乃復告爾。」又曰：「不待憤悱而發，則知之不能堅固；待其憤悱而後發，則沛然矣。」

子食於有喪者之側，未嘗飽也。臨喪哀，不能甘也。子於是日哭，則不歌。哭，謂弔哭。一日之內，餘哀未忘，自不能歌也。○謝氏曰：「學者於此二者，可見聖人情性之正也。能識聖人之情性，然後可以學道。」

子謂顏淵曰：「用之則行，舍之則藏，唯我與爾有是夫！」舍，上聲。夫，音扶。○尹氏曰：「用舍無與於己，行藏安於所遇，命不足道也。顏子幾於聖人，故亦能之。」子路曰：「子行三軍，則誰與？」萬二千五百人爲軍，大國三軍。子路見孔子獨美顏淵，自負其勇，意夫子若行三軍，必與己同。子曰：「暴虎馮河，死而無悔者，吾不與也。必也臨事而懼，好謀而成者也。」馮，皮冰反。好，去聲。○暴虎，徒搏。馮河，徒涉。懼，謂敬其事。成，謂成其謀。言此皆以抑其勇而教之，然行師之要實不外此，子路蓋不知也。○謝氏曰：「聖人於行藏之間，無意無必。其行非貪位，其藏非獨善也。若有欲心，則不用而求行，舍之而不藏矣，是以惟顏子爲可以與於此。子路雖非有欲心者，然未能無固必也，至以行三軍爲問，則其論益卑矣。夫子之言，蓋因其失而救之。夫不謀無成，不懼必敗，小事尚然，而況於行三軍乎？」

子曰：「富而可求也，雖執鞭之士，吾亦爲之。如不可求，從吾所好。」好，去聲。○執鞭，賤者之事。設言富若可求，則雖身爲賤役以求之，亦所不辭。然有命焉，非求之可得也，則安於義理而已矣，何必徒取辱哉？○蘇氏曰：「聖人未嘗有意於求富也，豈問其可不可哉？爲此語者，特以明其決不可求爾。」楊氏曰：「君子非惡富貴而不求，以其在天，無可求之道也。」

子之所慎：齊，戰，疾。齊，側皆反。○齊之爲言齊也，將祭而齊其思慮之不齊者，以交於神明也。誠之至與不至，神之饗與不饗，皆決於此。戰則衆之死生、國之存亡繫焉，疾又吾身之所以死生存亡者，皆不可以不謹也。○尹氏曰：「夫子無所不謹，弟子記其大者耳。」

子在齊聞韶，三月不知肉味。曰：「不圖爲樂之至於斯也！」史記三月上有「學之」二字。不知肉味，蓋心一於是而不及乎他也。曰：不意舜之作樂至於如此之美，則有以極其情文之備，而不覺其歎息之深也，蓋非聖人不足以及此。○范氏曰：「韶盡美又盡善，樂之無以加此也。故學之三月，不知肉味，而歎美之如此。誠之至，感之深也。」

冉有曰：「夫子爲衛君乎？」子貢曰：「諾。吾將問之。」爲，去聲。○爲，猶助也。衛君，出公輒也。靈公逐其世子蒯聵。公薨，而國人立蒯聵之子輒。於是晉納蒯聵而輒拒之。時孔子居衛，衛人以蒯聵得罪於父，而輒嫡孫當立，故冉有疑而問之。諾，應辭也。**入，曰：「伯夷、叔齊何人也？」曰：「古之賢人也。」曰：**

「怨乎？」曰：「求仁而得仁，又何怨。」出，曰：「夫子不爲也。」伯夷、叔齊，孤竹君之二子。其父將死，遺命立叔齊。父卒，叔齊遜伯夷。伯夷曰「父命也」，遂逃去。叔齊亦不立而逃之，國人立其中子。其後武王伐紂，夷、齊扣馬而諫。武王滅商，夷、齊恥食周粟，去隱于首陽山，遂餓而死。怨，猶悔也。君子居是邦，不非其大夫，況其君乎？故子貢不斥衛君，而以夷、齊爲問。夫子告之如此，則其不爲衛君可知矣。蓋伯夷以父命爲尊，叔齊以天倫爲重。其遜國也，皆求所以合乎天理之正，而即乎人心之安。既而各得其志焉，則視棄其國猶敝蹝爾，何怨之有？若衛輒之據國拒父而惟恐失之，其不可同年而語明矣。○程子曰：「伯夷、叔齊遜國而逃，諫伐而餓，終無怨悔，夫子以爲賢，故知其不與輒也。」

子曰：「飯疏食飲水，曲肱而枕之，樂亦在其中矣。不義而富且貴，於我如浮雲。」飯，符晚反。食，音嗣。枕，去聲。樂，音洛。○飯，食之也。疏食，麤飯也。聖人之心，渾然天理，雖處困極，而樂亦無不在焉。其視不義之富貴，如浮雲之無有，漠然無所動於其中也。○程子曰：「非樂疏食飲水也，雖疏食飲水，不能改其樂也。不義之富貴，視之輕如浮雲然。」又曰：「須知所樂者何事。」

子曰：「加我數年，五十以學易，可以無大過矣。」劉聘君見元城劉忠定公自言嘗讀他論，「加」作假，「五十」作卒。蓋加、假聲相近而誤讀，卒與五十字相似而誤分也。愚按：此章之言，史記作「假我數年，若是我於易則彬彬矣」。加正作假，而無五十字。蓋是時，孔子年已幾七十矣，五十字誤無疑也。學易，則明乎吉凶消長之理，進退存亡之道，故可以無大過。蓋聖人深見易道之無窮，而言此以教人，使知其不可不學，而又不可以易而學也。

子所雅言，詩、書、執禮，皆雅言也。雅，常也。執，守也。詩以理情性，書以道政事，禮以謹節文，皆切於日用之實，故常言之。禮獨言執者，以人所執守而言，非徒誦說而已也。○程子曰：「孔子雅素之言，止於如此。若性與天道，則有不可得而聞者，要在默而識之也。」謝氏曰：「此因學易之語而類記之。」

葉公問孔子於子路，子路不對。葉，舒涉反。○葉公，楚葉縣尹沈諸梁，字子高，僭稱公也。葉公不知孔子，必有非所問而問者，故子路不對。抑亦以聖人之德，實有未易名言者與？**子曰：「女奚不曰，其爲人也，發憤忘食，樂以忘憂，不知老之將至云爾。」**未得，則發憤而忘食；已得，則樂之而忘憂。以是二者俛焉日有孳孳，而不知年數之不足，但自言其好學之篤耳。然深味之，則見其全體至極，純亦不已之妙，有非聖人不能及者。蓋凡夫子之自言類如此，學者宜致思焉。

子曰：「我非生而知之者，好古，敏以求之者也。」好，去聲。○生而知之者，氣質清明，義理昭著，不待學而知也。敏，速也，謂汲汲也。○尹氏曰：「孔子以生知之聖，每云好學者，非惟勉人也，蓋生而可知者義理爾，若夫禮樂名物，古今事變，亦必待學而後有以驗其實也。」

子不語怪、力、亂、神。怪異、勇力、悖亂之事，非理之正，固聖人所不語。鬼神，造化之迹，雖非不正，然非窮理之至，有未易明者，故亦不輕以語人也。○謝氏曰：「聖人語常而不語怪，語德而不語力，語治而不語亂，語人而不語神。」

子曰：「三人行，必有我師焉。擇其善者而從之，其不善者而改之。」三人同行，其一我也。彼二人者，一善一惡，則我從其善而改其惡焉，是二人者皆我師也。○尹氏曰：「見賢思齊，見不賢而內自省，則善惡皆我之師，進善其有窮乎？」

子曰：「天生德於予，桓魋其如予何？」魋，徒雷反。○桓魋，宋司馬向魋也。出於桓公，故又稱桓氏。魋欲害孔子，孔子言天既賦我以如是之德，則桓魋其奈我何？言必不能違天害己。

子曰：「二三子以我爲隱乎？吾無隱乎爾。吾無行而不與二三子者，是丘也。」諸弟子以夫子之道高深不可幾及，故疑其有隱，而不知聖人作、止、語、默無非教也，故夫子以此言曉之。與，猶示也。○程子曰：「聖人之道猶天然，門弟子親炙而冀及之，然後知其高且遠也。使誠以爲不可及，則趨向之心不幾於怠乎？故聖人之教，常俯而就之如此，非獨使資質庸下者勉思企及，而才氣高邁者亦不敢躐易而進也。」吕氏曰：「聖人體道無隱，與天象昭然，莫非至教。常以示人，而人自不察。」

子以四教：文，行，忠，信。行，去聲。○程子曰：「教人以學文脩行而存忠信也。忠信，本也。」

子曰：「聖人，吾不得而見之矣；得見君子者，斯可矣。」聖人，神明不測之號。君子，才德出衆之名。子曰：「善人，吾不得而見之矣；得見有恒者，斯可矣。恒，胡登反。○「子曰」字疑衍文。恒，常久之意。張子曰：「有恒者，不貳其心。善人者，志於仁而無惡。」亡而爲有，虚而爲盈，約而爲泰，難乎有恒矣。」亡，讀爲無。○三者皆虚夸之事，凡若此者，必不能守其常也。○張敬夫曰：「聖人、君子以學言，善人、有恒者以質言。」愚謂有恒者之與聖人，高下固懸絶矣，然未有不自有恒而能至於聖者也。故章末申言有恒之義，其示人入德之門，可謂深切而著明矣。

子釣而不綱，弋不射宿。射，食亦反。○綱，以大繩屬網，絶流而漁者也。弋，以生絲繫矢而射也。宿，宿鳥。○洪氏曰：「孔子少貧賤，爲養與祭，或不得已而釣弋，如獵較是也。然盡物取之，出其不意，亦不爲也。此可見仁人之本心矣。待物如此，待人可知；小者如此，大者可知。」

子曰：「蓋有不知而作之者，我無是也。多聞，擇其善者而從之，多見而識之，知之次

也。」識，音志。○不知而作，不知其理而妄作也。孔子自言未嘗妄作，蓋亦謙辭，然亦可見其無所不知也。識，記也。所從不可不擇，記則善惡皆當存之，以備參考。如此者雖未能實知其理，亦可以次於知之者也。

互鄉難與言，童子見，門人惑。見，賢遍反。○互鄉，鄉名。其人習於不善，難與言善。惑者，疑夫子不當見之也。**子曰：「與其進也，不與其退也，唯何甚！人潔己以進，與其潔也，不保其往也。」**疑此章有錯簡。「人潔」至「往也」十四字，當在「與其進也」之前。潔，脩治也。與，許也。往，前日也。言人潔己而來，但許其能自潔耳，固不能保其前日所爲之善惡也；但許其進而來見耳，非許其既退而爲不善也。蓋不追其既往，不逆其將來，以是心至，斯受之耳。唯字上下，疑又有闕文，大抵亦不爲已甚之意。○程子曰：「聖人待物之洪如此。」

子曰：「仁遠乎哉？我欲仁，斯仁至矣。」仁者，心之德，非在外也。放而不求，故有以爲遠者；反而求之，則即此而在矣，夫豈遠哉？○程子曰：「爲仁由己，欲之則至，何遠之有？」

陳司敗問昭公知禮乎？孔子曰：「知禮。」陳，國名。司敗，官名，即司寇也。昭公，魯君，名裯。習於威儀之節，當時以爲知禮。故司敗以爲問，而孔子答之如此。**孔子退，揖巫馬期而進之，曰：「吾聞君子不黨，君子亦黨乎？君取於吳爲同姓，謂之吳孟子。君而知禮，孰不知禮？」**取，七住反。○巫馬姓，期字，孔子弟子，名施。司敗揖而進之也。相助匿非曰黨。禮不娶同姓，而魯與吳皆姬姓。謂之吳孟子者，諱之使若宋女子姓者然。**巫馬期以告。子曰：「丘也幸，苟有過，人必知之。」**孔子不可自謂諱君之惡，又不可以娶同姓爲知禮，故受以爲過而不辭。○吳氏曰：「魯蓋夫子父母之國，昭公，魯之先君也。司敗又未嘗顯言其事，而遽以知禮爲問，其對之宜如此也。及司敗以爲有黨，而夫子受以爲過，蓋夫子之盛德，無所不可也。然其受以爲過也，亦不正言其所以過，初若不知孟子之事者，可以爲萬世之法矣。」

子與人歌而善，必使反之，而後和之。和，去聲。○反，復也。必使復歌者，欲得其詳而取其善也。而後和之者，喜得其詳而與其善也。此見聖人氣象從容，誠意懇至，而其謙遜審密，不掩人善又如此。蓋一事之微，而衆善之集，有不可勝既者焉，讀者宜詳味之。

子曰：「文，莫吾猶人也。躬行君子，則吾未之有得。」莫，疑辭。猶人，言不能過人，而尚可以及人。未之有得，則全未有得，皆自謙之辭。而足以見言行之難易緩急，欲人之勉其實也。○謝氏曰：「文雖聖人無不與人同，故不遜；能躬行君子，斯可以入聖，故不居；猶言君子道者三，我無能焉。」

子曰：「若聖與仁，則吾豈敢？抑爲之不厭，誨人不倦，則可謂云爾已矣。」公西華曰：「正唯弟子不能學也。」此亦夫子之謙辭也。聖者，大而化之。仁，則心德之全而人道之備也。爲之，謂爲仁聖之道。誨人，亦謂以此教人也。然不厭不倦，非己有之則不能，所以弟子不能學也。○晁氏曰：「當時有稱夫子聖且仁者，以故夫子辭之。苟辭之而已焉，則無以進天下之材，率天下之善，將使聖與仁爲虚器，而人終莫能至矣。故夫子雖不居仁聖，而必以爲之不厭、誨人不倦自處也。」可謂云爾已矣者，無他之辭也。公西華仰而歎之，其亦深知夫子之意矣。

子疾病，子路請禱。子曰：「有諸？」子路對曰：「有之。誄曰：『禱爾于上下神祇。』」子曰：「丘之禱久矣。」誄，力〔一〕軌反。○禱，謂禱於鬼神。有諸，問有此理否。誄者，哀死而述其行之辭也。上下，謂

〔一〕「力」原作「九」，據清仿宋大字本改。

天地。天曰神，地曰祇。禱者，悔過遷善，以祈神之佑也。無其理則不必禱，既曰有之，則聖人未嘗有過，無善可遷。其素行固已合於神明，故曰：「丘之禱久矣。」又士喪禮，疾病行禱五祀，蓋臣子迫切之至情，有不能自已者，初不請於病者而後禱也。故孔子之於子路，不直拒之，而但告以無所事禱之意。

子曰：「奢則不孫，儉則固。與其不孫也，寧固。」孫，去聲。○孫，順也。固，陋也。奢儉俱失中，而奢之害大。○晁氏曰：「不得已而救時之弊也。」

子曰：「君子坦蕩蕩，小人長戚戚。」坦，平也。蕩蕩，寬廣貌。程子曰：「君子循理，故常舒泰；小人役於物，故多憂戚。」○程子曰：「君子坦蕩蕩，心廣體胖。」

子温而厲，威而不猛，恭而安。厲，嚴肅也。人之德性本無不備，而氣質所賦，鮮有不偏，惟聖人全體渾然，陰陽合德，故其中和之氣見於容貌之間者如此。門人熟察而詳記之，亦可見其用心之密矣。抑非知足以知聖人而善言德行者不能記，故程子以爲曾子之言。學者所宜反復而玩心也。

泰伯第八凡二十一章。

子曰：「泰伯，其可謂至德也已矣！三以天下讓，民無得而稱焉。」泰伯，周大王之長子。至德，謂德之至極，無以復加者也。三讓，謂固遜也。無得而稱，其遜隱微，無迹可見也。蓋大王三子：長泰伯，次仲雍，次季歷。大王之時，商道寖衰，而周日强大。季歷又生子昌，有聖德。大王因有翦商之志，而泰伯不從，大王遂欲傳位季歷以及昌。泰伯知之，即與仲雍逃之荆蠻。於是大王乃立季歷，傳國至昌，而三分天下有其二，是爲文王。文王崩，子發立，遂克商而有天下，是爲武王。夫以泰伯之德，當商周之際，固足以朝諸侯有天下矣，乃棄不取而又泯其迹焉，則其德之至極爲何如哉！蓋其心即夷齊扣馬之心，而事之難處有甚焉者，宜夫子之歎息而贊美之也。泰伯不從，事見春秋傳。

子曰：「恭而無禮則勞，慎而無禮則葸，勇而無禮則亂，直而無禮則絞。葸，絲里反。絞，古卯反。○葸，畏懼貌。絞，急切也。無禮則無節文，故有四者之弊。君子篤於親，則民興於仁；故舊不遺，則民不偷。」君子，謂在上之人也。興，起也。偷，薄也。○張子曰：「人道知所先後，則恭不勞、慎不葸、勇不亂、直不絞，民化而德厚矣。」○吳氏曰：「君子以下，當自爲一章，乃曾子之言也。」愚按：此一節與上文不相蒙，而與首篇慎終追遠之意相類，吳説近是。

曾子有疾，召門弟子曰：「啓予足！啓予手！詩云：『戰戰兢兢，如臨深淵，如履薄冰。』而今而後，吾知免夫！小子！」夫，音扶。○啓，開也。曾子平日以爲身體受於父母，不敢毁傷，故於此使弟子開其衾而視之。詩小旻之篇。戰戰，恐懼。兢兢，戒謹。臨淵，恐墜；履冰，恐陷也。曾子以其所保之全示門人，而言其所以保之之難如此；至於將死，而後知其得免於毁傷也。小子，門人也。語畢而又呼之，以致反復丁寧之意，其警之也深矣。○程子曰：「君子曰終，小人曰死。君子保其身以没，爲終其事也，故曾子以全歸爲免矣。」尹氏曰：「父母全而生之，子全而歸之。曾子臨終而啓手足，爲是故也。非有得於道，能如是乎？」范氏曰：「身體猶不可虧也，況虧其行以辱其親乎？」

曾子有疾，孟敬子問之。孟敬子，魯大夫仲孫氏，名捷。問之者，問其疾也。曾子言曰：「鳥之將死，其鳴也哀；人之將死，其言也善。言，自言也。鳥畏死，故鳴哀。人窮反本，故言善。此曾子之謙辭，欲敬子知其所言之善而識之也。君子所貴乎道者三：動容貌，斯遠暴慢矣；正顔色，斯近信矣；出辭

氣，斯遠鄙倍矣。籩豆之事，則有司存。」遠、近，並去聲。○貴，猶重也。容貌，舉一身而言。暴，粗厲也。慢，放肆也。信，實也。正顔色而近信，則非色莊也。辭，言語。氣，聲氣也。鄙，凡陋也。倍，與背同，謂背理也。籩，竹豆。豆，木豆。言道雖無所不在，然君子所重者，在此三事而已。是皆脩身之要、爲政之本，學者所當操存省察，而不可有造次顛沛之違者也。若夫籩豆之事，器數之末，道之全體固無不該，然其分則有司之守，而非君子之所重矣。○程子曰：「動容貌，舉一身而言也。周旋中禮，暴慢斯遠矣。正顔色則不妄，斯近信矣。出辭氣，正由中出，斯遠鄙倍。三者正身而不外求，故曰籩豆之事則有司存。」尹氏曰：「養於中則見於外，曾子蓋以脩己爲爲政之本。若乃器用事物之細，則有司存焉。」

曾子曰：「以能問於不能，以多問於寡；有若無，實若虛，犯而不校，昔者吾友嘗從事於斯矣。」校，計校也。友，馬氏以爲顔淵是也。顔子之心，惟知義理之無窮，不見物我之有間，故能如此。○謝氏曰：「不知有餘在己，不足在人；不必得爲在己，失爲在人，非幾於無我者不能也。」

曾子曰：「可以託六尺之孤，可以寄百里之命，臨大節而不可奪也。君子人與？君子人也。」與，平聲。○其才可以輔幼君、攝國政，其節至於死生之際而不可奪，可謂君子矣。與，疑辭。也，決辭。設爲問答，所以深著其必然也。○程子曰：「節操如是，可謂君子矣。」

曾子曰：「士不可以不弘毅，任重而道遠。弘，寬廣也。毅，强忍也。非弘不能勝其重，非毅無以致其遠。**仁以爲己任，不亦重乎？死而後已，不亦遠乎？」**仁者，人心之全德，而必欲以身體而力行之，可謂重矣。一息尚存，此志不容少懈，可謂遠矣。○程子曰：「弘而不毅，則無規矩而難立；毅而不弘，則隘陋而無以居之。」又曰：「弘大剛毅，然後能勝重任而遠到。」

子曰：「興於詩，興，起也。詩本性情，有邪有正，其爲言既易知，而吟詠之間，抑揚反覆，其感人又易入。故學者之初，所以興起其好善惡惡之心，而不能自已者，必於此而得之。**立於禮，**禮以恭敬辭遜爲本，而有節文度數之詳，可以固人肌膚之會，筋骸之束。故學者之中，所以能卓然自立，而不爲事物之所摇奪者，必於此而得之。**成於樂。」**樂有五聲十二律，更唱迭和，以爲歌舞八音之節，可以養人之性情，而蕩滌其邪穢，消融其查滓。故學者之終，所以至於義精仁熟，而自和順於道德者，必於此而得之，是學之成也。○按内則，十年學幼儀，十三學樂誦詩，二十而後學禮。則此三者，非小學傳授之次，乃大學終身所得之難易、先後、淺深也。程子曰：「天下之英才不爲少矣，特以道學不明，故不得有所成就。夫古人之詩，如今之歌曲，雖閭里童稚，皆習聞之而知其説，故能興起。今雖老師宿儒，尚不能曉其義，況學者乎？是不得興於詩也。古人自洒埽應對，以至冠、昏、喪、祭，莫不有禮。今皆廢壞，是以人倫不明，治家無法，是不得立於禮也。古人之樂，聲音所以養其耳，采色所以養其目，歌詠所以養其性情，舞蹈所以養其血脈。今皆無之，是不得成於樂也。是以古之成材也易，今之成材也難。」

子曰：「民可使由之，不可使知之。」民可使之由於是理之當然，而不能使之知其所以然也。○程子曰：「聖人設教，非不欲人家喻而户曉也，然不能使之知，但能使之由之爾。若曰聖人不使民知，則是後世朝四暮三之術也，豈聖人之心乎？」

子曰：「好勇疾貧，亂也。人而不仁，疾之已甚，亂也。」好，去聲。○好勇而不安分，則必作亂。惡不仁之人而使之無所容，則必致亂。二者之心，善惡雖殊，然其生亂則一也。

子曰："如有周公之才之美，使驕且吝，其餘不足觀也已。"才美，謂智能技藝之美。驕，矜夸。吝，鄙嗇也。○程子曰："此甚言驕吝之不可也。蓋有周公之德，則自無驕吝；若但有周公之才而驕吝焉，亦不足觀矣。"又曰："驕，氣盈。吝，氣歉。"愚謂驕吝雖有盈歉之殊，然其勢常相因。蓋驕者吝之枝葉，吝者驕之本根。故嘗驗之天下之人，未有驕而不吝，吝而不驕者也。

子曰："三年學，不至於穀，不易得也。"易，去聲。○穀，禄也。至，疑當作志。爲學之久，而不求禄，如此之人，不易得也。○楊氏曰："雖子張之賢，猶以干禄爲問，況其下者乎？然則三年學而不至於穀，宜不易得也。"

子曰："篤信好學，守死善道。好，去聲。○篤，厚而力也。不篤信，則不能好學；然篤信而不好學，則所信或非其正。不守死，則不能以善其道；然守死而不足以善其道，則亦徒死而已。蓋守死者篤信之效，善道者好學之功。危邦不入，亂邦不居。天下有道則見，無道則隱。見，賢遍反。○君子見危授命，則仕危邦者無可去之義，在外則不入可也。亂邦未危，而刑政紀綱紊矣，故潔其身而去之。天下，舉一世而言。無道，則隱其身而不見也。此惟篤信好學、守死善道者能之。邦有道，貧且賤焉，恥也；邦無道，富且貴焉，恥也。"世治而無可行之道，世亂而無能守之節，碌碌庸人，不足以爲士矣，可恥之甚也。○晁氏曰："有學有守，而去就之義潔，出處之分明，然後爲君子之全德也。"

子曰："不在其位，不謀其政。"程子曰："不在其位，則不任其事也，若君大夫問而告者則有矣。"

子曰："師摯之始，關雎之亂，洋洋乎！盈耳哉。"摯，音至。雎，七余反。○師摯，魯樂師名摯也。亂，樂之卒章也。史記曰："關雎之亂以爲風始。"洋洋，美盛意。孔子自衛反魯而正樂，適師摯在官之初，故樂之美盛如此。

子曰：「狂而不直，侗而不愿，悾悾而不信，吾不知之矣。」侗，音通。悾，音空。○侗，無知貌。愿，謹厚也。悾悾，無能貌。吾不知之者，甚絶之之辭，亦不屑之教誨也。○蘇氏曰：「天之生物，氣質不齊。其中材以下，有是德則有是病。有是病必有是德，故馬之蹄齧者必善走，其不善者必馴。有是病而無是德，則天下之棄才也。」

子曰：「學如不及，猶恐失之。」言人之爲學，既如有所不及矣，而其心猶竦然，惟恐其或失之，警學者當如是也。○程子曰：「學如不及，猶恐失之，不得放過。纔説姑待明日，便不可也。」

子曰：「巍巍乎！舜禹之有天下也，而不與焉。」與，去聲。○巍巍，高大之貌。不與，猶言不相關，言其不以位爲樂也。

子曰：「大哉堯之爲君也！巍巍乎！唯天爲大，唯堯則之。蕩蕩乎！民無能名焉。唯，猶獨也。則，猶準也。蕩蕩，廣遠之稱也。言物之高大莫有過於天者，而獨堯之德能與之準。故其德之廣遠，亦如天之不可以言語形容也。巍巍乎！其有成功也；焕乎，其有文章！」成功，事業也。焕，光明之貌。文章，禮樂法度也。堯之德不可名，其可見者此爾。○尹氏曰：「天道之大，無爲而成。唯堯則之以治天下，故民無得而名焉。所可名者，其功業文章巍然焕然而已。」

舜有臣五人而天下治。治，去聲。○五人，禹、稷、契、皋陶、伯益。武王曰：「予有亂臣十人。」書泰誓之辭。馬氏曰：「亂，治也。」十人，謂周公旦、召公奭、太公望、畢公、榮公、太顛、閎夭、散宜生、南宫适，其一人謂文母。劉侍讀以爲子無臣母之義，蓋邑姜也。九人治外，邑姜治内。或曰：「亂本作𠮠，古治字也。」孔子曰：「才難，不

其然乎？唐虞之際，於斯爲盛。有婦人焉，九人而已。稱孔子者，上係武王君臣之際，記者謹之。才難，蓋古語，而孔子然之也。才者，德之用也。唐虞，堯舜有天下之號。際，交會之間。言周室人才之多，惟唐虞之際，乃盛於此。降自夏商，皆不能及，然猶但有此數人爾，是才之難得也。**三分天下有其二，以服事殷。周之德，其可謂至德也已矣。」**春秋傳曰，「文王率商之畔國以事紂」，蓋天下歸文王者六州，荆、梁、雍、豫、徐、揚也。惟青、兖、冀，尚屬紂耳。范氏曰：「文王之德，足以代商。天與之，人歸之，乃不取而服事焉，所以爲至德也。孔子因武王之言而及文王之德，且與泰伯，皆以至德稱之，其指微矣。」或曰：「宜斷三分以下，别以孔子曰起之，而自爲一章。」

子曰：「禹，吾無間然矣。菲飲食，而致孝乎鬼神；惡衣服，而致美乎黻冕；卑宫室，而盡力乎溝洫。禹，吾無間然矣。」間，去聲。菲，音匪。黻，音弗。洫，呼域反。間，罅隙也，謂指其罅隙而非議之也。菲，薄也。致孝鬼神，謂享祀豐潔。衣服，常服。黻，蔽膝也，以韋爲之。冕，冠也，皆祭服也。溝洫，田間水道，以正疆界、備旱潦者也。或豐或儉，各適其宜，所以無罅隙之可議也，故再言以深美之。○楊氏曰：「薄於自奉，而所勤者民之事，所致飾者宗廟朝廷之禮，所謂有天下而不與也，夫何間然之有。」

論語集注卷五

子罕第九凡三十章。

子罕言利與命與仁。罕，少也。程子曰：「計利則害義，命之理微，仁之道大，皆夫子所罕言也。」

達巷黨人曰：「大哉孔子！博學而無所成名。」達巷，黨名。其人姓名不傳。博學無所成名，蓋美其學之博而惜其不成一藝之名也。**子聞之，謂門弟子曰：「吾何執？執御乎？執射乎？吾執御矣。」**執，專執也。射御皆一藝，而御爲人僕，所執尤卑。言欲使我何所執以成名乎？然則吾將執御矣。聞人譽己，承之以謙也。○尹氏曰：「聖人道全而德備，不可以偏長目之也。達巷黨人見孔子之大，意其所學者博，而惜其不以一善得名於世，蓋慕聖人而不知者也。故孔子曰，欲使我何所執而得爲名乎？然則吾將執御矣。」

子曰：「麻冕，禮也；今也純，儉。吾從衆。麻冕，緇布冠也。純，絲也。儉，謂省約。緇布冠，以三十升布爲之，升八十縷，則其經二千四百縷矣。細密難成，不如用絲之省約。**拜下，禮也；今拜乎上，泰也。雖違衆，吾從下。」**臣與君行禮，當拜於堂下。君辭之，乃升，成拜。泰，驕慢也。○程子曰：「君子處世，事之無害於義者，從俗可也；害於義，則不可從也。」

子絕四：毋意，毋必，毋固，毋我。絕，無之盡者。毋，史記作「無」是也。意，私意也。必，期必也。固，執滯也。我，私己也。四者相爲終始，起於意，遂於必，留於固，而成於我也。蓋意必常在事前，固我常在事後，至於我又生意，則物欲牽引，循環不窮矣。○程子曰：「此毋字，非禁止之辭。聖人絶此四者，何用禁止。」張子曰：「四者有一焉，則與天地不相似。」楊氏曰：「非知足以知聖人，詳視而默識之，不足以記此。」

子畏於匡。畏者，有戒心之謂。匡，地名。史記云：「陽虎曾暴於匡，夫子貌似陽虎，故匡人圍之。」**曰：「文王既没，文不在兹乎？**道之顯者謂之文，蓋禮樂制度之謂。不曰道而曰文，亦謙辭也。兹，此也，孔子自謂。**天之將喪斯文也，後死者不得與於斯文也；天之未喪斯文也，匡人其如予何？」**喪、與，皆去聲。○馬氏曰：「文王既没，故孔子自謂後死者。言天若欲喪此文，則必不使我得與於此文；今我既得與於此文，則是天未欲喪此文也。天既未欲喪此文，則匡人其柰我何？言必不能違天害己也。」

大宰問於子貢曰：「夫子聖者與？何其多能也？」大，音泰。與，平聲。○孔氏曰：「大宰，官名。或吴或宋，未可知也。」與者，疑辭。大宰蓋以多能爲聖也。**子貢曰：「固天縱之將聖，又多能也。」**縱，猶肆也，言不爲限量也。將，殆也，謙若不敢知之辭。聖無不通，多能乃其餘事，故言又以兼之。**子聞之，曰：「大宰知我乎！吾少也賤，故多能鄙事。君子多乎哉？不多也。」**言由少賤故多能，而所能者鄙事爾，非以聖而無不通也。且多能非所以率人，故又言君子不必多能以曉之。

牢曰：「子云，『吾不試，故藝』。」牢，孔子弟子，姓琴，字子開，一字子張。試，用也。言由不爲世用，故得以習於藝而通之。○吴氏曰：「弟子記夫子此言之時，子牢因言昔之所聞有如此者。其意相近，故并記之。」

子曰：「吾有知乎哉？無知也。有鄙夫問於我，空空如也，我叩其兩端而竭焉。」叩，音口。○孔子謙言己無知識，但其告人，雖於至愚，不敢不盡耳。叩，發動也。兩端，猶言兩頭。言終始、本末、上下、精粗，無所不盡。○程子曰：「聖人之教人，俯就之若此，猶恐衆人以爲高遠而不親也。聖人之道，必降而自卑，不如此則人不親；賢人之言，則引而自高，不如此則道不尊。觀於孔子、孟子，則可見矣。」尹氏曰：「聖人之言，上下兼盡。即其近，衆人皆可與知；極其至，則雖聖人亦無以加焉，是之謂兩端。如答樊遲之問仁知，兩端竭盡，無餘藴矣。若夫語上而遺下，語理而遺物，則豈聖人之言哉？」

子曰：「鳳鳥不至，河不出圖，吾已矣夫！」夫，音扶。○鳳，靈鳥，舜時來儀，文王時鳴於岐山。河圖，河中龍馬負圖，伏羲時出，皆聖王之瑞也。已，止也。○張子曰：「鳳至圖出，文明之祥。伏羲、舜、文之瑞不至，則夫子之文章，知其已矣。」

子見齊衰者、冕衣裳者與瞽者，見之，雖少必作；過之，必趨。齊，音咨。衰，七雷反。少，去聲。○齊衰，喪服。冕，冠也。衣，上服。裳，下服。冕而衣裳，貴者之盛服也。瞽，無目者。作，起也。趨，疾行也。或曰：「少，當作坐。」○范氏曰：「聖人之心，哀有喪，尊有爵，矜不成人。其作與趨，蓋有不期然而然者。」尹氏曰：「此聖人之誠心，内外一者也。」

顔淵喟然歎曰：「仰之彌高，鑽之彌堅；瞻之在前，忽焉在後。喟，苦位反。鑽，祖官反。○喟，歎聲。仰彌高，不可及。鑽彌堅，不可入。在前在後，恍惚不可爲象。此顔淵深知夫子之道，無窮盡、無方體，而歎之也。

夫子循循然善誘人，博我以文，約我以禮。循循，有次序貌。誘，引進也。博文約禮，教之序也。言夫子道雖高妙，而教人有序也。侯氏曰：「博我以文，致知格物也。約我以禮，克己復禮也。」程子曰：「此顔子稱聖人最切當處，聖人教人，惟此二事而已。」**欲罷不能，既竭吾才，如有所立卓爾。雖欲從之，末由也已。」** 卓，立貌。末，無也。此顔子自言其學之所至也。蓋悅之深而力之盡，所見益親，而又無所用其力也。吴氏曰：「所謂卓爾，亦在乎日用行事之間，非所謂窈冥昏默者。」程子曰：「到此地位，功夫尤難，直是峻絶，又大段著力不得。」楊氏曰：「自可欲之謂善，充而至於大，力行之積也。大而化之，則非力行所及矣，此顔子所以未達一間也。」○程子曰：「此顔子所以爲深知孔子而善學之者也。」胡氏曰：「無上事而喟然歎，此顔子學既有得，故述其先難之故、後得之由，而歸功於聖人也。高堅前後，語道體也。仰鑽瞻忽，未領其要也。惟夫子循循善誘，先博我以文，使我知古今，達事變；然後約我以禮，使我尊所聞，行所知。如行者之赴家，食者之求飽，是以欲罷而不能，盡心盡力，不少休廢。然後見夫子所立之卓然，雖欲從之，末由也已。是蓋不怠所從，必欲至乎卓立之地也。抑斯歎也，其在請事斯語之後，三月不違之時乎？」

子疾病，子路使門人爲臣。 夫子時已去位，無家臣。子路欲以家臣治其喪，其意實尊聖人，而未知所以尊也。**病間，曰：「久矣哉！由之行詐也，無臣而爲有臣。吾誰欺？欺天乎？** 間，如字。○病間，少差也。病時不知，既差乃知其事，故言我之不當有家臣，人皆知之，不可欺也。而爲有臣，則是欺天而已。人而欺天，莫大之罪。引以自歸，其責子路深矣。**且予與其死於臣之手也，無寧死於二三子之手乎？且予縱不得大葬，予死於道路乎？」** 無寧，寧也。大葬，謂君臣禮葬。死於道路，謂棄而不葬。又曉〔一〕之以不必然之故。○范氏曰：「曾子將死，起而易簀。曰：『吾得正而斃焉，斯已矣。』子路欲尊夫子，而不知無臣之不可爲有臣，是以

〔一〕「曉」原作「既」，據清仿宋大字本改。

陷於行詐，罪至欺天。君子之於言動，雖微不可不謹。夫子深懲子路，所以警學者也。」楊氏曰：「非知至而意誠，則用智自私，不知行其所無事，往往自陷於行詐欺天而莫之知也。其子路之謂乎？」

子貢曰：「有美玉於斯，韞匵而藏諸？求善賈而沽諸？」子曰：「沽之哉！沽之哉！我待賈者也。」韞，紆粉反。匵，徒木反。賈，音嫁。○韞，藏也。匵，匱也。沽，賣也。子貢以孔子有道不仕，故設此二端以問也。孔子言固當賣之，但當待賈，而不當求之耳。○范氏曰：「君子未嘗不欲仕也，又惡不由其道。士之待禮，猶玉之待賈也。若伊尹之耕於野，伯夷、太公之居於海濱，世無成湯、文王，則終焉而已，必不枉道以從人，衒玉而求售也。」

子欲居九夷。東方之夷有九種。欲居之者，亦乘桴浮海之意。**或曰：「陋，如之何！」子曰：「君子居之，何陋之有？」**君子所居則化，何陋之有？

子曰：「吾自衞反魯，然後樂正，雅頌各得其所。」魯哀公十一年冬，孔子自衞反魯。是時周禮在魯，然詩樂亦頗殘闕失次。孔子周流四方，參互考訂，以知其說。晚知道終不行，故歸而正之。

子曰：「出則事公卿，入則事父兄，喪事不敢不勉，不爲酒困，何有於我哉？」說見第七篇，然此則其事愈卑而意愈切矣。

子在川上，曰：「逝者如斯夫！不舍晝夜。」夫，音扶。舍，上聲。○天地之化，往者過，來者續，無一息之停，乃道體之本然也。然其可指而易見者，莫如川流。故於此發以示人，欲學者時時省察，而無毫髮之間斷也。○程子曰：「此道體也。天運而不已，日往則月來，寒往則暑來，水流而不息，物生而不窮，皆與道爲體，運乎晝夜，未嘗已也。是以君子法之，自强不息。及其至也，純亦不已焉。」又曰：「自漢以來，儒者皆不識此義。此見聖人之心，純亦不已也。純亦不已，乃天德也。有天德，便可語王道，其要只在謹獨。」愚按：自此至篇終，皆勉人進學不已之辭。

子曰：「吾未見好德如好色者也。」好，去聲。○謝氏曰：「好好色，惡惡臭，誠也。好德如好色，斯誠好德矣，然民鮮能之。」○史記：「孔子居衛，靈公與夫人同車，使孔子爲次乘，招摇市過之。」孔子醜之，故有是言。

子曰：「譬如爲山，未成一簣，止，吾止也；譬如平地，雖覆一簣，進，吾往也。」簣，求位反。覆，芳服反。○簣，土籠也。書曰：「爲山九仞，功虧一簣。」夫子之言，蓋出於此。言山成而但少一簣，其止者，吾自止耳；平地而方覆一簣，其進者，吾自往耳。蓋學者自彊不息，則積少成多；中道而止，則前功盡棄。其止其往，皆在我而不在人也。

子曰：「語之而不惰者，其回也與！」語，去聲。與，平聲。○惰，懈怠也。范氏曰：「顔子聞夫子之言，而心解力行，造次顛沛未嘗違之。如萬物得時雨之潤，發榮滋長，何有於惰，此群弟子所不及也。」

子謂顔淵，曰：「惜乎！吾見其進也，未見其止也。」進、止二字，説見上章。顔子既死而孔子惜之，言其方進而未已也。

子曰：「苗而不秀者有矣夫！秀而不實者有矣夫！」夫，音扶。○穀之始生曰苗，吐華曰秀，成穀曰實。蓋學而不至於成，有如此者，是以君子貴自勉也。

子曰：「後生可畏，焉知來者之不如今也？四十、五十而無聞焉，斯亦不足畏也已。」焉，於虔反。○孔子言後生年富力彊，足以積學而有待，其勢可畏，安知其將來不如我之今日乎？然或不能自勉，至於老而無聞，則不足畏矣。言此以警人，使及時勉學也。曾子曰「五十而不以善聞，則不聞矣」，蓋述此意。○尹氏曰：「少而不勉，老而無聞，則亦已矣。自少而進者，安知其不至於極乎？是可畏也。」

子曰：「法語之言，能無從乎？改之爲貴。巽與之言，能無說乎？繹之爲貴。說而不繹，從而不改，吾末如之何也已矣。」法語者，正言之也。巽言者，婉而導之也。繹，尋其緒也。法言人所敬憚，故必從；然不改，則面從而已。巽言無所乖忤，故必說；然不繹，則又不足以知其微意之所在也。○楊氏曰：「法言，若孟子論行王政之類是也。巽言，若其論好貨好色之類是也。語之而未達，拒之而不受，猶之可也。其或喻焉，則尚庶幾其能改繹矣。從且說矣，而不改繹焉，則是終不改繹也已，雖聖人其如之何哉？」

子曰：「主忠信，毋友不如己者，過則勿憚改。」重出而逸其半。

子曰：「三軍可奪帥也，匹夫不可奪志也。」侯氏曰：「三軍之勇在人，匹夫之志在己。故帥可奪而志不可奪，如可奪，則亦不足謂之志矣。」

子曰：「衣敝緼袍，與衣狐貉者立，而不恥者，其由也與？衣，去聲。緼，紆粉反。貉，胡各反。與，平聲。○敝，壞也。緼，枲著也。袍，衣有著者也，蓋衣之賤者。狐貉，以狐貉之皮爲裘，衣之貴者。子路之志如此，則能不以貧富動其心，而可以進於道矣，故夫子稱之。『不忮不求，何用不臧？』」忮，之豉反。○忮，害也。求，貪也。臧，善也。言能不忮不求，則何爲不善乎？此衛風雄雉之詩，孔子引之，以美子路也。吕氏曰：「貧與富交，彊者必忮，弱者必求。」子路終身誦之。子曰：「是道也，何足以臧？」終身誦之，則自喜其能，而不復求進於道矣，故夫子復言此以警之。○謝氏曰：「恥惡衣惡食，學者之大病。善心不存，蓋由於此。子路之志如此，其過人遠矣。

然以衆人而能此，則可以爲善矣；子路之賢，宜不止此。而終身誦之，則非所以進於日新也，故激而進之。」

子曰：「歲寒，然後知松柏之後彫也。」范氏曰：「小人之在治世，或與君子無異。惟臨利害、遇事變，然後君子之所守可見也。」○謝氏曰：「士窮見節義，世亂識忠臣。欲學者必周於德。」

子曰：「知者不惑，仁者不憂，勇者不懼。」明足以燭理，故不惑；理足以勝私，故不憂；氣足以配道義，故不懼。此學之序也。

子曰：「可與共學，未可與適道；可與適道，未可與立；可與立，未可與權。」可與者，言其可與共爲此事也。程子曰：「可與共學，知所以求之也。可與適道，知所往也。可與立者，篤志固執而不變也。權，稱錘也，所以稱物而知輕重者也。可與權，謂能權輕重，使合義也。」○楊氏曰：「知爲己，則可與共學矣。學足以明善，然後可與適道。信道篤，然後可與立。知時措之宜，然後可與權。」洪氏曰：「易九卦，終於巽以行權。權者，聖人之大用。未能立而言權，猶人未能立而欲行，鮮不仆矣。」程子曰：「漢儒以反經合道爲權，故有權變權術之論，皆非也。權只是經也。自漢以下，無人識權字。」愚按：先儒誤以此章連下文偏其反而爲一章，故有反經合道之說。程子非之，是矣。然以孟子嫂溺援之以手之義推之，則權與經亦當有辨。

「唐棣之華，偏其反而。豈不爾思？室是遠而。」棣，大計反。○唐棣，郁李也。偏，晉書作翩。然則反亦當與翻同，言華之摇動也。而，語助也。此逸詩也，於六義屬興。上兩句無意義，但以起下兩句之辭耳。其所謂爾，亦不知其何所指也。子曰：「未之思也，夫何遠之有？」夫，音扶。○夫子借其言而反之，蓋前篇「仁遠乎哉」之意。○程子曰：「聖人未嘗言易以驕人之志，亦未嘗言難以阻人之進。但曰未之思也，夫何遠之有？此言極有涵蓄，意思深遠。」

鄉黨第十

楊氏曰：「聖人之所謂道者，不離乎日用之間也。故夫子之平日，一動一静，門人皆審視而詳記之。」尹氏曰：「甚矣孔門諸子之嗜學也！於聖人之容色言動，無不謹書而備録之，以貽後世。今讀其書，即其事，宛然如聖人之在目也。雖然，聖人豈拘拘而爲之者哉？蓋盛德之至，動容周旋，自中乎禮耳。學者欲潛心於聖人，宜於此求焉。」舊説凡一章，今分爲十七〔一〕節。

孔子於鄉黨，恂恂如也，似不能言者。恂，相倫反。○恂恂，信實之貌。似不能言者，謙卑遜順，不以賢知先人也。鄉黨，父兄宗族之所在，故孔子居之，其容貌辭氣如此。**其在宗廟朝廷，便便，言唯謹爾。**朝，直遥反，下同。便，旁連反。○便便，辯也。宗廟，禮法之所在；朝廷，政事之所出；言不可以不明辨。故必詳問而極言之，但謹而不放爾。○此一節，記孔子在鄉黨、宗廟、朝廷言貌之不同。

朝，與下大夫言，侃侃如也；與上大夫言，誾誾如也。侃，苦旦反。誾，魚巾反。○此君未視朝時也。王制，諸侯上大夫卿，下大夫五人。許氏説文：「侃侃，剛直也。誾誾，和悦而諍也。」**君在，踧踖如也，與與如也。**踧，子六反。踖，子亦反。與，平聲，或如字。○君在，視朝也。踧踖，恭敬不寧之貌。與與，威儀中適之貌。張子曰：「與與，不忘向君也。」亦通。○此一節，記孔子在朝廷事上接下之不同也。

〔一〕按本篇實有十八節（章），其中「入大廟，每事問」一節，朱熹認爲與八佾篇重出，故稱十七節。

君召使擯，色勃如也，足躩如也。擯，必刃反。躩，驅若反。○擯，主國之君所使出接賓者。勃，變色貌。躩，盤辟貌。皆敬君命故也。**揖所與立，左右手。衣前後，襜如也。**襜，赤占反。○所與立，謂同爲擯者也。擯用命數之半，如上公九命，則用五人，以次傳命。揖左人，則左其手；揖右人，則右其手。襜，整貌。**趨進，翼如也。**疾趨而進，張拱端好，如鳥舒翼。**賓退，必復命曰：「賓不顧矣。」**紓君敬也。○此一節，記孔子爲君擯相之容。

入公門，鞠躬如也，如不容。鞠躬，曲身也。公門高大而若不容，敬之至也。**立不中門，行不履閾。**閾，于逼反。○中門，中於門也。謂當棖闑之間，君出入處也。閾，門限也。禮：士大夫出入君門，由闑右，不踐閾。謝氏曰：「立中門則當尊，行履閾則不恪。」**過位，色勃如也，足躩如也，其言似不足者。**位，君之虛位。謂門屏之間，人君宁立之處，所謂宁也。君雖不在，過之必敬，不敢以虛位而慢之也。言似不足，不敢肆也。**攝齊升堂，鞠躬如也，屏氣似不息者。**齊，音咨。○攝，摳也。齊，衣下縫也。禮：將升堂，兩手摳衣，使去地尺，恐躡之而傾跌失容也。屏，藏也。息，鼻息出入者也。近至尊，氣容肅也。**出，降一等，逞顏色，怡怡如也。没階趨，翼如也。復其位，踧踖如也。**陸氏曰：「趨下本無進字，俗本有之，誤也。」○等，階之級也。逞，放也。漸遠所尊，舒氣解顏。怡怡，和悦也。没階，下盡階也。趨，走就位也。復位踧踖，敬之餘也。○此一節，記孔子在朝之容。

執圭，鞠躬如也，如不勝。上如揖，下如授。勃如戰色，足蹜蹜，如有循。勝，平聲。蹜，色六反。○圭，諸侯命圭。聘問鄰國，則使大夫執以通信。如不勝，執主器，執輕如不克，敬謹之至也。上如揖，下如授，謂執圭平衡，手與心齊，高不過揖，卑不過授也。戰色，戰而色懼也。蹜蹜，舉足促狹也。如有循，記所謂舉前曳踵。言行不離地，如緣物也。**享禮，有容色。**享，獻也。既聘而享，用圭璧，有庭實。有容色，和也。儀禮曰：「發氣滿容。」**私覿，愉愉如也。**私覿，以私禮見也。愉愉，則又和矣。○此一節，記孔子爲君聘於鄰國之禮也。晁氏曰：「孔子，定公九年仕魯，至十三年適齊，其間絶無朝聘往來之事。疑使擯執圭兩條，但孔子嘗言其禮當如此爾。」

君子不以紺緅飾。紺，古暗反。緅，側由反。○君子，謂孔子。紺，深青揚赤色，齊服也。緅，絳色。三年之喪，以飾練服也。飾，領緣也。**紅紫不以爲褻服。**紅紫，間色不正，且近於婦人女子之服也。褻服，私居服也。言此則不以爲朝祭之服可知。**當暑，袗絺綌，必表而出之。**袗，單也。葛之精者曰絺，麤者曰綌。表而出之，謂先著裏衣，表絺綌而出之於外，欲其不見體也。詩所謂「蒙彼縐絺」是也。**緇衣羔裘，素衣麑裘，黄衣狐裘。**麑，研奚反。○緇，黑色。羔裘，用黑羊皮。麑，鹿子，色白。狐，色黄。衣以裼裘，欲其相稱。**褻裘長，短右袂。**長，欲其温。短右袂，所以便作事。**必有寢衣，長一身有半。**長，去聲。○齊主於敬，不可解衣而寢，又不可著明衣而寢，故別有寢衣，其半蓋以覆足。程子曰：「此錯簡，當在齊必有明衣布之下。」愚謂如此，則此條與明衣變食，既得以類相從；而褻裘狐貉，亦得以類相從矣。**狐貉之厚以居。**狐貉，毛深温厚，私居取其適體。**去喪，無所不佩。**去，上聲。○君子無故，玉不去身。觿礪之屬，亦皆佩也。**非帷裳，必殺之。**殺，去聲。○朝祭之服，裳用正幅如帷，要有襞積，而旁無殺縫。其餘若深衣，要半下，齊倍要，則無襞積而有殺縫矣。**羔裘玄冠不以弔。**喪主素，吉主玄。弔必變服，所以哀死。**吉月，必朝服而朝。**吉月，月朔也。孔子在魯致仕時如此。○此一節，記孔子衣服之制。蘇氏曰：「此孔氏遺書，雜記曲禮，非特孔子事也。」

齊，必有明衣，布。齊，側皆反。○齊，必沐浴，浴竟，即著明衣，所以明潔其體也，以布爲之。此下脱前章寢衣一簡。**齊，必變食，居必遷坐。**變食，謂不飲酒、不茹葷。遷坐，易常處也。○此一節，記孔子謹齊之事。楊氏曰：「齊所以交神，故致潔變常以盡敬。」

食不厭精，膾不厭細。食，音嗣。○食，飯也。精，鑿也。牛羊與魚之腥，聶而切之爲膾。食精則能養人，膾麤則能害人。不厭，言以是爲善，非謂必欲如是也。**食饐而餲，魚餒而肉敗，不食。色惡，不食。臭惡，不食。失飪，不食。不時，不食。**食饐之食，音嗣。饐，於冀反。餲，烏邁反。飪，而甚反。○饐，飯傷熱濕也。餲，味變也。魚爛曰餒。肉腐曰敗。色惡臭惡，未敗而色臭變也。飪，烹調生熟之節也。不時，五穀不成，果實未熟之類。此數者皆足以傷人，故不食。**割不正，不食。不得其醬，不食。**割肉不方正者不食，造次不離於正也。漢陸續之母，切肉未嘗不方，斷葱以寸爲度，蓋其質美，與此暗合也。食肉用醬，各有所宜，不得則不食，惡其不備也。此二者，無害於人，但不以嗜味而苟食耳。**肉雖多，不使勝食氣。惟酒無量，不及亂。**食，音嗣。量，去聲。○食以穀爲主，故不使肉勝食氣。酒以爲人合歡，故不爲量，但以醉爲節而不及亂耳。程子曰：「不及亂者，非惟不使亂志，雖血氣亦不可使亂，但浹洽而已可也。」**沽酒市脯不食。**沽、市，皆買也。恐不精潔，或傷人也，與不嘗康子之藥同意。**不撤薑食。**薑，通神明，去穢惡，故不撤。**不多食。**適可而止，無貪心也。**祭於公，不宿肉。祭肉不出三日。出三日，不食之矣。**助祭於公，所得胙肉，歸即頒賜。不俟經宿者，不留神惠也。家之祭肉，則不過三日，皆以分賜。蓋過三日，則肉必敗，而人不食之，是褻鬼神之餘也。但比君所賜胙，可少緩耳。**食不語，寢不言。**

答述曰語。自言曰言。范氏曰：「聖人存心不他，當食而食，當寢而寢，言語非其時也。」楊氏曰：「肺爲氣主而聲出焉，寢食則氣窒而不通，語言恐傷之也。」亦通。**雖疏食菜羹，瓜祭，必齊如也。**食，音嗣。陸氏曰：「魯論瓜作必。」○古人飲食，每種各出少許，置之豆閒之地，以祭先代始爲飲食之人，不忘本也。齊，嚴敬貌。孔子雖薄物必祭，其祭必敬，聖人之誠也。○此一節，記孔子飲食之節。謝氏曰：「聖人飲食如此，非極口腹之欲，蓋養氣體，不以傷生，當如此。然聖人之所不食，窮口腹者或反食之，欲心勝而不暇擇也。」

席不正，不坐。謝氏曰：「聖人心安於正，故於位之不正者，雖小不處。」

鄉人飲酒，杖者出，斯出矣。杖者，老人也。六十杖於鄉，未出不敢先，既出不敢後。**鄉人儺，朝服而立於阼階。**儺，乃多反。○儺，所以逐疫，周禮方相氏掌之。阼階，東階也。儺雖古禮而近於戲，亦必朝服而臨之者，無所不用其誠敬也。或曰：「恐其驚先祖五祀之神，欲其依己而安也。」○此一節，記孔子居鄉之事。

問人於他邦，再拜而送之。拜送使者，如親見之，敬也。**康子饋藥，拜而受之。曰：「丘未達，不敢嘗。」**范氏曰：「凡賜食，必嘗以拜。藥未達則不敢嘗。受而不飲，則虛人之賜，故告之如此。然則可飲而飲，不可飲而不飲，皆在其中矣。」楊氏曰：「大夫有賜，拜而受之，禮也。未達不敢嘗，謹疾也。必告之，直也。」○此一節，記孔子與人交之誠意。

廄焚。子退朝，曰：「傷人乎？」不問馬。非不愛馬，然恐傷人之意多，故未暇問。蓋貴人賤畜，理當如此。

君賜食，必正席先嘗之；君賜腥，必熟而薦之；君賜生，必畜之。食恐或餕餘，故不以薦。正席先嘗，如對君也。言先嘗，則餘當以頒賜矣。腥，生肉。熟而薦之祖考，榮君賜也。畜之者，仁君之惠，無故不敢殺也。

侍食於君，君祭，先飯。飯，扶晚反。○周禮，「王日一舉，膳夫授祭，品嘗食，王乃食」。故侍食者，君祭，則己不祭而先飯。若爲君嘗食然，不敢當客禮也。

疾，君視之，東首，加朝服，拖紳。首，去聲。拖，徒我反。○東首，以受生氣也。病卧不能著衣束帶，又不可以褻服見君，故加朝服於身，又引大帶於上也。

君命召，不俟駕行矣。急趨君命，行出而駕車隨之。○此一節，記孔子事君之禮。

入大廟，每事問。重出。

朋友死，無所歸。曰：「於我殯。」朋友以義合，死無所歸，不得不殯。

朋友之饋，雖車馬，非祭肉，不拜。朋友有通財之義，故雖車馬之重不拜。祭肉則拜者，敬其祖考，同於己親也。○此一節，記孔子交朋友之義。

寢不尸，居不容。尸，謂偃卧似死人也。居，居家。容，容儀。范氏曰：「寢不尸，非惡其類於死也。惰慢之氣不設於身體，雖舒布其四體，而亦未嘗肆耳。居不容，非惰也。但不若奉祭祀、見賓客而已，申申夭夭是也。」

見齊衰者，雖狎，必變。見冕者與瞽者，雖褻，必以貌。狎，謂素親狎。褻，謂燕見。貌，謂禮貌。餘見前篇。

凶服者式之。式負版者。式，車前横木。有所敬，則俯而憑之。負版，持邦國圖籍者。式此二者，哀有喪，重民數也。人惟萬物之靈，而王者之所天也，故周禮「獻民數於王，王拜受之」。況其下者，敢不敬乎？

有盛饌，必變色而作。敬主人之禮，非以其饌也。

迅雷風烈，必變。迅，疾也。烈，猛也。必變者，所以敬天之怒。記曰：「若有疾風、迅雷、甚雨則必變，雖夜必興，衣服冠而坐。」○此一節，記孔子容貌之變。

升車，必正立執綏。綏，挽以上車之索也。范氏曰：「正立執綏，則心體無不正，而誠意肅恭矣。蓋君子莊敬無所不在，升車則見於此也。」**車中，不内顧，不疾言，不親指。**内顧，回視也。禮曰：「顧不過轂。」三者皆失容，且惑人。○此一節，記孔子升車之容。

色斯舉矣，翔而後集。言鳥見人之顔色不善，則飛去，回翔審視而後下止。人之見幾而作，審擇所處，亦當如此。然此上下，必有闕文矣。**曰：「山梁雌雉，時哉！時哉！」子路共之，三嗅而作。**共，九用反，又居勇反。嗅，許又反。○邢氏曰：「梁，橋也。時哉，言雉之飲啄得其時。子路不達，以爲時物而共具之。孔子不食，三嗅其氣而起。」晁氏曰：「石經『嗅』作戛，謂雉鳴也。」劉聘君曰：「嗅，當作狊，古闃反。張兩翅也。見爾雅。」愚按：如後兩説，則共字當爲拱執之義。然此必有闕文，不可强爲之説。姑記所聞，以俟知者。

論語集注卷六

先進第十一

此篇多評弟子賢否。凡二十五〔一〕章。胡氏曰：「此篇記閔子騫言行者四，而其一直稱閔子，疑閔氏門人所記也。」

子曰：「先進於禮樂，野人也；後進於禮樂，君子也。先進後進，猶言前輩後輩。野人，謂郊外之民。君子，謂賢士大夫也。程子曰：「先進於禮樂，文質得宜，今反謂之質朴，而以爲野人。後進之於禮樂，文過其質，今反謂之彬彬，而以爲君子。蓋周末文勝，故時人之言如此，不自知其過於文也。」如用之，則吾從先進。」用之，謂用禮樂。孔子既述時人之言，又自言其如此，蓋欲損過以就中也。

子曰：「從我於陳蔡者，皆不及門也。」從，去聲。○孔子嘗厄於陳蔡之間，弟子多從之者，此時皆不在門。故孔子思之，蓋不忘其相從於患難之中也。德行：顔淵，閔子騫，冉伯牛，仲弓。言語：宰我，子貢。政事：冉有，季路。文學：子游，子夏。行，去聲。○弟子因孔子之言，記此十人，而并目其所長，分爲四科。孔子教人各因其材，於此可見。○程子曰：「四科乃從夫子於陳蔡者爾，門人之賢者固不止此。曾子傳道而不與

〔一〕「五」原作「七」，據清仿宋大字本及正文改。

焉，故知十哲世俗論也。」

子曰：「回也非助我者也，於吾言無所不説。」説，音悦。○助我，若子夏之起予，因疑問而有以相長也。顔子於聖人之言，默識心通，無所疑問，故夫子云然。其辭若有憾焉，其實乃深喜之。○胡氏曰：「夫子之於回，豈真以助我望之？蓋聖人之謙德，又以深贊顔氏云爾。」

子曰：「孝哉閔子騫！人不間於其父母昆弟之言。」間，去聲。○胡氏曰：「父母兄弟稱其孝友，人皆信之無異辭者，蓋其孝友之實，有以積於中而著於外，故夫子歎而美之。」

南容三復白圭，孔子以其兄之子妻之。三、妻，並去聲。○詩大雅抑之篇曰：「白圭之玷，尚可磨也；斯言之玷，不可爲也。」南容一日三復此言，事見家語，蓋深有意於謹言也。此邦有道所以不廢，邦無道所以免禍，故孔子以兄子妻之。○范氏曰：「言者行之表，行者言之實，未有易其言而能謹於行者。南容欲謹其言如此，則必能謹其行矣。」

季康子問：「弟子孰爲好學？」孔子對曰：「有顔回者好學，不幸短命死矣！今也則亡。」好，去聲。○范氏曰：「哀公、康子問同而對有詳略者，臣之告君，不可不盡。若康子者，必待其能問乃告之，此教誨之道也。」

顔淵死，顔路請子之車以爲之椁。顔路，淵之父，名無繇。少孔子六歲，孔子始教而受學焉。椁，外棺也。請爲椁，欲賣車以買椁也。子曰：「才不才，亦各言其子也。鯉也死，有棺而無椁。吾不徒行以爲之椁。以吾從大夫之後，不可徒行也。」鯉，孔子之子伯魚也，先孔子卒。言鯉之才雖不及顔淵，然己與顔路以父視之，則皆子也。孔子時已致仕，尚從大夫之列，言後，謙辭。○胡氏曰：「孔子遇舊館人之喪，嘗脱驂以賻之矣。今乃不許顏路之請，何邪？葬可以無椁，驂可以脱而復求，大夫不可以徒行，命車不可以與人而鬻諸市也。且爲所識窮乏者得我，而勉强以副其意，豈誠心與直道哉？或者以爲君子行禮，視吾之有無而已。夫君子之用財，視義之可否，豈獨視有無而已哉？」

顏淵死。子曰：「噫！天喪予！天喪予！」喪，去聲。○噫，傷痛聲。悼道無傳，若天喪己也。

顏淵死，子哭之慟。從者曰：「子慟矣。」從，去聲。○慟，哀過也。曰：「有慟乎？哀傷之至，不自知也。非夫人之爲慟而誰爲！」夫，音扶。爲，去聲。○夫人，謂顏淵。言其死可惜，哭之宜慟，非他人之比也。○胡氏曰：「痛惜之至，施當其可，皆情性之正也。」

顏淵死，門人欲厚葬之，子曰：「不可。」喪具稱家之有無，貧而厚葬，不循理也。故夫子止之。門人厚葬之。蓋顏路聽之。子曰：「回也視予猶父也，予不得視猶子也。非我也，夫二三子也。」歎不得如葬鯉之得宜，以責門人也。

季路問事鬼神。子曰：「未能事人，焉能事鬼？」「敢問死。」曰：「未知生，焉知死？」焉，於虔反。○問事鬼神，蓋求所以奉祭祀之意。而死者人之所必有，不可不知，皆切問也。然非誠敬足以事人，則必不能事神；非原始而知所以生，則必不能反終而知所以死。蓋幽明始終，初無二理，但學之有序，不可躐等，故夫子告之如此。○程子曰：「晝夜者，死生之道也。知生之道，則知死之道；盡事人之道，則盡事鬼之道。死生人鬼，一而二、二而一者也。或言夫子不告子路，不知此乃所以深告之也。」

閔子侍側，誾誾如也；子路，行行如也；冉有、子貢，侃侃如也。子樂。誾、侃，音義見前篇。

行，胡浪反。樂，音洛。○行行，剛强之貌。子樂者，樂得英材而教育之。**「若由也，不得其死然。」**尹氏曰：「子路剛强，有不得其死之理，故因以戒之。其後子路卒死於衛孔悝之難。」洪氏曰：「漢書引此句，上有曰字。」或云：「上文樂字，即曰字之誤。」

魯人爲長府。長府，藏名。藏貨財曰府。爲，蓋改作之。**閔子騫曰：「仍舊貫，如之何？何必改作？」**仍，因也。貫，事也。王氏曰：「改作，勞民傷財。在於得已，則不如仍舊貫之善。」**子曰：「夫人不言，言必有中。」**夫，音扶。中，去聲。○言不妄發，發必當理，惟有德者能之。

子曰：「由之瑟奚爲於丘之門？」程子曰：「言其聲之不和，與己不同也。」家語云：「子路鼓瑟，有北鄙殺伐之聲。」蓋其氣質剛勇，而不足於中和，故其發於聲者如此。**門人不敬子路。子曰：「由也升堂矣，未入於室也。」**門人以夫子之言，遂不敬子路，故夫子釋之。升堂入室，喻入道之次第。言子路之學，已造乎正大高明之域，特未深入精微之奧耳，未可以一事之失而遽忽之也。

子貢問：「師與商也孰賢？」子曰：「師也過，商也不及。」子張才高意廣，而好爲苟難，故常過中。子夏篤信謹守，而規模狹隘，故常不及。**曰：「然則師愈與？」**與，平聲。○愈，猶勝也。**子曰：「過猶不及。」**道以中庸爲至。賢知之過，雖若勝於愚不肖之不及，然其失中則一也。○尹氏曰：「中庸之爲德也，其至矣乎！夫過與不及，均也。差之毫釐，繆以千里。故聖人之教，抑其過，引其不及，歸於中道而已。」

季氏富於周公，而求也爲之聚斂而附益之。爲，去聲。○周公以王室至親，有大功，位冢宰，其富宜矣。季氏以諸侯之卿，而富過之，非攘奪其君、刻剥其民，何以得此？冉有爲季氏宰，又爲之急賦稅以益其富。**子曰：「非吾徒也。小子鳴鼓而攻之，可也。」**非吾徒，絶之也。小子鳴鼓而攻之，使門人聲其罪以責之也。聖人之惡黨惡而害民也如此。然師嚴而友親，故已絶之，而猶使門人正之，又見其愛人之無已也。○范氏曰：「冉有以政事之才施於季氏，故爲不善至於如此，由其心術不明，不能反求諸身，而以仕爲急故也。」

柴也愚，柴，孔子弟子，姓高，字子羔。愚者，知不足而厚有餘。家語記其「足不履影，啓蟄不殺，方長不折。執親之喪，泣血三年，未嘗見齒。避難而行，不徑不竇」。可以見其爲人矣。**參也魯，**魯，鈍也。程子曰：「參也竟以魯得之。」又曰：「曾子之學，誠篤而已。聖門學者，聰明才辯不爲不多，而卒傳其道乃質魯之人爾。故學以誠實爲貴也。」尹氏曰：「曾子之才魯，故其學也確，所以能深造乎道也。」**師也辟，**辟，婢亦反。○辟，便辟也。謂習於容止，少誠實也。**由也喭。**喭，五旦反。○喭，粗俗也。傳稱喭者，謂俗論也。○楊氏曰：「四者性之偏，語之使知自勵也。」吴氏曰：「此章之首，脱『子曰』二字。」或疑下章子曰，當在此章之首，而通爲一章。

子曰：「回也其庶乎，屢空。庶，近也，言近道也。屢空，數至空匱也。不以貧窶動心而求富，故屢至於空匱也。言其近道又能安貧也。**賜不受命，而貨殖焉，億則屢中。」**中，去聲。○命，謂天命。貨殖，貨財生殖也。億，意度也。言子貢不如顔子之安貧樂道，然其才識之明，亦能料事而多中也。程子曰：「子貢之貨殖，非若後人之豐財，但此心未忘耳。然此亦子貢少時事，至聞性與天道，則不爲此矣。」○范氏曰：「屢空者，簞食瓢飲屢絶而不改其樂也。天下之物，豈有可動其中者哉？貧富在天，而子貢以貨殖爲心，則是不能安受天命矣。其言而多中者，億而已，非窮理樂天者也。夫子嘗曰：『賜不幸言而中，是使賜多言也。』聖人之不貴言也如是。」

子張問善人之道。子曰：「不踐迹，亦不入於室。」善人，質美而未學者也。程子曰：「踐迹，如言循途守轍。善人雖不必踐舊迹而自不爲惡，然亦不能入聖人之室也。」○張子曰：「善人，欲仁而未志於學者也。欲仁，故雖不踐成法，亦不蹈於惡，有諸己也。由不學，故無自而入聖人之室也。」

子曰：「論篤是與，君子者乎？色莊者乎？」與，如字。○言但以其言論篤實而與之，則未知其爲君子者乎？爲色莊者乎？言不可以言貌取人也。

子路問：「聞斯行諸？」子曰：「有父兄在，如之何其聞斯行之？」冉有問：「聞斯行諸？」子曰：「聞斯行之。」公西華曰：「由也問聞斯行諸，子曰『有父兄在』；求也問聞斯行諸，子曰『聞斯行之』。赤也惑，敢問。」子曰：「求也退，故進之；由也兼人，故退之。」兼人，謂勝人也。張敬夫曰：「聞義固當勇爲，然有父兄在，則有不可得而專者。若不稟命而行，則反傷於義矣。子路有聞，未之能行，唯恐有聞，則於所當爲，不患其不能爲矣，特患爲之之意或過，而於所當稟命者有闕耳。若冉求之資稟失之弱，不患其不稟命也，患其於所當爲者逡巡畏縮，而爲之不勇耳。聖人一進之，一退之，所以約之於義理之中，而使之無過不及之患也。」

子畏於匡，顏淵後。子曰：「吾以女爲死矣。」曰：「子在，回何敢死？」女，音汝。○後，謂相失在後。何敢死，謂不赴鬭而必死也。胡氏曰：「先王之制，民生於三，事之如一。惟其所在，則致死焉。況顏淵之於孔子，恩義兼盡，又非他人之爲師弟子者而已。即夫子不幸而遇難，回必捐生以赴之矣。捐生以赴之，幸而不死，則必上告天子、下告方伯，請討以復讐，不但已也。夫子而在，則回何爲而不愛其死，以犯匡人之鋒乎？」

季子然問：「仲由、冉求可謂大臣與？」與，平聲。○子然，季氏子弟。自多其家得臣二子，故問之。子曰：「吾以子爲異之問，曾由與求之問。異，非常也。曾，猶乃也。輕二子以抑季然也。所謂大臣者：以道事君，不可則止。以道事君者，不從君之欲。不可則止者，必行己之志。今由與求也，可謂具臣矣。」具臣，謂備臣數而已。曰：「然則從之者與？」與，平聲。○意二子既非大臣，則從季氏之所爲而已。子曰：「弑父與君，亦不從也。」言二子雖不足於大臣之道，然君臣之義則聞之熟矣，弑逆大故必不從之。蓋深許二子以死難不可奪之節，而又以陰折季氏不臣之心也。○尹氏曰：「季氏專權僭竊，二子仕其家而不能正也，知其不可而不能止也，可謂具臣矣。是時季氏已有無君之心，故自多其得人，意其可使從己也，故曰弑父與君亦不從也，其庶乎二子可免矣。」

子路使子羔爲費宰。子路爲季氏宰而舉之也。子曰：「賊夫人之子。」夫，音扶，下同。○賊，害也。言子羔質美而未學，遽使治民，適以害之。子路曰：「有民人焉，有社稷焉。何必讀書，然後爲學？」言治民事神皆所以爲學。子曰：「是故惡夫佞者。」惡，去聲。○治民事神固學者事，然必學之已成，然後可仕以行其學。若初未嘗學，而使之即仕以爲學，其不至於慢神而虐民者幾希矣。子路之言，非其本意，但理屈辭窮，而取辨於口以禦人耳。故夫子不斥其非，而特惡其佞也。○范氏曰：「古者學而後入政，未聞以政學者也。蓋道之本在於修身，而後及於治人，其説具於方册，讀而知之，然後能行。何可以不讀書也？子路乃欲使子羔以政爲學，失先後本末之序矣。不知其過而以口給禦人，故夫子惡其佞也。」

子路、曾晳、冉有、公西華侍坐。坐，才卧反。○晳，曾參父，名點。子曰：「以吾一日長乎爾，毋吾以也。長，上聲。○言我雖年少長於女，然女勿以我長而難言。蓋誘之盡言以觀其志，而聖人和氣謙德，於此亦可見矣。居則曰：『不吾知也！』如或知爾，則何以哉？」言女平居，則言人不知我。如或有人知女，則女將何以爲用也？

子路率爾而對曰：「千乘之國，攝乎大國之間，加之以師旅，因之以饑饉，由也爲之，比及三年，可使有勇，且知方也。」夫子哂之。乘，去聲。饑，音機。饉，音僅。比，必二反，下同。哂，詩忍反。○率爾，輕遽之貌。攝，管束也。二千五百人爲師，五百人爲旅。因，仍也。穀不熟曰饑，菜不熟曰饉。方，向也，謂向義也。民向義，則能親其上，死其長矣。哂，微笑也。

「求！爾何如？」對曰：「方六七十，如五六十，求也爲之，比及三年，可使足民。如其禮樂，以俟君子。」求，爾何如，孔子問也，下放此。方六七十里，小國也。如，猶或也。五六十里，則又小矣。足，富足也。俟君子，言非己所能。冉有謙退，又以子路見哂，故其辭益遜。

「赤！爾何如？」對曰：「非曰能之，願學焉。宗廟之事，如會同，端章甫，願爲小相焉。」相，去聲。○公西華志於禮樂之事，嫌以君子自居。故將言己志而先爲遜辭，言未能而願學也。宗廟之事，謂祭祀。諸侯時見曰會，衆覜曰同。端，玄端服。章甫，禮冠。相，贊君之禮者。言小，亦謙辭。

「點！爾何如？」鼓瑟希，鏗爾，舍瑟而作。對曰：「異乎三子者之撰。」子曰：「何傷乎？亦各言其志也。」曰：「莫春者，春服既成。冠者五六人，童子六七人，浴乎沂，風乎舞雩，詠而歸。」夫子喟然歎曰：「吾與點也！」鏗，苦耕反。舍，上聲。撰，士免反。莫、冠，並去聲。沂，魚依反。雩音于。○四子侍坐，以齒爲序，則點當次對。以方鼓瑟，故孔子先問求、赤而後及點也。希，間歇也。作，起也。撰，具也。春服，單袷之衣。浴，盥濯也，今上巳祓除是也。沂，水名，在魯城南，地志以爲有温泉焉，理或然也。風，乘涼也。舞雩，祭天禱雨之處，有壇墠樹木也。詠，歌也。曾點之學，蓋有以見夫人欲盡處，天理流行，隨處充滿，無少欠闕，故其動静之際，從容如此。而其言志，則又不過即其所居之位，樂其日用之常，初無舍己爲人之意。而其胸次悠然，直與天地萬物上下同流，各得其所之妙，隱然自見於言外。視三子之規規於事爲之末者，其氣象不侔矣，故夫子歎息而深許之。而門人記其本末獨加詳焉，蓋亦有以識此矣。

三子者出，曾皙後。曾皙曰：「夫三子者之言何如？」子曰：「亦各言其志也已矣。」夫，音扶。

曰：「夫子何哂由也？」點以子路之志，乃所優爲，而夫子哂之，故請其說。

曰：「爲國以禮，其言不讓，是故哂之。」夫子蓋許其能，特哂其不遜。

「唯求則非邦也與？」「安見方六七十如五六十而非邦也者？」與，平聲，下同。○曾點以冉求亦欲爲國而不見哂，故微問之。而夫子之答無貶辭，蓋亦許之。

「唯赤則非邦也與？」「宗廟會同，非諸侯而何？赤也爲之小，孰能爲之大？」此亦曾皙問而夫子答也。孰能爲之大，言無能出其右者，亦許之之辭。○程子曰：「古之學者，優柔厭飫，有先後之序。如子路、冉有、公西赤言志如此，夫子許之，亦以此自是實事。後之學者好高，如人游心千里之外，然自身卻只在此。」又曰：「孔子與點，蓋與聖人之志同，便是堯舜氣象也。誠異三子者之撰，特行有不掩焉耳，此所謂狂也。子路等所見者小，子路只爲不達爲國以禮道理，是以哂之。若達，卻便是這氣象也。」又曰：「三子皆欲得國而治之，故夫子不取。曾點，狂者也，未必能爲聖人之事，而能知夫子之志。故曰浴乎沂，風乎舞雩，詠而歸，言樂而得其所也。孔子之志，在於老者安之，朋友信之，少者懷之，使萬物莫不遂其性。曾點知之，故孔子喟然歎曰：『吾與點也。』」又曰：「曾點、漆雕開，已見大意。」

顏淵第十二 凡二十四章。

顏淵問仁。子曰：「克己復禮爲仁。一日克己復禮，天下歸仁焉。爲仁由己，而由人

乎哉？」仁者，本心之全德。克，勝也。己，謂身之私欲也。復，反也。禮者，天理之節文也。爲仁者，所以全其心之德也。蓋心之全德，莫非天理，而亦不能不壞於人欲。故爲仁者必有以勝私欲而復於禮，則事皆天理，而本心之德復全於我矣。歸，猶與也。又言一日克己復禮，則天下之人皆與其仁，極言其效之甚速而至大也。又言爲仁由己而非他人所能預，又見其機之在我而無難也。日日克之，不以爲難，則私欲淨盡，天理流行，而仁不可勝用矣。程子曰：「非禮處便是私意。既是私意，如何得仁？須是克盡己私，皆歸於禮，方始是仁。」又曰：「克己復禮，則事事皆仁，故曰天下歸仁。」謝氏曰：「克己須從性偏難克處克將去。」**顔淵曰：「請問其目。」子曰：「非禮勿視，非禮勿聽，非禮勿言，非禮勿動。」顔淵曰：「回雖不敏，請事斯語矣。」**目，條件也。顔淵聞夫子之言，則於天理人欲之際已判然矣，故不復有所疑問，而直請其條目也。非禮者，己之私也。勿者，禁止之辭。是人心之所以爲主，而勝私復禮之機也。私勝，則動容周旋無不中禮，而日用之間，莫非天理之流行矣。事，如事事之事。請事斯語，顔子默識其理，又自知其力有以勝之，故直以爲己任而不疑也。○程子曰：「顔淵問克己復禮之目，子曰，『非禮勿視，非禮勿聽，非禮勿言，非禮勿動』，四者身之用也。由乎中而應乎外，制於外所以養其中也。顔淵事斯語，所以進於聖人。後之學聖人者，宜服膺而勿失也，因箴以自警。其視箴曰：『心兮本虛，應物無迹。操之有要，視爲之則。蔽交於前，其中則遷。制之於外，以安其內。克己復禮，久而誠矣。』其聽箴曰：『人有秉彝，本乎天性。知誘物化，遂亡其正。卓彼先覺，知止有定。閑邪存誠，非禮勿聽。』其言箴曰：『人心之動，因言以宣。發禁躁妄，內斯靜專。矧是樞機，興戎出好，吉凶榮辱，惟其所召。傷易則誕，傷煩則支，己肆物忤，出悖來違。非法不道，欽哉訓辭！』其動箴曰：『哲人知幾，誠之於思；志士勵行，守之於爲。順理則裕，從欲惟危；造次克念，戰兢自持。習與性成，聖賢同歸。』」愚按：此章問答，乃傳授心法切要之言，非至明不能察其幾，非至健不能致其決，故惟顔子得聞之，而凡學者亦不可以不勉也。程子之箴，發明親切，學者尤宜深玩。

仲弓問仁。子曰：「出門如見大賓，使民如承大祭。己所不欲，勿施於人。在邦無怨，在家無怨。」仲弓曰：「雍雖不敏，請事斯語矣。」敬以持己，恕以及物，則私意無所容而心德全矣。內外無怨，亦以其效言之，使以自考也。○程子曰：「孔子言仁，只說出門如見大賓，使民如承大祭。看其氣象，便須心廣體胖，動容周旋中禮。惟謹獨，便是守之之法。」或問：「出門使民之時，如此可也；未出門使民之時，如之何？」曰：「此儼若思時也，有諸中而後見於外。觀其出門使民之時，其敬如此，則前乎此者敬可知矣，非因出門使民然後有此敬也。」愚按：克己復禮，乾道也；主敬行恕，坤道也。顏冉之學，其高下淺深，於此可見。然學者誠能從事於敬恕之間而有得焉，亦將無己之可克矣。

司馬牛問仁。司馬牛，孔子弟子，名犂，向魋之弟。子曰：「仁者其言也訒。」訒，音刃。○訒，忍也，難也。仁者心存而不放，故其言若有所忍而不易發，蓋其德之一端也。夫子以牛多言而躁，故告之以此，使其於此而謹之，則所以爲仁之方，不外是矣。曰：「其言也訒，斯謂之仁已乎？」子曰：「爲之難，言之得無訒乎？」牛意仁道至大，不但如夫子之所言，故夫子又告之以此。蓋心常存故事不苟，事不苟故其言自有不得而易者，非強閉之而不出也。楊氏曰：「觀此及下章再問之語，牛之易其言可知。」○程子曰：「雖爲司馬牛多言故及此，然聖人之言，亦止此爲是。」愚謂牛之爲人如此，若不告之以其病之所切，而泛以爲仁之大槩語之，則以彼之躁，必不能深思以去其病，而終無自以入德矣，故其告之如此。蓋聖人之言，雖有高下大小之不同，然其切於學者之身，而皆爲入德之要，則又初不異也。讀者其致思焉。

司馬牛問君子。子曰：「君子不憂不懼。」向魋作亂，牛常憂懼。故夫子告之以此。曰：「不憂不懼，斯謂之君子已乎？」子曰：「內省不疚，夫何憂何懼？」夫，音扶。○牛之再問，猶前章之意，故復告之以此。疚，病也。言由其平日所爲無愧於心，故能內省不疚，而自無憂懼，未可遽以爲易而忽之也。○晁氏曰：「不憂不懼，由乎德全而無疵。故無入而不自得，非實有憂懼而强排遣之也。」

司馬牛憂曰：「人皆有兄弟，我獨亡。」牛有兄弟而云然者，憂其爲亂而將死也。子夏曰：「商聞之矣：蓋聞之夫子。死生有命，富貴在天。命稟於有生之初，非今所能移；天莫之爲而爲，非我所能必，但當順受而已。君子敬而無失，與人恭而有禮。四海之內，皆兄弟也。君子何患乎無兄弟也？」既安於命，又當修其在己者。故又言苟能持己以敬而不間斷，接人以恭而有節文，則天下之人皆愛敬之如兄弟矣。蓋子夏欲以寬牛之憂，故爲是不得已之辭，讀者不以辭害意可也。○胡氏曰：「子夏四海皆兄弟之言，特以廣司馬牛之意，意圓而語滯者也，惟聖人則無此病矣。且子夏知此而以哭子喪明，則以蔽於愛而昧於理，是以不能踐其言爾。」

子張問明。子曰：「浸潤之譖，膚受之愬，不行焉，可謂明也已矣。浸潤之譖，膚受之愬，不行焉，可謂遠也已矣。」譖，莊蔭反。愬，蘇路反。○浸潤，如水之浸灌滋潤，漸漬而不驟也。譖，毁人之行也。膚受，謂肌膚所受，利害切身。如易所謂「剥牀以膚，切近災」者也。愬，愬己之冤也。毁人者漸漬而不驟，則聽者不覺其入，而信之深矣。愬冤者急迫而切身，則聽者不及致詳，而發之暴矣。二者難察而能察之，則可見其心之明，而不蔽於近矣。此亦必因子張之失而告之，故其辭繁而不殺，以致丁寧之意云。○楊氏曰：「驟而語之，與利害不切於身者，不行焉，有不待明者能之也。故浸潤之譖、膚受之愬不行，然後謂之明，而又謂之遠。遠則明之至也。書曰：『視遠惟明。』」

子貢問政。子曰：「足食，足兵，民信之矣。」言倉廩實而武備修，然後教化行，而民信於我，不離叛也。

子貢曰：「必不得已而去，於斯三者何先？」曰：「去兵。」去，上聲，下同。○言食足而信孚，則無兵而守固矣。子貢曰：「必不得已而去，於斯二者何先？」曰：「去食。自古皆有死，民無信不立。」民無食必死，然死者人之所必不免。無信則雖生而無以自立，不若死之爲安。故寧死而不失信於民，使民亦寧死而不失信於我也。○程子曰：「孔門弟子善問，直窮到底，如此章者，非子貢不能問，非聖人不能答也。」愚謂以人情而言，則兵食足而後吾之信可以孚於民。以民德而言，則信本人之所固有，非兵食所得而先也。是以爲政者，當身率其民而以死守之，不以危急而可棄也。

棘子成曰：「君子質而已矣，何以文爲？」棘子成，衛大夫。疾時人文勝，故爲此言。子貢曰：「惜乎！夫子之說，君子也。駟不及舌。言子成之言，乃君子之意。然言出於舌，則駟馬不能追之，又惜其失言也。文猶質也，質猶文也。虎豹之鞟猶犬羊之鞟。」鞟，其郭反。○鞟，皮去毛者也。言文質等耳，不可相無。若必盡去其文而獨存其質，則君子小人無以辨矣。夫棘子成矯當時之弊，固失之過；而子貢矯子成之弊，又無本末輕重之差，胥失之矣。

哀公問於有若曰：「年饑，用不足，如之何？」稱有若者，君臣之辭。用，謂國用。公意蓋欲加賦以足用也。有若對曰：「盍徹乎？」徹，通也，均也。周制：一夫受田百畝，而與同溝共井之人通力合作，計畝均收。大率民得其九，公取其一，故謂之徹。魯自宣公稅畝，又逐畝什取其一，則爲什而取二矣。故有若請但專行徹法，欲公節用以厚民也。曰：「二，吾猶不足，如之何其徹也？」二，即所謂什二也。公以有若不喻其旨，故言此以示加賦之意。對曰：「百姓足，君孰與不足？百姓不足，君孰與足？」民富，則君不至獨貧；民貧，則君不能獨富。有若深言君民一體之意，以止公之厚斂，爲人上者所宜深念也。○楊氏曰：「仁政必自經界始。經界正，而後井地均、穀祿平，而軍國之需皆量是以爲出焉。故一徹而百度舉矣，上下寧憂不足乎？以二猶不足而教之徹，疑若迂矣。然什一，天下之中正。多則桀，寡則貉，不可改也。後世不究其本而惟末之圖，故征斂無藝，費出無經，而上下困矣。又惡知盍徹之當務而不爲迂乎？」

子張問崇德、辨惑。子曰：「主忠信，徙義，崇德也。主忠信，則本立。徙義，則日新。愛之欲其生，惡之欲其死。既欲其生，又欲其死，是惑也。惡，去聲。○愛惡，人之常情也。然人之生死有命，非可得而欲也。以愛惡而欲其生死，則惑矣。既欲其生，又欲其死，則惑之甚也。『誠不以富，亦祇以異』。」此詩小雅我行其野之辭也。舊説：夫子引之，以明欲其生死者不能使之生死。如此詩所言，不足以致富而適足以取異也。程子曰：「此錯簡，當在第十六篇齊景公有馬千駟之上。因此下文亦有齊景公字而誤也。」○楊氏曰：「堂堂乎張也，難與並爲仁矣。則非誠善補過不蔽於私者，故告之如此。」

齊景公問政於孔子。齊景公，名杵臼。魯昭公末年，孔子適齊。孔子對曰：「君君，臣臣，父父，子子。」此人道之大經，政事之根本也。是時景公失政，而大夫陳氏厚施於國，景公又多內嬖，而不立太子，其君臣父子之間皆失其道，故夫子告之以此。公曰：「善哉！信如君不君，臣不臣，父不父，子不子，雖有粟，吾得而食諸？」景公善孔子之言而不能用，其後果以繼嗣不定，啓陳氏弒君篡國之禍。○楊氏曰：「君之所以君，臣之所以臣，父之所以父，子之所以子，是必有道矣。景公知善夫子之言，而不知反求其所以然，蓋悅而不繹者，齊之所以卒於亂也。」

子曰：「片言可以折獄者，其由也與？」折，之舌反。與，平聲。○片言，半言。折，斷也。子路忠信明決，故言出而人信服之，不待其辭之畢也。子路無宿諾。宿，留也，猶宿怨之宿。急於踐言，不留其諾也。記者因夫子之言而記此，以見子路之所以取信於人者，由其養之有素也。○尹氏曰：「小邾射以句繹奔魯，曰：『使季路要我，吾無盟矣。』千乘之國，不信其盟，而信子路之一言，其見信於人可知矣。一言而折獄者，信在言前，人自信之故也。不留諾，所以全其信也。」

子曰：「聽訟，吾猶人也，必也使無訟乎！」范氏曰：「聽訟者，治其末，塞其流也。正其本，清其源，則無訟矣。」○楊氏曰：「子路片言可以折獄，而不知以禮遜爲國，則未能使民無訟者也。故又記孔子之言，以見聖人不以聽訟爲難，而以使民無訟爲貴。」

子張問政。子曰：「居之無倦，行之以忠。」居，謂存諸心。無倦，則始終如一。行，謂發於事。以忠，則表裏如一。○程子曰：「子張少仁。無誠心愛民，則必倦而不盡心，故告之以此。」

子曰：「博學於文，約之以禮，亦可以弗畔矣夫！」重出。

子曰：「君子成人之美，不成人之惡。小人反是。」成者，誘掖獎勸以成其事也。君子小人，所存既有厚薄之殊，而其所好又有善惡之異，故其用心不同如此。

季康子問政於孔子。孔子對曰：「政者，正也。子帥以正，孰敢不正？」范氏曰：「未有己不正而能正人者。」○胡氏曰：「魯自中葉，政由大夫，家臣效尤，據邑背叛，不正甚矣。故孔子以是告之，欲康子以正自克，而改三家之故。惜乎康子之溺於利欲而不能也。」

季康子患盜，問於孔子。孔子對曰：「苟子之不欲，雖賞之不竊。」言子不貪欲，則雖賞民使之爲盜，民亦知恥而不竊。○胡氏曰：「季氏竊柄，康子奪嫡，民之爲盜，固其所也。盍亦反其本耶？孔子以不欲啓之，其旨深矣。」奪嫡事見春秋傳。

季康子問政於孔子曰：「如殺無道，以就有道，何如？」孔子對曰：「子爲政，焉用殺？子欲善而民善矣。君子之德風，小人之德草。草上之風，必偃。」焉，於虔反。○爲政者，民所視效，何以殺爲？欲善則民善矣。上，一作尚，加也。偃，仆也。○尹氏曰：「殺之爲言，豈爲人上之語哉？以身教者從，以言教者訟，而況於殺乎？」

子張問：「士何如斯可謂之達矣？」達者，德孚於人而行無不得之謂。子曰：「何哉，爾所謂達者？」子張務外，夫子蓋已知其發問之意，故反詰之，將以發其病而藥之也。子張對曰：「在邦必聞，在家必聞。」言名譽著聞也。子曰：「是聞也，非達也。聞與達相似而不同，乃誠僞之所以分，學者不可不審也。故夫子既明辨之，下文又詳言之。夫達也者，質直而好義，察言而觀色，慮以下人。在邦必達，在家必達。夫，音扶，下同。好、下，皆去聲。○內主忠信而所行合宜，審於接物而卑以自牧，皆自修於內，不求人知之事。然德修於己而人信之，則所行自無窒礙矣。夫聞也者，色取仁而行違，居之不疑。在邦必聞，在家必聞。」行，去聲。○善其顔色以取於仁，而行實背之，又自以爲是而無所忌憚。此不務實而專務求名者，故虚譽雖隆而實德則病矣。○程子曰：「學者須是務實，不要近名。有意近名，大本已失，更學何事？爲名而學，則是僞也。今之學者，大抵爲名。爲名與爲利雖清濁不同，然其利心則一也。」尹氏曰：「子張之學，病在乎不務實。故孔子告之皆篤實之事，充乎內而發乎外者也。當時門人親受聖人之教，而差失有如此者，況後世乎？」

樊遲從遊於舞雩之下，曰：「敢問崇德、脩慝、辨惑。」慝，吐得反。○胡氏曰：「慝之字從心從匿，蓋惡之匿於心者。脩者，治而去之。」子曰：「善哉問！善其切於爲己。先事後得，非崇德與？攻其惡，無攻人之惡，非脩慝與？一朝之忿，忘其身，以及其親，非惑與？」與，平聲。○先事後得，猶言先難後獲也。爲所當爲而不計其功，則德日積而不自知矣。專於治己而不責人，則己之惡無所匿矣。知一朝之忿爲甚微，而禍及其親爲甚大，則有以辨惑而懲其忿矣。樊遲麤鄙近利，故告之以此，三者皆所以救其失也。○范氏曰：「先事後得，上義而下利也。人惟有利欲之心，故德不崇。惟不自省己過而知人之過，故慝不脩。感物而易動者莫如忿，忘其身以及其親，惑之甚者也。惑之甚者必起於細微，能辨之於早，則不至於大惑矣，故懲忿所以辨惑也。」

樊遲問仁。子曰：「愛人。」問知。子曰：「知人。」上知，去聲，下如字。○愛人，仁之施。知人，知之務。樊遲未達。曾氏曰：「遲之意，蓋以愛欲其周，而知有所擇，故疑二者之相悖爾。」子曰：「舉直錯諸枉，能使枉者直。」舉直錯枉者，知也。使枉者直，則仁矣。如此，則二者不惟不相悖而反相爲用矣。樊遲退，見子夏。曰：「鄉也吾見於夫子而問知，子曰，『舉直錯諸枉，能使枉者直』，何謂也？」鄉，去聲。見，賢徧反。○遲以夫子之言，專爲知者之事。又未達所以能使枉者直之理。子夏曰：「富哉言乎！歎其所包者廣，不止言知。舜有天下，選於衆，舉皋陶，不仁者遠矣。湯有天下，選於衆，舉伊尹，不仁者遠矣。」選，息戀反。陶，音遥。遠，如字。○伊尹，湯之相也。不仁者遠，言人皆化而爲仁，不見有不仁者，若其遠去爾，所謂使枉者直也。子夏蓋有以知夫子之兼仁知而言矣。○程子曰：「聖人之語，因人而變化，雖若有淺近者，而其包含無所不盡，觀於此章可見矣。非若他人之言，語近則遺遠，語遠則不知近也。」尹氏曰：「學者之問也，不獨欲聞其説，又必欲知其方；不獨欲知其方，又必欲爲其事。如樊遲之問仁知也，夫子告之盡矣。樊遲未達，故又問焉，而猶未知其何以爲之也。及退而問諸子夏，然後有以知之。使其未喻，則必將復問矣。既問於師，又辨諸友，當時學者之務實也如是。」

子貢問友。子曰：「忠告而善道之，不可則止，無自辱焉。」告，工毒反。道，去聲。○友所以輔仁，故盡其心以告之，善其説以道之。然以義合者也，故不可則止。若以數而見疏，則自辱矣。

曾子曰：「君子以文會友，以友輔仁。」講學以會友，則道益明；取善以輔仁，則德日進。

論語集注卷七

子路第十三凡三十章。

子路問政。子曰：「先之，勞之。」勞，如字。○蘇氏曰：「凡民之行，以身先之，則不令而行。凡民之事，以身勞之，則雖勤不怨。」請益。曰：「無倦。」無，古本作毋。○吳氏曰：「勇者喜於有爲而不能持久，故以此告之。」○程子曰：「子路問政，孔子既告之矣。及請益，則曰『無倦』而已。未嘗復有所告，姑使之深思也。」

仲弓爲季氏宰，問政。子曰：「先有司，赦小過，舉賢才。」有司，衆職也。宰兼衆職，然事必先之於彼，而後考其成功，則己不勞而事畢舉矣。過，失誤也。大者於事或有所害，不得不懲；小者赦之，則刑不濫而人心悦矣。賢，有德者。才，有能者。舉而用之，則有司皆得其人而政益修矣。曰：「焉知賢才而舉之？」曰：「舉爾所知。爾所不知，人其舍諸？」焉，於虔反。舍，上聲。○仲弓慮無以盡知一時之賢才，故孔子告之以此。程子曰：「人各親其親，然後不獨親其親。仲弓曰『焉知賢才而舉之』，子曰『舉爾所知。爾所不知，人其舍諸』，便見仲弓與聖人用心之大小。推此義，則一心可以興邦，一心可以喪邦，只在公私之間爾。」○范氏曰：「不先有司，則君行臣職矣；不赦小過，則下無全人矣；不舉賢才，則百職廢矣。失此三者，不可以爲季氏宰，況天下乎？」

子路曰：「衛君待子而爲政，子將奚先？」衛君，謂出公輒也。是時魯哀公之十年，孔子自楚反乎衛。

子曰：「必也正名乎！」是時出公不父其父而禰其祖，名實紊矣，故孔子以正名爲先。謝氏曰：「正名雖爲衞君而言，然爲政之道，皆當以此爲先。」子路曰：「有是哉，子之迂也！奚其正？」迂，謂遠於事情，言非今日之急務也。子曰：「野哉由也！君子於其所不知，蓋闕如也。野，謂鄙俗。責其不能闕疑，而率爾妄對也。名不正，則言不順；言不順，則事不成；楊氏曰：「名不當其實，則言不順。言不順，則無以考實而事不成。」事不成，則禮樂不興；禮樂不興，則刑罰不中；刑罰不中，則民無所措手足。中，去聲。○范氏曰：「事得其序之謂禮，物得其和之謂樂。事不成則無序而不和，故禮樂不興。禮樂不興，則施之政事皆失其道，故刑罰不中。」故君子名之必可言也，言之必可行也。君子於其言，無所苟而已矣。」程子曰：「名實相須。一事苟，則其餘皆苟矣。」○胡氏曰：「衞世子蒯聵恥其母南子之淫亂，欲殺之，不果而出奔。靈公欲立公子郢，郢辭。公卒，夫人立之，又辭。乃立蒯聵之子輒，以拒蒯聵。夫蒯聵欲殺母，得罪於父，而輒據國以拒父，皆無父之人也，其不可有國也明矣。夫子爲政，而以正名爲先。必將具其事之本末，告諸天王，請于方伯，命公子郢而立之，則人倫正，天理得，名正言順而事成矣。夫子告之之詳如此，而子路終不喻也。故事輒不去，卒死其難。徒知食焉不避其難之爲義，而不知食輒之食爲非義也。」

樊遲請學稼，子曰：「吾不如老農。」請學爲圃。曰：「吾不如老圃。」種五穀曰稼，種蔬菜曰圃。樊遲出。子曰：「小人哉，樊須也！小人，謂細民，孟子所謂小人之事者也。上好禮，則民莫敢不敬；上好義，則民莫敢不服；上好信，則民莫敢不用情。夫如是，則四方之民襁負其子而至矣，焉用稼？」好，去聲。夫，音扶。襁，居丈反。焉，於虔反。○禮、義、信，大人之事也。好義，則事合宜。情，誠實也。敬服用情，蓋各以其類而應也。襁，織縷爲之，以約小兒於背者。○楊氏曰：「樊須遊聖人之門，而問稼圃，志則陋矣，辭而闢之可也。待其出而後言其非，何也？蓋於其問也，自謂農圃之不如，則拒之者至矣。須之學疑不及此而不能問，不能以三隅反矣，故不復。及其既出，則懼其終不喻也，求老農老圃而學焉，則其失愈遠矣。故復言之，使知前所言者意有在也。」

子曰：「誦詩三百，授之以政，不達；使於四方，不能專對；雖多，亦奚以爲？」使，去聲。○專，獨也。詩本人情，該物理，可以驗風俗之盛衰，見政治之得失，其言温厚和平，長於風諭，故誦之者，必達於政而能言也。○程子曰：「窮經將以致用也。世之誦詩者，果能從政而專對乎？然則其所學者，章句之末耳，此學者之大患也。」

子曰：「其身正，不令而行；其身不正，雖令不從。」

子曰：「魯衛之政，兄弟也。」魯，周公之後。衛，康叔之後。本兄弟之國，而是時衰亂，政亦相似，故孔子歎之。

子謂衛公子荆，「善居室。始有，曰：『苟合矣。』少有，曰：『苟完矣。』富有，曰：『苟美矣。』」公子荆，衛大夫。苟，聊且粗略之意。合，聚也。完，備也。言其循序而有節，不以欲速盡美累其心。○楊氏曰：「務爲全美則累物，而驕吝之心生。公子荆皆曰苟而已，則不以外物爲心，其欲易足故也。」

子適衛，冉有僕。僕，御車也。子曰：「庶矣哉！」庶，衆也。冉有曰：「既庶矣，又何加焉？」曰：「富之。」庶而不富，則民生不遂，故制田里、薄賦斂以富之。曰：「既富矣，又何加焉？」曰：「教之。」富而不教，則近於禽獸。故必立學校、明禮義以教之。○胡氏曰：「天生斯民，立之司牧，而寄以三事。然自三代之後，能舉此職者，百無一二。漢之文明，唐之太宗，亦云庶且富矣，西京之教無聞焉。明帝尊師重傳，臨雍拜老，宗戚子弟莫不受學；唐太宗大召名儒，增廣生員，教亦至矣，然而未知所以教也。三代之教，天子公卿躬行於上，言行政事皆可師法，彼二君者其能然乎？」

子曰：「苟有用我者，朞月而已可也，三年有成。」朞月，謂周一歲之月也。可者，僅辭，言綱紀布也。有成，治功成也。○尹氏曰：「孔子歎當時莫能用己也，故云然。」愚按史記，此蓋爲衞靈公不能用而發。

子曰：「善人爲邦百年，亦可以勝殘去殺矣。誠哉是言也！」勝，平聲。去，上聲。○爲邦百年，言相繼而久也。勝殘，化殘暴之人，使不爲惡也。去殺，謂民化於善，可以不用刑殺也。蓋古有是言，而夫子稱之。程子曰：「漢自高、惠至於文、景，黎民醇厚，幾致刑措，庶乎其近之矣。」○尹氏曰：「勝殘去殺，不爲惡而已，善人之功如是。若夫聖人，則不待百年，其化亦不止此。」

子曰：「如有王者，必世而後仁。」王者謂聖人受命而興也。三十年爲一世。仁，謂教化浹也。程子曰：「周自文武至於成王，而後禮樂興，即其效也。」○或問：「三年、必世，遲速不同，何也？」程子曰：「三年有成，謂法度紀綱有成而化行也。漸民以仁，摩民以義，使之浹於肌膚，淪於骨髓，而禮樂可興，所謂仁也。此非積久，何以能致？」

子曰：「苟正其身矣，於從政乎何有？不能正其身，如正人何？」

冉子退朝。子曰：「何晏也？」對曰：「有政。」子曰：「其事也。如有政，雖不吾以，吾其與聞之。」朝，音潮。與，去聲。○冉有時爲季氏宰。朝，季氏之私朝也。晏，晚也。政，國政。事，家事。以，用也。禮：大夫雖不治事，猶得與聞國政。是時季氏專魯，其於國政，蓋有不與同列議於公朝，而獨與家臣謀於私室者。故夫子爲不知者而言，此必季氏之家事耳。若是國政，我嘗爲大夫，雖不見用，猶當與聞。今既不聞，則是非國政也。語意與魏徵獻陵之對略相似。其所以正名分，抑季氏，而教冉有之意深矣。

定公問：「一言而可以興邦，有諸？」孔子對曰：「言不可以若是其幾也。幾，期也。詩曰：「如幾如式。」言一言之間，未可以如此而必期其效。**人之言曰：『爲君難，爲臣不易。』**易，去聲。○當時有此言也。**如知爲君之難也，不幾乎一言而興邦乎？」**因此言而知爲君之難，則必戰戰兢兢，臨深履薄，而無一事之敢忽。然則此言也，豈不可以必期於興邦乎？爲定公言，故不及臣也。**曰：「一言而喪邦，有諸？」孔子對曰：「言不可以若是其幾也。人之言曰：『予無樂乎爲君，唯其言而莫予違也。』**喪，去聲，下同。樂，音洛。○言他無所樂，惟樂此耳。**如其善而莫之違也，不亦善乎？如不善而莫之違也，不幾乎一言而喪邦乎？」**范氏曰：「言不善而莫之違，則忠言不至於耳，君日驕而臣日諂，未有不喪邦者也。」○謝氏曰：「知爲君之難，則必敬謹以持之。惟其言而莫予違，則讒諂面諛之人至矣。邦未必遽興喪也，而興喪之源分於此。然此非識微之君子，何足以知之？」

葉公問政。音義並見第七篇。**子曰：「近者說，遠者來。」**說，音悅。○被其澤則悅，聞其風則來。然必近者悅，而後遠者來也。

子夏爲莒父宰，問政。子曰：「無欲速，無見小利。欲速，則不達；見小利，則大事不成。」父，音甫。○莒父，魯邑名。欲事之速成，則急遽無序，而反不達。見小者之爲利，則所就者小，而所失者大矣。○

程子曰：「子張問政，子曰：『居之無倦，行之以忠。』子夏問政，子曰：『無欲速，無見小利。』子張常過高而未仁，子夏之病常在近小，故各以切己之事告之。」

葉公語孔子曰：「吾黨有直躬者，其父攘羊，而子證之。」語，去聲。○直躬，直身而行者。有因而盜曰攘。孔子曰：「吾黨之直者異於是。父爲子隱，子爲父隱，直在其中矣。」爲，去聲。○父子相隱，天理人情之至也。故不求爲直，而直在其中。○謝氏曰：「順理爲直。父不爲子隱，子不爲父隱，於理順邪？瞽瞍殺人，舜竊負而逃，遵海濱而處。當是時，愛親之心勝，其於直不直，何暇計哉？」

樊遲問仁。子曰：「居處恭，執事敬，與人忠。雖之夷狄，不可棄也。」恭主容，敬主事。恭見於外，敬主乎中。之夷狄不可棄，勉其固守而勿失也。○程子曰：「此是徹上徹下語。聖人初無二語也，充之則睟面盎背；推而達之，則篤恭而天下平矣。」胡氏曰：「樊遲問仁者三：此最先，先難次之，愛人其最後乎？」

子貢問曰：「何如斯可謂之士矣？」子曰：「行己有恥，使於四方，不辱君命，可謂士矣。」使，去聲。○此其志有所不爲，而其材足以有爲者也。子貢能言，故以使事告之。蓋爲使之難，不獨貴於能言而已。曰：「敢問其次。」曰：「宗族稱孝焉，鄉黨稱弟焉。」弟，去聲。○此本立而材不足者，故爲其次。曰：「敢問其次。」曰：「言必信，行必果，硜硜然小人哉！抑亦可以爲次矣。」行，去聲。硜，苦耕反。○果，必行也。硜，小石之堅確者。小人，言其識量之淺狹也。此其本末皆無足觀，然亦不害其爲自守也，故聖人猶有取焉，下此則市井之人，不復可爲士矣。曰：「今之從政者何如？」子曰：「噫！斗筲之人，何足算也。」筲，所交反。算，亦作筭，悉亂反。○今之從政者，蓋如魯三家之屬。噫，心不平聲。斗，量名，容十升。筲，竹器，容斗二升。斗筲之人，言鄙細也。算，數也。子貢之問每下，故夫子以是警之。○程子曰：「子貢之意，蓋欲爲皎皎之行聞於人者。夫子告之，皆篤實自得之事。」

子曰：「不得中行而與之，必也狂狷乎！狂者進取，狷者有所不爲也。」狷，音絹。○行，道也。狂者，志極高而行不掩。狷者，知未及而守有餘。蓋聖人本欲得中道之人而教之，然既不可得，而徒得謹厚之人，則未必能自振拔而有爲也。故不若得此狂狷之人，猶可因其志節，而激厲裁抑之以進於道，非與其終於此而已也。○孟子曰：「孔子豈不欲中道哉？不可必得，故思其次也。如琴張、曾皙、牧皮者，孔子之所謂狂也。其志嘐嘐然，曰：『古之人！古之人！』夷考其行而不掩焉者也。狂者又不可得，欲得不屑不潔之士而與之，是狷也，是又其次也。」

子曰：「南人有言曰：『人而無恒，不可以作巫醫。』善夫！」恒，胡登反。夫，音扶。○南人，南國之人。恒，常久也。巫，所以交鬼神。醫，所以寄死生。故雖賤役，而猶不可以無常，孔子稱其言而善之。「不恒其德，或承之羞。」此易恒卦九三爻辭。承，進也。子曰：「不占而已矣。」復加「子曰」，以別易文也，其義未詳。楊氏曰：「君子於易苟玩其占，則知無常之取羞矣。其爲無常也，蓋亦不占而已矣。」意亦略通。

子曰：「君子和而不同，小人同而不和。」和者，無乖戾之心。同者，有阿比之意。○尹氏曰：「君子尚義，故有不同。小人尚利，安得而和？」

子貢問曰：「鄉人皆好之，何如？」子曰：「未可也。」「鄉人皆惡之，何如？」子曰：「未可也。不如鄉人之善者好之，其不善者惡之。」好、惡，並去聲。○一鄉之人，宜有公論矣，然其間亦各以類自爲好惡也。故善者好之而惡者不惡，則必其有苟合之行。惡者惡之而善者不好，則必其無可好之實。

子曰："君子易事而難説也：説之不以道，不説也；及其使人也，器之。小人難事而易説也：説之雖不以道，説也；及其使人也，求備焉。"易，去聲。説，音悦。○器之，謂隨其材器而使之也。君子之心公而恕，小人之心私而刻。天理人欲之間，每相反而已矣。

子曰："君子泰而不驕，小人驕而不泰。"君子循理，故安舒而不矜肆。小人逞欲，故反是。

子曰："剛毅木訥，近仁。"程子曰："木者，質樸。訥者，遲鈍。四者，質之近乎仁者也。"楊氏曰："剛毅則不屈於物欲，木訥則不至於外馳，故近仁。"

子路問曰："何如斯可謂之士矣？"子曰："切切偲偲，怡怡如也，可謂士矣。朋友切切偲偲，兄弟怡怡。"胡氏曰："切切，懇到也。偲偲，詳勉也。怡怡，和悦也。皆子路所不足，故告之。又恐其混於所施，則兄弟有賊恩之禍，朋友有善柔之損，故又别而言之。"

子曰："善人教民七年，亦可以即戎矣。"教民者，教之孝悌忠信之行，務農講武之法。即，就也。戎，兵也。民知親其上，死其長，故可以即戎。○程子曰："七年云者，聖人度其時可矣。如云期月、三年、百年、一世、大國五年、小國七年之類，皆當思其作爲如何乃有益。"

子曰："以不教民戰，是謂棄之。"以，用也。言用不教之民以戰，必有敗亡之禍，是棄其民也。

憲問第十四

胡氏曰："此篇疑原憲所記。"凡四十七章。

憲問恥。子曰："邦有道，穀；邦無道，穀，恥也。"憲，原思名。穀，禄也。邦有道不能有爲，邦無道不能獨善，而但知食禄，皆可恥也。憲之狷介，其於邦無道穀之可恥，固知之矣；至於邦有道穀之可恥，則未必知也。故夫子因其問而并言之，以廣其志，使知所以自勉，而進於有爲也。

「克、伐、怨、欲不行焉，可以爲仁矣？」此亦原憲以其所能而問也。克，好勝。伐，自矜。怨，忿恨。欲，貪欲。子曰：「可以爲難矣，仁則吾不知也。」有是四者而能制之，使不得行，可謂難矣。仁則天理渾然，自無四者之累，不行不足以言之也。○程子曰：「人而無克、伐、怨、欲，惟仁者能之。有之而能制其情使不行，斯亦難能也，謂之仁則未也。此聖人開示之深，惜乎憲之不能再問也。」或曰：「四者不行，固不得爲仁矣。然亦豈非所謂克己之事，求仁之方乎？」曰：「克去己私以復乎禮，則私欲不留，而天理之本然者得矣。若但制而不行，則是未有拔去病根之意，而容其潛藏隱伏於胷中也。豈克己求仁之謂哉？學者察於二者之間，則其所以求仁之功，益親切而無滲漏矣。」

子曰：「士而懷居，不足以爲士矣。」居，謂意所便安處也。

子曰：「邦有道，危言危行；邦無道，危行言孫。」行、孫，並去聲。○危，高峻也。孫，卑順也。尹氏曰：「君子之持身不可變也，至於言則有時而不敢盡，以避禍也。然則爲國者使士言孫，豈不殆哉？」

子曰：「有德者必有言，有言者不必有德；仁者必有勇，勇者不必有仁。」有德者，和順積中，英華發外。能言者，或便佞口給而已。仁者，心無私累，見義必爲。勇者，或血氣之强而已。○尹氏曰：「有德者必有言，徒能言者未必有德也。仁者志必勇，徒能勇者未必有仁也。」

南宫适問於孔子曰：「羿善射，奡盪舟，俱不得其死然；禹稷躬稼，而有天下。」夫子不答，南宫适出。子曰：「君子哉若人！尚德哉若人！」适，古活反。羿，音詣。奡，五報反。盪，土浪反。

○南宮适，即南容也。羿，有窮之君，善射，滅夏后相而篡其位。其臣寒浞又殺羿而代之。奡，春秋傳作「澆」，浞之子也，力能陸地行舟，後爲夏后少康所誅。禹平水土暨稷播種，身親稼穡之事。禹受舜禪而有天下，稷之後至周武王亦有天下。适之意蓋以羿奡比當世之有權力者，而以禹稷比孔子也，故孔子不答。然适之言如此，可謂君子之人，而有尚德之心矣，不可以不與，故俟其出而贊美之。

子曰：「君子而不仁者有矣夫，未有小人而仁者也。」夫，音扶。○謝氏曰：「君子志於仁矣，然毫忽之間，心不在焉，則未免爲不仁也。」

子曰：「愛之，能勿勞乎？忠焉，能勿誨乎？」蘇氏曰：「愛而勿勞，禽犢之愛也；忠而勿誨，婦寺之忠也。愛而知勞之，則其爲愛也深矣；忠而知誨之，則其爲忠也大矣。」

子曰：「爲命：裨諶草創之，世叔討論之，行人子羽脩飾之，東里子産潤色之。」裨，婢之反。諶，時林反。○裨諶以下四人，皆鄭大夫。草，略也。創，造也，謂造爲草藁也。世叔，游吉也，春秋傳作子太叔。討，尋究也。論，講議也。行人，掌使之官。子羽，公孫揮也。脩飾，謂增損之。東里地名，子産所居也。潤色，謂加以文采也。鄭國之爲辭命，必更此四賢之手而成，詳審精密，各盡所長。是以應對諸侯，鮮有敗事。孔子言此，蓋善之也。

或問子産。子曰：「惠人也。」子産之政，不專於寬，然其心則一以愛人爲主。故孔子以爲惠人，蓋舉其重而言也。問子西。曰：「彼哉！彼哉！」子西，楚公子申，能遜楚國，立昭王，而改紀其政，亦賢大夫也。然不能革其僭王之號。昭王欲用孔子，又沮止之。其後卒召白公以致禍亂，則其爲人可知矣。彼哉者，外之之辭。問管仲。曰：「人也。奪伯氏駢邑三百，飯疏食，没齒無怨言。」人也，猶言此人也。伯氏，齊大夫。駢邑，地名。齒，年也。蓋桓公奪伯氏之邑以與管仲，伯氏自知己罪，而心服管仲之功，故窮約以終身而無怨言。荀卿所謂「與之書社三百，而富人莫之敢拒」者，即此事也。○或問：「管仲、子産孰優？」曰：「管仲之德，不勝其才。子産之才，不勝其德。然於聖人之學，則概乎其未有聞也。」

子曰：「貧而無怨難，富而無驕易。」易，去聲。○處貧難，處富易，人之常情。然人當勉其難，而不可忽其易也。

子曰：「孟公綽爲趙魏老則優，不可以爲滕薛大夫。」公綽，魯大夫。趙魏，晉卿之家。老，家臣之長。大家勢重，而無諸侯之事；家老望尊，而無官守之責。優，有餘也。滕薛，二國名。大夫，任國政者。滕薛國小政繁，大夫位高責重。然則公綽蓋廉靜寡欲，而短於才者也。○胡氏〔一〕曰：「知之弗豫，枉其才而用之，則爲棄人矣。此君子所以患不知人也。言此，則孔子之用人可知矣。」

子路問成人。子曰：「若臧武仲之知，公綽之不欲，卞莊子之勇，冉求之藝，文之以禮樂，亦可以爲成人矣。」知，去聲。○成人，猶言全人。武仲，魯大夫，名紇。莊子，魯卞邑大夫。言兼此四子之長，則知足以窮理，廉足以養心，勇足以力行，藝足以泛應，而又節之以禮，和之以樂，使德成於内，而文見乎外，則材全德備，渾然不見一善成名之迹，中正和樂，粹然無復偏倚駁雜之蔽，而其爲人也亦成矣。然亦之爲言，非其至者，蓋就子路之所可及而語之也。若論其至，則非聖人之盡人道，不足以語此。曰：「今之成人者何必然？見利思義，見危

〔一〕「胡氏」，清仿宋大字本作「楊氏」。

授命，久要不忘平生之言，亦可以爲成人矣。」復加「曰」字者，既答而復言也。授命，言不愛其生，持以與人也。久要，舊約也。平生，平日也。有是忠信之實，則雖其才知禮樂有所未備，亦可以爲成人之次也。○程子曰：「知之明，信之篤，行之果，天下之達德也。若孔子所謂成人，亦不出此三者。武仲，知也；公綽，仁也；卞莊子，勇也；冉求，藝也。須是合此四人之能，文之以禮樂，亦可以爲成人矣。然而論其大成，則不止於此。若今之成人，有忠信而不及於禮樂，則又其次者也。」又曰：「臧武仲之知，非正也。若文之以禮樂，則無不正矣。」又曰：「語成人之名，非聖人孰能之？孟子曰：『惟聖人然後可以踐形。』如此方可以稱成人之名。」○胡氏曰：「今之成人以下，乃子路之言。蓋不復聞斯行之之勇，而有終身誦之之固矣。」未詳是否？

子問公叔文子於公明賈曰：「信乎夫子不言、不笑、不取乎？」公叔文子，衛大夫公孫拔也。公明姓，賈名，亦衛人。文子爲人，其詳不可知，然必廉静之士，故當時以三者稱之。**公明賈對曰：「以告者過也。夫子時然後言，人不厭其言；樂然後笑，人不厭其笑；義然後取，人不厭其取。」子曰：「其然，豈其然乎？」**厭者，苦其多而惡之之辭。事適其可，則人不厭，而不覺其有是矣。是以稱之或過，而以爲不言、不笑、不取也。然此言也，非禮義充溢於中、得時措之宜者不能。文子雖賢，疑未及此，但君子與人爲善，不欲正言其非也。故曰「其然豈其然乎」，蓋疑之也。

子曰：「臧武仲以防求爲後於魯，雖曰不要君，吾不信也。」要，平聲。○防，地名，武仲所封邑也。要，有挾而求也。武仲得罪奔邾，自邾如防，使請立後而避邑，以示若不得請，則將據邑以叛，是要君也。范氏曰：「要君者無上，罪之大者也。武仲之邑，受之於君。得罪出奔，則立後在君，非己所得專也。而據邑以請，由其好知而不好學也。」楊氏曰：「武仲卑辭請後，其跡非要君者，而意實要之。夫子之言，亦春秋誅意之法也。」

子曰：「晉文公譎而不正，齊桓公正而不譎。」譎，古穴反。○晉文公，名重耳。齊桓公，名小白。譎，詭也。二公皆諸侯盟主，攘夷狄以尊周室者也。雖其以力假仁，心皆不正，然桓公伐楚，仗義執言，不由詭道，猶爲彼善於此。文公則伐衛以致楚，而陰謀以取勝，其譎甚矣。二君他事亦多類此，故夫子言此以發其隱。

子路曰：「桓公殺公子糾，召忽死之，管仲不死。」曰：「未仁乎？」糾，居黝反。召，音邵。○按春秋傳，齊襄公無道，鮑叔牙奉公子小白奔莒。及無知弑襄公，管夷吾、召忽奉公子糾奔魯。魯人納之，未克，而小白入，是爲桓公。使魯殺子糾而請管召，召忽死之，管仲請囚。鮑叔牙言於桓公以爲相。子路疑管仲忘君事讎，忍心害理，不得爲仁也。子曰：「桓公九合諸侯，不以兵車，管仲之力也。如其仁！如其仁！」九，春秋傳作「糾」，督也，古字通用。不以兵車，言不假威力也。如其仁，言誰如其仁者，又再言以深許之。蓋管仲雖未得爲仁人，而其利澤及人，則有仁之功矣。

子貢曰：「管仲非仁者與？桓公殺公子糾，不能死，又相之。」與，平聲。相，去聲。○子貢意不死猶可，相之則已甚矣。子曰：「管仲相桓公，霸諸侯，一匡天下，民到于今受其賜。微管仲，吾其被髮左衽矣。被，皮寄反。衽，而審反。○霸，與伯同，長也。匡，正也。尊周室，攘夷狄，皆所以正天下也。微，無也。衽，衣衿也。被髮左衽，夷狄之俗也。豈若匹夫匹婦之爲諒也，自經於溝瀆而莫之知也。」諒，小信也。經，縊也。莫之知，人不知也。後漢書引此文，莫字上有人字。○程子曰：「桓公，兄也。子糾，弟也。仲私於所事，輔之以爭國，非義也。桓公殺之雖過，而糾之死實當。仲始與之同謀，遂與之同死，可也；知輔之爭爲不義，將自免以圖後功亦可也。故聖人不責其死而稱其功。若使桓弟而糾兄，管仲所輔者正，桓奪其國而殺之，則管仲之與桓，不可同世之讎也。若計其後功而與其事桓，聖人之言，無乃害義之甚，啓萬世反覆不忠之亂乎？如唐之王珪魏徵，不死建成之難，而從太宗，可謂害於義矣。後雖有功，何足贖哉？」愚謂管仲有功而無罪，故聖人獨稱其功；王魏先有罪而後有功，則不以相掩可也。

公叔文子之臣大夫僎，與文子同升諸公。僎，士免反。○臣，家臣。公，公朝。謂薦之與己同進爲公朝之臣也。**子聞之曰：「可以爲文矣。」**文者，順理而成章之謂。謚法亦有所謂錫民爵位曰文者。○洪氏曰：「家臣之賤而引之使與己並，有三善焉：知人，一也；忘己，二也；事君，三也。」

子言衛靈公之無道也，康子曰：「夫如是，奚而不喪？」夫，音扶。喪，去聲。○喪，失位也。**孔子曰：「仲叔圉治賓客，祝鮀治宗廟，王孫賈治軍旅。夫如是，奚其喪？」**仲叔圉，即孔文子也。三人皆衛臣，雖未必賢，而其才可用。靈公用之，又各當其才。○尹氏曰：「衛靈公之無道宜喪也，而能用此三人，猶足以保其國，而況有道之君，能用天下之賢才者乎？詩曰：『無競維人，四方其訓之。』」

子曰：「其言之不怍，則爲之也難。」大言不慚，則無必爲之志，而不自度其能否矣。欲踐其言，豈不難哉？

陳成子弑簡公。成子，齊大夫，名恒。簡公，齊君，名壬。事在春秋哀公十四年。**孔子沐浴而朝，告於哀公曰：「陳恒弑其君，請討之。」**朝，音潮。○是時孔子致仕居魯，沐浴齊戒以告君，重其事而不敢忽也。臣弑其君，人倫之大變，天理所不容，人人得而誅之，況鄰國乎？故夫子雖已告老，而猶請哀公討之。**公曰：「告夫三**

子！」夫，音扶，下「告夫」同。○三子，三家也。時政在三家，哀公不得自專，故使孔子告之。孔子曰：「以吾從大夫之後，不敢不告也。君曰『告夫三子』者。」孔子出而自言如此。意謂弑君之賊，法所必討。大夫謀國，義所當告。君乃不能自命三子，而使我告之邪？之三子告，不可。孔子曰：「以吾從大夫之後，不敢不告也。」以君命往告，而三子魯之强臣，素有無君之心，實與陳氏聲勢相倚，故沮其謀。而夫子復以此應之，其所以警之者深矣。○程子曰：「左氏記孔子之言曰：『陳恒弑其君，民之不予者半。以魯之衆，加齊之半，可克也。』此非孔子之言。誠若此言，是以力不以義也。若孔子之志，必將正名其罪，上告天子，下告方伯，而率與國以討之。至於所以勝齊者，孔子之餘事也，豈計魯人之衆寡哉？當是時，天下之亂極矣，因是足以正之，周室其復興乎？魯之君臣，終不從之，可勝惜哉！」胡氏曰：「春秋之法，弑君之賊，人得而討之。仲尼此舉，先發後聞可也。」

子路問事君。子曰：「勿欺也，而犯之。」犯，謂犯顔諫爭。○范氏曰：「犯非子路之所難也，而以不欺爲難。故夫子教以先勿欺而後犯也。」

子曰：「君子上達，小人下達。」君子循天理，故日進乎高明；小人殉人欲，故日究乎汙下。

子曰：「古之學者爲己，今之學者爲人。」爲，去聲。○程子曰：「爲己，欲得之於己也。爲人，欲見知於人也。」○程子曰：「古之學者爲己，其終至於成物。今之學者爲人，其終至於喪己。」愚按：聖賢論學者用心得失之際，其説多矣，然未有如此言之切而要者。於此明辨而日省之，則庶乎其不昧於所從矣。

蘧伯玉使人於孔子。使，去聲，下同。○蘧伯玉，衛大夫，名瑗。孔子居衛，嘗主於其家。既而反魯，故伯玉使人來也。孔子與之坐而問焉，曰：「夫子何爲？」對曰：「夫子欲寡其過而未能也。」使者出。

子曰：「使乎！使乎！」與之坐，敬其主以及其使也。夫子，指伯玉也。言其但欲寡過而猶未能，則其省身克己，常若不及之意可見矣。使者之言愈自卑約，而其主之賢益彰，亦可謂深知君子之心，而善於辭令者矣。故夫子再言使乎以重美之。按莊周稱「伯玉行年五十而知四十九年之非」。又曰：「伯玉行年六十而六十化。」蓋其進德之功，老而不倦，是以踐履篤實，光輝宣著，不惟使者知之，而夫子亦信之也。

子曰：「不在其位，不謀其政。」重出。

曾子曰：「君子思不出其位。」此艮卦之象辭也。曾子蓋嘗稱之，記者因上章之語而類記之也。○范氏曰：「物各止其所，而天下之理得矣。故君子所思不出其位，而君臣、上下、大小，皆得其職也。」

子曰：「君子恥其言而過其行。」行，去聲。○恥者，不敢盡之意。過者，欲有餘之辭。

子曰：「君子道者三，我無能焉：仁者不憂，知者不惑，勇者不懼。」知，去聲。○自責以勉人也。子貢曰：「夫子自道也。」道，言也。自道，猶云謙辭。○尹氏曰：「成德以仁爲先，進學以知爲先。故夫子之言，其序有不同者以此。」

子貢方人。子曰：「賜也賢乎哉？夫我則不暇。」夫，音扶。○方，比也。乎哉，疑辭。比方人物而較其短長，雖亦窮理之事，然專務爲此，則心馳於外，而所以自治者疏矣。故褒之而疑其辭，復自貶以深抑之。○謝氏曰：「聖人責人，辭不迫切而意已獨至如此。」

子曰：「不患人之不己知，患其不能也。」凡章指同而文不異者，一言而重出也。文小異者，屢言而各出也。此章凡四見，而文皆有異。則聖人於此一事，蓋屢言之，其丁寧之意亦可見矣。

子曰：「不逆詐，不億不信。抑亦先覺者，是賢乎！」逆，未至而迎之也。億，未見而意之也。詐，謂人欺己。不信，謂人疑己。抑，反語辭。言雖不逆不億，而於人之情僞，自然先覺，乃爲賢也。○楊氏曰：「君子一於誠而已，然未有誠而不明者。故雖不逆詐、不億不信，而常先覺也。若夫不逆不億而卒爲小人所罔焉，斯亦不足觀也已。」

微生畝謂孔子曰：「丘何爲是栖栖者與？無乃爲佞乎？」與，平聲。○微生，姓；畝，名也。畝名呼夫子而辭甚倨，蓋有齒德而隱者。栖栖，依依也。爲佞，言其務爲口給以悦人也。孔子曰：「非敢爲佞也，疾固也。」疾，惡也。固，執一而不通也。聖人之於達尊，禮恭而言直如此，其警之亦深矣。

子曰：「驥不稱其力，稱其德也。」驥，善馬之名。德，謂調良也。○尹氏曰：「驥雖有力，其稱在德。人有才而無德，則亦奚足尚哉？」

或曰：「以德報怨，何如？」或人所稱，今見老子書。德，謂恩惠也。子曰：「何以報德？言於其所怨，既以德報之矣；則人之有德於我者，又將何以報之乎？以直報怨，以德報德。」於其所怨者，愛憎取舍，一以至公而無私，所謂直也。於其所德者，則必以德報之，不可忘也。○或人之言，可謂厚矣。然以聖人之言觀之，則見其出於有意之私，而怨德之報皆不得其平也。必如夫子之言，然後二者之報各得其所。然怨有不讐，而德無不報，則又未嘗不厚也。此章之言，明白簡約，而其指意曲折反復，如造化之簡易易知，而微妙無窮，學者所宜詳玩也。

子曰：「莫我知也夫！」夫，音扶。○夫子自歎，以發子貢之問也。子貢曰：「何爲其莫知子也？」子曰：「不怨天，不尤人。下學而上達。知我者其天乎！」不得於天而不怨天，不合於人而不尤人，但知下學而自然上達。此但自言其反己自修，循序漸進耳，無以甚異於人而致其知也，然深味其語意，則見其中自有人不及知而天獨知之之妙。蓋在孔門，惟子貢之智幾足以及此，故特語以發之。惜乎其猶有所未達也！○程子曰：「不怨天，不尤人，在理當如此。」又曰：「下學上達，意在言表。」又曰：「學者須守下學上達之語，乃學之要。蓋凡下學人事，便是上達天理，然習而不察，則亦不能以上達矣。」

公伯寮愬子路於季孫。子服景伯以告，曰：「夫子固有惑志於公伯寮，吾力猶能肆諸市朝。」朝，音潮。○公伯寮，魯人。子服氏，景謚，伯字，魯大夫子服何也。夫子，指季孫。言其有疑於寮之言也。肆，陳尸也。言欲誅寮。子曰：「道之將行也與？命也。道之將廢也與？命也。公伯寮其如命何！」與，平聲。○謝氏曰：「雖寮之愬行，亦命也。其實寮無如之何。」愚謂言此以曉景伯，安子路，而警伯寮耳。聖人於利害之際，則不待決於命而後泰然也。

子曰：「賢者辟世，辟，去聲，下同。○天下無道而隱，若伯夷、太公是也。其次辟地，去亂國，適治邦。其次辟色，禮貌衰而去。其次辟言。」有違言而後去也。○程子曰：「四者雖以大小次第言之，然非有優劣也，所遇不同耳。」

子曰：「作者七人矣。」李氏曰：「作，起也。言起而隱去者，今七人矣。不可知其誰何。必求其人以實之，則鑿矣。」

子路宿於石門。晨門曰：「奚自？」子路曰：「自孔氏。」曰：「是知其不可而爲之者與？」與，平聲。○石門，地名。晨門，掌晨啓門，蓋賢人隱於抱關者也。自，從也，問其何所從來也。胡氏曰：「晨門知世之不可而不爲，故以是譏孔子，然不知聖人之視天下，無不可爲之時也。」

子擊磬於衞。有荷蕢而過孔氏之門者，曰：「有心哉！擊磬乎！」荷，去聲。○磬，樂器。荷，擔也。蕢，草器也。此荷蕢者，亦隱士也。聖人之心未嘗忘天下，此人聞其磬聲而知之，則亦非常人矣。既而曰：「鄙哉！硜硜乎！莫己知也，斯已而已矣。深則厲，淺則揭。」硜，苦耕反。莫己之己，音紀，餘音以。揭，起例反。○硜硜，石聲，亦專確之意。以衣涉水曰厲，攝衣涉水曰揭。此兩句，衞風匏有苦葉之詩也。譏孔子人不知己而不止，不能適淺深之宜。子曰：「果哉！末之難矣。」果哉，歎其果於忘世也。末，無也。聖人心同天地，視天下猶一家，中國猶一人，不能一日忘也。故聞荷蕢之言，而歎其果於忘世。且言人之出處，若但如此，則亦無所難矣。

子張曰：「書云：『高宗諒陰，三年不言。』何謂也？」高宗，商王武丁也。諒陰，天子居喪之名，未詳其義。子曰：「何必高宗，古之人皆然。君薨，百官總己以聽於冢宰三年。」言君薨，則諸侯亦然。總己，謂總攝己職。冢宰，太宰也。百官聽於冢宰，故君得以三年不言也。○胡氏曰：「位有貴賤，而生於父母無以異者。故三年之喪，自天子達。子張非疑此也，殆以爲人君三年不言，則臣下無所稟令，禍亂或由以起也。孔子告以聽於冢宰，則禍亂非所憂矣。」

子曰：「上好禮，則民易使也。」好、易，皆去聲。○謝氏曰：「禮達而分定，故民易使。」

子路問君子。子曰：「脩己以敬。」曰：「如斯而已乎？」曰：「脩己以安人。」曰：「如斯而已乎？」曰：「脩己以安百姓。脩己以安百姓，堯舜其猶病諸！」脩己以敬，夫子之言至矣盡矣。而子路少之，故再以其充積之盛，自然及物者告之，無他道也。人者，對己而言。百姓，則盡乎人矣。堯舜猶病，言不可以有加於此。以抑子路，使反求諸近也。蓋聖人之心無窮，世雖極治，然豈能必知四海之内，果無一物不得其所哉？故堯舜猶以安百姓爲病。若曰吾治已足，則非所以爲聖人矣。○程子曰：「君子脩己以安百姓，篤恭而天下平。惟上下一於恭敬，則天地自位，萬物自育，氣無不和，而四靈畢至矣。此體信達順之道，聰明睿知皆由是出，以此事天饗帝。」

原壤夷俟。子曰：「幼而不孫弟，長而無述焉，老而不死，是爲賊！」以杖叩其脛。孫、弟，並去聲。長，上聲。叩，音口。脛，其定反。○原壤，孔子之故人。母死而歌，蓋老氏之流，自放於禮法之外者。夷，蹲踞也。俟，待也。言見孔子來而蹲踞以待之也。述，猶稱也。賊者，害人之名。以其自幼至長，無一善狀，而久生於世，徒足以敗常亂俗，則是賊而已矣。脛，足骨也。孔子既責之，而因以所曳之杖，微擊其脛，若使勿蹲踞然。

闕黨童子將命。或問之曰：「益者與？」與，平聲。○闕黨，黨名。童子，未冠者之稱。將命，謂傳賓主之言。或人疑此童子學有進益，故孔子使之傳命以寵異之也。**子曰：「吾見其居於位也，見其與先生並行也。非求益者也，欲速成者也。」**禮，童子當隅坐隨行。孔子言吾見此童子，不循此禮。非能求益，但欲速成爾。故使之給使令之役，觀長少之序，習揖遜之容。蓋所以抑而教之，非寵而異之也。

論語集注卷八

衛靈公第十五　凡四十一章。

衛靈公問陳於孔子。孔子對曰：「俎豆之事，則嘗聞之矣；軍旅之事，未之學也。」明日遂行。陳，去聲。○陳，謂軍師行伍之列。俎豆，禮器。尹氏曰：「衛靈公，無道之君也，復有志於戰伐之事，故答以未學而去之。」在陳絶糧，從者病，莫能興。從，去聲。○孔子去衛適陳。興，起也。子路慍見曰：「君子亦有窮乎？」子曰：「君子固窮，小人窮斯濫矣。」見，賢遍反。○何氏曰：「濫，溢也。」言君子固有窮時，不若小人窮則放溢爲非。程子曰：「固窮者，固守其窮。」亦通。○愚謂聖人當行而行，無所顧慮。處困而亨，無所怨悔。於此可見，學者宜深味之。

子曰：「賜也，女以予爲多學而識之者與？」女，音汝。識，音志。與，平聲，下同。○子貢之學，多而能識矣。夫子欲其知所本也，故問以發之。對曰：「然，非與？」方信而忽疑，蓋其積學功至，而亦將有得也。曰：「非也，予一以貫之。」説見第四篇。然彼以行言，而此以知言也。○謝氏曰：「聖人之道大矣，人不能徧觀而盡識，宜其以爲多學而識之也。然聖人豈務博者哉？如天之於衆形，匪物物刻而雕之也。故曰：『予一以貫之。』『德輶如毛，毛猶有倫。上天之載，無聲無臭。』至矣！」尹氏曰：「孔子之於曾子，不待其問而直告之以此，曾子復深諭之曰

『唯』。若子貢則先發其疑而後告之，而子貢終亦不能如曾子之唯也。二子所學之淺深於此可見。」愚按：夫子之於子貢，屢有以發之，而他人不與焉，則顔曾以下諸子所學之淺深，又可見矣。

子曰：「由！知德者鮮矣。」鮮，上聲。○由，呼子路之名而告之也。德，謂義理之得於己者。非己有之，不能知其意味之實也。○自第一章至此，疑皆一時之言。此章蓋爲愠見發也。

子曰：「無爲而治者，其舜也與？夫何爲哉，恭己正南面而已矣。」與，平聲。夫，音扶。○無爲而治者，聖人德盛而民化，不待其有所作爲也。獨稱舜者，紹堯之後，而又得人以任衆職，故尤不見其有爲之迹也。恭己者，聖人敬德之容。既無所爲，則人之所見如此而已。

子張問行。猶問達之意也。子曰：「言忠信，行篤敬，雖蠻貊之邦行矣；言不忠信，行不篤敬，雖州里行乎哉？行篤、行不之行，去聲。貊，亡百反。○子張意在得行於外，故夫子反於身而言之，猶答干禄問達之意也。篤，厚也。蠻，南蠻。貊，北狄。二千五百家爲州。立，則見其參於前也；在輿，則見其倚於衡也。夫然後行。」參，七南反。夫，音扶。○其者，指忠信篤敬而言。參，讀如毋往參焉之參，言與我相參也。衡，軛也。言其於忠信篤敬念念不忘，隨其所在，常若有見，雖欲頃刻離之而不可得。然後一言一行，自然不離於忠信篤敬，而蠻貊可行也。子張書諸紳。紳，大帶之垂者。書之，欲其不忘也。○程子曰：「學要鞭辟近裏，著己而已。博學而篤志，切問而近思；言忠信，行篤敬；立則見其參於前，在輿則見其倚於衡，只此是學。質美者明得盡，查滓便渾化，卻與天地同體。其次惟莊敬以持養之，及其至則一也。」

子曰：「直哉史魚！邦有道，如矢；邦無道，如矢。史，官名。魚，衛大夫，名鰌。如矢，言直也。

史魚自以不能進賢退不肖，既死猶以尸諫，故夫子稱其直。事見家語。**君子哉蘧伯玉！邦有道，則仕；邦無道，則可卷而懷之。」**伯玉出處合於聖人之道，故曰君子。卷，收也。懷，藏也。如於孫林父、甯殖放弑之謀，不對而出，亦其事也。○楊氏曰：「史魚之直，未盡君子之道。若蘧伯玉，然後可免於亂世。若史魚之如矢，則雖欲卷而懷之，有不可得也。」

子曰：「可與言而不與之言，失人；不可與言而與之言，失言。知者不失人，亦不失言。」知，去聲。

子曰：「志士仁人，無求生以害仁，有殺身以成仁。」志士，有志之士。仁人，則成德之人也。理當死而求生，則於其心有不安矣，是害其心之德也。當死而死，則心安而德全矣。○程子曰：「實理得之於心自別。實理者，實見得是，實見得非也。古人有捐軀隕命者，若不實見得，惡能如此？須是實見得生不重於義、生不安於死也，故有殺身以成仁者，只是成就一箇是而已。」

子貢問爲仁。子曰：「工欲善其事，必先利其器。居是邦也，事其大夫之賢者，友其士之仁者。」賢以事言，仁以德言。夫子嘗謂子貢悦不若己者，故以是告之，欲其有所嚴憚切磋以成其德也。○程子曰：「子貢問爲仁，非問仁也，故孔子告之以爲仁之資而已。」

顔淵問爲邦。顔子王佐之才，故問治天下之道。曰爲邦者，謙辭。**子曰：「行夏之時，**夏時，謂以斗柄初昏建寅之月爲歲首也。天開於子，地闢於丑，人生於寅，故斗柄建此三辰之月，皆可以爲歲首。而三代迭用之，夏以寅爲人正，商以丑爲地正，周以子爲天正也。然時以作事，則歲月自當以人爲紀。故孔子嘗曰，「吾得夏時焉」，而説者以爲謂夏小正之屬。蓋取其時之正與其令之善，而於此又以告顏子也。**乘殷之輅，**輅，音路，亦作路。○商輅，木輅也。輅者，大車之名。古者以木爲車而已，至商而有輅之名，蓋始異其制也。周人飾以金玉，則過侈而易敗，不若商輅之樸素渾堅而等威已辨，爲質而得其中也。**服周之冕，**周冕有五，祭服之冠也。冠上有覆，前後有旒。黄帝以來，蓋已有之，而制度儀等，至周始備。然其爲物小，而加於衆體之上，故雖華而不爲靡，雖費而不及奢。夫子取之，蓋亦以爲文而得其中也。**樂則韶舞。**取其盡善盡美。**放鄭聲，遠佞人。鄭聲淫，佞人殆。」**遠，去聲。○放，謂禁絶之。鄭聲，鄭國之音。佞人，卑諂辯給之人。殆，危也。○程子曰：「問政多矣，惟顏淵告之以此。蓋三代之制，皆因時損益，及其久也，不能無弊。周衰，聖人不作，故孔子斟酌先王之禮，立萬世常行之道，發此以爲之兆爾。由是求之，則餘皆可考也。」張子曰：「禮樂，治之法也。放鄭聲，遠佞人，法外意也。一日不謹，則法壞矣。虞夏君臣更相飭戒，意蓋如此。」又曰：「法立而能守，則德可久，業可大。鄭聲佞人，能使人喪其所守，故放遠之。」尹氏曰：「此所謂百王不易之大法。孔子之作春秋，蓋此意也。孔顏雖不得行之於時，然其爲治之法，可得而見矣。」

子曰：「人無遠慮，必有近憂。」蘇氏曰：「人之所履者，容足之外，皆爲無用之地，而不可廢也。故慮不在千里之外，則患在几席之下矣。」

子曰：「已矣乎！吾未見好德如好色者也。」好，去聲。○已矣乎，歎其終不得而見也。

子曰：「臧文仲其竊位者與？知柳下惠之賢，而不與立也。」者與之與，平聲。○竊位，言不稱其位而有愧於心，如盜得而陰據之也。柳下惠，魯大夫展獲，字禽，食邑柳下，謚曰惠。與立，謂與之並立於朝。范氏曰：「臧文仲爲政於魯，若不知賢，是不明也；知而不舉，是蔽賢也。不明之罪小，蔽賢之罪大。故孔子以爲不仁，又以爲竊位。」

子曰：「躬自厚而薄責於人，則遠怨矣。」遠，去聲。○責己厚，故身益修；責人薄，故人易從，所以人不得而怨之。

子曰：「不曰『如之何如之何』者，吾末如之何也已矣。」如之何如之何者，熟思而審處之辭也。不如是而妄行，雖聖人亦無如之何矣。

子曰：「羣居終日，言不及義，好行小慧，難矣哉！」好，去聲。○小慧，私智也。言不及義，則放辟邪侈之心滋。好行小慧，則行險僥幸之機熟。難矣哉者，言其無以入德，而將有患害也。

子曰：「君子義以爲質，禮以行之，孫以出之，信以成之。君子哉！」孫，去聲。○義者制事之本，故以爲質榦。而行之必有節文，出之必以退遜，成之必在誠實，乃君子之道也。○程子曰：「義以爲質，如質榦然。禮行此，孫出此，信成此。此四句只是一事，以義爲本。」又曰：「『敬以直內，則義以方外。』『義以爲質，則禮以行之，孫以出之，信以成之。』」

子曰：「君子病無能焉，不病人之不己知也。」

子曰：「君子疾没世而名不稱焉。」范氏曰：「君子學以爲己，不求人知。然没世而名不稱焉，則無爲善之實可知矣。」

子曰：「君子求諸己，小人求諸人。」謝氏曰：「君子無不反求諸己，小人反是。此君子小人所以分也。」○楊氏曰：「君子雖不病人之不己知，然亦疾没世而名不稱也。雖疾没世而名不稱，然所以求者，亦反諸己而已。小人求諸人，故違道干譽，無所不至。三者文不相蒙，而義實相足，亦記言者之意。」

子曰：「君子矜而不争，羣而不黨。」莊以持己曰矜。然無乖戾之心，故不争。和以處衆曰群。然無阿比之意，故不黨。

子曰：「君子不以言舉人，不以人廢言。」

子貢問曰：「有一言而可以終身行之者乎？」子曰：「其恕乎！己所不欲，勿施於人。」推己及物，其施不窮，故可以終身行之。○尹氏曰：「學貴於知要。子貢之問，可謂知要矣。孔子告以求仁之方也。推而極之，雖聖人之無我，不出乎此。終身行之，不亦宜乎？」

子曰：「吾之於人也，誰毁誰譽？如有所譽者，其有所試矣。譽，平聲。○毁者，稱人之惡而損其真。譽者，揚人之善而過其實。夫子無是也。然或有所譽者，則必嘗有以試之，而知其將然矣。聖人善善之速，而無所苟如此。若其惡惡，則已緩矣。是以雖有以前知其惡，而終無所毁也。斯民也，三代之所以直道而行也。」斯民者，今此之人也。三代，夏、商、周也。直道，無私曲也。言吾之所以無所毁譽者，蓋以此民，即三代之時所以善其善、惡其惡而無所私曲之民。故我今亦不得而枉其是非之實也。○尹氏曰：「孔子之於人也，豈有意於毁譽之哉？其所以譽之者，蓋試而知其美故也。斯民也，三代所以直道而行，豈得容私於其間哉？」

子曰：「吾猶及史之闕文也，有馬者借人乘之。今亡矣夫！」夫，音扶。○楊氏曰：「史闕文、馬借人，此二事孔子猶及見之。今亡矣夫，悼時之益偷也。」愚謂此必有爲而言。蓋雖細故，而時變之大者可知矣。○胡氏曰：「此章義疑，不可强解。」

子曰：「巧言亂德，小不忍則亂大謀。」巧言，變亂是非，聽之使人喪其所守。小不忍，如婦人之仁、匹夫之勇皆是。

子曰：「衆惡之，必察焉；衆好之，必察焉。」好、惡，並去聲。○楊氏曰：「惟仁者能好惡人。衆好惡之而不察，則或蔽於私矣。」

子曰：「人能弘道，非道弘人。」弘，廓而大之也。人外無道，道外無人。然人心有覺，而道體無爲；故人能大其道，道不能大其人也。○張子曰：「心能盡性，人能弘道也；性不知檢其心，非道弘人也。」

子曰：「過而不改，是謂過矣。」過而能改，則復於無過。惟不改則其過遂成，而將不及改矣。

子曰：「吾嘗終日不食，終夜不寢，以思，句。無益，句。不如學也。」此爲思而不學者言之。蓋勞心以必求，不如遜志而自得也。李氏曰：「夫子非思而不學者，特垂語以教人爾。」

子曰：「君子謀道不謀食。耕也，餒在其中矣；學也，禄在其中矣。君子憂道不憂貧。」餒，奴罪反。○耕所以謀食，而未必得食。學所以謀道，而禄在其中。然其學也，憂不得乎道而已，非爲憂貧之故，而欲爲是以得禄也。○尹氏曰：「君子治其本而不卹其末，豈以在外者爲憂樂哉？」

子曰：「知及之，仁不能守之，雖得之，必失之。知，去聲。○知足以知此理，而私欲間之，則無以有之於身矣。知及之，仁能守之，不莊以涖之，則民不敬。涖，臨也。謂臨民也。知此理而無私欲以間之，則所知者在我而不失矣。然猶有不莊者，蓋氣習之偏，或有厚於内而不嚴於外者，是以民不見其可畏而慢易之。下句放此。知及之，仁能守之，莊以涖之，動之不以禮，未善也。」動之，動民也。猶曰鼓舞而作興之云爾。禮，謂義理之節文。○愚謂學至於仁，則善有諸己而大本立矣。涖之不莊，動之不以禮，乃其氣稟學問之小疵，然亦非盡善之道也。故夫子歷言之，使知德愈全則責愈備，不可以爲小節而忽之也。

子曰：「君子不可小知，而可大受也；小人不可大受，而可小知也。」此言觀人之法。知，我知之也。受，彼所受也。蓋君子於細事未必可觀，而材德足以任重；小人雖器量淺狹，而未必無一長可取。

子曰：「民之於仁也，甚於水火。水火，吾見蹈而死者矣，未見蹈仁而死者也。」民之於水火，所賴以生，不可一日無。其於仁也亦然。但水火外物，而仁在己。無水火，不過害人之身，而不仁則失其心。是仁有甚於水火，而尤不可以一日無也。況水火或有時而殺人，仁則未嘗殺人，亦何憚而不爲哉？李氏曰：「此夫子勉人爲仁之語。」下章放此。

子曰：「當仁不讓於師。」當仁，以仁爲己任也。雖師亦無所遜，言當勇往而必爲也。蓋仁者，人所自有而自爲之，非有争也，何遜之有？○程子曰：「爲仁在己，無所與遜。若善名爲〔一〕外，則不可不遜。」

子曰：「君子貞而不諒。」貞，正而固也。諒，則不擇是非而必於信。

子曰：「事君，敬其事而後其食。」後，與後獲之後同。食，禄也。君子之仕也，有官守者修其職，有言責者盡其忠，皆以敬吾之事而已，不可先有求禄之心也。

子曰：「有教無類。」人性皆善，而其類有善惡之殊者，氣習之染也。故君子有教，則人皆可以復於善，而不當

〔一〕「爲」，清仿宋大字本作「在」。

復論其類之惡矣。

子曰：「道不同，不相爲謀。」爲，去聲。○不同，如善惡邪正之異。

子曰：「辭達而已矣。」辭，取達意而止，不以富麗爲工。

師冕見，及階，子曰：「階也。」及席，子曰：「席也。」皆坐，子告之曰：「某在斯，某在斯。」師冕出。子張問曰：「與師言之道與？」與，平聲。子曰：「然。固相師之道也。」相，去聲。○相，助也。古者瞽必有相，其道如此。蓋聖人於此，非作意而爲之，但盡其道而已。○尹氏曰：「聖人處己爲人，其心一致，無不盡其誠故也。有志於學者，求聖人之心，於斯亦可見矣。」范氏曰：「聖人不侮鰥寡，不虐無告，可見於此。推之天下，無一物不得其所矣。」見，賢遍反。○師，樂師，瞽者。冕，名。再言某在斯，歷舉在坐之人以詔之。○聖門學者，於夫子之一言一動，無不存心省察如此。

季氏第十六

洪氏曰：「此篇或以爲齊論。」凡十四章。

季氏將伐顓臾。顓，音專。臾，音俞。○顓臾，國名。魯附庸也。冉有、季路見於孔子曰：「季氏將有事於顓臾。」見，賢遍反。○按左傳、史記，二子仕季氏不同時。此云爾者，疑子路嘗從孔子自衛反魯，再仕季氏，不久而復之衛也。孔子曰：「求！無乃爾是過與？與，平聲。○冉求爲季氏聚斂，尤用事。故夫子獨責之。夫顓臾，昔者先王以爲東蒙主，且在邦域之中矣，是社稷之臣也。何以伐爲？」夫，音扶。○東蒙，山名。先王封顓臾於此山之下，使主其祭，在魯地七百里之中。社稷，猶云公家。是時四分魯國，季氏取其二，孟孫、叔孫各有其一。獨附庸之國尚爲公臣，季氏又欲取以自益。故孔子言顓臾乃先王封國，則不可伐；在邦域之中，則不必伐；是社稷之臣，則非季氏所當伐也。此事理之至當，不易之定體，而一言盡其曲折如此，非聖人不能也。冉有曰：「夫子欲之，吾二臣者皆不欲也。」夫子，指季孫。冉有實與謀，以孔子非之，故歸咎於季氏。孔子曰：「求！周任有言曰：『陳力就列，不能者止。』危而不持，顛而不扶，則將焉用彼相矣？任，平聲。焉，於虔反。相，去聲，下同。○周任，古之良史。陳，布也。列，位也。相，瞽者之相也。言二子不欲則當諫，諫而不聽，則當去也。且爾言過矣。虎兕出於柙，龜玉毁於櫝中，是誰之過與？」兕，徐履反。柙，户甲反。櫝，音獨。與，平聲。○兕，野牛也。柙，檻也。櫝，匱也。言在柙而逸，在櫝而毁，典守者不得辭其過。明二子居其位而不去，則季氏之惡，己不得不任其責也。冉有曰：「今夫顓臾，固而近於費。今不取，後世必爲子孫憂。」夫，音扶。○固，謂城郭完固。費，季氏之私邑。此則冉求之飾辭，然亦可見其實與季氏之謀矣。孔子曰：「求！君子疾夫舍曰欲之，而必爲之辭。夫，音扶。舍，上聲。○欲之，謂貪其利。丘也聞有國有家者，不患寡而患不均，不患貧而患不安。蓋均無貧，和無寡，安無傾。寡，謂民少。貧，謂財乏。均，謂各得其分。安，謂上下相安。季氏之欲取顓臾，患寡與貧耳。然是時季氏據國，而魯公無民，則不均矣。君弱臣强，互生嫌隙，則不安矣。均則不患於貧而和，和則不患於寡而安，安則不相疑忌，而無傾覆之患。夫如是，故遠人不服，則修文德以來之。既來之，則安之。夫，音扶。○内治修，然後遠人服。有不服，則修德以來之，亦不當勤兵於遠。今由與求也，相夫子，遠人不服而不能來也；邦分崩離析而不能守也。子路雖不與謀，而素不能輔之以義，亦不得爲無罪，故并責之。遠人，謂顓臾。分崩離析，謂四分公室，家臣屢叛。**而謀動干戈於邦内。吾恐季孫之憂，不在顓臾，而在蕭牆之内也。」**干，楯也。戈，戟也。蕭牆，屏也。言不均不和，内變將作。其後哀公果欲以越伐魯而去季氏。○謝氏曰：「當是時，三家强，公室弱，冉求又欲伐顓臾以附益之。夫子所以深罪之，爲其瘠魯以肥三家也。」洪氏曰：「二子仕於季氏，凡季氏所欲爲，必以告於夫子，則因夫子之言而救止者，宜亦多矣。伐顓臾之事，不見於經傳，其以夫子之言而止也與？」

孔子曰：「天下有道，則禮樂征伐自天子出；天下無道，則禮樂征伐自諸侯出。自諸侯出，蓋十世希不失矣；自大夫出，五世希不失矣；陪臣執國命，三世希不失矣。先王之制，諸侯不得變禮樂，專征伐。陪臣，家臣也。逆理愈甚，則其失之愈速。大約世數，不過如此。**天下有道，則政不在大夫。**言不得專政。**天下有道，則庶人不議。」**上無失政，則下無私議。非箝其口使不敢言也。○此章通論天下之勢。

孔子曰：「禄之去公室，五世矣；政逮於大夫，四世矣；故夫三桓之子孫，微矣。」夫，音扶。○魯自文公薨，公子遂殺子赤，立宣公，而君失其政。歷成、襄、昭、定，凡五公。逮，及也。自季武子始專國政，歷悼、平、桓子，凡四世，而爲家臣陽虎所執。三桓，三家，皆桓公之後。此以前章之説推之，而知其當然也。○此章專論魯事，疑與前章皆定公時語。蘇氏曰：「禮樂征伐自諸侯出，宜諸侯之强也，而魯以失政。政逮於大夫，宜大夫之强也，而三桓以微。何也？强生於安，安生於上下之分定。今諸侯大夫皆陵其上，則無以令其下矣，故皆不久而失之也。」

孔子曰：「益者三友，損者三友。友直，友諒，友多聞，益矣。友便辟，友善柔，友便佞，

損矣。」便，平聲。辟，婢亦反。○友直，則聞其過。友諒，則進於誠。友多聞，則進於明。便，習熟也。便辟，謂習於威儀而不直。善柔，謂工於媚悅而不諒。便佞，謂習於口語，而無聞見之實。三者損益，正相反也。○尹氏曰：「自天子至於庶人，未有不須友以成者，而其損益有如是者，可不謹哉？」

孔子曰：「益者三樂，損者三樂。樂節禮樂，樂道人之善，樂多賢友，益矣。樂驕樂，樂佚遊，樂宴樂，損矣。」樂，五教反。禮樂之樂，音岳。驕樂宴樂之樂，音洛。○節，謂辨其制度聲容之節。驕樂，則侈肆而不知節。佚遊，則惰慢而惡聞善。宴樂，則淫溺而狎小人。三者損益亦相反也。○尹氏曰：「君子之於好樂，可不謹哉？」

孔子曰：「侍於君子有三愆：言未及之而言謂之躁，言及之而不言謂之隱，未見顏色而言謂之瞽。」君子，有德位之通稱。愆，過也。瞽，無目，不能察言觀色。○尹氏曰：「時然後言，則無三者之過矣。」

孔子曰：「君子有三戒：少之時，血氣未定，戒之在色；及其壯也，血氣方剛，戒之在鬬；及其老也，血氣既衰，戒之在得。」血氣，形之所待以生者，血陰而氣陽也。得，貪得也。隨時知戒，以理勝之，則不爲血氣所使也。○范氏曰：「聖人同於人者血氣也，異於人者志氣也。血氣有時而衰，志氣則無時而衰也。少未定、壯而剛、老而衰者，血氣也。戒於色、戒於鬬、戒於得者，志氣也。君子養其志氣，故不爲血氣所動，是以年彌高而德彌邵也。」

孔子曰：「君子有三畏：畏天命，畏大人，畏聖人之言。畏者，嚴憚之意也。天命者，天所賦之正理也。知其可畏，則其戒謹恐懼，自有不能已者。而付畀之重，可以不失矣。大人聖言，皆天命所當畏。知畏天命，則不得不畏之矣。**小人不知天命而不畏也，狎大人，侮聖人之言。」**侮，戲玩也。不知天命，故不識義理，而無所忌憚如此。○尹氏曰：「三畏者，修己之誠當然也。小人不務修身誠己，則何畏之有？」

孔子曰：「生而知之者，上也；學而知之者，次也；困而學之，又其次也；困而不學，民斯爲下矣。」困，謂有所不通。言人之氣質不同，大約有此四等。○楊氏曰：「生知學知以至困學，雖其質不同，然及其知之一也。故君子惟學之爲貴。困而不學，然後爲下。」

孔子曰：「君子有九思：視思明，聽思聰，色思温，貌思恭，言思忠，事思敬，疑思問，忿思難，見得思義。」難，去聲。○視無所蔽，則明無不見。聽無所壅，則聰無不聞。色，見於面者。貌，舉身而言。思問，則疑不蓄。思難，則忿必懲。思義，則得不苟。○程子曰：「九思各專其一。」謝氏曰：「未至於從容中道，無時而不自省察也。雖有不存焉者寡矣，此之謂思誠。」

孔子曰：「見善如不及，見不善如探湯。吾見其人矣，吾聞其語矣。探，吐南反。○真知善惡而誠好惡之，顔、曾、閔、冉之徒，蓋能之矣。語，蓋古語也。**隱居以求其志，行義以達其道。吾聞其語矣，未見其人也。」**求其志，守其所達之道也。達其道，行其所求之志也。蓋惟伊尹、太公之流，可以當之。當時若顔子，亦庶乎此，然隱而未見，又不幸而蚤死，故夫子云然。

齊景公有馬千駟，死之日，民無德而稱焉。伯夷、叔齊餓於首陽之下，民到于今稱之。駟，四馬也。首陽，山名。**其斯之謂與？**與，平聲。○胡氏曰：「程子以爲第十二篇錯簡『誠不以富，亦祇以異』，當在此章之首。今詳文勢，似當在此句之上。言人之所稱，不在於富，而在於異也。」愚謂此說近是，而章首當有孔子曰字，蓋闕文耳。大抵此書後十篇多闕誤。

陳亢問於伯魚曰：「子亦有異聞乎？」亢，音剛。○亢以私意窺聖人，疑必陰厚其子。對曰：「未也。嘗獨立，鯉趨而過庭。曰：『學詩乎？』對曰：『未也。』『不學詩，無以言。』鯉退而學詩。事理通達，而心氣和平，故能言。他日又獨立，鯉趨而過庭。曰：『學禮乎？』對曰：『未也。』『不學禮，無以立。』鯉退而學禮。品節詳明，而德性堅定，故能立。聞斯二者。」當獨立之時，所聞不過如此，其無異聞可知。陳亢退而喜曰：「問一得三，聞詩，聞禮，又聞君子之遠其子也。」遠，去聲。○尹氏曰：「孔子之教其子，無異於門人，故陳亢以爲遠其子。」

邦君之妻，君稱之曰夫人，夫人自稱曰小童；邦人稱之曰君夫人，稱諸異邦曰寡小君；異邦人稱之亦曰君夫人。寡，寡德，謙辭。○吳氏曰：「凡語中所載如此類者，不知何謂。或古有之，或夫子嘗言之，不可考也。」

論語集注卷九

陽貨第十七凡二十六章。

陽貨欲見孔子，孔子不見，歸孔子豚。孔子時其亡也，而往拜之，遇諸塗。歸，如字，一作饋。○陽貨，季氏家臣，名虎。嘗囚季桓子而專國政。欲令孔子來見己，而孔子不往。貨以禮，大夫有賜於士，不得受於其家，則往拜其門。故瞰孔子之亡而歸之豚，欲令孔子來拜而見之也。謂孔子曰：「來！予與爾言。」曰：「懷其寶而迷其邦，可謂仁乎？」曰：「不可。」「好從事而亟失時，可謂知乎？」曰：「不可。」「日月逝矣，歲不我與。」孔子曰：「諾。吾將仕矣。」好、亟、知，並去聲。○懷寶迷邦，謂懷藏道德，不救國之迷亂。亟，數也。失時，謂不及事幾之會。將者，且然而未必之辭。貨語皆譏孔子而諷使速仕。孔子固未嘗如此，而亦非不欲仕也，但不仕於貨耳。故直據理答之，不復與辯，若不諭其意者。○陽貨之欲見孔子，雖其善意，然不過欲使助己爲亂耳。故孔子不見者，義也。其往拜者，禮也。必時其亡而往者，欲其稱也。遇諸塗而不避者，不終絶也。隨問而對者，理之直也。對而不辯者，言之孫而亦無所詘也。楊氏曰：「揚雄謂孔子於陽貨也，敬所不敬，爲詘身以信道。非知孔子者。蓋道外無身，身外無道。身詘矣而可以信道，吾未之信也。」

子曰：「性相近也，習相遠也。」此所謂性，兼氣質而言者也。氣質之性，固有美惡之不同矣。然以其初而言，則皆不甚相遠也。但習於善則善，習於惡則惡，於是始相遠耳。○程子曰：「此言氣質之性，非言性之本也。若言其本，則性即是理，理無不善，孟子之言性善是也，何相近之有哉？」

子曰：「唯上知與下愚不移。」知，去聲。○此承上章而言。人之氣質相近之中，又有美惡一定，而非習之所能移者。○程子曰：「人性本善，有不可移者何也？語其性則皆善也，語其才則有下愚之不移。所謂下愚有二焉：自暴自棄也。人苟以善自治，則無不可移，雖昏愚之至，皆可漸磨而進也。惟自暴者拒之以不信，自棄者絕之以不爲，雖聖人與居，不能化而入也，仲尼之所謂下愚也。然其質非必昏且愚也，往往强戾而才力有過人者，商辛是也。聖人以其自絕於善，謂之下愚，然考其歸則誠愚也。」或曰：「此與上章當合爲一，子曰二字，蓋衍文耳。」

子之武城，聞弦歌之聲。弦，琴瑟也。時子游爲武城宰，以禮樂爲教，故邑人皆弦歌也。夫子莞爾而笑，曰：「割雞焉用牛刀？」莞，華版反。焉，於虔反。○莞爾，小笑貌，蓋喜之也。因言其治小邑，何必用此大道也。子游對曰：「昔者偃也聞諸夫子曰：『君子學道則愛人，小人學道則易使也。』」易，去聲。○君子小人，以位言之。子游所稱，蓋夫子之常言，言君子小人皆不可以不學。故武城雖小，亦必教以禮樂。子曰：「二三子！偃之言是也。前言戲之耳。」嘉子游之篤信，又以解門人之惑也。○治有大小，而其治之必用禮樂，則其爲道一也。但衆人多不能用，而子游獨行之。故夫子驟聞而深喜之，因反其言以戲之。而子游以正對，故復是其言，而自實其戲也。

公山弗擾以費畔，召，子欲往。弗擾，季氏宰。與陽貨共執桓子，據邑以叛。子路不說，曰：「末之也已，何必公山氏之之也。」說，音悅。○末，無也。言道既不行，無所往矣，何必公山氏之往乎？子曰：「夫召我者而豈徒哉？如有用我者，吾其爲東周乎？」夫，音扶。○豈徒哉，言必用我也。爲東周，言興周道於東方。○程子曰：「聖人以天下無不可有爲之人，亦無不可改過之人，故欲往。然而終不往者，知其必不能改故也。」

子張問仁於孔子。孔子曰：「能行五者於天下，爲仁矣。」請問之。曰：「恭、寬、信、敏、惠。恭則不侮，寬則得衆，信則人任焉，敏則有功，惠則足以使人。」行是五者，則心存而理得矣。於天下，言無適而不然，猶所謂雖之夷狄不可棄者。五者之目，蓋因子張所不足而言耳。任，倚仗也，又言其效如此。○張敬夫曰：「能行此五者於天下，則其心公平而周徧可知矣，然恭其本與？」李氏曰：「此章與六言、六蔽、五美、四惡之類，皆與前後文體大不相似。」

佛肸召，子欲往。佛，音弼。肸，許密反。○佛肸，晉大夫趙氏之中牟宰也。子路曰：「昔者由也聞諸夫子曰：『親於其身爲不善者，君子不入也。』佛肸以中牟畔，子之往也，如之何！」子路恐佛肸之浼夫子，故問此以止夫子之行。親，猶自也。不入，不入其黨也。子曰：「然。有是言也。不曰堅乎，磨而不磷；不曰白乎，涅而不緇。磷，力刃反。涅，乃結反。○磷，薄也。涅，染皁物。言人之不善，不能浼己。楊氏曰：「磨不磷，涅不緇，而後無可無不可。堅白不足，而欲自試於磨涅，其不磷緇也者，幾希。」吾豈匏瓜也哉？焉能繫而不食？」焉，於虔反。○匏，瓠也。匏瓜繫於一處而不能飲食，人則不如是也。○張敬夫曰：「子路昔者之所聞，君子守身之常法。夫子今日之所言，聖人體道之大權也。然夫子於公山、佛肸之召皆欲往者，以天下無不可變之人，無不可爲之事也。其卒不往者，知其人之終不可變而事之終不可爲耳。一則生物之仁，一則知人之智也。」

子曰：「由也，女聞六言六蔽矣乎？」對曰：「未也。」女，音汝，下同。○蔽，遮掩也。「居！吾語女。語，去聲。○禮：君子問更端，則起而對。故孔子諭子路，使還坐而告之。好仁不好學，其蔽也愚；好知不好學，其蔽也蕩；好信不好學，其蔽也賊；好直不好學，其蔽也絞；好勇不好學，其蔽也亂；好剛不好學，其蔽也狂。」好、知，並去聲。○六言皆美德，然徒好之而不學以明其理，則各有所蔽。愚，若可陷可罔之類。蕩，謂窮高極廣而無所止。賊，謂傷害於物。勇者，剛之發。剛者，勇之體。狂，躁率也。○范氏曰：「子路勇於爲善，其失之者，未能好學以明之也，故告之以此。曰勇、曰剛、曰信、曰直，又皆所以救其偏也。」

子曰：「小子！何莫學夫詩？夫，音扶。○小子，弟子也。詩，可以興，感發志意。可以觀，考見得失。可以羣，和而不流。可以怨。怨而不怒。邇之事父，遠之事君。人倫之道，詩無不備，二者舉重而言。多識於鳥獸草木之名。」其緒餘又足以資多識。○學詩之法，此章盡之。讀是經者，所宜盡心也。

子謂伯魚曰：「女爲周南召南矣乎？人而不爲周南召南，其猶正牆面而立也與？」女，音汝。與，平聲。○爲，猶學也。周南召南，詩首篇名。所言皆修身齊家之事。正牆面而立，言即其至近之地，而一物無所見，一步不可行。

子曰：「禮云禮云，玉帛云乎哉？樂云樂云，鐘鼓云乎哉？」敬而將之以玉帛，則爲禮；和而發之以鐘鼓，則爲樂。遺其本而專事其末，則豈禮樂之謂哉？○程子曰：「禮只是一箇序，樂只是一箇和。只此兩字，含蓄多少義理。天下無一物無禮樂〔一〕。且如置此兩椅，一不正，便是無序。無序便乖，乖便不和。又如盜賊至爲不道，然亦

〔一〕「樂」原作「義」，據清仿宋大字本改。

有禮樂。蓋必有總屬，必相聽順，乃能爲盜。不然，則叛亂無統，不能一日相聚而爲盜也。禮樂無處無之，學者須要識得。」

子曰：「色厲而内荏，譬諸小人，其猶穿窬之盜也與？」荏，而審反。與，平聲。○厲，威嚴也。荏，柔弱也。小人，細民也。穿，穿壁。窬，踰牆。言其無實盜名，而常畏人知也。

子曰：「鄉原，德之賊也。」鄉者，鄙俗之意。原，與愿同。荀子原慤，注讀作愿是也。鄉原，鄉人之愿者也。蓋其同流合汙以媚於世，故在鄉人之中，獨以愿稱。夫子以其似德非德，而反亂乎德，故以爲德之賊而深惡之。詳見孟子末篇。

子曰：「道聽而塗説，德之棄也。」雖聞善言，不爲己有，是自棄其德也。○王氏曰：「君子多識前言往行以畜其德，道聽塗説，則棄之矣。」

子曰：「鄙夫可與事君也與哉？與，平聲。○鄙夫，庸惡陋劣之稱。其未得之也，患得之；既得之，患失之。何氏曰：「患得之，謂患不能得之。」苟患失之，無所不至矣。」小則吮癰舐痔，大則弒父與君，皆生於患失而已。○胡氏曰：「許昌靳裁之有言曰：『士之品大概有三：志於道德者，功名不足以累其心；志於功名者，富貴不足以累其心；志於富貴而已者，則亦無所不至矣。』志於富貴，即孔子所謂鄙夫也。」

子曰：「古者民有三疾，今也或是之亡也。氣失其平則爲疾，故氣稟之偏者亦謂之疾。昔所謂疾，今亦無之，傷俗之益衰也。古之狂也肆，今之狂也蕩；古之矜也廉，今之矜也忿戾；古之愚也直，今之愚也詐而已矣。」狂者，志願太高。肆，謂不拘小節。蕩則踰大閑矣。矜者，持守太嚴。廉，謂稜角陗厲。忿戾則至於爭矣。愚者，暗昧不明。直，謂徑行自遂。詐則挾私妄作矣。○范氏曰：「末世滋僞，豈惟賢者不如古哉？民性之蔽亦與古人異矣。」

子曰：「巧言令色，鮮矣仁。」重出。

子曰：「惡紫之奪朱也，惡鄭聲之亂雅樂也，惡利口之覆邦家者。」惡，去聲。覆，芳服反。○朱，正色。紫，閒色。雅，正也。利口，捷給。覆，傾敗也。○范氏曰：「天下之理，正而勝者常少，不正而勝者常多，聖人所以惡之也。利口之人，以是爲非，以非爲是，以賢爲不肖，以不肖爲賢。人君苟悅而信之，則國家之覆也不難矣。」

子曰：「予欲無言。」學者多以言語觀聖人，而不察其天理流行之實，有不待言而著者。是以徒得其言，而不得其所以言，故夫子發此以警之。子貢曰：「子如不言，則小子何述焉？」子貢正以言語觀聖人者，故疑而問之。子曰：「天何言哉？四時行焉，百物生焉，天何言哉？」四時行，百物生，莫非天理發見流行之實，不待言而可見。聖人一動一靜，莫非妙道精義之發，亦天而已，豈待言而顯哉？此亦開示子貢之切，惜乎其終不喻也。○程子曰：「孔子之道，譬如日星之明，猶患門人未能盡曉，故曰『予欲無言』。若顏子則便默識，其他則未免疑問，故曰『小子何述』。」又曰：「『天何言哉，四時行焉，百物生焉』，則可謂至明白矣。」愚按：此與前篇無隱之意相發，學者詳之。

孺悲欲見孔子，孔子辭以疾。將命者出户，取瑟而歌，使之聞之。孺悲，魯人，嘗學士喪禮於孔子。當是時必有以得罪者。故辭以疾，而又使知其非疾，以警教之也。程子曰：「此孟子所謂不屑之教誨，所以深教之也。」

宰我問：「三年之喪，期已久矣。期，音基，下同。○期，周年也。君子三年不爲禮，禮必壞；三年不爲樂，樂必崩。恐居喪不習而崩壞也。舊穀既没，新穀既升，鑽燧改火，期可已矣。」鑽，祖官反。○没，盡也。升，登也。燧，取火之木也。改火，春取榆柳之火，夏取棗杏之火，夏季取桑柘之火，秋取柞楢之火，冬取槐檀之火，亦一年而周也。已，止也。言期年則天運一周，時物皆變，喪至此可止也。尹氏曰：「短喪之説，下愚且恥言之。宰我親學聖人之門，而以是爲問者，有所疑於心而不敢强焉爾。」子曰：「食夫稻，衣夫錦，於女安乎？」曰：「安。」夫，音扶，下同。衣，去聲。女，音汝，下同。○禮。父母之喪：既殯，食粥，麤衰。既葬，疏食、水飲，受以成布。期而小祥，始食菜果，練冠縓緣，要絰不除，無食稻衣錦之理。夫子欲宰我反求諸心，自得其所以不忍者。故問之以此，而宰我不察也。「女安則爲之！夫君子之居喪，食旨不甘，聞樂不樂，居處不安，故不爲也。今女安，則爲之！」樂，上如字，下音洛。○此夫子之言也。旨，亦甘也。初言女安則爲之，絶之之辭。又發其不忍之端，以警其不察。而再言女安則爲之以深責之。宰我出。子曰：「予之不仁也！子生三年，然後免於父母之懷。夫三年之喪，天下之通喪也。予也有三年之愛於其父母乎？」宰我既出，夫子懼其真以爲可安而遂行之，故深探其本而斥之。言由其不仁，故愛親之薄如此也。懷，抱也。又言君子所以不忍於親，而喪必三年之故。使之聞之，或能反求而終得其本心也。○范氏曰：「喪雖止於三年，然賢者之情則無窮也。特以聖人爲之中制而不敢過，故必俯而就之。非以三年之喪，爲足以報其親也。所謂三年然後免於父母之懷，特以責宰我之無恩，欲其有以跂而及之爾。」

子曰：「飽食終日，無所用心，難矣哉！不有博弈者乎，爲之猶賢乎已。」博，局戲也。弈，圍棋也。已，止也。李氏曰：「聖人非教人博弈也，所以甚言無所用心之不可爾。」

子路曰：「君子尚勇乎？」子曰：「君子義以爲上。君子有勇而無義爲亂，小人有勇而無義爲盜。」尚，上之也。君子爲亂，小人爲盜，皆以位而言者也。尹氏曰：「義以爲尚，則其勇也大矣。子路好勇，故夫子以此救其失也。」胡氏曰：「疑此子路初見孔子時問答也。」

子貢曰：「君子亦有惡乎？」子曰：「有惡：惡稱人之惡者，惡居下流而訕上者，惡勇而無禮者，惡果敢而窒者。」惡，去聲，下同。惟惡者之惡如字。訕，所諫反。○訕，謗毁也。窒，不通也。稱人惡，則無仁厚之意。下訕上，則無忠敬之心。勇無禮，則爲亂。果而窒，則妄作。故夫子惡之。曰：「賜也亦有惡乎？」「惡徼以爲知者，惡不孫以爲勇者，惡訐以爲直者。」徼，古堯反。知、孫，並去聲。訐，居謁反。○惡徼以下，子貢之言也。徼，伺察也。訐，謂攻發人之陰私。○楊氏曰：「仁者無不愛，則君子疑若無惡矣。子貢之有是心也，故問焉以質其是非。」侯氏曰：「聖賢之所惡如此，所謂唯仁者能惡人也。」

子曰：「唯女子與小人爲難養也，近之則不孫，遠之則怨。」近、孫、遠，並去聲。○此小人，亦謂僕隸下人也。君子之於臣妾，莊以涖之，慈以畜之，則無二者之患矣。

子曰：「年四十而見惡焉，其終也已。」惡，去聲。○四十，成德之時。見惡於人，則止於此而已，勉人及時遷善改過也。蘇氏曰：「此亦有爲而言，不知其爲誰也。」

微子第十八

此篇多記聖賢之出處，凡十一章。

微子去之，箕子爲之奴，比干諫而死。微、箕，二國名。子，爵也。微子，紂庶兄。箕子、比干，紂諸父。

微子見紂無道，去之以存宗祀。箕子、比干皆諫，紂殺比干，囚箕子以爲奴，箕子因佯狂而受辱。**孔子曰：「殷有三仁焉。」**三人之行不同，而同出於至誠惻怛之意，故不咈乎愛之理，而有以全其心之德也。楊氏曰：「此三人者，各得其本心，故同謂之仁。」

柳下惠爲士師，三黜。人曰：「子未可以去乎？」曰：「直道而事人，焉往而不三黜？枉道而事人，何必去父母之邦。」三，去聲。焉，於虔反。○士師，獄官。黜，退也。柳下惠三黜不去，而其辭氣雍容如此，可謂和矣。然其不能枉道之意，則有確乎其不可拔者。是則所謂必以其道，而不自失焉者也。○胡氏曰：「此必有孔子斷之之言而亡之矣。」

齊景公待孔子，曰：「若季氏則吾不能，以季、孟之閒待之。」曰：「吾老矣，不能用也。」孔子行。魯三卿，季氏最貴，孟氏爲下卿。孔子去之，事見世家。然此言必非面語孔子，蓋自以告其臣，而孔子聞之爾。○程子曰：「季氏强臣，君待之之禮極隆，然非所以待孔子也。以季、孟之閒待之，則禮亦至矣。然復曰『吾老矣，不能用也』，故孔子去之。蓋不繫待之輕重，特以不用而去爾。」

齊人歸女樂，季桓子受之。三日不朝，孔子行。歸，如字，或作饋。朝，音潮。○季桓子，魯大夫，名斯。按史記，「定公十四年，孔子爲魯司寇，攝行相事。齊人懼，歸女樂以沮之」。尹氏曰：「受女樂而怠於政事如此，其簡賢棄禮，不足與有爲可知矣。夫子所以行也，所謂見幾而作，不俟終日者與？」○范氏曰：「此篇記仁賢之出處，而折中以聖人之行，所以明中庸之道也。」

楚狂接輿歌而過孔子曰：「鳳兮！鳳兮！何德之衰？往者不可諫，來者猶可追。

已而，已而！今之從政者殆而！」接輿，楚人，佯狂辟世。夫子時將適楚，故接輿歌而過其車前也。鳳有道則見，無道則隱，接輿以比孔子，而譏其不能隱爲德衰也。來者可追，言及今尚可隱去。已，止也。而，語助辭。殆，危也。接輿蓋知尊孔子而趨不同者也。孔子下，欲與之言。趨而辟之，不得與之言。辟，去聲。○孔子下車，蓋欲告之以出處之意。接輿自以爲是，故不欲聞而避之也。

長沮、桀溺耦而耕，孔子過之，使子路問津焉。沮，七餘反。溺，乃歷反。○二人，隱者。耦，並耕也。時孔子自楚反乎蔡。津，濟渡處。長沮曰：「夫執輿者爲誰？」子路曰：「爲孔丘。」曰：「是魯孔丘與？」曰：「是也。」曰：「是知津矣。」夫，音扶。與，平聲。○執輿，執轡在車也。蓋本子路御而執轡，今下問津，故夫子代之也。知津，言數周流，自知津處。問於桀溺，桀溺曰：「子爲誰？」曰：「爲仲由。」曰：「是魯孔丘之徒與？」對曰：「然。」曰：「滔滔者天下皆是也，而誰以易之？且而與其從辟人之士也，豈若從辟世之士哉？」耰而不輟。徒與之與，平聲。滔，吐刀反。辟，去聲。耰，音憂。○滔滔，流而不反之意。以，猶與也。言天下皆亂，將誰與變易之？而，汝也。辟人，謂孔子。辟世，桀溺自謂。耰，覆種也。亦不告以津處。子路行以告。夫子憮然曰：「鳥獸不可與同羣，吾非斯人之徒與而誰與？天下有道，丘不與易也。」憮，音武。與，如字。○憮然，猶悵然，惜其不喻己意也。言所當與同群者，斯人而已，豈可絶人逃世以爲潔哉？天下若已平治，則我無用變易之。正爲天下無道，故欲以道易之耳。○程子曰：「聖人不敢有忘天下之心，故其言如此也。」張子曰：「聖人之仁，不以無道必天下而棄之也。」

子路從而後，遇丈人，以杖荷蓧。子路問曰：「子見夫子乎？」丈人曰：「四體不勤，五穀不分。孰爲夫子？」植其杖而芸。蓧，徒弔反。植，音值。○丈人，亦隱者。蓧，竹器。分，辨也。五穀不分，猶言不辨菽麥爾，責其不事農業而從師遠游也。植，立之也。芸，去草也。子路拱而立。知其隱者，敬之也。止子路宿，殺雞爲黍而食之，見其二子焉。食，音嗣。見，賢遍反。明日，子路行以告。子曰：「隱者也。」使子路反見之。至則行矣。孔子使子路反見之，蓋欲告之以君臣之義。而丈人意子路必將復來，故先去之以滅其跡，亦接輿之意也。子路曰：「不仕無義。長幼之節，不可廢也；君臣之義，如之何其廢之？欲潔其身，而亂大倫。君子之仕也，行其義也。道之不行，已知之矣。」長，上聲。○子路述夫子之意如此。蓋丈人之接子路甚倨，而子路益恭，丈人因見其二子焉。則於長幼之節，固知其不可廢矣，故因其所明以曉之。倫，序也。人之大倫有五：父子有親，君臣有義，夫婦有別，長幼有序，朋友有信是也。仕所以行君臣之義，故雖知道之不行而不可廢。然謂之義，則事之可否，身之去就，亦自有不可苟者。是以雖不潔身以亂倫，亦非忘義以殉祿也。福州有國初時寫本，路下有「反子」二字，以此爲子路反而夫子言之也。未知是否？○范氏曰：「隱者爲高，故往而不反。仕者爲通，故溺而不止。不與鳥獸同群，則決性命之情以饕富貴。此二者皆惑也，是以依乎中庸者爲難。惟聖人不廢君臣之義，而必以其正，所以或出或處而終不離於道也。」

逸民：伯夷、叔齊、虞仲、夷逸、朱張、柳下惠、少連。少，去聲，下同。○逸，遺逸。民者，無位之稱。虞仲，即仲雍，與大伯同竄荆蠻者。夷逸、朱張，不見經傳。少連，東夷人。子曰：「不降其志，不辱其身，伯夷、叔齊與！」與，平聲。謂：「柳下惠、少連，降志辱身矣。言中倫，行中慮，其斯而已矣。」

中，去聲，下同。○柳下惠，事見上。倫，義理之次第也。慮，思慮也。中慮，言有意義合人心。少連事不可考。然記稱其「善居喪，三日不怠，三月不解，朞悲哀，三年憂」，則行之中慮，亦可見矣。**謂：「虞仲、夷逸，隱居放言。身中清，廢中權。**仲雍居吳，斷髮文身，裸以爲飾。隱居獨善，合乎道之清。放言自廢，合乎道之權。**我則異於是，無可無不可。」**孟子曰：「孔子可以仕則仕，可以止則止，可以久則久，可以速則速。」所謂無可無不可也。○謝氏曰：「七人隱遯不汙則同，其立心造行則異。伯夷、叔齊，天子不得臣，諸侯不得友，蓋已遯世離羣矣，下聖人一等，此其最高與！柳下惠、少連，雖降志而不枉己，雖辱身而不求合，其心有不屑也。故言能中倫，行能中慮。虞仲、夷逸隱居放言，則言不合先王之法者多矣。然清而不汙也，權而適宜也，與方外之士害義傷教而亂大倫者殊科。是以均謂之逸民。」尹氏曰：「七人各守其一節，而孔子則無可無不可，此所以常適其可，而異於逸民之徒也。」揚雄曰：「觀乎聖人則見賢人。是以孟子語夷、惠，亦必以孔子斷之。」

大師摯適齊，大，音泰。○大師，魯樂官之長。摯，其名也。**亞飯干適楚，三飯繚適蔡，四飯缺適秦。**飯，扶晚反。繚，音了。○亞飯以下，以樂侑食之官。干、繚、缺，皆名也。**鼓方叔入於河，**鼓，擊鼓者。方叔，名。河，河内。**播鼗武入於漢，**鼗，徒刀反。○播，摇也。鼗，小鼓。兩旁有耳，持其柄而摇之，則旁耳還自擊。武，名也。漢，漢中。**少師陽、擊磬襄入於海。**少，去聲。○少師，樂官之佐。陽、襄，二人名。襄即孔子所從學琴者。海，海島也。○此記賢人之隱遯以附前章，然未必夫子之言也。末章放此。張子曰：「周衰樂廢，夫子自衛反魯，一嘗治之。其後伶人賤工識樂之正。及魯益衰，三桓僭妄，自大師以下，皆知散之四方，逾河蹈海以去亂。聖人俄頃之助，功化如此。如有用我，期月而可。豈虛語哉？」

周公謂魯公曰：「君子不施其親，不使大臣怨乎不以。故舊無大故，則不棄也。無求備於一人。」施，陸氏本作弛，詩紙反。福本同。○魯公，周公子伯禽也。弛，遺棄也。以，用也。大臣非其人則去之，在其位則不可不用。大故，謂惡逆。李氏曰：「四者皆君子之事，忠厚之至也。」○胡氏曰：「此伯禽受封之國，周公訓戒之辭。魯人傳誦，久而不忘也。其或夫子嘗與門弟子言之歟？」

周有八士：伯達、伯适、仲突、仲忽、叔夜、叔夏、季隨、季騧。騧，烏瓜反。○或曰「成王時人」，或曰「宣王時人」。蓋一母四乳而生八子也，然不可考矣。○張子曰：「記善人之多也。」○愚按：此篇孔子於三仁、逸民、師摯、八士，既皆稱贊而品列之；於接輿、沮、溺、丈人，又每有惓惓接引之意。皆衰世之志也，其所感者深矣。在陳之歎，蓋亦如此。三仁則無間然矣，其餘數君子者，亦皆一世之高士。若使得聞聖人之道，以裁其所過而勉其所不及，則其所立，豈止於此而已哉？

論語集注卷十

子張第十九

此篇皆記弟子之言，而子夏爲多，子貢次之。蓋孔門自顏子以下，穎悟莫若子貢；自曾子以下，篤實無若子夏。故特記之詳焉。凡二十五章。

子張曰：「士見危致命，見得思義，祭思敬，喪思哀，其可已矣。」致命，謂委致其命，猶言授命也。四者立身之大節，一有不至，則餘無足觀。故言士能如此，則庶乎其可矣。

子張曰：「執德不弘，信道不篤，焉能爲有？焉能爲亡？」焉，於虔反。亡，讀作無，下同。○有所得而守之太狹，則德孤；有所聞而信之不篤，則道廢。焉能爲有無，猶言不足爲輕重。

子夏之門人問交於子張。子張曰：「子夏云何？」對曰：「子夏曰：『可者與之，其不可者拒之。』」子張曰：「異乎吾所聞：君子尊賢而容衆，嘉善而矜不能。我之大賢與，於人何所不容？我之不賢與，人將拒我，如之何其拒人也？」賢與之與，平聲。○子夏之言迫狹，子張譏之是也，但其所言亦有過高之病。蓋大賢雖無所不容，然大故亦所當絶；不賢固不可以拒人，然損友亦所當遠。學者不可不察。

子夏曰：「雖小道，必有可觀者焉；致遠恐泥，是以君子不爲也。」泥，去聲。○小道，如農圃醫卜之屬。泥，不通也。○楊氏曰：「百家衆技，猶耳目鼻口，皆有所明而不能相通。非無可觀也，致遠則泥矣，故君子不爲也。」

子夏曰：「日知其所亡，月無忘其所能，可謂好學也已矣。」亡，讀作無。好，去聲。○亡，無也。謂己之所未有。○尹氏曰：「好學者日新而不失。」

子夏曰：「博學而篤志，切問而近思，仁在其中矣。」四者皆學問思辨之事耳，未及乎力行而爲仁也。然從事於此，則心不外馳，而所存自熟，故曰仁在其中矣。○程子曰：「博學而篤志，切問而近思，何以言仁在其中矣？學者要思得之。了此，便是徹上徹下之道。」又曰：「學不博則不能守約，志不篤則不能力行。切問近思在己者，則仁在其中矣。」又曰：「近思者以類而推。」蘇氏曰：「博學而志不篤，則大而無成；泛問遠思，則勞而無功。」

子夏曰：「百工居肆以成其事，君子學以致其道。」肆，謂官府造作之處。致，極也。工不居肆，則遷於異物而業不精。君子不學，則奪於外誘而志不篤。尹氏曰：「學所以致其道也。百工居肆，必務成其事。君子之於學，可不知所務哉？」愚按：二說相須，其義始備。

子夏曰：「小人之過也必文。」文，去聲。○文，飾之也。小人憚於改過，而不憚於自欺，故必文以重其過。

子夏曰：「君子有三變：望之儼然，即之也温，聽其言也厲。」儼然者，貌之莊。温者，色之和。厲者，辭之確。○程子曰：「他人儼然則不温，温則不厲，惟孔子全之。」謝氏曰：「此非有意於變，蓋並行而不相悖也，如良玉温潤而栗然。」

子夏曰：「君子信而後勞其民，未信則以爲厲己也；信而後諫，未信則以爲謗己也。」信，謂誠意惻怛而人信之也。厲，猶病也。事上使下，皆必誠意交孚，而後可以有爲。

子夏曰：「大德不踰閑，小德出入可也。」大德、小德，猶言大節、小節。閑，闌也，所以止物之出入。言人能先立乎其大者，則小節雖或未盡合理，亦無害也。○吴氏曰：「此章之言，不能無弊，學者詳之。」

子游曰：「子夏之門人小子，當洒掃、應對、進退，則可矣。抑末也，本之則無。如之何？」洒，色賣反。掃，素報反。○子游譏子夏弟子，於威儀容節之間則可矣。然此小學之末耳，推其本，如大學正心誠意之事，則無有。**子夏聞之曰：「噫！言游過矣！君子之道，孰先傳焉？孰後倦焉？譬諸草木，區以别矣。君子之道，焉可誣也？有始有卒者，其惟聖人乎！」**别，必列反。焉，於虔反。○倦，如誨人不倦之倦。區，猶類也。言君子之道，非以其末爲先而傳之，非以其本爲後而倦教。但學者所至，自有淺深，如草木之有大小，其類固有别矣。若不量其淺深，不問其生熟，而概以高且遠者强而語之，則是誣之而已。君子之道，豈可如此？若夫始終本末一以貫之，則惟聖人爲然，豈可責之門人小子乎？○程子曰：「君子教人有序，先傳以小者近者，而後教以大者遠者。非先傳以近小，而後不教以遠大也。」又曰：「洒掃應對，便是形而上者，理無大小故也。故君子只在慎獨。」又曰：「聖人之道，更無精粗。從洒掃應對，與精義入神貫通只一理。雖洒掃應對，只看所以然如何。」又曰：「凡物有本末，不可分本末爲兩段事。洒掃應對是其然，必有所以然。」又曰：「自洒掃應對上，便可到聖人事。」愚按：程子第一條，説此章文意，最爲詳盡。其後四條，皆以明精粗本末。其分雖殊，而理則一。學者當循序而漸進，不可厭末而求本。蓋與第一條之意實相表裏，非謂末即是本，但學其末而本便在此也。

子夏曰：「仕而優則學，學而優則仕。」優，有餘力也。仕與學理同而事異，故當其事者，必先有以盡其事，而後可及其餘。然仕而學，則所以資其仕者益深；學而仕，則所以驗其學者益廣。

子游曰：「喪致乎哀而止。」致極其哀，不尚文飾也。楊氏曰：「喪，與其易也寧戚，不若禮不足而哀有餘之意。」愚按：「而止」二字，亦微有過於高遠而簡略細微之弊，學者詳之。

子游曰：「吾友張也，爲難能也，然而未仁。」子張行過高，而少誠實惻怛之意。

曾子曰：「堂堂乎張也，難與並爲仁矣。」堂堂，容貌之盛。言其務外自高，不可輔而爲仁，亦不能有以輔人之仁也。○范氏曰：「子張外有餘而內不足，故門人皆不與其爲仁。子曰：『剛毅木訥近仁。』寧外不足而內有餘，庶可以爲仁矣。」

曾子曰：「吾聞諸夫子：人未有自致者也，必也親喪乎！」致，盡其極也。蓋人之真情所不能自已者。○尹氏曰：「親喪固所自盡也，於此不用其誠，惡乎用其誠。」

曾子曰：「吾聞諸夫子：孟莊子之孝也，其他可能也；其不改父之臣與父之政，是難能也。」孟莊子，魯大夫，名速。其父獻子，名蔑。獻子有賢德，而莊子能用其臣，守其政，故其他孝行雖有可稱，而皆不若此事之爲難。

孟氏使陽膚爲士師，問於曾子。曾子曰：「上失其道，民散久矣。如得其情，則哀矜而勿喜。」陽膚，曾子弟子。民散，謂情義乖離，不相維繫。謝氏曰：「民之散也，以使之無道，教之無素。故其犯法也，非迫於不得已，則陷於不知也。故得其情，則哀矜而勿喜。」

子貢曰：「紂之不善，不如是之甚也。是以君子惡居下流，天下之惡皆歸焉。」惡居之惡，去聲。○下流，地形卑下之處，衆流之所歸。喻人身有汙賤之實，亦惡名之所聚也。子貢言此，欲人常自警省，不可一置其身於不善之地。非謂紂本無罪，而虛被惡名也。

子貢曰：「君子之過也，如日月之食焉：過也，人皆見之；更也，人皆仰之。」更，平聲。

衛公孫朝問於子貢曰：「仲尼焉學？」朝，音潮。焉，於虔反。○公孫朝，衛大夫。子貢曰：「文武之道，未墜於地，在人。賢者識其大者，不賢者識其小者，莫不有文武之道焉。夫子焉不學？而亦何常師之有？」識，音志。下焉字，於虔反。○文武之道，謂文王、武王之謨訓功烈，與凡周之禮樂文章皆是也。在人，言人有能記之者。識，記也。

叔孫武叔語大夫於朝，曰：「子貢賢於仲尼。」語，去聲。朝，音潮。○武叔，魯大夫，名州仇。子服景伯以告子貢。子貢曰：「譬之宮牆，賜之牆也及肩，窺見室家之好。牆卑室淺。夫子之牆數仞，不得其門而入，不見宗廟之美，百官之富。七尺曰仞。不入其門，則不見其中之所有，言牆高而宮廣也。得其門者或寡矣。夫子之云，不亦宜乎！」此夫子，指武叔。

叔孫武叔毁仲尼。子貢曰：「無以爲也，仲尼不可毁也。他人之賢者，丘陵也，猶可踰也；仲尼，日月也，無得而踰焉。人雖欲自絶，其何傷於日月乎？多見其不知量也！」量，去聲。○無以爲，猶言無用爲此。土高曰丘，大阜曰陵。日月，喻其至高。自絶，謂以謗毁自絶於孔子。多，與祇同，適也。不知量，謂不自知其分量。

陳子禽謂子貢曰：「子爲恭也，仲尼豈賢於子乎？」爲恭，謂爲恭敬推遜其師也。子貢曰：「君子一言以爲知，一言以爲不知，言不可不慎也。知，去聲。○責子禽不謹言。夫子之不可及也，猶天之不可階而升也。階，梯也。大可爲也，化不可爲也，故曰不可階而升。夫子之得邦家者，所謂立之斯立，道之斯行，綏之斯來，動之斯和。其生也榮，其死也哀，如之何其可及也。」道，去聲。○立之，謂植其生也。道，引也，謂教之也。行，從也。綏，安也。來，歸附也。動，謂鼓舞之也。和，所謂於變時雍。言其感應之妙，神速如此。榮，謂莫不尊親。哀，則如喪考妣。程子曰：「此聖人之神化，上下與天地同流者也。」○謝氏曰：「觀子貢稱聖人語，乃知晚年進德，蓋極於高遠也。夫子之得邦家者，其鼓舞群動，捷於桴鼓影響。人雖見其變化，而莫窺其所以變化也。蓋不離於聖，而有不可知者存焉，此殆難以思勉及也。」

堯曰第二十凡三章。

堯曰：「咨！爾舜！天之曆數在爾躬，允執其中。四海困窮，天禄永終。」此堯命舜，而禪以帝位之辭。咨，嗟歎聲。曆數，帝王相繼之次第，猶歲時氣節之先後也。允，信也。中者，無過不及之名。四海之人困窮，則君禄亦永絶矣，戒之也。舜亦以命禹。舜後遜位於禹，亦以此辭命之。今見於虞書大禹謨，比此加詳。曰：「予小子履，敢用玄牡，敢昭告于皇皇后帝：有罪不敢赦。帝臣不蔽，簡在帝心。朕躬有罪，無以萬方；萬方有罪，罪在朕躬。」此引商書湯誥之辭。蓋湯既放桀而告諸侯也。與書文大同小異。曰上當有湯字。履，蓋湯名。用玄牡，夏尚黑，未變其禮也。簡，閱也。言桀有罪，己不敢赦。而天下賢人，皆上帝之臣，己不敢蔽。簡在帝心，惟帝所命。此述其初請命而伐桀之辭也。又言君有罪非民所致，民有罪實君所爲，見其厚於責己薄於責人之意。此其告諸侯之辭也。周有大賚，善人是富。賚，來代反。○此以下述武王事。賚，予也。武王克商，大賚於四海。見周書武成篇。此言其所富者，皆善人也。詩序云「賚所以錫予善人」，蓋本於此。「雖有周親，不如仁人。百姓有過，在予一人。」此周書大誓之辭。孔氏曰：「周，至也。」言紂至親雖多，不如周家之多仁人。謹權量，審法度，修廢官，四方之政行焉。權，稱錘也。量，斗斛也。法度，禮樂制度皆是也。興滅國，繼絶世，舉逸民，天下之民歸心焉。興滅繼絶，謂封黄帝、堯、舜、夏、商之後。舉逸民，謂釋箕子之囚，復商容之位。三者皆人心之所欲也。所重：民、食、喪、祭。武成曰：「重民五教，惟食喪祭。」寬則得衆，信則民任焉，敏則有功，公則説。説，音悦。○此於武王之事無所見，恐或泛言帝王之道也。○楊氏曰：「論語之書，皆聖人微言，而其徒傳守之，以明斯道者也。故於終篇，具載堯舜咨命之言，湯武誓師之意，與夫施諸政事者，以明聖學之所傳者，一於是而已，所以著明二十篇之大旨也。孟子於終篇，亦歷叙堯、舜、湯、文、孔子相承之次，皆此意也。」

子張問於孔子曰：「何如斯可以從政矣？」子曰：「尊五美，屏四惡，斯可以從政矣。」子張曰：「何謂五美？」子曰：「君子惠而不費，勞而不怨，欲而不貪，泰而不驕，威而不猛。」費，芳味反。子張曰：「何謂惠而不費？」子曰：「因民之所利而利之，斯不亦惠而不費乎？擇可勞而勞之，又誰怨？欲仁而得仁，又焉貪？君子無衆寡，無小大，無敢慢，斯不亦泰而不驕乎？君子正其衣冠，尊其瞻視，儼然人望而畏之，斯不亦威而不猛乎？」焉，於虔反。子張曰：「何謂四惡？」子曰：「不教而殺謂之虐；不戒視成謂之暴；慢令致期謂之賊；猶之與人也，出納之吝，謂之有司。」出，去聲。○虐，謂殘酷不仁。暴，謂卒遽無漸。致期，刻期也。賊者，切害之意。緩於前而急於後，以誤其民，而必刑之，是賊害之也。猶之，猶言均之也。均之以物與人，而於其出納之際，乃或吝而不果。則是有司之事，而非爲政之體。所與雖多，人亦不懷其惠矣。項羽使人，有功當封，刻印刓，忍弗能予，卒以取敗，亦其驗也。○尹氏曰：「告問政者多矣，未有如此之備者也。故記之以繼帝王之治，則夫子之爲政可知也。」

子曰：「不知命，無以爲君子也。程子曰：「知命者，知有命而信之也。」人不知命，則見害必避，見利必趨，何以爲君子？」不知禮，無以立也。不知禮，則耳目無所加，手足無所措。不知言，無以知人也。」言之得失，可以知人之邪正。○尹氏曰：「知斯三者，則君子之事備矣。弟子記此以終篇，得無意乎？學者少而讀之，老而不知一言爲可用，不幾於侮聖言者乎？夫子之罪人也，可不念哉？」

孟子序説

史記列傳曰：孟軻，趙氏曰：「孟子，魯公族孟孫之後。」漢書注云：「字子車。」一説：「字子輿。」騶人也，騶亦作鄒，本邾國也。受業子思之門人。子思，孔子之孫，名伋。索隱云：「王劭以人爲衍字。」而趙氏注及孔叢子等書亦皆云：「孟子親受業於子思。」未知是否？道既通，趙氏曰：「孟子通五經，尤長於詩書。」程子曰：「孟子曰：『可以仕則仕，可以止則止，可以久則久，可以速則速。』『孔子，聖之時者也。』故知易者莫如孟子。又曰：『王者之迹熄而詩亡，詩亡然後春秋作。』又曰：『春秋無義戰。』又曰：『春秋天子之事』，故知春秋者莫如孟子。」尹氏曰：「以此而言，則趙氏謂孟子長於詩書而已，豈知孟子者哉？」游事齊宣王，宣王不能用。適梁，梁惠王不果所言，則見以爲迂遠而闊於事情。按史記：「梁惠王之三十五年乙酉，孟子始至梁。其後二十三年，當齊湣王之十年丁未，齊人伐燕，而孟子在齊。」故古史謂「孟子先事齊宣王，後乃見梁惠王、襄王、齊湣王。」獨孟子以伐燕爲宣王時事，與史記、荀子等書皆不合。而通鑑以伐燕之歲爲宣王十九年，則是孟子先游梁而後至齊見宣王矣。然考異亦無他據，又未知孰是也。當是之時，秦用商鞅，楚魏用吴起，齊用孫子、田忌。天下方務於合從連衡，以攻伐爲賢，而孟軻乃述唐、虞、三代之德，是以所如者不合。退而與萬章之徒序詩書，述仲尼之意，作孟子七篇。趙氏曰：「凡二百六十一章，三萬四千六百八十五字。」韓子曰：「孟軻之書，非軻自著。軻既没，其徒萬章、公孫丑相與記軻所言焉耳。」愚按：二說不同，史記近是。

韓子曰：「堯以是傳之舜，舜以是傳之禹，禹以是傳之湯，湯以是傳之文、武、周公，文、武、周公傳之孔子，孔子傳之孟軻，軻之死不得其傳焉。荀與揚也，擇焉而不精，語焉而不詳。」程子曰：「韓子此語，非是蹈襲前人，又非鑿空撰得出，必有所見。若無所見，不知言所傳者何事。」

又曰：「孟氏醇乎醇者也。荀與揚，大醇而小疵。」程子曰：「韓子論孟子甚善。非見得孟子意，亦道不到。其論荀揚則非也。荀子極偏駁，只一句性惡，大本已失。揚子雖少過，然亦不識性，更說甚道。」

又曰：「孔子之道大而能博，門弟子不能徧觀而盡識也，故學焉而皆得其性之所近。其後離散，分處諸侯之國，又各以其所能授弟子，源遠而末益分。惟孟軻師子思，而子思之學出於曾子。自孔子沒，獨孟軻氏之傳得其宗。故求觀聖人之道者，必自孟子始。」程子曰：「孔子言參也魯，然顏子沒後，終得聖人之道者，曾子也。觀其啓手足時之言，可以見矣。所傳者子思、孟子，皆其學也。」

又曰：「揚子雲曰：『古者楊墨塞路，孟子辭而闢之，廓如也。』夫楊墨行，正道廢。孟子雖賢聖，不得位，空言無施，雖切何補？然賴其言，而今之學者尚知宗孔氏，崇仁義，貴王賤霸而已。其大經大法，皆亡滅而不救，壞爛而不收，所謂存十一於千百，安在其能廓如也？然向無孟氏，則皆服左衽而言侏離矣。故愈嘗推尊孟氏，以爲功不在禹下者，爲此也。」

或問於程子曰：「孟子還可謂聖人否？」程子曰：「未敢便道他是聖人，然學已到至處。」愚按：至字，恐當作聖字。

程子又曰：「孟子有功於聖門，不可勝言。仲尼只説一箇仁字，孟子開口便説仁義。仲尼只説一箇志，孟子便説許多養氣出來。只此二字，其功甚多。」

又曰：「孟子有大功於世，以其言性善也。」

又曰：「孟子性善、養氣之論，皆前聖所未發。」

又曰：「學者全要識時。若不識時，不足以言學。顔子陋巷自樂，以有孔子在焉。若孟子之時，世既無人，安可不以道自任。」

又曰：「孟子有些英氣。纔有英氣，便有圭角，英氣甚害事。如顔子便渾厚不同，顔子去聖人只豪髮間。孟子大賢，亞聖之次也。」或曰：「英氣見於甚處？」曰：「但以孔子之言比之，便可見。且如冰與水精非不光，比之玉，自是有温潤含蓄氣象，無許多光耀也。」

楊氏曰：「孟子一書，只是要正人心，教人存心養性，收其放心。至論仁、義、禮、智，則以惻隱、羞惡、辭讓、是非之心爲之端。論邪説之害，則曰『生於其心，害於其政』。論事君，則曰『格君心之非』，『一正君而國定』。千變萬化，只説從心上來。人能正心，則事無足爲者矣。大學之脩身、齊家、治國、平天下，其本只是正心、誠意而已。心得其正，然後知性之善。故孟子遇人便道性善。歐陽永叔卻言『聖人之教人，性非所先』，可謂誤矣。人性上不可添一物，堯舜所以爲萬世法，亦是率性而已。所謂率性，循天理是也。外邊用計用數，假饒立得功業，只是人欲之私。與聖賢作處，天地懸隔。」

孟子集注卷一

梁惠王章句上凡七章。

孟子見梁惠王。梁惠王，魏侯罃也。都大梁，僭稱王，謚曰惠。史記：「惠王三十五年，卑禮厚幣以招賢者，而孟軻至梁。」**王曰：「叟不遠千里而來，亦將有以利吾國乎？」**叟，長老之稱。王所謂利，蓋富國彊兵之類。**孟子對曰：「王何必曰利？亦有仁義而已矣。**仁者，心之德、愛之理。義者，心之制、事之宜也。此二句乃一章之大指，下文乃詳言之。後多放此。**王曰：『何以利吾國？』大夫曰：『何以利吾家？』士庶人曰：『何以利吾身？』上下交征利而國危矣。萬乘之國弑其君者，必千乘之家；千乘之國弑其君者，必百乘之家。萬取千焉，千取百焉，不爲不多矣。苟爲後義而先利，不奪不饜。**乘，去聲。饜，於豔反。○此言求利之害，以明上文何必曰利之意也。征，取也。上取乎下，下取乎上，故曰交征。國危，謂將有弑奪之禍。乘，車數也。萬乘之國者，天子畿内地方千里，出車萬乘。千乘之家者，天子之公卿采地方百里，出車千乘也。千乘之國，諸侯之國。百乘之家，諸侯之大夫也。弑，下殺上也。饜，足也。言臣之於君，每十分而取其一分，亦已多矣。若又以義爲後而以利爲先，則不弑其君而盡奪之，其心未肎以爲足也。**未有仁而遺其親者也，未有義而後其君者也。**此言仁義未嘗不利，以明上文亦有仁義而已之意也。遺，猶棄也。後，不急也。言仁者必愛其親，義者必急其君。故人君躬行仁義而無求利之心，則其下化之，自親戴於己也。**王亦曰仁義而已矣，何必曰利？」**重言之，以結上文兩節之意。○此章言仁義根於人心之固有，天理之公也。利心生於物我之相形，人欲之私也。循天理，則不求利而自無不利；殉人欲，則求利未得而害已隨之。所謂毫釐之差，千里之繆。此孟子之書所以造端託始之深意，學者所宜精察而明辨也。○大史公曰：「余讀孟子書至梁惠王問何以利吾國，未嘗不廢書而歎也。曰：嗟乎！利誠亂之始也。夫子罕言利，常防其源也。故曰『放於利而行，多怨』。自天子以至於庶人，好利之弊，何以異哉？」程子曰：「君子未嘗不欲利，但專以利爲心則有害。惟仁義則不求利而未嘗不利也。當是之時，天下之人惟利是求，而不復知有仁義。故孟子言仁義而不言利，所以拔本塞源而救其弊，此聖賢之心也。」

孟子見梁惠王，王立於沼上，顧鴻鴈麋鹿，曰：「賢者亦樂此乎？」樂，音洛，篇内同。○沼，池也。鴻，鴈之大者。麋，鹿之大者。**孟子對曰：「賢者而後樂此，不賢者雖有此，不樂也。**此一章之大指。**詩云：『經始靈臺，經之營之，庶民攻之，不日成之。經始勿亟，庶民子來。王在靈囿，麀鹿攸伏，麀鹿濯濯，白鳥鶴鶴。王在靈沼，於牣魚躍。』文王以民力爲臺爲沼，而民歡樂之，謂其臺曰靈臺，謂其沼曰靈沼，樂其有麋鹿魚鼈。古之人與民偕樂，故能樂也。**亟，音棘。麀，音憂。鶴，詩作翯，户角反。於，音烏。○此引詩而釋之，以明賢者而後樂此之意。詩大雅靈臺之篇。經，量度也。靈臺，文王臺名也。營，謀爲也。攻，治也。不日，不終日也。亟，速也，言文王戒以勿亟也。子來，如子來趨父事也。靈囿、靈沼，臺下有囿，囿中有沼也。麀，牝鹿也。伏，安其所，不驚動也。濯濯，肥澤貌。鶴鶴，潔白貌。於，歎美辭。牣，滿也。孟子言文王雖用民力，而民反歡樂之，既加以美名，而又樂其所有。蓋由文王能愛其民，故民樂其樂，而文王亦得以享其樂也。湯誓曰：『時日害喪？予及女偕亡。』民欲與之偕亡，雖有臺池鳥獸，豈能獨樂哉？」害，音曷。喪，去聲。女，音汝。○此引書而釋之，以明不賢者雖有此不樂之意也。湯誓，商書篇名。時，是也。日，指夏桀。害，何也。桀嘗自言，吾有天下，如天之有日，日亡吾乃亡耳。民怨其虐，故因其自言而目之曰，此日何時亡乎？若亡則我寧與之俱亡，蓋欲其亡之甚也。孟子引此，以明君獨樂而不恤其民，則民怨之而不能保其樂也。

梁惠王曰：「寡人之於國也，盡心焉耳矣。河內凶，則移其民於河東，移其粟於河內。河東凶亦然。察鄰國之政，無如寡人之用心者。鄰國之民不加少，寡人之民不加多，何也？」寡人，諸侯自稱，言寡德之人也。河內、河東皆魏地。凶，歲不熟也。移民以就食，移粟以給其老稚之不能移者。

孟子對曰：「王好戰，請以戰喻。填然鼓之，兵刃既接，棄甲曳兵而走。或百步而後止，或五十步而後止。以五十步笑百步，則何如？」曰：「不可，直不百步耳，是亦走也。」曰：「王如知此，則無望民之多於鄰國也。好，去聲。填，音田。○填，鼓音也。兵以鼓進，以金退。直，猶但也。言此以譬鄰國不恤其民，惠王能行小惠，然皆不能行王道以養其民，不可以此而笑彼也。楊氏曰：「移民移粟，荒政之所不廢也，然不能行先王之道，而徒以是爲盡心焉，則末矣。」不違農時，穀不可勝食也；數罟不入洿池，魚鱉不可勝食也；斧斤以時入山林，材木不可勝用也。穀與魚鱉不可勝食，材木不可勝用，是使民養生喪死無憾也。養生喪死無憾，王道之始也。勝，音升。數，音促。罟，音古。洿，音烏。○農時，謂春耕夏耘秋收之時。凡有興作，不違此時，至冬乃役之也。不可勝食，言多也。數，密也。罟，網也。洿，窊下之地，水所聚也。古者網罟必用四寸之目，魚不滿尺，市不得粥，人不得食。山林川澤，與民共之，而有厲禁。草木零落，然後斧斤入焉。此皆爲治之初，法制未備，且因天地自然之利，而撙節愛養之事也。然飲食宮室所以養生，祭祀棺槨所以送死，皆民所急而不可無者。今皆有以資之，則人無所恨矣。王道以得民心爲本，故以此爲王道之始。**五畝之宅，樹之以桑，五十者可以衣帛矣；雞豚狗彘之畜，無失其時，七十者可以食肉矣；百畝之田，勿奪其時，數口之家可以無飢矣；謹庠序之教，申之以孝悌之義，頒白者不負戴於道路矣。七十者衣帛食肉，黎民不飢不寒，然而不王者，未之有也。**衣，去聲。畜，敕六反。數，去聲。王，去聲。凡有天下者人稱之曰王，則平聲；據其身臨天下而言曰王，則去聲。後皆放此。○五畝之宅，一夫所受，二畝半在田，二畝半在邑。田中不得有木，恐妨五穀，故於牆下植桑以供蠶事。五十始衰，非帛不煖，未五十者不得衣也。畜，養也。時，謂孕字之時，如孟春犧牲毋用牝之類也。七十非肉不飽，未七十者不得食也。百畝之田，亦一夫所受。至此則經界正，井地均，無不受田之家矣。庠序，皆學名也。申，重也，丁寧反覆之意。善事父母爲孝，善事兄長爲悌。頒，與斑同，老人頭半白黑者也。負，任在背。戴，任在首。夫民衣食不足，則不暇治禮義；而飽煖無教，則又近於禽獸。故既富而教以孝悌，則人知愛親敬長而代其勞，不使之負戴於道路矣。衣帛食肉但言七十，舉重以見輕也。黎，黑也。黎民，黑髮之人，猶秦言黔首也。少壯之人，雖不得衣帛食肉，然亦不至於飢寒也。此言盡法制品節之詳，極財成輔相之道，以左右民，是王道之成也。**狗彘食人食而不知檢，塗有餓莩而不知發；人死，則曰：『非我也，歲也。』是何異於刺人而殺之，曰：『非我也，兵也。』王無罪歲，斯天下之民至焉。」**莩，平表反。刺，七亦反。○檢，制也。莩，餓死人也。發，發倉廩以賑貸也。歲，謂歲之豐凶也。惠王不能制民之産，又使狗彘得以食人之食，則與先王制度品節之意異矣。至於民飢而死，猶不知發，則其所移特民間之粟而已。乃以民不加多歸罪於歲凶，是知刃之殺人，而不知操刃者之殺人也。不罪歲，則必能自反而益修其政，天下之民至焉，則不但多於鄰國而已。○程子曰：「孟子之論王道，不過如此，可謂實矣。」又曰：「孔子之時，周室雖微，天下猶知尊周之爲義，故春秋以尊周爲本。至孟子時，七國争雄，天下不復知有周，而生民之塗炭已極。當是時，諸侯能行王道，則可以王矣。此孟子所以勸齊梁之君也。蓋王者，天下之義主也。聖賢亦何心哉？視天命之改與未改耳。」

梁惠王曰：「寡人願安承教。」承上章言願安意以受教。孟子對曰：「殺人以梃與刃，有以異乎？」曰：「無以異也。」梃，徒頂反。○梃，杖也。「以刃與政，有以異乎？」曰：「無以異也。」孟子又問而王答也。曰：「庖有肥肉，廄有肥馬，民有飢色，野有餓莩，此率獸而食人也。厚斂於民以養禽獸，而使民飢以死，則無異於驅獸以食人矣。獸相食，且人惡之。爲民父母，行政不免於率獸而食人，惡在其爲民父母也？惡之之惡，去聲。惡在之惡，平聲。○君者，民之父母也。惡在，猶言何在也。仲尼曰：『始作俑者，其無後乎！』爲其象人而用之也。如之何其使斯民飢而死也？」俑，音勇。爲，去聲。○俑，從葬木偶人也。古之葬者，束草爲人以爲從衛，謂之芻靈，略似人形而已。中古易之以俑，則有面目機發，而大似人矣。故孔子惡其不仁，而言其必無後也。孟子言此作俑者，但用象人以葬，孔子猶惡之，況實使民飢而死乎？○李氏曰：「爲人君者，固未嘗有率獸食人之心。然殉一己之欲，而不恤其民，則其流必至於此。故以爲民父母告之。夫父母之於子，爲之就利避害，未嘗頃刻而忘於懷，何至視之不如犬馬乎？」

梁惠王曰：「晉國，天下莫强焉，叟之所知也。及寡人之身，東敗於齊，長子死焉；西喪地於秦七百里，南辱於楚。寡人恥之，願比死者一洒之，如之何則可？」長，上聲。喪，去聲。比，必二反。洒與洗同。○魏本晉大夫魏斯，與韓氏趙氏共分晉地，號曰三晉。故惠王猶自謂晉國。惠王三十年，齊擊魏，破其軍，虜太子申。十七年，秦取魏少梁，後魏又數獻地於秦。又與楚將昭陽戰敗，亡其七邑。比，猶爲也。言欲爲死者雪其恥也。孟子對曰：「地方百里而可以王。百里，小國也。然能行仁政，則天下之民歸之矣。王如施仁政於民，省刑罰，薄稅斂，深耕易耨。壯者以暇日修其孝悌忠信，入以事其父兄，出以事其長上，可使制梃以撻秦楚之堅甲利兵矣。省，所梗反。斂、易皆去聲。耨，奴豆反。長，上聲。○省刑罰，薄稅斂，此二者仁政之大目也。易，治也。耨，耘也。盡己之謂忠，以實之謂信。君行仁政，則民得盡力於農畝，而又有暇日以修禮義，是以尊君親上而樂於效死也。彼奪其民時，使不得耕耨以養其父母，父母凍餓，兄弟妻子離散。養，去聲。○彼，謂敵國也。彼陷溺其民，王往而征之，夫誰與王敵？夫，音扶。○陷，陷於阱。溺，溺於水。暴虐之意。征，正也。以彼暴虐其民，而率吾尊君親上之民往正其罪。彼民方怨其上而樂歸於我，則誰與我爲敵哉？故曰：『仁者無敵。』王請勿疑！」「仁者無敵」，蓋古語也。百里可王，以此而已。恐王疑其迂闊，故勉使勿疑也。○孔氏曰：「惠王之志在於報怨，孟子之論在於救民。所謂惟天吏則可以伐之，蓋孟子之本意。」

孟子見梁襄王。襄王，惠王子，名赫。出，語人曰：「望之不似人君，就之而不見所畏焉。卒然問曰：『天下惡乎定？』吾對曰：『定於一。』語，去聲。卒，七沒反。惡，平聲。○語，告也。不似人君，不見所畏，言其無威儀也。卒然，急遽之貌。蓋容貌辭氣，乃德之符。其外如此，則其中之所存者可知。王問列國分争，天下當何所定。孟子對以必合於一，然後定也。『孰能一之？』王問也。對曰：『不嗜殺人者能一之。』嗜，甘也。『孰能與之？』」王復問也。與，猶歸也。對曰：『天下莫不與也。王知夫苗乎？七八月之間旱，則苗槁矣。天油然作雲，沛然下雨，則苗浡然興之矣。其如是，孰能禦之？今夫天下之人牧，未有不嗜殺人者也，如有不嗜殺人者，則天下之民皆引領而望之矣。誠如是也，民歸之，由水之就下，沛然誰能禦之？』」夫，音扶。浡，音勃。由當作猶，古字借用。後多放此。○周七八月，夏五六月也。油然，雲盛貌。沛然，雨盛貌。浡然，興起貌。禦，禁止也。人牧，謂牧民之君也。領，頸也。蓋好生惡死，人心所同，故人君不嗜殺人，則天下悅而歸之。○蘇氏曰：「孟子之言，非苟爲大而已。然不深原其意而詳究其實，未有不以爲迂者矣。予觀孟子以來，自漢高祖及光武及唐太宗及我太祖皇帝，能一天下者四君，皆以不嗜殺人致之。其餘殺人愈多而天下愈亂。秦晉及隋，力能合之，而好殺不已，故或合而復分，或遂以亡國。孟子之言，豈偶然而已哉？」

齊宣王問曰：「齊桓、晉文之事可得聞乎？」齊宣王，姓田氏，名辟彊，諸侯僭稱王也。齊桓公、晉文公，皆霸諸侯者。孟子對曰：「仲尼之徒無道桓、文之事者，是以後世無傳焉。臣未之聞也。無以，則王乎？」道，言也。董子曰：「仲尼之門，五尺童子羞稱五霸，爲其先詐力而後仁義也。」亦此意也。以、已通用。無已，必欲言之而不止也。王，謂王天下之道。曰：「德何如，則可以王矣？」曰：「保民而王，莫之能禦也。」保，愛護也。曰：「若寡人者，可以保民乎哉？」曰：「可。」曰：「何由知吾可也？」曰：「臣聞之胡齕曰，王坐於堂上，有牽牛而過堂下者，王見之，曰：『牛何之？』對曰：『將以釁鐘。』王曰：『舍之！吾不忍其觳觫，若無罪而就死地。』對曰：『然則廢釁鐘與？』曰：『何可廢也？以羊易之！』不識有諸？」齕，音核。舍，上聲。觳，音斛。觫，音速。與，平聲。○胡齕，齊臣也。釁鐘，新鑄鐘成，而殺牲取血以塗其釁郄也。觳觫，恐懼貌。孟子述所聞胡齕之語而問王，不知果有此事否？曰：「有之。」曰：「是心足以王矣。百姓皆以王爲愛也，臣固知王之不忍也。」王見牛之觳觫而不忍殺，即所謂惻隱之心，仁之端也。擴而充之，則可以保四海矣。故孟子指而言之，欲王察識於此而擴充之也。愛，猶吝也。王曰：「然。誠有百姓者。齊國雖褊小，吾何愛一牛？即不忍其觳觫，若無罪而就死地，故以羊易之也。」言以羊易牛，其迹似吝，實有如百姓所譏者，然我之心不如是也。曰：「王無異於百姓之以王爲愛也。以小易大，彼惡知之？王若隱其無罪而就死地，則牛羊何擇焉？」王笑曰：「是誠何心哉？我非愛其財，而易之以羊也，宜乎百姓之謂我愛也。」惡，平聲。○異，怪也。隱，痛也。擇，猶分也。言牛羊皆無罪而死，何所分别而以羊易牛乎？孟子故設此難，欲王反求而得其本心。王不能然，故卒無以自解於百姓之言也。曰：「無傷也，是乃仁術也，見牛未見羊也。君子之於禽獸也，見其生，不忍見其死；聞其聲，不忍食其肉。是以君子遠庖廚也。」遠，去聲。○無傷，言雖有百姓之言，不爲害也。術，謂法之巧者。蓋殺牛既所不忍，釁鐘又不可廢。於此無以處之，則此心雖發而終不得施矣。然見牛則此心已發而不可遏，未見羊則其理未形而無所妨。故以羊易牛，則二者得以兩全而無害，此所以爲仁之術也。聲，謂將死而哀鳴也。蓋人之於禽獸，同生而異類。故用之以禮，而不忍之心施於見聞之所及。其所以必遠庖廚者，亦以預養是心，而廣爲仁之術也。王説曰：「詩云：『他人有心，予忖度之。』夫子之謂也。夫我乃行之，反而求之，不得吾心。夫子言之，於我心有戚戚焉。此心之所以合於王者，何也？」說，音悦。忖，七本反。度，待洛反。夫我之夫，音扶。○詩小雅巧言之篇。戚戚，心動貌。王因孟子之言，而前日之心復萌，乃知此心不從外得，然猶未知所以反其本而推之也。曰：「有復於王者曰『吾力足以舉百鈞，而不足以舉一羽；明足以察秋毫之末，而不見輿薪』，則王許之乎？」曰：「否。」「今恩足以及禽獸，而功不至於百姓者，獨何與？然則一羽之不舉，爲不用力焉；輿薪之不見，爲不用明焉；百姓之不見保，爲不用恩焉。故王之不王，不爲也，非不能也。」與，平聲。爲不之爲，去聲。○復，白也。鈞，三十斤。百鈞，至重難舉也。羽，鳥羽。一羽，至輕易舉也。秋毫之末，毛至秋而末鋭，小而難見也。輿薪，以車載薪，大而易見也。許，猶可也。今恩以下，又孟子之言也。蓋天地之性，人爲貴。故人之與人，又爲同類而相親。是以惻隱之發，則於民切而於物緩；推廣仁術，則仁民易而愛物難。今王此心能及物矣，則其保民而王，非不能也，但自不肯爲耳。曰：「不爲者與不能者之形何以異？」曰：「挾大山以超北海，語人曰『我不能』，是誠不能也。爲長者折枝，語人曰『我不能』，是不爲也，非不能也。故王之不王，非挾大山以超北海之類也；王之不王，是折枝之類也。語，去聲。爲長之爲，去聲。長，上聲。折，之舌反。○形，狀也。挾，以腋持物也。超，躍而過也。爲長者折枝，以長者之命，折草木之枝，言不難也。是心固有，不待外求，擴而充之，在我而已。何難之有？老吾老，以及人之老；幼吾幼，以及人之幼。天下可運於掌。詩云：『刑于寡妻，至于兄弟，以御于家邦。』言舉斯心加諸彼而已。故推恩足以保四海，不推恩無以保妻子。古之人所以大過人者無他焉，善推其所爲而已矣。今恩足以及禽獸，而功不至於百姓者，獨何與？與，平聲。○老，以老事之也。吾老，謂我之父兄。人之老，謂人之父兄。幼，以幼畜之也。吾幼，謂我之子弟。人之幼，謂人之子弟。運於掌，言易也。詩大雅思齊之篇。刑，法也。寡妻，寡德之妻，謙辭也。御，治也。不能推恩，則衆叛親離，故無以保妻子。蓋骨肉之親，本同一氣，又非但若人之同類而已。故古人必由親親推之，然後及於仁民；又推其餘，然後及於愛物，皆由近以及遠，自易以及難。今王反之，則必有故矣，故復推本而再問之。

權，然後知輕重；度，然後知長短。物皆然，心爲甚。王請度之！度之之度，待洛反。○權，稱錘也。度，丈尺也。度之，謂稱量之也。言物之輕重長短，人所難齊，必以權度度之而後可見。若心之應物，則其輕重長短之難齊，而不可不度以本然之權度，又有甚於物者。今王恩及禽獸，而功不至於百姓，是其愛物之心重且長，而仁民之心輕且短，失其當然之序而不自知也。故上文既發其端，而於此請王度之也。

抑王興甲兵，危士臣，構怨於諸侯，然後快於心與？」與，平聲。○抑，發語辭。士，戰士也。構，結也。孟子以王愛民之心所以輕且短者，必其以是三者爲快也，然三事實非人心之所快，有甚於殺觳觫之牛者，故指以問王，欲其以此而度之也。

王曰：「否。吾何快於是？將以求吾所大欲也。」不快於此者，心之正也；而必爲此者，欲誘之也。欲之所誘者獨在於是，是以其心尚明於他而獨暗於此，此其愛民之心所以輕短，而功不至於百姓也。

曰：「王之所大欲可得聞與？」王笑而不言。曰：「爲肥甘不足於口與？輕煖不足於體與？抑爲采色不足視於目與？聲音不足聽於耳與？便嬖不足使令於前與？王之諸臣皆足以供之，而王豈爲是哉？」曰：「否。吾不爲是也。」曰：「然則王之所大欲可知已。欲辟土地，朝秦楚，莅中國而撫四夷也。以若所爲，求若所欲，猶緣木而求魚也。」與，平聲。爲肥、抑爲、豈爲、不爲之爲，皆去聲。便、令皆平聲。辟，與闢同。朝，音潮。○便嬖，近習嬖幸之人也。已，語助辭。辟，開廣也。朝，致其來朝也。秦楚，皆大國。莅，臨也。若，如此也。所爲，指興兵結怨之事。緣木求魚，言必不可得。王曰：「若是其甚與？」曰：「殆有甚焉。緣木求魚，雖不得魚，無後災。以若所爲，求若所欲，盡心力而爲之，後必有災。」曰：「可得聞與？」曰：「鄒人與楚人戰，則王以爲孰勝？」曰：「楚人勝。」曰：「然則小固不可以敵大，寡固不可以敵衆，弱固不可以敵彊。海内之地方千里者九，齊集有其一。以一服八，何以異於鄒敵楚哉？蓋亦反其本矣。甚與、聞與之與，平聲。○殆、蓋，皆發語辭。鄒，小國。楚，大國。齊集有其一，言集合齊地，其方千里，是有天下九分之一也。以一服八，必不能勝，所謂後災也。反本，説見下文。今王發政施仁，使天下仕者皆欲立於王之朝，耕者皆欲耕於王之野，商賈皆欲藏於王之市，行旅皆欲出於王之塗，天下之欲疾其君者皆欲赴愬於王。其若是，孰能禦之？」朝，音潮。賈，音古。愬，與訴同。○行貨曰商，居貨曰賈。發政施仁，所以王天下之本也。近者悦，遠者來，則大小强弱非所論矣。蓋力求所欲，則所欲者反不可得；能反其本，則所欲者不求而至。與首章意同。王曰：「吾惛，不能進於是矣。願夫子輔吾志，明以教我。我雖不敏，請嘗試之。」惛，與昏同。曰：「無恒産而有恒心者，惟士爲能。若民，則無恒産，因無恒心。苟無恒心，放辟邪侈，無不爲已。及陷於罪，然後從而刑之，是罔民也。焉有仁人在位，罔民而可爲也？恒，胡登反。辟，與僻同。焉，於虔反。○恒，常也。産，生業也。恒産，可常生之業也。恒心，人所常有之善心也。士嘗學問，知義理，故雖無常產而有常心。民則不能然矣。罔，猶羅網，欺其不見而取之也。**是故明君制民之產，必使仰足以事父母，俯足以畜妻子，樂歲終身飽，凶年免於死亡。然後驅而之善，故民之從之也輕。**畜，許六反，下同。○輕，猶易也。此言民有常產而有常心也。**今也制民之產，仰不足以事父母，俯不足以畜妻子，樂歲終身苦，凶年不免於死亡。此惟救死而恐不贍，奚暇治禮義哉？**治，平聲。凡治字爲理物之義者，平聲；爲已理之義者，去聲。後皆放此。○贍，足也。此所謂無常產而無常心者也。**王欲行之，則盍反其本矣。**盍，何不也。使民有常產者，又發政施仁之本也。說具下文。**五畝之宅，樹之以桑，五十者可以衣帛矣；雞豚狗彘之畜，無失其時，七十者可以食肉矣；百畝之田，勿奪其時，八口之家可以無飢矣；謹庠序之教，申之以孝悌之義，頒白者不負戴於道路矣。老者衣帛食肉，黎民不飢不寒，然而不王者，未之有也。」**音見前章。○此言制民之產之法也。趙氏曰：「八口之家，次上農夫也。此王政之本，常生之道，故孟子爲齊梁之君各陳之也。」楊氏曰：「爲天下者，舉斯心加諸彼而已。然雖有仁心仁聞，而民不被其澤者，不行先王之道故也，故以制民之產告之。」○此章言人君當黜霸功，行王道。而王道之要，不過推其不忍之心，以行不忍之政而已。齊王非無此心，而奪於功利之私，不能擴充以行仁政。雖以孟子反覆曉告，精切如此，而蔽固已深，終不能悟，是可歎也。

孟子集注卷二

梁惠王章句下 凡十六章。

莊暴見孟子，曰：「暴見於王，王語暴以好樂，暴未有以對也。」曰：「好樂何如？」孟子曰：「王之好樂甚，則齊國其庶幾乎！」見於之見，音現，下見於同。語，去聲，下同。好，去聲，篇内並同。○莊暴，齊臣也。庶幾，近辭也。言近於治。他日，見於王曰：「王嘗語莊子以好樂，有諸？」王變乎色，曰：「寡人非能好先王之樂也，直好世俗之樂耳。」變色者，慚其好之不正也。曰：「王之好樂甚，則齊其庶幾乎！今之樂猶古之樂也。」今樂，世俗之樂。古樂，先王之樂。曰：「可得聞與？」曰：「獨樂樂，與人樂樂，孰樂？」曰：「不若與人。」曰：「與少樂樂，與衆樂樂，孰樂？」曰：「不若與衆。」聞與之與，平聲。樂樂，下字音洛。孰樂，亦音洛。○獨樂不若與人，與少樂不若與衆，亦人之常情也。「臣請爲王言樂：爲，去聲。○此以下，皆孟子之言也。今王鼓樂於此，百姓聞王鐘鼓之聲，管籥之音，舉疾首蹙頞而相告曰：『吾王之好鼓樂，夫何使我至於此極也？父子不相見，兄弟妻子離散。』今王田獵於此，百姓聞王車馬之音，見羽旄之美，舉疾首蹙頞而相告曰：『吾王之好田獵，夫何使我至於此極也？父子不相見，兄弟妻子離散。』此無他，不與民同樂也。蹙，子六反。頞，音遏。夫，音扶。同樂之樂，音洛。○鐘鼓管籥，皆樂器也。舉，皆也。疾首，頭痛也。蹙，聚也。頞，額也。人憂慼則蹙其額。極，窮也。羽旄，旌屬。不與民同樂，謂獨樂其身而不恤其民，使之窮困也。今王鼓樂於此，百姓聞王鐘鼓之聲，管籥之音，舉欣欣然有喜色而相告曰：『吾王庶幾無疾病與？何以能鼓樂也？』今王田獵於此，百姓聞王車馬之音，見羽旄之美，舉欣欣然有喜色而相告曰『吾王庶幾無疾病與？何以能田獵也？』此無他，與民同樂也。病與之與，平聲。同樂之樂，音洛。○與民同樂者，推好樂之心以行仁政，使民各得其所也。今王與百姓同樂，則王矣。」好樂而能與百姓同之，則天下之民歸之矣，所謂齊其庶幾者如此。○范氏曰：「戰國之時，民窮財盡，人君獨以南面之樂自奉其身。孟子切於救民，故因齊王之好樂，開導其善心，深勸其與民同樂，而謂今樂猶古樂。其實今樂古樂，何可同也？但與民同樂之意，則無古今之異耳。若必欲以禮樂治天下，當如孔子之言，必用韶舞，必放鄭聲。蓋孔子之言，爲邦之正道；孟子之言，救時之急務，所以不同。」楊氏曰：「樂以和爲主，使人聞鐘鼓管弦之音而疾首蹙頞，則雖奏以咸、英、韶、濩，無補於治也。故孟子告齊王以此，姑正其本而已。」

齊宣王問曰：「文王之囿方七十里，有諸？」孟子對曰：「於傳有之。」囿，音又。傳，直戀反。○囿者，蕃育鳥獸之所。古者四時之田，皆於農隙以講武事，然不欲馳騖於稼穡場圃之中，故度閒曠之地以爲囿。然文王七十里之囿，其亦三分天下有其二之後也與？傳，謂古書。曰：「若是其大乎？」曰：「民猶以爲小也。」曰：「寡人之囿方四十里，民猶以爲大，何也？」曰：「文王之囿方七十里，芻蕘者往焉，雉兔者往焉，與民同之。民以爲小，不亦宜乎？芻，音初。蕘，音饒。○芻，草也。蕘，薪也。臣始至於境，問國之大禁，然後敢入。臣聞郊關之内有囿方四十里，殺其麋鹿者如殺人之罪，則是方四十里爲阱於國中。民以爲大，不亦宜乎？」阱，才性反。○禮：入國而問禁。國外百里爲郊，郊外有關。阱，坎地以陷獸者，言陷民於死也。

齊宣王問曰：「交鄰國有道乎？」孟子對曰：「有。惟仁者爲能以大事小，是故湯事葛，文王事昆夷；惟智者爲能以小事大，故大王事獯鬻，句踐事吴。獯，音熏。鬻，音育。句，音鉤。○仁人之心，寬洪惻怛，而無較計大小强弱之私。故小國雖或不恭，而吾所以字之之心自不能已。智者明義理，識時勢。故大國雖見侵陵，而吾所以事之之禮尤不敢廢。湯事見後篇。文王事見詩大雅。大王事見後章。所謂狄人，即獯鬻也。句踐，越王名。事見國語、史記。以大事小者，樂天者也；以小事大者，畏天者也。樂天者保天下，畏天者保其國。樂，音洛。○天者，理而已矣。大之字小，小之事大，皆理之當然也。自然合理，故曰樂天。不敢違理，故曰畏天。包含徧覆，無不周徧，保天下之氣象也。制節謹度，不敢縱逸，保一國之規模也。詩云：『畏天之威，于時保之。』」詩周頌我將之篇。時，是也。王曰：「大哉言矣！寡人有疾，寡人好勇。」言以好勇，故不能事大而恤小也。對曰：「王請無好小勇。夫撫劍疾視曰：『彼惡敢當我哉！』此匹夫之勇，敵一人者也。王請大之！夫撫之夫，音扶。惡，平聲。○疾視，怒目而視也。小勇，血氣所爲。大勇，義理所發。詩云：『王赫斯怒，爰整其旅，以遏徂莒，以篤周祜，以對于天下。』此文王之勇也。文王一怒而安天下之民。詩大雅皇矣篇。赫，赫然怒貌。爰，於也。旅，衆也。遏，詩作「按」，止也。徂，往也。莒，詩作旅。徂旅，謂密人侵阮徂共之衆也。篤，厚也。祜，福也。對，答也，以答天下仰望之心也。此文王之大勇也。書曰：『天降下民，作之君，作之師。惟曰其助上帝，寵之四方。有罪無罪，惟我在，天下曷敢有越厥志？』一人衡行於天下，武王恥之。此武王之勇也。而武王亦一怒而安天下之民。衡，與横同。○書周書大誓之篇也。然所引與今書文小異，今且依此解之。寵之四方，寵異之於四方也。有罪者我得而誅之，無罪者我得而安之。我既在此，則天下何敢有過越其心志而作亂者乎？衡行，謂作亂也。孟子釋書意如此，而言武王亦大勇也。今王亦一怒而安天下之民，民惟恐王之不好勇也。」王若能如文武之爲，則天下之民望其一怒以除暴亂，而拯己於水火之中，惟恐王之不好勇耳。○此章言人君能懲小忿，則能恤小事大，以交鄰國；能養大勇，則能除暴救民，以安天下。張敬夫曰：「小勇者，血氣之怒也。大勇者，理義之怒也。血氣之怒不可有，理義之怒不可無。知此，則可以見性情之正，而識天理人欲之分矣。」

齊宣王見孟子於雪宫。王曰：「賢者亦有此樂乎？」孟子對曰：「有。人不得，則非其上矣。樂，音洛，下同。○雪宫，離宫名。言人君能與民同樂，則人皆有此樂；不然，則下之不得此樂者，必有非其君上之心。明人君當與民同樂，不可使人有不得者，非但當與賢者共之而已也。不得而非其上者，非也；爲民上而不與民同樂者，亦非也。下不安分，上不恤民，皆非理也。樂民之樂者，民亦樂其樂；憂民之憂者，民亦憂其憂。樂以天下，憂以天下，然而不王者，未之有也。樂民之樂而民樂其樂，則樂以天下矣；憂民之憂而民憂其憂，則憂以天下矣。昔者齊景公問於晏子曰：『吾欲觀於轉附、朝儛，遵海而南，放于琅邪。吾何脩而可以比於先王觀也？』朝，音潮。放，上聲。○晏子，齊臣，名嬰。轉附、朝儛，皆山名也。遵，循也。放，至也。琅邪，齊東南境上邑名。觀，遊也。晏子對曰：『善哉問也！天子適諸侯曰巡狩，巡狩者巡所守也；諸侯朝於天子曰述職，述職者述所職也。無非事者。春省耕而補不足，秋省斂而助不給。夏諺曰：「吾王不遊，吾何以休？吾王不豫，吾何以助？一遊一豫，爲諸侯度。」狩，舒救反。省，悉井反。○述，陳也。省，視也。斂，收穫也。給，亦足也。夏諺，夏時之俗語也。豫，樂也。巡所守，巡行諸侯所守之土也。述所職，陳其所受之職也。皆無有無事而空行者，而又春秋循行郊野，察民之所不足而補助之。故夏諺以爲王者一遊一豫，皆有恩惠以及民，而諸侯皆取法焉，不敢無事慢遊以病其民也。今也不然：師行而糧食，飢者弗食，勞者弗息。睊睊胥讒，民乃作慝。方命虐民，飲食若流。流連荒亡，爲諸侯憂。睊，古縣反。○今，謂晏子時也。師，衆也。二千五百人爲師。春秋傳曰：「君行師從。」糧，謂糗糒之屬。睊睊，側目貌。胥，相也。讒，謗也。慝，怨惡也，言民不勝其勞而起謗怨也。方，逆也。命，王命也。若流，如水之流，無窮極也。流連荒亡，解見下文。諸侯，謂附庸之國，縣邑之長。從流下而忘反謂之流，從流上而忘反謂之連，從獸無厭謂之荒，樂酒無厭謂之亡。厭，平聲。○此釋上文之義也。從流下，謂放舟隨水而下。從流上，謂挽舟逆水而上。從獸，田獵也。荒，廢也。樂酒，以飲酒爲樂也。亡，猶失也，言廢時失事也。先王無流連之樂，荒亡之行。行，去聲。惟君所行也。』言先王之法，今時之弊，二者惟在君所行耳。景公說，大戒於國，出舍於郊。於是始興發補不足。召大師曰：『爲我作君臣相説之樂！』蓋徵招角招是也。其詩曰：『畜君何尤？』畜君者，好君也。」説，音悦。爲，去聲。樂，如字。徵，陟里反。招，與韶同。畜，敕六反。○戒，告命也。出舍，自責以省民也。興發，發倉廩也。大師，樂官也。君臣，己與晏子也。樂有五聲，三曰角，爲民，四曰徵，爲事。招，舜樂也。其詩，徵招角招之詩也。尤，過也。言晏子能畜止其君之欲，宜爲君之所尤，然其心則何過哉？孟子釋之，以爲臣能畜止其君之欲，乃是愛其君者也。○尹氏曰：「君之與民，貴賤雖不同，然其心未始有異也。孟子之言，可謂深切矣。齊王不能推而用之，惜哉！」

齊宣王問曰：「人皆謂我毁明堂。毁諸？已乎？」趙氏曰：「明堂，大山明堂。周天子東巡守朝諸侯之處，漢時遺址尚在。人欲毁之者，蓋以天子不復巡守，諸侯又不當居之也。王問當毁之乎？且止乎？」孟子對曰：「夫明堂者，王者之堂也。王欲行王政，則勿毁之矣。」夫，音扶。○明堂，王者所居，以出政令之所也。能行王政，則亦可以王矣。何必毁哉？王曰：「王政可得聞與？」對曰：「昔者文王之治岐也，耕者九一，仕者世禄，關市譏而不征，澤梁無禁，罪人不孥。老而無妻曰鰥。老而無夫曰寡。老而無子曰獨。幼而無父曰孤。此四者，天下之窮民而無告者。文王發政施仁，必先斯四者。詩云：『哿矣富人，哀此煢獨。』」與，平聲。孥，音奴。鰥，姑頑反。哿，工〔一〕可反。煢，音瓊。○岐，周之

〔一〕「工」原作「二」，據清仿宋大字本改。

舊國也。九一者，井田之制也。方一里爲一井，其田九百畝。中畫井字，界爲九區。一區之中，爲田百畝。中百畝爲公田，外八百畝爲私田。八家各受私田百畝，而同養公田，是九分而税其一也。世禄者，先王之世，仕者之子孫皆教之，教之而成材則官之。如不足用，亦使之不失其禄。蓋其先世嘗有功德於民，故報之如此，忠厚之至也。關，謂道路之關。市，謂都邑之市。譏，察也。征，税也。關市之吏，察異服異言之人，而不征商賈之税也。澤，謂瀦水。梁，謂魚梁。與民同利，不設禁也。孥，妻子也。惡惡止其身，不及妻子也。先王養民之政：導其妻子，使之養其老而恤其幼。不幸而有鰥寡孤獨之人，無父母妻子之養，則尤宜憐恤，故必以爲先也。詩小雅正月之篇。哿，可也。煢，困悴貌。

王曰：「善哉言乎！」曰：「王如善之，則何爲不行？」王曰：「寡人有疾，寡人好貨。」對曰：「昔者公劉好貨。詩云：『乃積乃倉，乃裹餱糧，于橐于囊。思戢用光。弓矢斯張，干戈戚揚，爰方啓行。』故居者有積倉，行者有裹糧〔一〕也，然後可以爰方啓行。王如好貨，與百姓同之，於王何有？」餱，音侯。橐，音托。戢，詩作輯，音集。○王自以爲好貨，故取民無制，而不能行此王政。公劉，后稷之曾孫也。詩大雅公劉之篇。積，露積也。餱，乾糧也。無底曰橐，有底曰囊。皆所以盛餱糧也。戢，安集也。言思安集其民人，以光大其國家也。戚，斧也。揚，鉞也。爰，於也。啓行，言往遷於豳也。何有，言不難也。孟子言公劉之民富足如此，是公劉好貨，而能推己之心以及民也。今王好貨，亦能如此，則其於王天下也，何難之有？

王曰：「寡人好色。」對曰：「昔者大王好色，愛厥妃。詩云：『古公亶甫，來朝走馬，率西水滸，至于岐下。

〔一〕「糧」，清仿宋大字本作「囊」。

有？」大，音泰。○王又言此者，好色則心志蠱惑，用度奢侈，而不能行王政也。大王，公劉九世孫。詩大雅緜之篇也。古公，大王之本號，後乃追尊爲大王也。亶甫，大王名也。來朝走馬，避狄人之難也。率，循也。滸，水涯也。岐下，岐山之下也。姜女，大王之妃也。胥，相也。宇，居也。曠，空也。無怨曠者，是大王好色，而能推己之心以及民也。○楊氏曰：「孟子與人君言，皆所以擴充其善心而格其非心，不止就事論事。若使爲人臣者，論事每如此，豈不能堯舜其君乎？」愚謂此篇自首章至此，大意皆同。蓋鐘鼓、苑囿、遊觀之樂，與夫好勇、好貨、好色之心，皆天理之所有，而人情之所不能無者。然天理人欲，同行異情。循理而公於天下者，聖賢之所以盡其性也；縱欲而私於一己者，衆人之所以滅其天也。二者之間，不能以髮，而其是非得失之歸，相去遠矣。故孟子因時君之問，而剖析於幾微之際，皆所以遏人欲而存天理。其法似疏而實密，其事似易而實難。學者以身體之，則有以識其非曲學阿世之言，而知所以克己復禮之端矣。

孟子謂齊宣王曰：「王之臣有託其妻子於其友，而之楚遊者。比其反也，則凍餒其妻子，則如之何？」王曰：「棄之。」比，必二反。○託，寄也。比，及也。棄，絶也。曰：「士師不能治士，則如之何？」王曰：「已之。」士師，獄官也。其屬有鄉士遂士之官，士師皆當治之。已，罷去也。曰：「四境之內不治，則如之何？」王顧左右而言他。治，去聲。○孟子將問此而先設上二事以發之，及此而王不能答也。其憚於自責，恥於下問如此，不足與有爲可知矣。○趙氏曰：「言君臣上下各勤其任，無墮其職，乃安其身。」

孟子見齊宣王曰：「所謂故國者，非謂有喬木之謂也，有世臣之謂也。王無親臣矣，昔者所進，今日不知其亡也。」世臣，累世勳舊之臣，與國同休戚者也。親臣，君所親信之臣，與君同休戚者也。此言喬木世臣，皆故國所宜有。然所以爲故國者，則在此而不在彼也。昨日所進用之人，今日有亡去而不知者，則無親臣矣。況世臣乎？**王曰：「吾何以識其不才而舍之？」**舍，上聲。○王意以爲此亡去者，皆不才之人。我初不知而誤用之，故今不以其去爲意耳。因問何以先識其不才而舍之邪？**曰：「國君進賢，如不得已，將使卑踰尊，疏踰戚，可不慎與？**與，平聲。○如不得已，言謹之至也。蓋尊尊親親，禮之常也。然或尊者親者未必賢，則必進疏遠之賢而用之。是使卑者踰尊，疏者踰戚，非禮之常，故不可不謹也。**左右皆曰賢，未可也；諸大夫皆曰賢，未可也；國人皆曰賢，然後察之，見賢焉，然後用之。左右皆曰不可，勿聽；諸大夫皆曰不可，勿聽；國人皆曰不可，然後察之，見不可焉，然後去之。**去，上聲。○左右近臣，其言固未可信。諸大夫之言，宜可信矣，然猶恐其蔽於私也。至於國人，則其論公矣，然猶必察之者，蓋人有同俗而爲衆所悦者，亦有特立而爲俗所憎者。故必自察之，而親見其賢否之實，然後從而用舍之；則於賢者知之深，任之重，而不才者不得以幸進矣。所謂進賢如不得已者如此。**左右皆曰可殺，勿聽；諸大夫皆曰可殺，勿聽；國人皆曰可殺，然後察之，見可殺焉，然後殺之。故曰，國人殺之也。**此言非獨以此進退人才，至於用刑，亦以此道。蓋所謂天命天討，皆非人君之所得私也。**如此，然後可以爲民父母。」**傳曰：「民之所好好之，民之所惡惡之，此之謂民之父母。」

齊宣王問曰：「湯放桀，武王伐紂，有諸？」孟子對曰：「於傳有之。」傳，直戀反。○放，置也。書曰：「成湯放桀于南巢。」**曰：「臣弑其君可乎？」**桀紂，天子。湯武，諸侯。**曰：「賊仁者謂之賊，賊義者**

謂之殘，殘賊之人謂之一夫。聞誅一夫紂矣，未聞弒君也。」賊，害也。殘，傷也。害仁者，凶暴淫虐，滅絶天理，故謂之賊。害義者，顛倒錯亂，傷敗彝倫，故謂之殘。一夫，言衆叛親離，不復以爲君也。書曰：「獨夫紂。」蓋四海歸之，則爲天子；天下叛之，則爲獨夫。所以深警齊王，垂戒後世也。○王勉曰：「斯言也，惟在下者有湯武之仁，而在上者有桀紂之暴則可。不然，是未免於篡弒之罪也。」

孟子見齊宣王曰：「爲巨室，則必使工師求大木。工師得大木，則王喜，以爲能勝其任也。匠人斲而小之，則王怒，以爲不勝其任矣。夫人幼而學之，壯而欲行之。王曰『姑舍女所學而從我』，則何如？勝，平聲。夫，音扶。舍，上聲。女，音汝，下同。○巨室，大宮也。工師，匠人之長。匠人，衆工人也。姑，且也。言賢人所學者大，而王欲小之也。今有璞玉於此，雖萬鎰，必使玉人彫琢之。至於治國家，則曰『姑舍女所學而從我』，則何以異於教玉人彫琢玉哉？」鎰，音溢。○璞，玉之在石中者。鎰，二十兩也。玉人，玉工也。不敢自治而付之能者，愛之甚也。治國家則殉私欲而不任賢，是愛國家不如愛玉也。○范氏曰：「古之賢者，常患人君不能行其所學；而世之庸君，亦常患賢者不能從其所好。是以君臣相遇，自古以爲難。孔孟終身而不遇，蓋以此耳。」

齊人伐燕，勝之。按史記，燕王噲讓國於其相子之，而國大亂。齊因伐之。燕士卒不戰，城門不閉，遂大勝燕。宣王問曰：「或謂寡人勿取，或謂寡人取之。以萬乘之國伐萬乘之國，五旬而舉之，人力不至於此。不取，必有天殃。取之，何如？」乘，去聲，下同。○以伐燕爲宣王事，與史記諸書不同，已見序說。孟子對曰：「取之而燕民悅，則取之。古之人有行之者，武王是也。取之而燕民不悅，則勿取。古之人有行之者，文王是也。商紂之世，文王三分天下有其二，以服事殷。至武王十三年，乃伐紂而有天下。張子曰：「此事閒不容髮。一日之閒，天命未絶，則是君臣。當日命絶，則爲獨夫。然命之絶否，何以知之？人情而已。諸侯不期而會者八百，武王安得而止之哉？」以萬乘之國伐萬乘之國，簞食壺漿，以迎王師。豈有他哉？避水火也。如水益深，如火益熱，亦運而已矣。」簞，音丹。食，音嗣。○簞，竹器。食，飯也。運，轉也。言齊若更爲暴虐，則民將轉而望救於他人矣。○趙氏曰：「征伐之道，當順民心。民心悅，則天意得矣。」

齊人伐燕，取之。諸侯將謀救燕。宣王曰：「諸侯多謀伐寡人者，何以待之？」孟子對曰：「臣聞七十里爲政於天下者，湯是也。未聞以千里畏人者也。千里畏人，指齊王也。書曰：『湯一征，自葛始。』天下信之。『東面而征，西夷怨；南面而征，北狄怨。曰，奚爲後我？』民望之，若大旱之望雲霓也。歸市者不止，耕者不變。誅其君而弔其民，若時雨降，民大悅。書曰：『徯我后，后來其蘇。』霓，五稽反。徯，胡禮反。○兩引書，皆商書仲虺之誥文也。與今書文亦小異。一征，初征也。天下信之，信其志在救民，不爲暴也。奚爲後我，言湯何爲不先來征我之國也。霓，虹也。雲合則雨，虹見則止。變，動也。徯，待也。后，君也。蘇，復生也。他國之民，皆以湯爲我君，而待其來，使己得蘇息也。此言湯之所以七十里而爲政於天下也。今燕虐其民，王往而征之。民以爲將拯己於水火之中也，簞食壺漿，以迎王師。若殺其父兄，係累其子弟，毀其宗廟，遷其重器，如之何其可也？天下固畏齊之彊也。今又倍地而不行仁政，是動天下之兵也。累，力追反。○拯，救也。係累，縶縛也。重器，寶器也。畏，忌也。倍地，并燕而增一倍之地也。齊之取燕，若能如湯之征葛，則燕人悅之，而齊可爲政於天下矣。今乃不行仁政而肆爲殘虐，則無以慰燕民之望，而服諸侯之心，是以不免乎以千里而畏人也。王速出令，反其旄倪，止其重器，謀於燕衆，置君而後去之，則猶可及止也。」旄與耄同。倪，五稽反。○反，還也。旄，老人也。倪，小兒也。謂所虜略之老小也。猶，尚也。及止，及其未發而止之也。○范氏曰：「孟子事齊梁之君，論道德則必稱堯舜，論征伐則必稱湯武。蓋治民不法堯舜，則是爲暴；行師不法湯武，則是爲亂。豈可謂吾君不能，而舍所學以殉之哉？」

鄒與魯鬨。穆公問曰：「吾有司死者三十三人，而民莫之死也。誅之，則不可勝誅；不誅，則疾視其長上之死而不救，如之何則可也？」鬨，胡弄反。勝，平聲。長，上聲，下同。○鬨，鬭聲也。穆公，鄒君也。不可勝誅，言人衆不可盡誅也。長上，謂有司也。民怨其上，故疾視其死而不救也。孟子對曰：「凶年饑歲，君之民老弱轉乎溝壑，壯者散而之四方者，幾千人矣；而君之倉廩實，府庫充，有司莫以告，是上慢而殘下也。曾子曰：『戒之戒之！出乎爾者，反乎爾者也。』夫民今而後得反之也。君無尤焉。幾，上聲。夫，音扶。○轉，飢餓輾轉而死也。充，滿也。上，謂君及有司也。尤，過也。君行仁政，斯民親其上、死其長矣。」君不仁而求富，是以有司知重斂而不知恤民。故君行仁政，則有司皆愛其民，而民亦愛之矣。○范氏曰：「書曰：『民惟邦本，本固邦寧。』有倉廩府庫，所以爲民也。豐年則斂之，凶年則散之，恤其飢寒，救其疾苦。是以民親愛其上，有危難則赴救之，如子弟之衞父兄，手足之捍頭目也。穆公不能反己，猶欲歸罪於民，豈不誤哉？」

滕文公問曰：「滕，小國也，間於齊楚。事齊乎？事楚乎？」間，去聲。○滕，國名。孟子對曰：「是謀非吾所能及也。無已，則有一焉：鑿斯池也，築斯城也，與民守之，效死而民弗去，則是可爲也。」無已見前篇。一，謂一説也。效，猶致也。國君死社稷，故致死以守國。至於民亦爲之死守而不去，則非有以深得其心者不能也。○此章言有國者當守義而愛民，不可僥幸而苟免。

滕文公問曰：「齊人將築薛，吾甚恐。如之何則可？」薛，國名，近滕。齊取其地而城之，故文公以其偪己而恐也。孟子對曰：「昔者大王居邠，狄人侵之，去之岐山之下居焉。非擇而取之，不得已也。邠，與豳同。○邠，地名。言大王非以岐下爲善，擇取而居之也。詳見下章。苟爲善，後世子孫必有王者矣。君子創業垂統，爲可繼也。若夫成功，則天也。君如彼何哉？彊爲善而已矣。」夫，音扶。彊，上聲。○創，造。統，緒也。言能爲善，則如大王雖失其地，而其後世遂有天下，乃天理也。然君子造基業於前，而垂統緒於後，但能不失其正，令後世可繼續而行耳。若夫成功，則豈可必乎？彼，齊也。君之力既無如之何，則但彊於爲善，使其可繼而俟命於天耳。○此章言人君但當竭力於其所當爲，不可徼幸於其所難必。

滕文公問曰：「滕，小國也。竭力以事大國，則不得免焉。如之何則可？」孟子對曰：「昔者大王居邠，狄人侵之。事之以皮幣，不得免焉；事之以犬馬，不得免焉；事之以珠玉，不得免焉。乃屬其耆老而告之曰：『狄人之所欲者，吾土地也。吾聞之也：君子不以其所以養人者害人。二三子何患乎無君？我將去之。』去邠，踰梁山，邑于岐山之下居焉。邠人曰：『仁人也，不可失也。』從之者如歸市。屬，音燭。○皮，謂虎、豹、麋、鹿之皮也。幣，帛也。屬，會集也。土地本生物以養人，今爭地而殺人，是以其所以養人者害人也。邑，作邑也。歸市，人衆而爭先也。或曰：『世守也，非身之所能爲也。效死勿去。』又言或謂土地乃先人所受而世守之者，非己所能專，但當致死守之，不可舍去。此國君死社稷之常法。傳所謂國滅君死之，正也，正謂此也。君請擇於斯二者。」能如大王則避之，不能則謹守常法。蓋遷國以圖存者，權也；守正而俟死者，義也。審己量力，擇而處之可也。○楊氏曰：「孟子之於文公，始告之以效死而已，禮之正也。至其甚恐，則以大王之事告之，非得已也。然無大王之德而去，則民或不從而遂至於亡，則又不若效死之爲愈。故又請擇於斯二者。」又曰：「孟子所論，自世俗觀之，則可謂無謀矣。然理之可爲者，不過如此。舍此則必爲儀秦之爲矣。凡事求可，功求成。取必於智謀之末而不循天理之正者，非聖賢之道也。」

魯平公將出。嬖人臧倉者請曰：「他日君出，則必命有司所之。今乘輿已駕矣，有司未知所之。敢請。」公曰：「將見孟子。」曰：「何哉？君所爲輕身以先於匹夫者，以爲賢乎？禮義由賢者出，而孟子之後喪踰前喪。君無見焉！」公曰：「諾。」乘，去聲。○乘輿，君車也。駕，駕馬也。孟子前喪父，後喪母。踰，過也，言其厚母薄父也。諾，應辭也。樂正子入見，曰：「君奚爲不見孟軻也？」曰：「或告寡人曰『孟子之後喪踰前喪』，是以不往見也。」曰：「何哉君所謂踰者？前以士，後以大夫；前以三鼎，而後以五鼎與？」曰：「否。謂棺椁衣衾之美也。」曰：

「非所謂踰也，貧富不同也。」入見之見，音現。與，平聲。○樂正〔一〕子，孟子弟子也，仕於魯。三鼎，士祭禮。五鼎，大夫祭禮。

樂正子見孟子，曰：「克告於君，君爲來見也。嬖人有臧倉者沮君，君是以不果來也。」曰：「行或使之，止或尼之。行止，非人所能也。吾之不遇魯侯，天也。臧氏之子焉能使予不遇哉？」爲，去聲。沮，慈吕反。尼，女乙反。焉，於虔反。○克，樂正子名。沮尼，皆止之之意也。言人之行，必有人使之者。其止，必有人尼之者。然其所以行所以止，則固有天命，而非此人所能使，亦非此人所能尼也。然則我之不遇，豈臧倉之所能爲哉？○此章言聖賢之出處，關時運之盛衰。乃天命之所爲，非人力之可及。

〔一〕「正」字，原誤作「王」。

孟子集注卷三

公孫丑章句上　凡九章。

公孫丑問曰：「夫子當路於齊，管仲、晏子之功，可復許乎？」復，扶又反。○公孫丑，孟子弟子，齊人也。當路，居要地也。管仲，齊大夫，名夷吾，相桓公，霸諸侯。許，猶期也。孟子未嘗得政，丑蓋設辭以問也。孟子曰：「子誠齊人也，知管仲、晏子而已矣。齊人但知其國有二子而已，不復知有聖賢之事。或問乎曾西曰：『吾子與子路孰賢？』曾西蹵然曰：『吾先子之所畏也。』曰：『然則吾子與管仲孰賢？』曾西艴然不悅，曰：『爾何曾比予於管仲？管仲得君，如彼其專也；行乎國政，如彼其久也；功烈，如彼其卑也。爾何曾比予於是？』」蹵，子六反。艴，音拂，又音勃。曾，並音增。○孟子引曾西與或人問答如此。曾西，曾子之孫。蹵，不安貌。先子，曾子也。艴，怒色也。曾之言則也。烈，猶光也。桓公獨任管仲四十餘年，是專且久也。管仲不知王道而行霸術，故言功烈之卑也。楊氏曰：「孔子言子路之才，曰：『千乘之國，可使治其賦也。』使其見於施爲，如是而已。其於九合諸侯，一匡天下，固有所不逮也。然則曾西推尊子路如此，而羞比管仲者何哉？譬之御者，子路則範我馳驅而不獲者也；管仲之功，詭遇而獲禽耳。曾西，仲尼之徒也，故不道管仲之事。」曰：「管仲，曾西之所不爲也，而子爲我願之乎？」子爲之爲，去聲。○曰，孟子言也。願，望也。

曰：「管仲以其君霸，晏子以其君顯。管仲、晏子猶不足爲與？」與，平聲。○顯，顯名也。曰：「以齊王，由反手也。」王，去聲。由猶通。○反手，言易也。曰：「若是，則弟子之惑滋甚。且以文王之德，百年而後崩，猶未洽於天下；武王、周公繼之，然後大行。今言王若易然，則文王不足法與？」易，去聲，下同。與，平聲。○滋，益也。文王九十七而崩，言百年，舉成數也。文王三分天下，纔有其二；武王克商，乃有天下。周公相成王，制禮作樂，然後教化大行。曰：「文王何可當也？由湯至於武丁，賢聖之君六七作。天下歸殷久矣，久則難變也。武丁朝諸侯有天下，猶運之掌也。紂之去武丁未久也，其故家遺俗，流風善政，猶有存者；又有微子、微仲、王子比干、箕子、膠鬲皆賢人也，相與輔相之，故久而後失之也。尺地莫非其有也，一民莫非其臣也，然而文王猶方百里起，是以難也。朝，音潮。鬲，音隔，又音歷。輔相之相，去聲。猶方之猶，與由通。○當，猶敵也。商自成湯至於武丁，中間大甲、大戊、祖乙、盤庚皆賢聖之君。作，起也。自武丁至紂凡九世。故家，舊臣之家也。齊人有言曰：『雖有智慧，不如乘勢；雖有鎡基，不如待時。』今時則易然也。鎡音茲。○鎡基，田器也。時，謂耕種之時。夏后、殷、周之盛，地未有過千里者也，而齊有其地矣；雞鳴狗吠相聞，而達乎四境，而齊有其民矣。地不改辟矣，民不改聚矣，行仁政而王，莫之能禦也。辟，與闢同。○此言其勢之易也。三代盛時，王畿不過千里。今齊已有之，異於文王之百里。又雞犬之聲相聞，自國都以至於四境，言民居稠密也。且王者之不作，未有疏於此時者也；民之憔悴於虐政，未有甚於此時者也。飢者易爲食，渴者易爲飲。此言其時之易也。自文武至此七百餘年，異於商之賢聖繼作；民苦虐政之甚，異於紂之猶有善政。易爲飲食，言飢渴之甚，不待甘美也。孔子曰：『德之流行，速於置郵而傳命。』郵，音尤。○置，驛也。郵，馹也。所以傳命也。孟子引孔子之言如此。當今之時，萬乘之國行仁政，民之悦之，猶解倒懸也。故事半古之人，功必倍之，惟此時爲然。」乘，去聲。○倒懸，喻困苦也。所施之事，半於古人，而功倍於古人，由時勢易而德行速也。

公孫丑問曰：「夫子加齊之卿相，得行道焉，雖由此霸王不異矣。如此，則動心否乎？」孟子曰：「否。我四十不動心。」相，去聲。○此承上章，又設問孟子，若得位而行道，則雖由此而成霸王之業，亦不足怪。任大責重如此，亦有所恐懼疑惑而動其心乎？四十强仕，君子道明德立之時。孔子四十而不惑，亦不動心之謂。曰：「若是，則夫子過孟賁遠矣。」曰：「是不難，告子先我不動心。」賁，音奔。○孟賁，勇士。告子，名不害。孟賁血氣之勇，丑蓋借之以贊孟子不動心之難。孟子言告子未爲知道，乃能先我不動心，則此亦未足爲難也。曰：「不動心有道乎？」曰：「有。程子曰：「心有主，則能不動矣。」北宮黝之養勇也，不膚撓，不目逃，思以一豪挫於人，若撻之於市朝。不受於褐寬博，亦不受於萬乘之君。視刺萬乘之君，若刺褐夫。無嚴諸侯。惡聲至，必反之。黝，伊糾反。撓，奴效反。朝，音潮。乘，去聲。○北宮姓，黝名。膚撓，肌膚被刺而撓屈也。目逃，目被刺而轉睛逃避也。挫，猶辱也。褐，毛布。寬博，寬大之衣，賤者之服也。不受者，不受其挫也。刺，殺也。嚴，畏憚也。言無可畏憚之諸侯也。黝蓋刺客之流，以必勝爲主，而不動心者也。

孟施舍之所養勇也，曰：『視不勝猶勝也。量敵而後進，慮勝而後會，是畏三軍者也。舍豈能爲必勝哉？能無懼而已矣。』舍，去聲，下同。○孟，姓。施，發語聲。舍，名也。會，合戰也。舍自言其戰雖不勝，亦無所懼。若量敵慮勝而後進戰，則是無勇而畏三軍矣。舍蓋力戰之士，以無懼爲主，而不動心者也。孟施舍似曾子，北宮黝似子夏。夫二子之勇，未知其孰賢，然而孟施舍守約也。夫，音扶。○黝務敵人，舍專守己。子夏篤信聖人，曾子反求諸己。故二子之與曾子、子夏，雖非等倫，然論其氣象，則各有所似。賢，猶勝也。約，要也。言論二子之勇，則未知誰勝；論其所守，則舍比於黝，爲得其要也。昔者曾子謂子襄曰：『子好勇乎？吾嘗聞大勇於夫子矣：自反而不縮，雖褐寬博，吾不惴焉；自反而縮，雖千萬人，吾往矣。』好，去聲。惴，之瑞反。○此言曾子之勇也。子襄，曾子弟子也。夫子，孔子也。縮，直也。檀弓曰：「古者冠縮縫，今也衡縫。」又曰：「棺束縮二衡三。」惴，恐懼之也。往，往而敵之也。孟施舍之守氣，又不如曾子之守約也。」言孟施舍雖似曾子，然其所守乃一身之氣，又不如曾子之反身循理，所守尤得其要也。孟子之不動心，其原蓋出於此，下文詳之。

曰：「敢問夫子之不動心，與告子之不動心，可得聞與？」「告子曰：『不得於言，勿求於心；不得於心，勿求於氣。』不得於心，勿求於氣，可；不得於言，勿求於心，不可。夫志，氣之帥也；氣，體之充也。夫志至焉，氣次焉。故曰：『持其志，無暴其氣。』」聞與之與，平聲。夫志之夫，音扶。○此一節，公孫丑之問。孟子誦告子之言，又斷以己意而告之也。告子謂於言有所不達，則當舍置其言，而不必反求其理於心；於心有所不安，則當力制其心，而不必更求其助於氣，此所以固守其心而不動之速也。孟子既誦其言而斷之曰，彼謂不得於言而不求諸心，則既失於外，而遂遺其內，其不可也必矣。然凡曰可者，亦僅可而有所未盡之辭耳。若論其極，則志固心之所之，而爲氣之將帥；然氣亦人之所以充滿於身，而爲志之卒徒者也。故志固爲至極，而氣即次之。人固當敬守其志，然亦不可不致養其氣。蓋其內外本末，交相培養。此則孟子之心所以未嘗必其不動而自然不動之大略也。**「既曰『志至焉，氣次焉』，又曰『持其志無暴其氣』者，何也？」曰：「志壹則動氣，氣壹則動志也。今夫蹶者趨者，是氣也，而反動其心。」**夫，音扶。○公孫丑見孟子言志至而氣次，故問如此則專持其志可矣，又言無暴其氣何也？壹，專一也。蹶，顛躓也。趨，走也。孟子言志之所向專一，則氣固從之；然氣之所在專一，則志亦反爲之動。如人顛躓趨走，則氣專在是而反動其心焉。所以既持其志，而又必無暴其氣也。程子曰：「志動氣者什九，氣動志者什一。」**「敢問夫子惡乎長？」曰：「我知言，我善養吾浩然之氣。」**惡，平聲。○公孫丑復問孟子之不動心所以異於告子如此者，有何所長而能然，而孟子又詳告之以其故也。知言者，盡心知性，於凡天下之言，無不有以究極其理，而識其是非得失之所以然也。浩然，盛大流行之貌。氣，即所謂體之充者。本自浩然，失養故餒，惟孟子爲善養之以復其初也。蓋惟知言，則有以明夫道義，而於天下之事無所疑；養氣，則有以配夫道義，而於天下之事無所懼，此其所以當大任而不動心也。告子之學，與此正相反。其不動心，殆亦冥然無覺，悍然不顧而已爾。**「敢問何謂浩然之氣？」曰：「難言也。**孟子先言知言而丑先問氣者，承上文方論志氣而言也。難言者，蓋其心所獨得，而無形聲之驗，有未易以言語形容者。故程子曰：「觀此一言，則孟子之實有是氣可知矣。」**其爲氣也，至大至剛，以直養而無害，則塞于天地之閒。**至大初無限量，至剛不可屈撓。蓋天地之正氣，而人得以生者，其體段本如是也。惟其自反而縮，則得其所養；而又無所作爲以害之，則其本體不虧而充塞無間矣。○程子曰：「天人一也，更不分別。浩然之氣，乃吾氣也。養而無害，則塞乎天地；一爲私意所蔽，則欲然而餒，卻甚小也。」謝氏曰：「浩然之氣，須於心得其正時識取。」又曰：「浩然是無虧欠時。」**其爲氣也，配義與道；無是，餒也。**餒，奴罪反。○配者，合而有助之意。義者，人心之裁制。道者，天理之自然。餒，飢乏而氣不充體也。言人能養成此氣，則其氣合乎道義而爲之助，使其行之勇決，無所疑憚；若無此氣，則其一時所爲雖未必不出於道義，然其體有所不充，則亦不免於疑懼，而不足以有爲矣。**是集義所生者，非義襲而取之也。行有不慊於心，則餒矣。我故曰，告子未嘗知義，以其外之也。**慊，口簟反，又口劫反。○集義，猶言積善，蓋欲事事皆合於義也。襲，掩取也，如齊侯襲莒之襲。言氣雖可以配乎道義，而其養之之始，乃由事皆合義，自反常直，是以無所愧怍，而此氣自然發生於中。非由只行一事偶合於義，便可掩襲於外而得之也。慊，快也，足也。言所行一有不合於義，而自反不直，則不足於心而其體有所不充矣。然則義豈在外哉？告子不知此理，乃曰仁內義外，而不復以義爲事，則必不能集義以生浩然之氣矣。上文不得於言勿求於心，即外義之意，詳見告子上篇。**必有事焉而勿正，心勿忘，勿助長也。無若宋人然：宋人有閔其苗之不長而揠之者，芒芒然歸。謂其人曰：『今日病矣，予助苗長矣。』其子趨而往視之，苗則槁矣。天下之不助苗長者寡矣。以爲無益而舍之者，不耘苗者也；助之長者，揠苗者也。非徒無益，而又害之。」**長，上聲。揠，烏八反。舍，上聲。○必有事焉而勿正，趙氏、程子以七字爲句。近世或并下文心字讀之者亦通。必有事焉，有所事也，如有事於顓臾之有事。正，預期也。春秋傳曰「戰不正勝」，是也。如作正心義亦同。此與大學之所謂正心者，語意自不同也。此言養氣者，必以集義爲事，而勿預期其效。其或未充，則但當勿忘其所有事，而不可作爲以助其長，乃集義養氣之節度也。閔，憂也。揠，拔也。芒芒，無知之貌。其人，家人也。病，疲倦也。舍之不耘者，忘其所有事。揠而助之長者，正之不得，而妄有作爲者也。然不耘則失養而已，揠則反以害之。無是二者，則氣得其養而無所害矣。如告子不能集義，而欲强制其心，則必不能免於正助之病。其於所謂浩然者，蓋不惟不善養，而又反害之矣。

「何謂知言？」曰：「詖辭知其所蔽，淫辭知其所陷，邪辭知其所離，遁辭知其所窮。生於其心，害於其政；發於其政，害於其事。聖人復起，必從吾言矣。」詖，彼寄反。復，扶又反。○此公孫丑復問而孟子答之也。詖，偏陂也。淫，放蕩也。邪，邪僻也。遁，逃避也。四者相因，言之病也。蔽，遮隔也。陷，沉溺也。離，叛去也。窮，困屈也。四者亦相因，則心之失也。人之有言，皆本於心。其心明乎正理而無蔽，然後其言平正通達而無病；苟爲不然，則必有是四者之病矣。即其言之病，而知其心之失，又知其害於政事之決然而不可易者如此。非心通於道，而無疑於天下之理，其孰能之？彼告子者，不得於言而不肎求之於心，至爲義外之説，則自不免於四者之病，其何以知天下之言而無所疑哉？○程子曰：「心通乎道，然後能辨是非，如持權衡以較輕重，孟子所謂知言是也。」又曰：「孟子知言，正如人在堂上，方能辨堂下人曲直。若猶未免雜於堂下衆人之中，則不能辨決矣。」

「宰我、子貢善爲説辭，冉牛、閔子、顔淵善言德行。孔子兼之，曰：『我於辭命則不能也。』然則夫子既聖矣乎？」行，去聲。○此一節，林氏以爲皆公孫丑之問是也。説辭，言語也。德行，得於心而見於行事者也。三子善言德行者，身有之，故言之親切而有味也。公孫丑言數子各有所長，而孔子兼之，然猶自謂不能於辭命。今孟子乃自謂我能知言，又善養氣，則是兼言語德行而有之，然則豈不既聖矣乎？此夫子，指孟子也。○程子曰：「孔子自謂不能於辭命者，欲使學者務本而已。」

曰：「惡！是何言也？昔者子貢問於孔子曰：『夫子聖矣乎？』孔子

曰：『聖則吾不能，我學不厭而教不倦也。』子貢曰：『學不厭，智也；教不倦，仁也。仁且智，夫子既聖矣！』夫聖，孔子不居，是何言也？」惡，平聲。夫聖之夫，音扶。○惡，驚歎辭也。昔者以下，孟子不敢當丑之言，而引孔子、子貢問答之辭以告之也。此夫子，指孔子也。學不厭者，智之所以自明；教不倦者，仁之所以及物。再言「是何言也」，以深拒之。「昔者竊聞之：子夏、子游、子張皆有聖人之一體，冉牛、閔子、顏淵則具體而微。敢問所安。」此一節，林氏亦以爲皆公孫丑之問，是也。一體，猶一肢也。具體而微，謂有其全體，但未廣大耳。安，處也。公孫丑復問孟子既不敢比孔子，則於此數子欲何所處也。曰：「姑舍是。」舍，上聲。○孟子言且置是者，不欲以數子所至者自處也。曰：「伯夷、伊尹何如？」曰：「不同道。非其君不事，非其民不使；治則進，亂則退，伯夷也。何事非君，何使非民；治亦進，亂亦進，伊尹也。可以仕則仕，可以止則止，可以久則久，可以速則速，孔子也。皆古聖人也，吾未能有行焉；乃所願，則學孔子也。」治，去聲。○伯夷，孤竹君之長子。兄弟遜國，避紂隱居，聞文王之德而歸之。及武王伐紂，去而餓死。伊尹，有莘之處士。湯聘而用之，使之就桀。桀不能用，復歸於湯。如是者五，乃相湯而伐桀也。三聖人事，詳見此篇之末及萬章下篇。「伯夷、伊尹於孔子，若是班乎？」曰：「否。自有生民以來，未有孔子也。」班，齊等之貌。公孫丑問，而孟子答之以不同也。曰：「然則有同與？」曰：「有。得百里之地而君之，皆能以朝諸侯有天下。行一不義、殺一不辜而得天下，皆不爲也。是則同。」與，平聲。朝，音潮。○有，言有同也。以百里而王天下，德之盛也。行一不義、殺一不辜而得天下有所不爲，心之正也。聖人之所以爲聖人，其本根節目之大者，惟在於此。於此不同，則亦不足以爲聖人矣。曰：「敢問其所以異？」曰：「宰我、子貢、有若智足以知聖人。汙，不至阿其所好。汙，音蛙。好，去聲。○汙，下也。三子智足以知夫子之道。假使汙下，必不阿私所好而空譽之，明其言之可信也。宰我曰：『以予觀於夫子，賢於堯舜遠矣。』程子曰：「語聖則不異，事功則有異。夫子賢於堯舜，語事功也。蓋堯舜治天下，夫子又推其道以垂教萬世。堯舜之道，非得孔子，則後世亦何所據哉？」子貢曰：『見其禮而知其政，聞其樂而知其德。由百世之後，等百世之王，莫之能違也。自生民以來，未有夫子也。』言大凡見人之禮，則可以知其政；聞人之樂，則可以知其德。是以我從百世之後，差等百世之王，無有能遁其情者，而見其皆莫若夫子之盛也。有若曰：『豈惟民哉？麒麟之於走獸，鳳凰之於飛鳥，太山之於丘垤，河海之於行潦，類也。聖人之於民，亦類也。出於其類，拔乎其萃，自生民以來，未有盛於孔子也。』」垤，大結反。潦，音老。○麒麟，毛蟲之長。鳳凰，羽蟲之長。垤，蟻封也。行潦，道上無源之水也。出，高出也。拔，特起也。萃，聚也。言自古聖人，固皆異於衆人，然未有如孔子之尤盛者也。○程子曰：「孟子此章，擴前聖所未發，學者所宜潛心而玩索也。」

孟子曰：「以力假仁者霸，霸必有大國，以德行仁者王，王不待大。湯以七十里，文王以百里。力〔一〕，謂土地甲兵之力。假仁者，本無是心，而借其事以爲功者也。霸，若齊桓、晉文是也。以德行仁，則自

〔一〕「力」字，原書誤爲「券」。

吾之得於心者推之，無適而非仁也。以力服人者，非心服也，力不贍也；以德服人者，中心悅而誠服也，如七十子之服孔子也。詩云：『自西自東，自南自北，無思不服。』此之謂也。」贍，足也。詩大雅文王有聲之篇。王霸之心，誠僞不同。故人所以應之者，其不同亦如此。○鄒氏曰：「以力服人者，有意於服人，而人不敢不服；以德服人者，無意於服人，而人不能不服。從古以來，論王霸者多矣，未有若此章之深切而著明也。」

孟子曰：「仁則榮，不仁則辱。今惡辱而居不仁，是猶惡溼而居下也。惡，去聲，下同。○好榮惡辱，人之常情。然徒惡之而不去其得之之道，不能免也。如惡之，莫如貴德而尊士，賢者在位，能者在職。國家閒暇，及是時明其政刑。雖大國，必畏之矣。閒，音閑。○此因其惡辱之情，而進之以强仁之事也。貴德，猶尚德也。士，則指其人而言之。賢，有德者，使之在位，則足以正君而善俗。能，有才者，使之在職，則足以修政而立事。國家閒暇，可以有爲之時也。詳味及字，則惟日不足之意可見矣。詩云：『迨天之未陰雨，徹彼桑土，綢繆牖户。今此下民，或敢侮予？』孔子曰：『爲此詩者，其知道乎！能治其國家，誰敢侮之？』徹，直列反。土，音杜。綢，音稠。繆，武彪反。○詩豳風鴟鴞之篇，周公之所作也。迨，及也。徹，取也。桑土，桑根之皮也。綢繆，纏緜補葺也。牖户，巢之通氣出入處也。予，鳥自謂也。言我之備患詳密如此，今此在下之人，或敢有侮予者乎？周公以鳥之爲巢如此，比君之爲國，亦當思患而預防之。孔子讀而贊之，以爲知道也。今國家閒暇，及是時般樂怠敖，是自求禍也。般，音盤。樂，音洛。敖，音傲。○言其縱欲偷安，亦惟日不足也。禍福無不自己求之者。結上文之意。詩云：『永言配命，自求多福。』太甲曰：『天作孽，猶可違；自作孽，不可活。』此之謂也。」孽，魚列反。○詩大雅文王之篇。永，長也。言，猶念也。配，合也。命，天命也。此言福之自己求者。太甲，商書篇名。孽，禍也。違，避也。活，生也，書作逭。逭，猶緩也。此言禍之自己求者。

孟子曰：「尊賢使能，俊傑在位，則天下之士皆悦而願立於其朝矣。朝，音潮。○俊傑，才德之異於衆者。市廛而不征，法而不廛，則天下之商皆悦而願藏於其市矣。廛，市宅也。張子曰：「或賦其市地之廛，而不征其貨；或治之以市官之法，而不賦其廛。蓋逐末者多則廛以抑之，少則不必廛也。」關譏而不征，則天下之旅皆悦而願出於其路矣。解見前篇。耕者助而不税，則天下之農皆悦而願耕於其野矣。但使出力以助耕公田，而不税其私田也。廛無夫里之布，則天下之民皆悦而願爲之氓矣。氓，音盲。○周禮：「宅不毛者有里布，民無職事者，出夫家之征。」鄭氏謂：「宅不種桑麻者，罰之使出一里二十五家之布；民無常業者，罰之使出一夫百畝之税，一家力役之征也。」今戰國時，一切取之。市宅之民，已賦其廛，又令出此夫里之布，非先王之法也。氓，民也。信能行此五者，則鄰國之民仰之若父母矣。率其子弟，攻其父母，自生民以來，未有能濟者也。如此，則無敵於天下。無敵於天下者，天吏也。然而不王者，未之有也。」吕氏曰：「奉行天命，謂之天吏。廢興存亡，惟天所命，不敢不從，若湯武是也。」○此章言能行王政，則寇戎爲父子；不行王政，則赤子爲仇讎。

孟子曰：「人皆有不忍人之心。天地以生物爲心，而所生之物因各得夫天地生物之心以爲心，所以人皆有不忍人之心也。先王有不忍人之心，斯有不忍人之政矣。以不忍人之心，行不忍人之政，治天下可運之掌上。言衆人雖有不忍人之心，然物欲害之，存焉者寡，故不能察識而推之政事之間。惟聖人全體此心，隨感而應，故其所行無非不忍人之政也。所以謂人皆有不忍人之心者，今人乍見孺子將入於井，皆有怵惕惻隱之心。非所以内交於孺子之父母也，非所以要譽於鄉黨朋友也，非惡其聲而然也。怵，音黜。内，讀爲納。要，平聲。惡，去聲，下同。○乍，猶忽也。怵惕，驚動貌。惻，傷之切也。隱，痛之深也。此即所謂不忍人之心也。内，結。要，求。聲，名也。言乍見之時，便有此心，隨見而發，非由此三者而然也。程子曰：「滿腔子是惻隱之心。」謝氏曰：「人須是識其真心。方乍見孺子入井之時，其心怵惕，乃真心也。非思而得，非勉而中，天理之自然也。内交、要譽、惡其聲而然，即人欲之私矣。」由是觀之，無惻隱之心，非人也；無羞惡之心，非人也；無辭讓之心，非人也；無是非之心，非人也。惡，去聲，下同。○羞，恥己之不善也。惡，憎人之不善也。辭，解使去己也。讓，推以與人也。是，知其善而以爲是也。非，知其惡而以爲非也。人之所以爲心，不外乎是四者，故因論惻隱而悉數之。言人若無此，則不得謂之人，所以明其必有也。惻隱之心，仁之端也；羞惡之心，義之端也；辭讓之心，禮之端也；是非之心，智之端也。惻隱、羞惡、辭讓、是非，情也。仁、義、禮、智，性也。心，統性情者也。端，緒也。因其情之發，而性之本然可得而見，猶有物在中而緒見於外也。人之有是四端也，猶其有四體也。有是四端而自謂不能者，自賊者也；謂其君不能者，賊其君者也。四體，四支，人之所必有者也。自謂不能者，物欲蔽之耳。凡有四端於我者，知皆擴而充之矣，若火之始然，泉之始達。苟能充之，足以保四海；苟不充之，不足以事父母。」擴，音廓。○擴，推廣之意。充，滿也。

四端在我，隨處發見。知皆即此推廣，而充滿其本然之量，則其日新又新，將有不能自已者矣。能由此而遂充之，則四海雖遠，亦吾度内，無難保者；不能充之，則雖事之至近而不能矣。○此章所論人之性情、心之體用，本然全具，而各有條理如此。學者於此，反求默識而擴充之，則天之所以與我者，可以無不盡矣。○程子曰：「人皆有是心，惟君子爲能擴而充之。不能然者，皆自棄也。然其充與不充，亦在我而已矣。」又曰：「四端不言信者，既有誠心爲四端，則信在其中矣。」愚按：四端之信，猶五行之土。無定位，無成名，無專氣。而水、火、金、木，無不待是以生者。故土於四行無不在，於四時則寄王焉，其理亦猶是也。

孟子曰：「矢人豈不仁於函人哉？矢人唯恐不傷人，函人唯恐傷人。巫匠亦然，故術不可不慎也。函，音含。○函，甲也。惻隱之心人皆有之，是矢人之心，本非不如函人之仁也。巫者爲人祈祝，利人之生。匠者作爲棺槨，利人之死。孔子曰：『里仁爲美。擇不處仁，焉得智？』夫仁，天之尊爵也，人之安宅也。莫之禦而不仁，是不智也。焉，於虔反。夫，音扶。○里有仁厚之俗者，猶以爲美。人擇所以自處而不於仁，安得爲智乎？此孔子之言也。仁、義、禮、智，皆天所與之良貴。而仁者天地生物之心，得之最先，而兼統四者，所謂元者善之長也，故曰尊爵。在人則爲本心全體之德，有天理自然之安，無人欲陷溺之危。人當常在其中，而不可須臾離者也，故曰安宅。此又孟子釋孔子之意，以爲仁道之大如此，而自不爲之，豈非不智之甚乎？不仁、不智、無禮、無義，人役也。人役而恥爲役，由弓人而恥爲弓，矢人而恥爲矢也。由，與猶通。○以不仁故不智，不智故不知禮義之所在。如恥之，莫如爲仁。此亦因人愧恥之心，而引之使志於仁也。不言智、禮、義者，仁該全體。能爲仁，則三者在其中矣。仁者如射，射者正己而後發。發而不中，不怨勝己者，反求諸己而已矣。」中，去聲。○爲仁由己，而由人乎哉？

孟子曰：「子路，人告之以有過則喜。喜其得聞而改之，其勇於自修如此。周子曰：「仲由喜聞過，令名無窮焉。今人有過，不喜人規，如諱疾而忌醫，寧滅其身而無悟也。噫！」程子曰：「子路，人告之以有過則喜，亦可謂百世之師矣。」禹聞善言則拜。書曰：「禹拜昌言。」蓋不待有過，而能屈己以受天下之善也。大舜有大焉，善與人同。舍己從人，樂取於人以爲善。舍，上聲。樂，音洛。○言舜之所爲，又有大於禹與子路者。善與人同，公天下之善而不爲私也。己未善，則無所繫吝而舍以從人；人有善，則不待勉强而取之於己，此善與人同之目也。自耕、稼、陶、漁以至爲帝，無非取於人者。舜之側微，耕于歷山，陶于河濱，漁于雷澤。取諸人以爲善，是與人爲善者也。故君子莫大乎與人爲善。」與，猶許也，助也。取彼之善而爲之於我，則彼益勸於爲善矣，是我助其爲善也。能使天下之人皆勸於爲善，君子之善，孰大於此。○此章言聖賢樂善之誠，初無彼此之閒。故其在人者有以裕於己，在己者有以及於人。

孟子曰：「伯夷，非其君不事，非其友不友。不立於惡人之朝，不與惡人言。立於惡人之朝，與惡人言，如以朝衣朝冠坐於塗炭。推惡惡之心，思與鄉人立，其冠不正，望望然去之，若將浼焉。是故諸侯雖有善其辭命而至者，不受也。不受也者，是亦不屑就已。朝，音潮。惡惡，上去聲，下如字。浼，莫罪反。○塗，泥也。鄉人，鄉里之常人也。望望，去而不顧之貌。浼，汙也。屑，趙氏曰：「潔也。」說文曰：「動作切切也。」不屑就，言不以就之爲潔，而切切於是也。已，語助辭。柳下惠，不羞汙君，不卑小官。進不隱賢，必以其道。遺佚而不怨，阨窮而不憫。故曰：『爾爲爾，我爲我，雖袒裼裸裎於我側，爾焉能浼我哉？』故由由然與之偕而不自失焉，援而止之而止。援而止之而止者，是亦不屑去已。」佚，音逸。袒，音但。裼，音錫。裸，魯果反。裎，音程。焉能之焉，於虔反。○柳下惠，魯大夫展禽，居柳下而謚惠也。不隱賢，不枉道也。遺佚，放棄也。阨，困也。憫，憂也。爾爲爾至焉能浼我哉，惠之言也。袒裼，露臂也。裸裎，露身也。由由，自得之貌。偕，並處也。不自失，不失其正也。援而止之而止者，言欲去而可留也。孟子曰：「伯夷隘，柳下惠不恭。隘與不恭，君子不由也。」隘，狹窄也。不恭，簡慢也。夷、惠之行，固皆造乎至極之地，然既有所偏，則不能無弊，故不可由也。

孟子集注卷四

公孫丑章句下

凡十四章。自第二章以下，記孟子出處行實爲詳。

孟子曰：「天時不如地利，地利不如人和。天時，謂時日支干、孤虚、王相之屬也。地利，險阻、城池之固也。人和，得民心之和也。三里之城，七里之郭，環而攻之而不勝。夫環而攻之，必有得天時者矣，然而不勝者，是天時不如地利也。夫，音扶。○三里七里，城郭之小者。郭，外城。環，圍也。言四面攻圍，曠日持久，必有值天時之善者。城非不高也，池非不深也，兵革非不堅利也，米粟非不多也，委而去之，是地利不如人和也。革，甲也。粟，穀也。委，棄也。言不得民心，民不爲守也。故曰：域民不以封疆之界，固國不以山谿之險，威天下不以兵革之利。得道者多助，失道者寡助。寡助之至，親戚畔之；多助之至，天下順之。域，界限也。以天下之所順，攻親戚之所畔，故君子有不戰，戰必勝矣。」言不戰則已，戰則必勝。○尹氏曰：「言得天下者，凡以得民心而已。」

孟子將朝王，王使人來曰：「寡人如就見者也，有寒疾，不可以風。朝將視朝，不識可使寡人得見乎？」對曰：「不幸而有疾，不能造朝。」章内朝並音潮，惟朝將之朝如字。造，七到反，下同。

○王，齊王也。孟子本將朝王，王不知而託疾以召孟子，故孟子亦以疾辭也。明日出弔於東郭氏。公孫丑曰：「昔者辭以病，今日弔，或者不可乎？」曰：「昔者疾，今日愈，如之何不弔？」東郭氏，齊大夫家也。昔者，昨日也。或者，疑辭。辭疾而出弔，與孔子不見孺悲取瑟而歌同意。王使人問疾，醫來。孟仲子對曰：「昔者有王命，有采薪之憂，不能造朝。今病小愈，趨造於朝，我不識能至否乎？」使數人要於路，曰：「請必無歸，而造於朝！」要，平聲。○孟仲子，趙氏以爲孟子之從昆弟，學於孟子者也。采薪之憂，言病不能采薪，謙辭也。仲子權辭以對，又使人要孟子令勿歸而造朝，以實己言。不得已而之景丑氏宿焉。景子曰：「內則父子，外則君臣，人之大倫也。父子主恩，君臣主敬。丑見王之敬子也，未見所以敬王也。」曰：「惡！是何言也！齊人無以仁義與王言者，豈以仁義爲不美也？其心曰『是何足與言仁義也』云爾，則不敬莫大乎是。我非堯舜之道，不敢以陳於王前，故齊人莫如我敬王也。」惡，平聲，下同。○景丑氏，齊大夫家也。景子，景丑也。惡，歎辭也。景丑所言，敬之小者也；孟子所言，敬之大者也。景子曰：「否，非此之謂也。禮曰：『父召，無諾；君命召，不俟駕。』固將朝也，聞王命而遂不果，宜與夫禮若不相似然。」夫，音扶，下同。○禮曰：「父命呼，唯而不諾。」又曰：「君命召，在官不俟屨，在外不俟車。」言孟子本欲朝王，而聞命中止，似與此禮之意不同也。曰：「豈謂是與？曾子曰：『晉楚之富，不可及也。彼以其富，我以吾仁；彼以其爵，我以吾義。吾何慊乎哉？』夫豈不義而曾子言之？是或一道也。天下有達尊三：爵一，齒一，德一。朝廷莫如爵，鄉黨莫如齒，輔世長民莫如德。惡得有其一以慢其二哉？與，平聲。慊，口簟反。長，上聲。○慊，恨也，少也。或作嗛，字書以爲口銜物也。然則慊亦但爲心有所銜之義，其爲快、爲足、爲恨、爲少，則因其事而所銜有不同耳。孟子言我之意，非如景子之所言者。因引曾子之言，而云夫此豈是不義，而曾子肯以爲言，是或別有一種道理也。達，通也。蓋通天下之所尊，有此三者。曾子之説，蓋以德言之也。今齊王但有爵耳，安得以此慢於齒德乎？

故將大有爲之君，必有所不召之臣。欲有謀焉，則就之。其尊德樂道不如是，不足與有爲也。樂，音洛。○大有爲之君，大有作爲，非常之君也。程子曰：「古之人所以必待人君致敬盡禮而後往者，非欲自爲尊大也，爲是故耳。」故湯之於伊尹，學焉而後臣之，故不勞而王；桓公之於管仲，學焉而後臣之，故不勞而霸。先從受學，師之也。後以爲臣，任之也。今天下地醜德齊，莫能相尚。無他，好臣其所教，而不好臣其所受教。好，去聲。○醜，類也。尚，過也。所教，謂聽從於己，可役使者也。所受教，謂己之所從學者也。湯之於伊尹，桓公之於管仲，則不敢召。管仲且猶不可召，而況不爲管仲者乎？」不爲管仲，孟子自謂也。范氏曰：「孟子之於齊，處賓師之位，非當仕有官職者，故其言如此。」○此章見賓師不以趨走承順爲恭，而以責難陳善爲敬；人君不以崇高富貴爲重，而以貴德尊士爲賢，則上下交而德業成矣。

陳臻問曰：「前日於齊，王餽兼金一百而不受；於宋，餽七十鎰而受；於薛，餽五十鎰而受。前日之不受是，則今日之受非也；今日之受是，則前日之不受非也。夫子必居一於此矣。」陳臻，孟子弟子。兼金，好金也，其價兼倍於常者。一百，百鎰也。孟子曰：「皆是也。皆適於義也。當在宋也，予將有遠行。行者必以贐，辭曰：『餽贐。』予何爲不受？贐，徐刃反。○贐，送行者之禮也。當在薛也，予有戒心。辭曰：『聞戒。』故爲兵餽之，予何爲不受？爲兵之爲，去聲。○時人有欲害孟子者，孟子設兵以戒備之。薛君以金餽孟子，爲兵備。辭曰「聞子之有戒心也」。若於齊，則未有處也。無處而餽之，是貨之也。焉有君子而可以貨取乎？」焉，於虔反。○無遠行戒心之事，是未有所處也。取，猶致也。○尹氏曰：「言君子之辭受取予，惟當於理而已。」

孟子之平陸，謂其大夫曰：「子之持戟之士，一日而三失伍，則去之否乎？」曰：「不待三。」去，上聲。○平陸，齊下邑也。大夫，邑宰也。戟，有枝兵也。士，戰士也。伍，行列也。去之，殺之也。「然則子之失伍也亦多矣。凶年饑歲，子之民，老羸轉於溝壑，壯者散而之四方者，幾千人矣。」曰：「此非距心之所得爲也。」幾，上聲。○子之失伍，言其失職，猶士之失伍也。距心，大夫名。對言此乃王之失政使然，非我所得專爲也。曰：「今有受人之牛羊而爲之牧之者，則必爲之求牧與芻矣。求牧與芻而不得，則反諸其人乎？抑亦立而視其死與？」曰：「此則距心之罪也。」爲，去聲。死與之與，平聲。○牧之，養之也。牧，牧地也。芻，草也。孟子言若不得自專，何不致其事而去。他日，見於王曰：「王之爲都者，臣知五人焉。知其罪者，惟孔距心。爲王誦之。」王曰：「此則寡人之罪也。」見，音現。爲王之爲，去聲。○爲都，治邑也。邑有先君之廟曰都。孔，大夫姓也。爲王誦其語，欲以諷曉王也。○陳氏曰：「孟子一言而齊之君臣舉知其罪，固足以興邦矣。然而齊卒不得爲善國者，豈非説而不繹，從而不改故邪？」

孟子謂蚳鼃曰：「子之辭靈丘而請士師，似也，爲其可以言也。今既數月矣，未可以言與？」蚳，音遲。鼃，烏花反。爲，去聲。與，平聲。○蚳鼃，齊大夫也。靈丘，齊下邑。似也，言所爲近似有理。可以言，謂士師近王，得以諫刑罰之不中者。蚳鼃諫於王而不用，致爲臣而去。致，猶還也。齊人曰：「所以爲蚳鼃，則善矣；所以自爲，則吾不知也。」爲，去聲。○譏孟子道不行而不能去也。公都子以告。公都子，孟子弟子也。曰：「吾聞之也：有官守者，不得其職則去；有言責者，不得其言則去。我無官守，我無言責也，則吾進退豈不綽綽然有餘裕哉？」官守，以官爲守者。言責，以言爲責者。綽綽，寬貌。裕，寬意也。孟子居賓師之位，未嘗受祿，故其進退之際寬裕如此。尹氏曰：「進退久速，當於理而已。」

孟子爲卿於齊，出弔於滕，王使蓋大夫王驩爲輔行。王驩朝暮見，反齊滕之路，未嘗與之言行事也。蓋，古盍反。見，音現。○蓋，齊下邑也。王驩，王嬖臣也。輔行，副使也。反，往而還也。行事，使事也。公孫丑曰：「齊卿之位，不爲小矣；齊滕之路，不爲近矣。反之而未嘗與言行事，何也？」曰：「夫既或治之，予何言哉？」夫，音扶。○王驩蓋攝卿以行，故曰齊卿。夫既或治之，言有司已治之矣。孟子之待小人，不惡而嚴如此。

孟子自齊葬於魯，反於齊，止於嬴。孟子仕於齊，喪母，歸葬於魯。嬴，齊南邑。充虞請曰：「前日不知虞之不肖，使虞敦匠事。嚴，虞不敢請。今願竊有請也，木若以美然。」充虞，孟子弟子，嘗董治作棺之事者也。嚴，急也。木，棺木也。以，已通。以美，太美也。曰：「古者棺槨無度，中古棺七寸，椁稱之。自天子達於庶人。非直爲觀美也，然後盡於人心。稱，去聲。○度，厚薄尺寸也。中古，周公制禮時也。椁稱之，與棺相稱也。欲其堅厚久遠，非特爲人觀視之美而已。不得，不可以爲悦；無財，不可以爲悦。得之爲有財，古之人皆用之，吾何爲獨不然？不得，謂法制所不當得。得之爲有財，言得之而又爲有財也。或曰：「爲當作而。」且比化者，無使土親膚，於人心獨無恔乎？比，必二反。恔，音效。○比，猶爲也。化者，死者也。恔，快也。言爲死者不使土近其肌膚，於人子之心，豈不快然無所恨乎？吾聞之君子：不以天下儉其親。」送終之禮，所當得爲而不自盡，是爲天下愛惜此物，而薄於吾親也。

沈同以其私問曰：「燕可伐與？」孟子曰：「可。子噲不得與人燕，子之不得受燕於子噲。有仕於此，而子悦之，不告於王而私與之吾子之禄爵；夫士也，亦無王命而私受之於子，則可乎？何以異於是？」伐與之與，平聲；下伐與、殺與同。夫，音扶。○沈同，齊臣。以私問，非王命也。子噲、子之，事見前篇。諸侯土地人民，受之天子，傳之先君。私以與人，則與者受者皆有罪也。仕，爲官也。士，即從仕之人也。齊人伐燕。或問曰：「勸齊伐燕，有諸？」曰：「未也。沈同問：『燕可伐與？』吾應之曰『可』，彼然而伐之也。彼如曰：『孰可以伐之？』則將應之曰：『爲天吏，則可以伐之。』今有殺人者，或問之曰：『人可殺與？』則將應之曰『可』。彼如曰：『孰可以殺之？』則將應之曰：『爲士師則可以殺之。』今以燕伐燕，何爲勸之哉？」天吏，解見上篇。言齊無道，與燕無異，如以燕伐燕也。史記亦謂孟子勸齊伐燕，蓋傳聞此説之誤。○楊氏曰：「燕固可伐矣，故孟子曰可。使齊王能誅其君，弔其民，何不可之有？乃殺其父兄，虜其子弟，而後燕人畔之。乃以是歸咎孟子之言，則誤矣。」

燕人畔。王曰：「吾甚慚於孟子。」齊破燕後二年，燕人共立太子平爲王。陳賈曰：「王無患焉。王自以爲與周公，孰仁且智？」王曰：「惡！是何言也？」曰：「周公使管叔監殷，管叔以殷畔。知而使之，是不仁也；不知而使之，是不智也。仁智，周公未之盡也，而況於王乎？賈請見而解之。」惡，監，皆平聲。○陳賈，齊大夫也。管叔，名鮮，武王弟，周公兄也。武王勝商殺紂，立紂子武庚，而使管叔與弟蔡叔、霍叔監其國。武王崩，成王幼，周公攝政。管叔與武庚畔，周公討而誅之。見孟子問曰：「周公何人也？」曰：「古聖人也。」曰：「使管叔監殷，管叔以殷畔也，有諸？」曰：「然。」曰：「周公知其將畔而使之與？」曰：「不知也。」「然則聖人且有過與？」曰：「周公，弟也；管叔，兄也。周公之過，不亦宜乎？與，平聲。○言周公乃管叔之弟，管叔乃周公之兄，然則周公不知管叔之將畔而使之，其過有所不免矣。或曰：「周公之處管叔，不如舜之處象，何也？」游氏曰：「象之惡已著，而其志不過富貴而已，故舜得以是而全之；若管叔之惡則未著，而其志其才皆非象比也，周公詎忍逆探其兄之惡而棄之耶？周公愛兄，宜無不盡者。管叔之事，聖人之不幸也。舜誠信而喜象，周公誠信而任管叔，此天理人倫之至，其用心一也。」且古之君子，過則改之；今之君子，過則順之。古之君子，其過也，如日月之食，民皆見之；及其更也，民皆仰之。今之君子，豈徒順之，又從爲之辭。」更，平聲。○順，猶遂也。更，改也。辭，辯也。更之則無損於明，故民仰之。順而爲之辭，則其過愈深矣。責賈不能勉其君以遷善改過，而教之以遂非文過也。○林氏曰：「齊王慚於孟子，蓋羞惡之心，有不能自已者。使其臣有能因是心而將順之，則義不可勝用矣。而陳賈鄙夫，方且爲之曲爲辯説，而沮其遷善改過之心，長其飾非拒諫之惡，故孟子深責之。然此書記事散出而無先後之次，故其説必參考而後通。若以第二篇十章十一章置於前章之後，此章之前，則孟子之意，不待論説而自明矣。」

孟子致爲臣而歸。孟子久於齊而道不行，故去也。王就見孟子，曰：「前日願見而不可得，得侍，同朝甚喜。今又棄寡人而歸，不識可以繼此而得見乎？」對曰：「不敢請耳，固所願也。」朝，音潮。他日，王謂時子曰：「我欲中國而授孟子室，養弟子以萬鍾，使諸大夫國人皆有所矜式。子盍爲我言之？」爲，去聲。○時子，齊臣也。中國，當國之中也。萬鍾，穀禄之數也。鍾，量名，受六斛四斗。矜，敬也。式，法也。盍，何不也。時子因陳子而以告孟子，陳子以時子之言告孟子。陳子，即陳臻也。孟子曰：「然。夫時子惡知其不可也？如使予欲富，辭十萬而受萬，是爲欲富乎？夫，音扶。惡，平聲。○孟子既以道不行而去，則其義不可以復留；而時子不知，則又有難顯言者，故但言設使我欲富，則我前日爲卿，嘗辭十萬之禄，今乃受此萬鍾之饋，是我雖欲富，亦不爲此也。季孫曰：『異哉子叔疑！使己爲政，不用，則亦已矣，又使其子弟爲卿。人亦孰不欲富貴？而獨於富貴之中，有私龍斷焉。』龍，音壟。○此孟子引季孫之語也。季孫、子叔疑，不知何時人。龍斷，岡壟之斷而高也，義見下文。蓋子叔疑者嘗不用，而使其子弟爲卿。季孫譏其既不得於此，而又欲求得於彼，如下文賤丈夫登龍斷者之所爲也。孟子引此以明道既不行，復受其禄，則無以異此矣。古之爲市也，以其所有易其所無者，有司者治之耳。有賤丈夫焉，必求龍斷而登之，以左右望而罔市利。人皆以爲賤，故從而征之。征商，自此賤丈夫始矣。」孟子釋龍斷之説如此。治之，謂治其爭訟。左右望者，欲得此而又取彼也。罔，謂罔羅取之也。從而征之，謂人惡其專利，故就征其税，後世緣此遂征商人也。○程子曰：「齊王所以處孟子者，未爲不可，孟子亦非不肯爲國人矜式者。但齊王實非欲尊孟子，乃欲以利誘之，故孟子拒而不受。」

孟子去齊，宿於晝。晝，如字，或曰：「當作畫，音獲。」下同。○晝，齊西南近邑也。有欲爲王留行者，坐而言。不應，隱几而卧。爲，去聲，下同。隱，於靳反。○隱，憑也。客坐而言，孟子不應而卧也。客不悦曰：「弟子齊宿而後敢言，夫子卧而不聽，請勿復敢見矣。」曰：「坐！我明語子。昔者魯繆公無人乎子思之側，則不能安子思；泄柳、申詳，無人乎繆公之側，則不能安其身。齊，側皆反。復，扶又反。語，去聲。○齊宿，齊戒越宿也。繆公尊禮子思，常使人候伺道達誠意於其側，乃能安而留之也。泄柳，魯人。申詳，子張之子也。繆公尊之不如子思，然二子義不苟容，非有賢者在其君之左右維持調護之，則亦不能安其身矣。子爲長者慮，而不及子思，子絶長者乎？長者絶子乎？」長，上聲。○長者，孟子自稱也。言齊王不使子來，而子自欲爲王留我；是所以爲我謀者，不及繆公留子思之事，而先絶我也。我之卧而不應，豈爲先絶子乎？

孟子去齊。尹士語人曰：「不識王之不可以爲湯武，則是不明也；識其不可，然且至，則是干澤也。千里而見王，不遇故去。三宿而後出晝，是何濡滯也？士則兹不悦。」語，去聲。○尹士，齊人也。干，求也。澤，恩澤也。濡滯，遲留也。高子以告。高子，亦齊人，孟子弟子也。曰：「夫尹士惡知予哉？千里而見王，是予所欲也；不遇故去，豈予所欲哉？予不得已也。夫，音扶，下同。惡，平聲。○見王，欲以行道也。今道不行，故不得已而去，非本欲如此也。予三宿而出晝，於予心猶以爲速。王庶幾改之。王如改諸，則必反予。所改必指一事而言，然今不可考矣。夫出晝而王不予追也，予然後浩然有歸志。予雖然，豈舍王哉？王由足用爲善。王如用予，則豈徒齊民安，天下之民舉安。王庶幾改之，予日望之。浩然，如水之流不可止也。○楊氏曰：「齊王天資朴實，如好勇、好貨、好色、好世俗之樂，皆以直告而不隱於孟子，故足以爲善。若乃其心不然，而謬爲大言以欺人，是人終不可與入堯舜之道矣，何善之能爲？」予豈若是小丈夫然哉？諫於其君而不受，則怒，悻悻然見於其面。去則窮日之力而後宿哉？」悻，形頂反。見，音現。○悻悻，怒意也。窮，盡也。尹士聞之曰：「士誠小人也。」此章見聖賢行道濟時，汲汲之本心；愛君澤民，惓惓之餘意。李氏曰：「於此見君子憂則違之之情，而荷蕢者所以爲果也。」

孟子去齊。充虞路問曰：「夫子若有不豫色然。前日虞聞諸夫子曰：『君子不怨天，不尤人。』」路問，於路中問也。豫，悦也。尤，過也。此二句實孔子之言，蓋孟子嘗稱之以教人耳。曰：「彼一時，此一時也。彼，前日。此，今日。五百年必有王者興，其間必有名世者。自堯舜至湯，自湯至文武，皆五百餘年而聖人出。名世，謂其人德業聞望可名於一世者，爲之輔佐，若皋陶、稷、契、伊尹、萊朱、太公望、散宜生之屬。由周而來，七百有餘歲矣。以其數則過矣，以其時考之則可矣。周，謂文武之間。數，謂五百年之期。

時，謂亂極思治可以有爲之日。於是而不得一有所爲，此孟子所以不能無不豫也。**夫天未欲平治天下也，如欲平治天下，當今之世，舍我其誰也？吾何爲不豫哉？」**夫，音扶。舍，上聲。○言當此之時，而使我不遇於齊，是天未欲平治天下也。然天意未可知，而其具又在我，我何爲不豫哉？然則孟子雖若有不豫然者，而實未嘗不豫也。蓋聖賢憂世之志，樂天之誠，有並行而不悖者，於此見矣。

孟子去齊，居休。公孫丑問曰：「仕而不受禄，古之道乎？」休，地名。**曰：「非也。於崇，吾得見王。退而有去志，不欲變，故不受也。**崇，亦地名。孟子始見齊王，必有所不合，故有去志。變，謂變其去志。**繼而有師命，不可以請。久於齊，非我志也。」**師命，師旅之命也。國既被兵，難請去也。○孔氏曰：「仕而受禄，禮也；不受齊禄，義也。義之所在，禮有時而變，公孫丑欲以一端裁之，不亦誤乎？」

孟子集注卷五

滕文公章句上

凡五章。

滕文公爲世子，將之楚，過宋而見孟子。世子，太子也。**孟子道性善，言必稱堯舜。**道，言也。性者，人所稟於天以生之理也，渾然至善，未嘗有惡。人與堯舜初無少異，但衆人汩於私欲而失之，堯舜則無私欲之蔽，而能充其性爾。故孟子與世子言，每道性善，而必稱堯舜以實之，欲其知仁義不假外求，聖人可學而至，而不懈於用力也。門人不能悉記其辭，而撮其大旨如此。程子曰：「性卽理也。天下之理，原其所自，未有不善。喜、怒、哀、樂未發，何嘗不善。發而中節，卽無往而不善；發不中節，然後爲不善。故凡言善惡，皆先善而後惡；言吉凶，皆先吉而後凶；言是非，皆先是而後非。」**世子自楚反，復見孟子。孟子曰：「世子疑吾言乎？夫道一而已矣。**復，扶又反。夫，音扶。○時人不知性之本善，而以聖賢爲不可企及；故世子於孟子之言不能無疑，而復來求見，蓋恐別有卑近易行之說也。孟子知之，故但告之如此，以明古今聖愚本同一性，前言已盡，無復有他說也。**成覸謂齊景公曰：『彼丈夫也，我丈夫也，吾何畏彼哉？』顔淵曰：『舜何人也？予何人也？有爲者亦若是。』公明儀曰：『文王我師也，周公豈欺我哉？』**覸，古莧反。○成覸，人姓名。彼，謂聖賢也。有爲者亦若是，言人能有爲，則皆如舜也。公明，姓；儀，名，魯賢人也。文王我師也，蓋周公之言。公明儀亦以文王爲必可師，故誦周公之言，而歎其不我欺也。孟子既告世子以道無二致，而復引此三言以明之，欲世子篤信力行，以師聖賢，不當復求他說也。今滕，絶長補短，將五十里也，猶可以爲善國。書曰：『若藥不瞑眩，厥疾不瘳。』」瞑，莫甸反。眩，音縣。○絶，猶截也。書商書説命篇。瞑眩，憒亂。言滕國雖小，猶足爲治，但恐安於卑近，不能自克，則不足以去惡而爲善也。○愚按：孟子之言性善，始見於此，而詳具於告子之篇。然默識而旁通之，則七篇之中，無非此理。其所以擴前聖之未發，而有功於聖人之門，程子之言信矣。

滕定公薨。世子謂然友曰：「昔者孟子嘗與我言於宋，於心終不忘。今也不幸至於大故，吾欲使子問於孟子，然後行事。」定公，文公父也。然友，世子之傅也。大故，大喪也。事，謂喪禮。然友之鄒問於孟子。孟子曰：「不亦善乎！親喪固所自盡也。曾子曰：『生，事之以禮；死，葬之以禮，祭之以禮，可謂孝矣。』諸侯之禮，吾未之學也；雖然，吾嘗聞之矣。三年之喪，齊疏之服，飦粥之食，自天子達於庶人，三代共之。」齊，音資。疏，所居反。飦，諸延〔一〕反。○當時諸侯莫能行古喪禮，而文公獨能以此爲問，故孟子善之。又言父母之喪，固人子之心所自盡者。蓋悲哀之情，痛疾之意，非自外至，宜乎文公於此有所不能自已也。但所引曾子之言，本孔子告樊遲者，豈曾子嘗誦之以告其門人歟？三年之喪者，子生三年，然後免於父母之懷，故父母之喪，必以三年也。齊，衣下縫也。不緝曰斬衰，緝之曰齊衰。疏，麤也，麤布也。飦，糜也。喪禮：三日始食粥。既葬，乃疏食。此古今貴賤通行之禮也。然友反命，定爲三年之喪。父兄百

〔一〕「延」原作「筵」，據清仿宋大字本改。

官皆不欲，曰：「吾宗國魯先君莫之行，吾先君亦莫之行也，至於子之身而反之，不可。且志曰：『喪祭從先祖。』」曰：「吾有所受之也。」父兄，同姓老臣也。滕與魯俱文王之後，而魯祖周公爲長。兄弟宗之，故滕謂魯爲宗國也。然謂二國不行三年之喪者，乃其後世之失，非周公之法本然也。志，記也，引志之言而釋其意。以爲所以如此者，蓋爲上世以來有所傳受，雖或不同，不可改也。然志所言，本謂先王之世舊俗所傳，禮文小異而可以通行者耳，不謂後世失禮之甚者也。

謂然友曰：「吾他日未嘗學問，好馳馬試劍。今也父兄百官不我足也，恐其不能盡於大事，子爲我問孟子。」然友復之鄒問孟子。孟子曰：「然。不可以他求者也。孔子曰：『君薨，聽於冢宰。歠粥，面深墨。即位而哭，百官有司，莫敢不哀，先之也。』上有好者，下必有甚焉者矣。『君子之德，風也；小人之德，草也。草尚之風必偃。』是在世子。」好、爲，皆去聲。復，扶又反。歠，川悅反。○不我足，謂不以我滿足其意也。然者，然其不我足之言。不可他求者，言當責之於己。冢宰，六卿之長也。歠，飲也。深墨，甚黑色也。即，就也。尚，加也。論語作上，古字通也。偃，伏也。孟子言但在世子自盡其哀而已。

然友反命。世子曰：「然。是誠在我。」五月居廬，未有命戒。百官族人可，謂曰知。及至葬，四方來觀之，顔色之戚，哭泣之哀，弔者大悅。諸侯五月而葬，未葬，居倚廬於中門之外。居喪不言，故未有命令教戒也。可謂曰知，疑有闕誤。或曰：「皆謂世子之知禮也。」○林氏曰：「孟子之時，喪禮既壞，然三年之喪，惻隱之心，痛疾之意，出於人心之所固有者，初未嘗亡也。惟其溺於流俗之弊，是以喪其良心而不自知耳。文公見孟子而聞性善堯舜之説，則固有以啓發其良心矣，是以至此而哀痛之誠心發焉。及其父兄百官皆不欲行，則亦反躬自責，悼其前行之不足以取信，而不敢有非其父兄百官之心。雖其資質有過人者，而學問之力，亦不可誣也。及其斷然行之，而遠近見聞無不悅服，則以人心之所同然者自我發之，而彼之心悅誠服，亦有所不期然而然者。人性之善，豈不信哉？」

滕文公問爲國。文公以禮聘孟子，故孟子至滕，而文公問之。孟子曰：「民事不可緩也。詩云：『晝爾于茅，宵爾索綯；亟其乘屋，其始播百穀。』綯，音陶。亟，紀力反。○民事，謂農事。詩豳風七月之篇。于，往取也。綯，絞也。亟，急也。乘，升也。播，布也。言農事至重，人君不可以爲緩而忽之。故引詩言治屋之急如此者，蓋以來春將復始播百穀，而不暇爲此也。民之爲道也，有恒產者有恒心，無恒產者無恒心。苟無恒心，放辟邪侈，無不爲已。及陷乎罪，然後從而刑之，是罔民也。焉有仁人在位，罔民而可爲也？音義並見前篇。是故賢君必恭儉禮下，取於民有制。恭則能以禮接下，儉則能取民以制。陽虎曰：『爲富不仁矣，爲仁不富矣。』陽虎，陽貨，魯季氏家臣也。天理人欲，不容並立。虎之言此，恐爲仁之害於富也；孟子引之，恐爲富之害於仁也。君子小人，每相反而已矣。夏后氏五十而貢，殷人七十而助，周人百畝而徹，其實皆什一也。徹者，徹也；助者，藉也。徹，敕列反。藉，子夜反。○此以下，乃言制民常產與其取之之制也。夏時一夫授田五十畝，而每夫計其五畝之入以爲貢。商人始爲井田之制，以六百三十畝之地畫爲九區，區七十畝。中爲公田，其外八家各授一區，但借其力以助耕公田，而不復稅其私田。周時一夫授田百畝。鄉遂用貢法，十夫有溝；都鄙用助法，八家同井。耕則通力而作，收則計畝而分，故謂之徹。其實皆什一者，貢法固以十分之一爲常數，惟助法乃是九一，而商制不可考。周制則公田百畝，中以二十畝爲廬舍，一夫所耕公田實計十畝。通私田百畝，爲十一分而取其一，蓋又輕於什一矣。竊料商制亦當似此，而以十四畝爲廬舍，一夫實耕公田七畝，是亦不過什一也。徹，通也，均也。藉，借也。龍子曰：『治地莫善於助，莫不善於貢。貢者校數歲之中以爲常。樂歲，粒米狼戾，多取之而不爲虐，則寡取之；凶年，糞其田而不足，則必取盈焉。爲民父母，使民盻盻然，將終歲勤動，不得以養其父母，又稱貸而益之，使老稚轉乎溝壑，惡在其爲民父母也？』樂，音洛。盻，五禮反，從目從兮。或音普莧反者非。養，去聲。惡，平聲。○龍子，古賢人。狼戾，猶狼藉，言多也。糞，壅〔一〕也。盈，滿也。盻，恨視也。勤動，勞苦也。稱，舉也。貸，借也。取物於人，而出息以償之也。益之，以足取盈之數也。稚，幼子也。夫世祿，滕固行之矣。夫，音扶。○孟子嘗言文王治岐，耕者九一，仕者世祿，二者王政之本也。今世祿滕已行之，惟助法未行，故取於民者無制耳。蓋世祿者，授之土田，使之食其公田之入，實與助法相爲表裏，所以使君子野人各有定業，而上下相安者也，故下文遂言助法。詩云：『雨我公田，遂及我私。』惟助爲有公田。由此觀之，雖周亦助也。雨，于付反。○詩小雅大田之篇。雨，降雨也。言願天雨於公田，而遂及私田，先公而後私也。當時助法盡廢，典籍不存，惟有此詩可見周亦用助，故引之也。設爲庠序學校以教之：庠者，養也；校者，教也；序者，射也。夏曰校，殷曰序，周曰庠，學則三代共之，皆所以明人倫也。人倫明於上，小民親於下。庠以養老爲義，校以教民爲義，序以習射爲義，皆鄉學也。學，國學也。共之，無異名也。倫，序也。父子有親，君臣有義，夫婦有別，長幼有序，朋友有信，此人之大倫也。庠序學校，

〔一〕「壅」原作「擁」，據清仿宋大字本改。

皆以明此而已。有王者起，必來取法，是爲王者師也。滕國褊小，雖行仁政，未必能興王業，然爲王者師，則雖不有天下，而其澤亦足以及天下矣。聖賢至公無我之心，於此可見。詩云『周雖舊邦，其命惟新』，文王之謂也。子力行之，亦以新子之國。」詩大雅文王之篇。言周雖后稷以來，舊爲諸侯，其受天命而有天下，則自文王始也。子，指文公，諸侯未踰年之稱也。

使畢戰問井地。孟子曰：「子之君將行仁政，選擇而使子，子必勉之！夫仁政，必自經界始。經界不正，井地不鈞，穀禄不平。是故暴君汙吏必慢其經界。經界既正，分田制禄可坐而定也。夫，音扶。○畢戰，滕臣。文公因孟子之言，而使畢戰主爲井地之事，故又使之來問其詳也。井地，即井田也。經界，謂治地分田，經畫其溝塗封植之界也。此法不修，則田無定分，而豪强得以兼并，故井地有不鈞；賦無定法，而貪暴得以多取，故穀禄有不平。此欲行仁政者之所以必從此始，而暴君汙吏則必欲慢而廢之也。有以正之，則分田制禄，可不勞而定矣。

夫滕壤地褊小，將爲君子焉，將爲野人焉。無君子莫治野人，無野人莫養君子。夫，音扶。養，去聲。○言滕地雖小，然其閒亦必有爲君子而仕者，亦必有爲野人而耕者，是以分田制禄之法，不可偏廢也。

請野九一而助，國中什一使自賦。此分田制禄之常法，所以治野人使養君子也。野，郊外都鄙之地也。九一而助，爲公田而行助法也。國中，郊門之内，鄉遂之地也，田不井授，但爲溝洫，使什而自賦其一，蓋用貢法也。周所謂徹法者蓋如此，以此推之，當時非惟助法不行，其貢亦不止什一矣。

卿以下必有圭田，圭田五十畝。此世禄常制之外，又有圭田，所以厚君子也。圭，潔也，所以奉祭祀也。不言世禄者，滕已行之，但此未備耳。

餘夫二十五畝。程子曰：「一夫上父母，下妻子，以五口八口爲率，受田百畝。如有弟，是餘夫也。年十六，別受田二十五畝，俟其壯而有室，然後更受百畝之田。」愚按：此百畝常制之外，又有餘夫之田，以厚野人也。**死徙無出鄉，鄉田同井。出入相友，守望相助，疾病相扶持，則百姓親睦。**死，謂葬也。徙，謂徙其居也。同井者，八家也。友，猶伴也。守望，防寇盜也。**方里而井，井九百畝，其中爲公田。八家皆私百畝，同養公田。公事畢，然後敢治私事，所以別野人也。**養，去聲。別，彼列反。○此詳言井田形體之制，乃周之助法也。公田以爲君子之禄，而私田野人之所受。先公後私，所以別君子野人之分也。不言君子，據野人而言，省文耳。上言野及國中二法，此獨詳於治野者，國中貢法，當時已行，但取之過於什一爾。**此其大略也。若夫潤澤之，則在君與子矣。」**夫，音扶。○井地之法，諸侯皆去其籍，此特其大略而已。潤澤，謂因時制宜，使合於人情，宜於土俗，而不失乎先王之意也。○呂氏曰：「子張子慨然有意三代之治。論治人先務，未始不以經界爲急。講求法制，粲然備具。要之可以行於今，如有用我者，舉而措之耳。嘗曰：『仁政必自經界始。貧富不均，教養無法，雖欲言治，皆苟而已。世之病難行者，未始不以亟奪富人之田爲辭。然茲法之行，悦之者衆。苟處之有術，期以數年，不刑一人而可復。所病者，特上之未行耳。』乃言曰：『縱不能行之天下，猶可驗之一鄉。』方與學者議古之法，買田一方，畫爲數井。上不失公家之賦役，退以其私，正經界，分宅里，立斂法，廣儲蓄，興學校，成禮俗，救菑恤患，厚本抑末。足以推先王之遺法，明當今之可行。有志未就而卒。」○愚按：喪禮經界兩章，見孟子之學，識其大者。是以雖當禮法廢壞之後，制度節文不可復考，而能因略以致詳，推舊而爲新，不屑屑於既往之迹，而能合乎先王之意，真可謂命世亞聖之才矣。

有爲神農之言者許行，自楚之滕，踵門而告文公曰：「遠方之人聞君行仁政，願受一廛

而爲氓。」文公與之處，其徒數十人，皆衣褐，捆屨、織席以爲食。衣，去聲。捆，音閫。○神農，炎帝神農氏。始爲耒耜，教民稼穡者也。爲其言者，史遷所謂農家者流也。許，姓，行，名也。踵門，足至門也。仁政，上章所言井地之法也。廛，民所居也。氓，野人之稱。褐，毛布，賤者之服也。捆，扣掾之欲其堅也。以爲食，賣以供食也。程子曰：「許行所謂神農之言，乃後世稱述上古之事，失其義理者耳，猶陰陽、醫、方稱黄帝之説也。」陳良之徒陳相與其弟辛，負耒耜而自宋之滕，曰：「聞君行聖人之政，是亦聖人也，願爲聖人氓。」陳良，楚之儒者。耜，所以起土。耒，其柄也。陳相見許行而大悦，盡棄其學而學焉。陳相見孟子，道許行之言曰：「滕君，則誠賢君也；雖然，未聞道也。賢者與民並耕而食，饔飧而治。今也滕有倉廩府庫，則是厲民而以自養也，惡得賢？」饔，音雍。飧，音孫。惡，平聲。○饔飧，熟食也。朝曰饔，夕曰飧。言當自炊爨以爲食，而兼治民事也。厲，病也。許行此言，蓋欲陰壞孟子分别君子野人之法。孟子曰：「許子必種粟而後食乎？」曰：「然。」「許子必織布而後衣乎？」曰：「否。許子衣褐。」「許子冠乎？」曰：「冠。」曰：「奚冠？」曰：「冠素。」曰：「自織之與？」曰：「否。以粟易之。」曰：「許子奚爲不自織？」曰：「害於耕。」曰：「許子以釜甑爨，以鐵耕乎？」曰：「然。」「自爲之與？」曰：「否。以粟易之。」衣，去聲。與，平聲。○釜，所以煑。甑，所以炊。爨，然火也。鐵，耜屬也。此語八反，皆孟子問而陳相對也。「以粟易械器者，不爲厲陶冶；陶冶亦以其械器易粟者，豈爲厲農夫哉？且許子何不爲陶冶，舍皆取諸其宫中而用之？何爲紛紛然與百工交易？何許子之不憚煩？」

曰：「百工之事，固不可耕且爲也。」舍，去聲。○此孟子言而陳相對也。械器，釜甑之屬也。陶，爲甑者。冶，爲釜鐵者。舍，止也，或讀屬上句。舍，謂作陶冶之處也。

「然則治天下獨可耕且爲與？有大人之事，有小人之事。且一人之身，而百工之所爲備。如必自爲而後用之，是率天下而路也。故曰：或勞心，或勞力；勞心者治人，勞力者治於人；治於人者食人，治人者食於人：天下之通義也。」與，平聲。食，音嗣。○此以下皆孟子言也。路，謂奔走道路，無時休息也。治於人者，見治於人也。食人者，出賦税以給公上也。食於人者，見食於人也。此四句皆古語，而孟子引之也。君子無小人則飢，小人無君子則亂。以此相易，正猶農夫陶冶以粟與械器相易，乃所以相濟而非所以相病也。治天下者，豈必耕且爲哉？

當堯之時，天下猶未平，洪水横流，氾濫於天下。草木暢茂，禽獸繁殖，五穀不登，禽獸偪人。獸蹄鳥跡之道，交於中國。堯獨憂之，舉舜而敷治焉。舜使益掌火，益烈山澤而焚之，禽獸逃匿。禹疏九河，瀹濟漯，而注諸海；決汝漢，排淮泗，而注之江，然後中國可得而食也。當是時也，禹八年於外，三過其門而不入，雖欲耕，得乎？瀹，音藥。濟，子禮反。漯，他合反。○天下猶未平者，洪荒之世，生民之害多矣；聖人迭興，漸次除治，至此尚未盡平也。洪，大也。横流，不由其道而散溢妄行也。氾濫，横流之貌。暢茂，長盛也。繁殖，衆多也。五穀，稻、黍、稷、麥、菽也。登，成熟也。道，路也。獸蹄鳥跡交於中國，言禽獸多也。敷，布也。益，舜臣名。烈，熾也。禽獸逃匿，然後禹得施治水之功。疏，通也，分也。九河：曰徒駭，曰太史，曰馬頰，曰覆釜，曰胡蘇，曰簡，曰潔，曰鉤盤，曰鬲津。瀹，亦疏通之意。濟漯，二水名。決、排，皆去其壅塞也。汝、漢、淮、泗，亦皆水名也。據禹貢及今水路，惟漢水入江耳。汝泗則入淮，而淮自入海。此謂四水皆入于江，記者之誤也。后稷教民稼穡，樹藝五穀，五穀熟而民人育。人之有道也，飽食、煖衣、逸居而無教，則近於禽獸。聖人有憂之，使契爲司徒，教以人倫：父子有親，君臣有義，夫婦有别，長幼有序，朋友有信。放勳曰：『勞之來之，匡之直之，輔之翼之，使自得之，又從而振德之。』聖人之憂民如此，而暇耕乎？ 契，音薛。别，彼列反。長、放，皆上聲。勞、來，皆去聲。○言水土平，然後得以教稼穡；衣食足，然後得以施教化。后稷，官名，棄爲之。然言教民，則亦非並耕矣。樹，亦種也。藝，殖也。契，亦舜臣名也。司徒，官名也。人之有道，言其皆有秉彝之性也。然無教則亦放逸怠惰而失之，故聖人設官而教以人倫，亦因其固有者而道之耳。書曰：「天叙有典，敕我五典五惇哉。」此之謂也。放勳，本史臣贊堯之辭，孟子因以爲堯號也。德，猶惠也。堯言，勞者勞之，來者來之，邪者正之，枉者直之，輔以立之，翼以行之，使自得其性矣，又從而提撕警覺以加惠焉，不使其放逸怠惰而或失之。蓋命契之辭也。

堯以不得舜爲己憂，舜以不得禹、皋陶爲己憂。夫以百畝之不易爲己憂者，農夫也。 夫，音扶。易，去聲。○易，治也。堯舜之憂民，非事事而憂之也，急先務而已。所以憂民者其大如此，則不惟不暇耕，而亦不必耕矣。

分人以財謂之惠，教人以善謂之忠，爲天下得人者謂之仁。是故以天下與人易，爲天下得人難。 爲、易，並去聲。○分人以財，小惠而已。教人以善，雖有愛民之實，然其所及亦有限而難久。惟若堯之得舜，舜之得禹、皋陶，及所謂爲天下得人者，而其恩惠廣大，教化無窮矣，此其所以爲仁也。

孔子曰：『大哉堯之爲君！惟天爲大，惟堯則之，蕩蕩乎民無能名焉！君哉舜也！巍巍乎有天下而不與焉！』堯舜之治天下，豈無所用其心哉？亦不用於耕耳。與，去聲。○則，法也。蕩蕩，廣大之貌。君哉，言盡君道也。巍巍，高大之貌。不與，猶言不相關，言其不以位爲樂也。吾聞用夏變夷者，未聞變於夷者也。陳良，楚産也。悦周公、仲尼之道，北學於中國。北方之學者，未能或之先也。彼所謂豪傑之士也。子之兄弟事之數十年，師死而遂倍之。此以下責陳相倍師而學許行也。夏，諸夏禮義之教也。變夷，變化蠻夷之人也。變於夷，反見變化於蠻夷之人也。産，生也。陳良生於楚，在中國之南，故北遊而學於中國也。先，過也。豪傑，才德出衆之稱，言其能自拔於流俗也。倍，與背同。言陳良用夏變夷，陳相變於夷也。昔者孔子没，三年之外，門人治任將歸，入揖於子貢，相嚮而哭，皆失聲，然後歸。子貢反，築室於場，獨居三年，然後歸。他日，子夏、子張、子游以有若似聖人，欲以所事孔子事之，彊曾子。曾子曰：『不可。江漢以濯之，秋陽以暴之，皜皜乎不可尚已。』任，平聲。彊，上聲。暴，蒲木反。皜，音杲。○三年，古者爲師心喪三年，若喪父而無服也。任，擔也。場，冢上之壇場也。有若似聖人，蓋其言行氣象有似之者，如檀弓所記子游謂有若之言似夫子之類是也。所事孔子，所以事夫子之禮也。江漢水多，言濯之潔也。秋日燥烈，言暴之乾也。皜皜，潔白貌。尚，加也。言夫子道德明著，光輝潔白，非有若所能彷彿也。或曰：「此三語者，孟子贊美曾子之辭也。」今也南蠻鴃舌之人，非先王之道，子倍子之師而學之，亦異於曾子矣。鴃，亦作鶪，古役反。○鴃，博勞也，惡聲之鳥。南蠻之聲似之，指許行也。吾聞出於幽谷遷于喬木者，未聞下喬木而入於幽谷者。小雅伐木之詩云：「伐木丁丁，鳥鳴嚶嚶。出自幽谷，遷于喬木。」魯頌曰：『戎狄是膺，荆舒是懲。』周公方且膺之，子是之學，亦爲不善變矣。」魯頌閟宮之篇也。膺，擊也。荆，楚本號也。舒，國名，近楚者也。懲，艾也。按今此詩爲僖公之頌，而孟子以周公言之，亦斷章取義也。

「從許子之道，則市賈不貳，國中無僞。雖使五尺之童適市，莫之或欺。布帛長短同，則賈相若；麻縷絲絮輕重同，則賈相若；五穀多寡同，則賈相若；屨大小同，則賈相若。」賈音價，下同。○陳相又言許子之道如此。蓋神農始爲市井，故許行又託於神農而有是説也。五尺之童，言幼小無知也。許行欲使市中所粥之物，皆不論精粗美惡，但以長短輕重多寡大小爲價也。

曰：「夫物之不齊，物之情也；或相倍蓰，或相什伯，或相千萬。子比而同之，是亂天下也。巨屨小屨同賈，人豈爲之哉？從許子之道，相率而爲僞者也，惡能治國家？」夫，音扶。蓰，音師，又山綺反。比，必二反。惡，平聲。○倍，一倍也。蓰，五倍也。什伯千萬，皆倍數也。比，次也。孟子言物之不齊，乃其自然之理，其有精粗，猶其有大小也。若大屨小屨同價，則人豈肯爲其大者哉？今不論精粗，使之同價，是使天下之人皆不肯爲其精者，而競爲濫惡之物以相欺耳。

墨者夷之，因徐辟而求見孟子。孟子曰：「吾固願見，今吾尚病，病愈，我且往見，夷子不來！」辟，音壁，又音闢。○墨者，治墨翟之道者。夷，姓；之，名。徐辟，孟子弟子。孟子稱疾，疑亦託辭以觀其意之誠否。他日又求見孟子。孟子曰：「吾今則可以見矣。不直，則道不見，我且直之。吾聞夷子墨者。墨之治喪也，以薄爲其道也。夷子思以易天下，豈以爲非是而不貴也？然而夷子葬其親厚，則是以所賤事親也。」不見之見，音現。○又求見，則其意已誠矣，故因徐辟以質之如此。直，盡言以相正也。莊子曰：「墨子生不歌，死無服，桐棺三寸而無椁。」是墨之治喪，以薄爲道也。易天下，謂移易天下之風俗也。夷子學於墨氏而不從其教，其心必有所不安者，故孟子因以詰之。**徐子以告夷子。夷子曰：「儒者之道，古之人『若保赤子』，此言何謂也？之則以爲愛無差等，施由親始。」徐子以告孟子。孟子曰：「夫夷子，信以爲人之親其兄之子爲若親其鄰之赤子乎？彼有取爾也。赤子匍匐將入井，非赤子之罪也。且天之生物也，使之一本，而夷子二本故也。**夫，音扶，下同。匍，音蒲。匐，蒲北反。○「若保赤子」，周書康誥篇文，此儒者之言也。夷子引之，蓋欲援儒而入於墨，以拒孟子之非己。又曰「愛無差等，施由親始」，則推墨而附於儒，以釋己所以厚葬其親之意，皆所謂遁辭也。孟子言人之愛其兄子與鄰之子，本有差等。書之取譬，本爲小民無知而犯法，如赤子無知而入井耳。且人物之生，必各本於父母而無二，乃自然之理，若天使之然也。故其愛由此立，而推以及人，自有差等。今如夷子之言，則是視其父母本無異於路人，但其施之之序，姑自此始耳。非二本而何哉？然其於先後之間，猶知所擇，則又其本心之明有終不得而息者，此其所以卒能受命而自覺其非也。**蓋上世嘗有不葬其親者。其親死，則舉而委之於壑。他日過之，狐狸食之，蠅蚋姑嘬之。其顙有泚，睨而不視。夫泚也，非爲人泚，中心達於面目。蓋歸反虆梩而掩之。掩之誠是也，則孝子仁人之掩其親，亦必有道矣。」**蚋，音汭。嘬，楚怪反。泚，七禮反。睨，音詣。爲，去聲。虆，力追反。梩，力知反。○因夷子厚葬其親而言此，以深明一本之意。上世，謂太古也。委，棄也。壑，山水所趨也。蚋，蚊屬。姑，語助聲，或曰螻蛄也。嘬，攢共食之也。顙，額也。泚，泚然汗出之貌。睨，邪視也。視，正視也。不能不視，而又不忍正視，哀痛迫切，不能爲心之甚也。非爲人泚，言非爲他人見之而然也。所謂一本者，於此見之，尤爲親切。蓋惟至親故如此，在他人，則雖有不忍之心，而其哀痛迫切，不至若此之甚矣。反，覆也。虆，土籠也。梩，土轝也。於是歸而掩覆其親之尸，此葬埋之禮所由起也。此掩其親者，若所當然，則孝子仁人所以掩其親者，必有其道，而不以薄爲貴矣。

徐子以告夷子。夷子憮然爲閒曰：「命之矣。」憮，音武。閒，如字。○憮然，茫然自失之貌。爲閒者，有頃之閒也。命，猶教也。言孟子已教我矣。蓋因其本心之明，以攻其所學之蔽，是以吾之言易入，而彼之惑易解也。

孟子集注卷六

滕文公章句下凡十章。

陳代曰："不見諸侯，宜若小然；今一見之，大則以王，小則以霸。且志曰：『枉尺而直尋』，宜若可爲也。"王，去聲。○陳代，孟子弟子也。小，謂小節也。枉，屈也。直，伸也。八尺曰尋。枉尺直尋，猶屈己一見諸侯，而可以致王霸，所屈者小，所伸者大也。孟子曰："昔齊景公田，招虞人以旌，不至，將殺之。志士不忘在溝壑，勇士不忘喪其元。孔子奚取焉？取非其招不往也。如不待其招而往，何哉？喪，去聲。○田，獵也。虞人，守苑囿之吏也。招大夫以旌，招虞人以皮冠。元，首也。志士固窮，常念死無棺椁，棄溝壑而不恨；勇士輕生，常念戰鬬而死，喪其首而不顧也。此二句，乃孔子歎美虞人之言。夫虞人招之不以其物，尚守死而不往，況君子豈可不待其招而自往見之邪？此以上告之以不可往見之意。且夫枉尺而直尋者，以利言也。如以利，則枉尋直尺而利，亦可爲與？夫，音扶。與，平聲。○此以下，正其所稱枉尺直尋之非。夫所謂枉小而所伸者大則爲之者，計其利耳。一有計利之心，則雖枉多伸少而有利，亦將爲之邪？甚言其不可也。昔者趙簡子使王良與嬖奚乘，終日而不獲一禽。嬖奚反命曰：『天下之賤工也。』或以告王良。良曰：『請復之。』彊而後可，一朝而獲十禽。嬖奚反命曰：『天下之良工也。』簡子曰：『我使掌與女乘。』謂王良。良不可，曰：『吾爲之範我馳驅，終日不獲一；爲之詭遇，一朝而獲十。詩云：「不失其馳，舍矢如破。」我不貫與小人乘，請辭。』乘，去聲。彊，上聲。女，音汝。爲，去聲。舍，上聲。○趙簡子，晉大夫趙鞅也。王良，善御者也。嬖奚，簡子倖臣。與之乘，爲之御也。復之，再乘也。彊而後可，嬖奚不肯，彊之而後肯也。一朝，自晨至食時也。掌，專主也。範，法度也。詭遇，不正而與禽遇也。言奚不善射，以法馳驅則不獲，廢法詭遇而後中也。詩小雅車攻之篇。言御者不失其馳驅之法，而射者發矢皆中而力，今嬖奚不能也。貫，習也。御者且羞與射者比。比而得禽獸，雖若丘陵，弗爲也。如枉道而從彼，何也？且子過矣，枉己者，未有能直人者也。」比，必二反。○比，阿黨也。若丘陵，言多也。○或曰：「居今之世，出處去就不必一一中節，欲其一一中節，則道不得行矣。」楊氏曰：「何其不自重也，枉己其能直人乎？古之人寧道之不行，而不輕其去就；是以孔孟雖在春秋戰國之時，而進必以正，以至終不得行而死也。使不恤其去就而可以行道，孔孟當先爲之矣。孔孟豈不欲道之行哉？」

景春曰：「公孫衍、張儀豈不誠大丈夫哉？一怒而諸侯懼，安居而天下熄。」景春，人姓名。公孫衍、張儀，皆魏人。怒則說諸侯使相攻伐，故諸侯懼也。孟子曰：「是焉得爲大丈夫乎？子未學禮乎？丈夫之冠也，父命之；女子之嫁也，母命之，往送之門，戒之曰：『往之女家，必敬必戒，無違夫子！』以順爲正者，妾婦之道也。焉，於虔反。冠，去聲。女家之女，音汝。○加冠於首曰冠。女家，夫家也。婦人內夫家，以嫁爲歸也。夫子，夫也。女子從人，以順爲正道也。蓋言二子阿諛苟容，竊取權勢，乃妾婦順從之道耳，非丈夫之事也。居天下之廣居，立天下之正位，行天下之大道。得志與民由之，不得志獨行其道。富貴不能淫，貧賤不能移，威武不能屈。此之謂大丈夫。」廣居，仁也。正位，禮也。大道，義也。與民由之，推其所得於人也；獨行其道，守其所得於己也。淫，蕩其心也。移，變其節也。屈，挫其志也。○何叔京曰：「戰國之時，聖賢道否，天下不復見其德業之盛，但見姦巧之徒得志橫行，氣燄可畏，遂以爲大丈夫。不知由君子觀之，是乃妾婦之道耳，何足道哉？」

周霄問曰：「古之君子仕乎？」孟子曰：「仕。傳曰：『孔子三月無君，則皇皇如也，出疆必載質。』公明儀曰：『古之人三月無君則弔。』」傳，直戀反。質與贄同，下同。○周霄，魏人。無君，謂不得仕而事君也。皇皇，如有求而弗得之意。出疆，謂失位而去國也。質，所執以見人者，如士則執雉也。出疆載之者，將以見所適國之君而事之也。「三月無君則弔，不以急乎？」周霄問也。以、已通，太也。後章放此。曰：「士之失位也，猶諸侯之失國家也。禮曰：『諸侯耕助，以供粢盛；夫人蠶繅，以爲衣服。犧牲不成，粢盛不潔，衣服不備，不敢以祭。惟士無田，則亦不祭。』牲殺器皿衣服不備，不敢以祭，則不敢以宴，亦不足弔乎？」盛，音成。繅，素刀反。皿，武永反。○禮曰：「諸侯爲借百畝，冕而青紘，躬秉耒以耕，而庶人助以終畝。收而藏之御廩，以供宗廟之粢盛。使世婦蠶于公桑蠶室，奉繭以示于君，遂獻于夫人。夫人副褘受之，繅三盆手，遂布于三宮世婦，使繅以爲黼黻文章，而服以祀先王先公。」又曰：「士有田則祭，無田則薦。」黍稷曰粢，在器曰盛。牲殺，牲必特殺也。皿，所以覆器者。「出疆必載質，何也？」周霄問也。曰：「士之仕也，猶農夫之耕也，農夫豈爲出疆舍其耒耜哉？」爲，去聲。舍，上聲。曰：「晉國亦仕國也，未嘗聞仕如此其急。仕如此其急也，君子之難仕，何也？」曰：「丈夫生而願爲之有室，女子生而願爲之有家。父母之心，人皆有之。不待父母之命、媒妁之言，鑽穴隙相窺，踰牆相從，則父母國人皆賤之。古之人未嘗不欲仕也，又惡不由其道。不由其道而往者，與鑽穴隙之類也。」爲，去聲。妁，音酌。隙，去逆反。惡，去聲。○晉國，解見首篇。仕國，謂君子游宦之國。霄意以孟子不見諸侯爲難仕，故先問古之君子仕否，然後言此以風切之也。男以女爲室，女以男爲家。妁，亦媒也。言爲父母者，非不願其男女之有室家，而亦惡其不由道。蓋君子雖不潔身以亂倫，而亦不殉利而忘義也。

彭更問曰：「後車數十乘，從者數百人，以傳食於諸侯，不以泰乎？」孟子曰：「非其道，則一簞食不可受於人；如其道，則舜受堯之天下，不以爲泰。子以爲泰乎？」更，平聲。乘、從，皆去聲。傳，直戀反。簞，音丹。食，音嗣。○彭更，孟子弟子也。泰，侈也。曰：「否。士無事而食，不可也。」言不以舜爲泰，但謂今之士無功而食人之食，則不可也。曰：「子不通功易事，以羡補不足，則農有餘粟，女有餘布；子如通之，則梓匠輪輿皆得食於子。於此有人焉，入則孝，出則悌，守先王之道，以待後之學者，而不得食於子。子何尊梓匠輪輿而輕爲仁義者哉？」羡，延面反。○通功易事，謂通人之功而交易其事。羡，餘也。有餘，言無所貿易，而積於無用也。梓人匠人，木工也。輪人輿人，車工也。曰：「梓匠輪輿，其志將以求食也；君子之爲道也，其志亦將以求食與？」曰：「子何以其志爲哉？其有功於子，可食而食之矣。且子食志乎？食功乎？」曰：「食志。」與，平聲。可食而食、食志、食功之食，皆音嗣，下同。○孟子言自我而言，固不求食；自彼而言，凡有功者則當食之。曰：「有人於此，毁瓦畫墁，其志將以求食也，則子食之乎？」曰：「否。」曰：「然則子非食志也，食功也。」墁，武安反。子食之食，亦音嗣。○墁，牆壁之飾也。毁瓦畫墁，言無功而有害也。既曰食功，則以士爲無事而食者，真尊梓匠輪輿而輕爲仁義者矣。

萬章問曰：「宋，小國也。今將行王政，齊楚惡而伐之，則如之何？」惡，去聲。○萬章，孟子弟子。宋王偃嘗滅滕伐薛，敗齊、楚、魏之兵，欲霸天下，疑即此時也。孟子曰：「湯居亳，與葛爲鄰，葛伯放而不祀。湯使人問之曰：『何爲不祀？』曰：『無以供犧牲也。』湯使遺之牛羊。葛伯食之，又不以祀。湯又使人問之曰：『何爲不祀？』曰：『無以供粢盛也。』湯使亳衆往爲之耕，老弱饋食。葛伯率其民，要其有酒食黍稻者奪之，不授者殺之。有童子以黍肉餉，殺而奪之。書曰：『葛伯仇餉。』此之謂也。遺，唯季反。盛，音成。往爲之爲，去聲。饋食、酒食之食，音嗣。要，平聲。餉，式亮反。○葛，國名。伯，爵也。放而不祀，放縱無道，不祀先祖也。亳衆，湯之民。其民，葛民也。授，與也。餉，亦饋也。書商書仲虺之誥也。仇餉，言與餉者爲仇也。爲其殺是童子而征之，四海之内皆曰：『非富天下也，爲匹夫匹婦復讎也。』爲，去聲。○非富天下，言湯之心，非以天下爲富而欲得之也。『湯始征，自葛載』，十一征而無敵於天下。東面而征，西夷怨；南面而征，北狄怨，曰：『奚爲後我？』民之望之，若大旱之望雨也。歸市者弗止，芸者不變，誅其君，弔其民，如時雨降。民大悦。書曰：『徯我后，后來其無罰。』載，亦始也。十一征，所征十一國也。餘已見前篇。『有攸不惟臣，東征，綏厥士女，匪厥玄黃，紹我周王見休，惟臣附于大邑周。』其君子實玄黃于匪以迎其君子，其小人簞食壺漿以迎其小人，救民於水火之中，取其殘而已矣。食，音嗣。○按周書武成篇載武王之言，孟子約其文如此。然其辭時與今書文不類，今姑依此文解之。有所不惟臣，謂助紂爲惡，而不爲周臣者。匪，與篚同。玄黃，幣也。紹，繼也，猶言事也。言其士女以篚盛玄黃之幣，迎武王而事之也。商人而曰我周王，猶商書所謂我后也。休，美也。言武王能順天休命，而事之者皆見休也。臣附，歸服也。孟子又釋其意，言商人聞周師之來，各以其類相迎者，以武王能捄民於水火之中，取其殘民者誅之，而不爲暴虐耳。君子，謂在位之人。小人，謂細民也。大誓曰：『我武惟揚，侵于之疆，則取于殘，殺伐用張，于湯有光。』大誓，周書也。今書文亦小異。言武王威武奮揚，侵彼紂之疆界，取其殘賊，而殺伐之功因以張大，比於湯之伐桀又有光焉，引此以證上文取其殘之義。不行王政云爾，苟行王政，四海之内皆舉首而望之，欲以爲君。齊楚雖大，何畏焉？」宋實不能行王政，後果爲齊所滅，王偃走死。○尹氏曰：「爲國者能自治而得民心，則天下皆將歸往之，恨其征伐之不早也。尚何强國之足畏哉？苟不自治，而以强弱之勢言之，是可畏而已矣。」

孟子謂戴不勝曰：「子欲子之王之善與？我明告子。有楚大夫於此，欲其子之齊語也，則使齊人傅諸？使楚人傅諸？」曰：「使齊人傅之。」曰：「一齊人傅之，衆楚人咻之，雖日撻而求其齊也，不可得矣；引而置之莊嶽之間數年，雖日撻而求其楚，亦不可得矣。與，平聲。咻，音休。○戴不勝，宋臣也。齊語，齊人語也。傳，教也。咻，讙也。齊，齊語也。莊嶽，齊街里名也。楚，楚語也。此先設譬以曉之也。子謂薛居州，善士也，使之居於王所。在於王所者，長幼卑尊，皆薛居州也，王誰與爲不善？在王所者，長幼卑尊，皆非薛居州也，王誰與爲善？一薛居州，獨如宋王何？」長，上聲。○居州，亦宋臣。言小人衆而君子獨，無以成正君之功。

公孫丑問曰：「不見諸侯何義？」孟子曰：「古者不爲臣不見。不爲臣，謂未仕於其國者也，此不見諸侯之義也。段干木踰垣而辟之，泄柳閉門而不内，是皆已甚。迫，斯可以見矣。辟，去聲。内，與納同。○段干木，魏文侯時人。泄柳，魯繆公時人。文侯、繆公欲見此二人，而二人不肯見之，蓋未爲臣也。已甚，過甚也。迫，謂求見之切也。陽貨欲見孔子而惡無禮，大夫有賜於士，不得受於其家，則往拜其門。陽貨矙孔子之亡也，而饋孔子蒸豚；孔子亦矙其亡也，而往拜之。當是時，陽貨先，豈得不見？欲見之見，音現。惡，去聲。矙，音勘。○此又引孔子之事，以明可見之節也。欲見孔子，欲召孔子來見己也。惡無禮，畏人以己爲無禮也。受於其家，對使人拜受於家也。其門，大夫之門也。矙，窺也。陽貨於魯爲大夫，孔子爲士，故以此物及其不在而饋之，欲其來拜而見之也。先，謂先來加禮也。曾子曰：『脅肩諂笑，病于夏畦。』脅，虚業反。赧，奴簡反。○脅肩，竦體。諂笑，强笑。皆小人側媚之態也。病，勞也。夏畦，夏月治畦之人也。言爲此者，其勞過於夏畦之人也。子路曰：『未同而言，觀其色赧赧然，非由之所知也。』由是觀之，則君子之所養可知已矣。」未同而言，與人未合而强與之言也。赧赧，慚而面赤之貌。由，子路名。言非己所知，甚惡之之辭也。孟子言由此二言觀之，則二子之所養可知，必不肯不俟其禮之至，而輒往見之也。○此章言聖人禮義之中正，過之者傷於迫切而不洪，不及者淪於汙賤而可恥。

戴盈之曰：「什一，去關市之征，今茲未能。請輕之，以待來年，然後已，何如？」去，上聲。○盈之，亦宋大夫也。什一，井田之法也。關市之征，商賈之税也。已，止也。孟子曰：「今有人日攘其鄰之雞者，或告之曰：『是非君子之道。』曰：『請損之，月攘一雞，以待來年，然後已。』攘，如羊反。○攘，物自來而取之也。損，減也。如知其非義，斯速已矣，何待來年。」知義理之不可而不能速改，與月攘一雞何以異哉？

公都子曰：「外人皆稱夫子好辯，敢問何也？」孟子曰：「予豈好辯哉？予不得已也。好，去聲，下同。天下之生久矣，一治一亂。治，去聲。○生，謂生民也。一治一亂，氣化盛衰，人事得失，反覆相尋，理之常也。當堯之時，水逆行，氾濫於中國。蛇龍居之，民無所定。下者爲巢，上者爲營窟。書曰：『洚水警余。』洚水者，洪水也。洚，音降，又胡貢、胡工二反。○水逆行，下流壅塞，故水倒流而旁溢也。下，下地。上，高地也。營窟，穴處也。書虞書大禹謨也。洚水，洚洞無涯之水也。警，戒也。此一亂也。使禹治之，禹掘地而注之海，驅蛇龍而放之菹。水由地中行，江、淮、河、漢是也。險阻既遠，鳥獸之害人者消，然後人得平土而居之。菹，側魚反。○掘地，掘去壅塞也。菹，澤生草者也。地中，兩涯之間也。險阻，謂水之氾濫也。遠，去也。消，除也。此一治也。堯舜既没，聖人之道衰。暴君代作，壞宫室以爲汙池，民無所安息；棄田以爲園囿，使民不得衣食。邪說暴行又作，園囿、汙池、沛澤多而禽獸至。及紂之身，天下又大亂。壞，音怪。行，去聲，下同。沛，蒲内反。○暴君，謂夏太康、孔甲、履癸、商武乙之類也。宮室，民居也。沛，草木之所生也。澤，水所鍾也。自堯舜没至此，治亂非一，及紂而又一大亂也。周公相武王，誅紂伐奄，三年討其君，驅飛廉於海隅而戮之。滅國者五十，驅虎、豹、犀、象而遠之。天下大悦。書曰：『丕顯哉，文王謨！丕承哉，武王烈！佑啓我後人，咸以正無缺。』相，去聲。奄，平聲。○奄，東方之國，助紂爲虐者也。飛廉，紂幸臣也。五十國，皆紂黨虐民者也。書周書君牙之篇。丕，大也。顯，明也。謨，謀也。承，繼也。烈，光也。佑，助也。啓，開也。缺，壞也。此一治也。世衰道微，邪說暴行有作，臣弑其君者有之，子弑其父者有之。有作之有，讀爲又，古字通用。○此周室東遷之後，又一亂也。孔子懼，作春秋。春秋，天子之事也。是故孔子曰：『知我者其惟春秋乎！罪我者其惟春秋乎！』胡氏曰：「仲尼作春秋以寓王法。惇典、庸禮、命德、討罪，其大要皆天子之事也。知孔子者，謂此書之作，遏人欲於横流，存天理於既滅，爲後世慮，至深遠也。罪孔子者，以謂無其位而託二百四十二年南面之權，使亂臣賊子禁其欲而不得肆，則戚矣。」愚謂孔子作春秋以討亂賊，則致治之法垂於萬世，是亦一治也。聖王不作，諸侯放恣，處士横議，楊朱、墨翟之言盈天下。天下之言，不歸楊，則歸墨。楊氏爲我，是無君也；墨氏兼愛，是無父也。無父無君，是禽獸也。公明儀曰：『庖有肥肉，廄有肥馬，民有飢色，野有餓莩，此率獸而食人也。』楊墨之道不息，孔子之道不著，是邪說誣民，充塞仁義也。仁義充塞，則率獸食人，人將相食。橫、爲，皆去聲。莩，皮表反。○楊朱但知愛身，而不復知有致身之義，故無君；墨子愛無差等，而視其至親無異衆人，故無父。無父無君，則人道滅絶，是亦禽獸而已。公明儀之言，義見首篇。充塞仁義，謂邪説偏滿，妨於仁義也。孟子引儀之言，以明楊墨道行，則人皆無父無君，以陷於禽獸，而大亂將起，是亦率獸食人而人又相食也。此又一亂也。吾爲此懼，閑先聖之道，距楊墨，放淫辭，邪説者不得作。作於其心，害於其事；作於其事，害於其政。聖人復起，不易吾言矣。爲，去聲。復，扶又反。○閑，衛也。放，驅而遠之也。作，起也。事，所行。政，大體也。孟子雖不得志於時，然楊墨之害，自是滅息，而君臣父子之道，賴以不墜。是亦一治也。程子曰："楊墨之害，甚於申韓；佛氏之害，甚於楊墨。蓋楊氏爲我疑於義，墨氏兼愛疑於仁，申韓則淺陋易見。故孟子止闢楊墨，爲其惑世之甚也。佛氏之言近理，又非楊墨之比，所以爲害尤甚。"昔者禹抑洪水而天下平，周公兼夷狄驅猛獸而百姓寧，孔子成春秋而亂臣賊子懼。抑，止也。兼，并之也，總結上文也。詩云：『戎狄是膺，荆舒是懲，則莫我敢承。』無父無君，是周公所膺也。説見上篇。承，當也。我亦欲正人心，息邪説，距詖行，放淫辭，以承三聖者。豈好辯哉？予不得已也。行、好，皆去聲。○詖、淫，解見前篇。辭者，説之詳也。承，繼也。三聖，禹、周公、孔子也。蓋邪説横流，壞人心術，甚於洪水猛獸之災，慘於夷狄篡弑之禍，故孟子深懼而力救之。再言豈好辯哉，予不得已也，所以深致意焉。然非知道之君子，孰能真知其所以不得已之故哉？能言距楊墨者，聖人之徒也。"言苟有能爲此距楊墨之説者，則其所趨正矣，雖未必知道，是亦聖人之徒也。孟子既答公都子之問，而意有未盡，故復言此。蓋邪説害正，人人得而攻之，不必聖賢；如春秋之法，亂臣賊子，人人得而討之，不必士師也。聖人救世立法之意，其切如此。若以此意推之，則不能攻討，而又唱爲不必攻討之説者，其爲邪詖之徒、亂賊之黨可知矣。○尹氏曰：「學者於是非之原毫釐有差，則害流於生民，禍及於後世，故孟子辨邪説如是之嚴，而自以爲承三聖之功也。當是時，方且以好辯目之，是以常人之心而度聖賢之心也。」

匡章曰：「陳仲子豈不誠廉士哉？居於陵，三日不食，耳無聞，目無見也。井上有李，螬食實者過半矣，匍匐往將食之，三咽，然後耳有聞，目有見。」於，音烏。下於陵同。螬，音曹。咽，音宴。○匡章、陳仲子，皆齊人。廉，有分辨，不苟取也。於陵，地名。螬，蠐螬，蟲也。匍匐，言無力不能行也。咽，吞也。

孟子曰：「於齊國之士，吾必以仲子爲巨擘焉。雖然，仲子惡能廉？充仲子之操，則蚓而後可者也。擘，薄厄反。惡，平聲。蚓，音引。○巨擘，大指也。言齊人中有仲子，如衆小指中有大指也。充，推而滿之也。操，所守也。蚓，丘蚓也。言仲子未得爲廉也，必若滿其所守之志，則惟丘蚓之無求於世，然後可以爲廉耳。夫蚓，上食槁壤，下飲黄泉。仲子所居之室，伯夷之所築與？抑亦盜跖之所築與？所食之粟，伯夷之所樹與？抑亦盜跖之所樹與？是未可知也。」夫，音扶。與，平聲。○槁壤，乾土也。黄泉，濁水也。抑，發語辭也。言蚓無求於人而自足，而仲子未免居室食粟，若所從來或有非義，則是未能如蚓之廉也。

曰：「是何傷哉？彼身織屨，妻辟纑，以易之也。」辟，音壁。纑，音盧。○辟，績也。纑，練麻也。

曰：「仲子，齊之世家也。兄戴，蓋禄萬鍾。以兄之禄爲不義之禄而不食也，以兄之室爲不義之室而不居也，辟兄離母，處於於陵。他日歸，則有饋其兄生鵝者，己頻顣曰：『惡用是鶃鶃者爲哉？』他日，其母殺是鵝也，與之食之。其兄自外至，曰：『是鶃鶃之肉也。』出而哇之。

蓋，音閤。辟，音避。頻，與顰同。顣，與蹙同，子六反。惡，平聲。鶃，魚一反。哇，音蛙。○世家，世卿之家。兄名戴，食采於蓋，其入萬鍾也。歸，自於陵歸也。己，仲子也。鶃鶃，鵝聲也。頻顣而言，以其兄受饋爲不義也。哇，吐之也。**以母則不食，以妻則食之；以兄之室則弗居，以於陵則居之。是尚爲能充其類也乎？若仲子者，蚓而後充其操者也。」**言仲子以母之食、兄之室，爲不義而不食不居，其操守如此。至於妻所易之粟，於陵所居之室，既未必伯夷之所爲，則亦不義之類耳。今仲子於此則不食不居，於彼則食之居之，豈爲能充滿其操守之類者乎？必其無求自足，如丘蚓然，乃爲能滿其志而得爲廉耳，然豈人之所可爲哉？○范氏曰：「天之所生，地之所養，惟人爲大。人之所以爲大者，以其有人倫也。仲子避兄離母，無親戚君臣上下，是無人倫也。豈有無人倫而可以爲廉哉？」

孟子集注卷七

離婁章句上　凡二十八章。

孟子曰：「離婁之明，公輸子之巧，不以規矩，不能成方員；師曠之聰，不以六律，不能正五音；堯舜之道，不以仁政，不能平治天下。離婁，古之明目者。公輸子，名班，魯之巧人也。規，所以爲員之器也。矩，所以爲方之器也。師曠，晉之樂師，知音者也。六律，截竹爲筩，陰陽各六，以節五音之上下。黄鍾、太蔟、姑洗、蕤賓、夷則、無射，爲陽；大吕、夾鍾、仲吕、林鍾、南吕、應鍾，爲陰也。五音：宫、商、角、徵、羽也。范氏曰：「此言治天下不可無法度，仁政者，治天下之法度也。」今有仁心仁聞而民不被其澤，不可法於後世者，不行先王之道也。聞，去聲。○仁心，愛人之心也。仁聞者，有愛人之聲聞於人也。先王之道，仁政是也。范氏曰：「齊宣王不忍一牛之死，以羊易之，可謂有仁心。梁武帝終日一食蔬素，宗廟以麪爲犧牲，斷死刑必爲之涕泣，天下知其慈仁，可謂有仁聞。然而宣王之時，齊國不治；武帝之末，江南大亂。其故何哉，有仁心仁聞而不行先王之道故也。」故曰，徒善不足以爲政，徒法不能以自行。徒，猶空也。有其心，無其政，是謂徒善；有其政，無其心，是爲徒法。程子嘗言：「爲政須要有綱紀文章，謹權、審量、讀法、平價，皆不可闕。」而又曰「必有關雎、麟趾之意，然後可以行周官之法度」，正謂此也。詩云：『不愆不忘，率由舊章。』遵先王之法而過者，未之有也。詩大雅假樂之篇。愆，過也。率，循也。章，典法也。所行不過差不遺忘者，以其循用舊典故也。**聖人既竭目力焉，繼之以規矩準繩，以爲方員平直，不可勝用也；既竭耳力焉，繼之以六律，正五音，不可勝用也；既竭心思焉，繼之以不忍人之政，而仁覆天下矣。**勝，平聲。○準，所以爲平。繩，所以爲直。覆，被也。此言古之聖人，既竭耳目心思之力，然猶以爲未足以徧天下，及後世，故制爲法度以繼續之，則其用不窮，而仁之所被者廣矣。**故曰，爲高必因丘陵，爲下必因川澤。爲政不因先王之道，可謂智乎？**丘陵本高，川澤本下，爲高下者因之，則用力少而成功多矣。鄒氏曰：「自章首至此，論以仁心仁聞行先王之道。」**是以惟仁者宜在高位。不仁而在高位，是播其惡於衆也。**仁者，有仁心仁聞而能擴而充之，以行先王之道者也。播惡於衆，謂貽患於下也。**上無道揆也，下無法守也，朝不信道，工不信度，君子犯義，小人犯刑，國之所存者幸也。**朝，音潮。○此言不仁而在高位之禍也。道，義理也。揆，度也。法，制度也。道揆，謂以義理度量事物而制其宜。法守，謂以法度自守。工，官也。度，即法也。君子小人，以位而言也。由上無道揆，故下無法守。無道揆，則朝不信道而君子犯義；無法守，則工不信度而小人犯刑。有此六者，其國必亡；其不亡者，僥倖而已。**故曰：城郭不完，兵甲不多，非國之災也；田野不辟，貨財不聚，非國之害也。上無禮，下無學，賊民興，喪無日矣。**辟，與闢同。喪，去聲。○上不知禮，則無以教民；下不知學，則易與爲亂。鄒氏曰：「自是以惟仁者至此，所以責其君。」**詩曰：『天之方蹶，無然泄泄。』**蹶，居衛反。泄，弋制反。○詩大雅板之篇。蹶，顛覆之意。泄泄，怠緩悦從之貌。言天欲顛覆周室，群臣無得泄泄然，不急救正之。**泄泄，猶沓沓也。**沓，徒合反。○沓沓，即泄泄之意。蓋孟子時人語如此。事君無義，進退無禮，言則非先王之道者，猶沓沓也。非，詆毀也。故曰：責難於君謂之恭，陳善閉邪謂之敬，吾君不能謂之賊。」范氏曰：「人臣以難事責於君，使其君爲堯舜之君者，尊君之大也；開陳善道以禁閉君之邪心，惟恐其君或陷於有過之地者，敬君之至也；謂其君不能行善道而不以告者，賊害其君之甚也。」鄒氏曰：「自詩云『天之方蹶』至此，所以責其臣。」○鄒氏曰：「此章言爲治者，當有仁心仁聞以行先王之政，而君臣又當各任其責也。」

孟子曰：「規矩，方員之至也；聖人，人倫之至也。至，極也。人倫說見前篇。規矩盡所以爲方員之理，猶聖人盡所以爲人之道。欲爲君盡君道，欲爲臣盡臣道，二者皆法堯舜而已矣。不以舜之所以事堯事君，不敬其君者也；不以堯之所以治民治民，賊其民者也。法堯舜以盡君臣之道，猶用規矩以盡方員之極，此孟子所以道性善而稱堯舜也。孔子曰：『道二：仁與不仁而已矣。』法堯舜，則盡君臣之道而仁矣；不法堯舜，則慢君賊民而不仁矣。二端之外，更無他道。出乎此，則入乎彼矣，可不謹哉？暴其民甚，則身弒國亡；不甚，則身危國削。名之曰『幽厲』，雖孝子慈孫，百世不能改也。幽，暗。厲，虐。皆惡謚也。苟得其實，則雖有孝子慈孫，愛其祖考之甚者，亦不得廢公義而改之。言不仁之禍必至於此，可懼之甚也。詩云『殷鑒不遠，在夏后之世』，此之謂也。」詩大雅蕩之篇。言商紂之所當鑒者，近在夏桀之世，而孟子引之，又欲後人以幽厲爲鑒也。

孟子曰：「三代之得天下也以仁，其失天下也以不仁。三代，謂夏、商、周也。禹、湯、文、武，以仁得之；桀、紂、幽、厲，以不仁失之。**國之所以廢興存亡者亦然。**國，謂諸侯之國。**天子不仁，不保四海；諸侯不仁，不保社稷；卿大夫不仁，不保宗廟；士庶人不仁，不保四體。**言必死亡。**今惡死亡而樂不仁，是猶惡醉而强酒。」**惡，去聲。樂，音洛。强，上聲。○此承上章之意而推言之也。

孟子曰：「愛人不親反其仁，治人不治反其智，禮人不答反其敬。治人之治，平聲。不治之治，去聲。○我愛人而人不親我，則反求諸己，恐我之仁未至也。智敬放此。**行有不得者，皆反求諸己，其身正而天下歸之。**不得，謂不得其所欲，如不親、不治、不答是也。反求諸己，謂反其仁、反其智、反其敬也。如此，則其自治益詳，而身無不正矣。天下歸之，極言其效也。**詩云：『永言配命，自求多福。』」**解見前篇。○亦承上章而言。

孟子曰：「人有恒言，皆曰『天下國家』。天下之本在國，國之本在家，家之本在身。」恒，胡登反。○恒，常也。雖常言之，而未必知其言之有序也。故推言之，而又以家本乎身也。此亦承上章而言之，大學所謂「自天子至於庶人，壹是皆以修身爲本」，爲是故也。

孟子曰：「爲政不難，不得罪於巨室。巨室之所慕，一國慕之；一國之所慕，天下慕之；故沛然德教溢乎四海。」巨室，世臣大家也。得罪，謂身不正而取怨怒也。麥丘邑人祝齊桓公曰：「願主君無得罪於羣臣百姓。」意蓋如此。慕，向也，心悅誠服之謂也。沛然，盛大流行之貌。溢，充滿也。蓋巨室之心，難以力服，而國人素所取信；今既悅服，則國人皆服，而吾德教之所施，可以無遠而不至矣。此亦承上章而言，蓋君子不患人心之不服，而患吾身之不修；吾身既修，則人心之難服者先服，而無一人之不服矣。○林氏曰：「戰國之世，諸侯失德，巨室擅權，爲患甚矣。然或者不修其本而遽欲勝之，則未必能勝而適以取禍。故孟子推本而言，惟務修德以服其心。彼既悦服，則吾之德教無所留礙，可以及乎天下矣。裴度所謂韓弘輿疾討賊，承宗斂手削地，非朝廷之力能制其死命，特以處置得宜，能服其心故爾，正此類也。」

孟子曰：「天下有道，小德役大德，小賢役大賢；天下無道，小役大，弱役强。斯二者天也。順天者存，逆天者亡。有道之世，人皆修德，而位必稱其德之大小；天下無道，人不修德，則但以力相役而已。天者，理勢之當然也。齊景公曰：『既不能令，又不受命，是絶物也。』涕出而女於吴。女，去聲。○引此以言小役大弱役强之事也。令，出令以使人也。受命，聽命於人也。物，猶人也。女，以女與人也。吴，蠻夷之國也。景公羞與爲昏而畏其强，故涕泣而以女與之。今也小國師大國而恥受命焉，是猶弟子而恥受命於先師也。言小國不修德以自强，其般樂怠敖，皆若效大國之所爲者，而獨恥受其教命，不可得也。如恥之，莫若師文王。師文王，大國五年，小國七年，必爲政於天下矣。此因其愧恥之心而勉以修德也。文王之政，布在方策，舉而行之，所謂師文王也。五年七年，以其所乘之勢不同爲差。蓋天下雖無道，然修德之至，則道自我行，而大國反爲吾役矣。程子曰：「五年七年，聖人度其時則可矣。然凡此類，學者皆當思其作爲如何，乃有益耳。」詩云：『商之孫子，其麗不億。上帝既命，侯于周服。侯服于周，天命靡常。殷士膚敏，祼將于京。』孔子曰：『仁不可爲衆也。夫國君好仁，天下無敵。』祼，音灌。夫，音扶。好，去聲。○詩大雅文王之篇。孟子引此詩及孔子之言，以言文王之事。麗，數也。十萬曰億。侯，維也。商士，商孫子之臣也。膚，大也。

敏，達也。祼，宗廟之祭，以鬱鬯之酒灌地而降神也。將，助也。言商之孫子衆多，其數不但十萬而已。上帝既命周以天下，則凡此商之孫子，皆臣服于周矣。所以然者，以天命不常，歸于有德故也。是以商士之膚大而敏達者，皆執祼獻之禮，助王祭事于周之京師也。孔子因讀此詩，而言有仁者則雖有十萬之衆，不能當之。故國君好仁，則必無敵於天下也。不可爲衆，猶所謂難爲兄難爲弟云爾。**今也欲無敵於天下而不以仁，是猶執熱而不以濯也。詩云：『誰能執熱，逝不以濯？』」**恥受命於大國，是欲無敵於天下也；乃師大國而不師文王，是不以仁也。詩大雅桑柔之篇。逝，語辭也。言誰能執持熱物，而不以水自濯其手乎？○此章言不能自强，則聽天所命；修德行仁，則天命在我。

孟子曰：「不仁者可與言哉？安其危而利其菑，樂其所以亡者。不仁而可與言，則何亡國敗家之有？菑，與災同。樂，音洛。○安其危利其菑者，不知其爲危菑而反以爲安利也。所以亡者，謂荒淫暴虐，所以致亡之道也。不仁之人，私欲固蔽，失其本心，故其顛倒錯亂至於如此，所以不可告以忠言，而卒至於敗亡也。**有孺子歌曰：『滄浪之水清兮，可以濯我纓；滄浪之水濁兮，可以濯我足。』**浪，音郎。○滄浪，水名。纓，冠系也。**孔子曰：『小子聽之！清斯濯纓，濁斯濯足矣，自取之也。』**言水之清濁有以自取之也。聖人聲入心通，無非至理，此類可見。**夫人必自侮，然後人侮之；家必自毁，而後人毁之；國必自伐，而後人伐之。**夫，音扶。○所謂自取之者。**太甲曰：『天作孽，猶可違；自作孽，不可活。』此之謂也。」**解見前篇。○此章言心存則有以審夫得失之幾，不存則無以辨於存亡之著。禍福之來，皆其自取。

孟子曰：「桀紂之失天下也，失其民也；失其民者，失其心也。得天下有道：得其民，斯

得天下矣；得其民有道：得其心，斯得民矣；得其心有道：所欲與之聚之，所惡勿施爾也。惡，去聲。○民之所欲，皆爲致之，如聚斂然。民之所惡，則勿施於民。鼂錯所謂「人情莫不欲壽，三王生之而不傷；人情莫不欲富，三王厚之而不困；人情〔一〕莫不欲安，三王扶之而不危；人情莫不欲逸，三王節其力而不盡」，此類之謂也。民之歸仁也，猶水之就下、獸之走壙也。走，音奏。○壙，廣野也。言民之所以歸乎此，以其所欲之在乎此也。故爲淵敺魚者，獺也；爲叢敺爵者，鸇也；爲湯武敺民者，桀與紂也。爲，去聲。敺，與驅同。獺，音闥。爵，與雀同。鸇，諸延反。○淵，深水也。獺，食魚者也。叢，茂林也。鸇，食雀者也。言民之所以去此，以其所欲在彼而所畏在此也。今天下之君有好仁者，則諸侯皆爲之敺矣。雖欲無王，不可得已。好、爲、王，皆去聲。今之欲王者，猶七年之病求三年之艾也。苟爲不畜，終身不得。苟不志於仁，終身憂辱，以陷於死亡。王，去聲。○艾，草名，所以灸者，乾久益善。夫病已深而欲求乾久之艾，固難卒辦，然自今畜之，則猶或可及；不然，則病日益深，死日益迫，而艾終不可得矣。詩云『其何能淑，載胥及溺』，此之謂也。」詩大雅桑柔之篇。淑，善也。載，則也。胥，相也。言今之所爲，其何能善，則相引以陷於亂亡而已。

孟子曰：「自暴者，不可與有言也；自棄者，不可與有爲也。言非禮義，謂之自暴也；吾身不能居仁由義，謂之自棄也。暴，猶害也。非，猶毁也。自害其身者，不知禮義之爲美而非毁之，雖與之言，

〔一〕「情」原作「惰」，據清仿宋大字本改。

必不見信也。自棄其身者，猶知仁義之爲美，但溺於怠惰，自謂必不能行，與之有爲必不能勉也。程子曰：「人苟以善自治，則無不可移者，雖昏愚之至，皆可漸磨而進也。惟自暴者拒之以不信，自棄者絶之以不爲，雖聖人與居，不能化而入也。此所謂下愚之不移也。」**仁，人之安宅也；義，人之正路也。**仁宅已見前篇。義者，宜也，乃天理之當行，無人欲之邪曲，故曰正路。**曠安宅而弗居，舍正路而不由，哀哉！」**舍，上聲。○曠，空也。由，行也。○此章言道本固有而人自絶之，是可哀也。此聖賢之深戒，學者所當猛省也。

孟子曰：「道在爾而求諸遠，事在易而求之難。人人親其親、長其長而天下平。」爾、邇，古字通用。易，去聲。長，上聲。○親長在人爲甚邇，親之長之在人爲甚易，而道初不外是也。舍此而他求，則遠且難而反失之。但人人各親其親、各長其長，則天下自平矣。

孟子曰：「居下位而不獲於上，民不可得而治也。獲於上有道：不信於友，弗獲於上矣；信於友有道：事親弗悦，弗信於友矣；悦親有道：反身不誠，不悦於親矣；誠身有道：不明乎善，不誠其身矣。獲於上，得其上之信任也。誠，實也。反身不誠，反求諸身而其所以爲善之心有不實也。不明乎善，不能即事以窮理，無以真知善之所在也。游氏曰：「欲誠其意，先致其知；不明乎善，不誠乎身矣。學至於誠身，則安往而不致其極哉？以内則順乎親，以外則信乎友，以上則可以得君，以下則可以得民矣。」**是故誠者，天之道也；思誠者，人之道也。**誠者，理之在我者皆實而無僞，天道之本然也；思誠者，欲此理之在我者皆實而無僞，人道之當然也。**至誠而不動者，未之有也；不誠，未有能動者也。」**至，極也。楊氏曰：「動便是驗處，若獲乎上、信乎友、悦於親之類是也。」○此章述中庸孔子之言，見思誠爲修身之本，而明善又爲思誠之本。乃子思所聞於曾子，而孟子所受乎子思者，亦與大學相表裏，學者宜潛心焉。

孟子曰：「伯夷辟紂，居北海之濱，聞文王作，興曰：『盍歸乎來！吾聞西伯善養老者。』太公辟紂，居東海之濱，聞文王作，興曰：『盍歸乎來！吾聞西伯善養老者。』辟，去聲。○作、興，皆起也。盍，何不也。西伯，即文王也。紂命爲西方諸侯之長，得專征伐，故稱西伯。太公，姜姓，吕氏，名尚。文王發政，必先鰥寡孤獨，庶人之老皆無凍餒，故伯夷、太公來就其養，非求仕也。二老者，天下之大老也，而歸之，是天下之父歸之也。天下之父歸之，其子焉往？焉，於虔反。○二老，伯夷、太公也。大老，言非常人之老者。天下之父，言齒德皆尊，如衆父然。既得其心，則天下之心不能外矣。蕭何所謂養民致賢以圖天下者，暗與此合，但其意則有公私之辨，學者又不可以不察也。諸侯有行文王之政者，七年之内，必爲政於天下矣。」七年，以小國而言也。大國五年，在其中矣。

孟子曰：「求也爲季氏宰，無能改於其德，而賦粟倍他日。孔子曰：『求非我徒也，小子鳴鼓而攻之可也。』求，孔子弟子冉求。季氏，魯卿。宰，家臣。賦，猶取也，取民之粟倍於他日也。小子，弟子也。鳴鼓而攻之，聲其罪而責之也。由此觀之，君不行仁政而富之，皆棄於孔子者也，況於爲之强戰？争地以戰，殺人盈野；争城以戰，殺人盈城。此所謂率土地而食人肉，罪不容於死。爲，去聲。○林氏曰：「富其君者，奪民之財耳，而夫子猶惡之。況爲土地之故而殺人，使其肝腦塗地，則是率土地而食人之肉。其罪之大，雖至於死，猶不足以容之也。」故善戰者服上刑，連諸侯者次之，辟草萊、任土地者次之。」辟與鬬同。○善戰，如孫臏、吳起之徒。連結諸侯，如蘇秦、張儀之類。辟，開墾也。任土地，謂分土授民，使任耕稼之責，如李悝盡地力，商鞅開阡陌之類也。

孟子曰：「存乎人者，莫良於眸子。眸子不能掩其惡。胸中正，則眸子瞭焉；胸中不正，則眸子眊焉。眸，音牟。瞭，音了。眊，音耄。○良，善也。眸子，目瞳子也。瞭，明也。眊者，蒙蒙，目不明之貌。蓋人與物接之時，其神在目，故胸中正則神精而明，不正則神散而昏。聽其言也，觀其眸子，人焉廋哉？」焉，於虔反。廋，音搜。○廋，匿也。言亦心之所發，故并此以觀，則人之邪正不可匿矣。然言猶可以僞爲，眸子則有不容僞者。

孟子曰：「恭者不侮人，儉者不奪人。侮奪人之君，惟恐不順焉，惡得爲恭儉？恭儉豈可以聲音笑貌爲哉？」惡，平聲。○惟恐不順，言恐人之不順己。聲音笑貌，僞爲於外也。

淳于髡曰：「男女授受不親，禮與？」孟子曰：「禮也。」曰：「嫂溺則援之以手乎？」曰：「嫂溺不援，是豺狼也。男女授受不親，禮也；嫂溺援之以手者，權也。」與，平聲。援，音爰。○淳于，姓；髡，名，齊之辯士。授，與也。受，取也。古禮，男女不親授受，以遠別也。援，救之也。權，稱錘也，稱物輕重而往來以取中者也。權而得中，是乃禮也。曰：「今天下溺矣，夫子之不援，何也？」言今天下大亂，民遭陷溺，亦當從權以援之，不可守先王之正道也。曰：「天下溺，援之以道；嫂溺，援之以手。子欲手援天下乎？」言天下溺，惟道可以捄之，非若嫂溺可手援也。今子欲援天下，乃欲使我枉道求合，則先失其所以援之之具矣。

是欲使我以手援天下乎？○此章言直己守道，所以濟時；枉道殉人，徒爲失己。

公孫丑曰：「君子之不教子，何也？」不親教也。孟子曰：「勢不行也。教者必以正；以正不行，繼之以怒；繼之以怒，則反夷矣。『夫子教我以正，夫子未出於正也。』則是父子相夷也。父子相夷，則惡矣。夷，傷也。教子者，本爲愛其子也，繼之以怒，則反傷其子矣。父既傷其子，子之心又責其父曰：「夫子教我以正道，而夫子之身未必自行正道。」則是子又傷其父也。古者易子而教之。易子而教，所以全父子之恩，而亦不失其爲教。父子之間不責善。責善則離，離則不祥莫大焉。」責善，朋友之道也。○王氏曰：「父有爭子，何也？所謂爭者，非責善也，當不義則爭之而已矣。父之於子也如何？曰，當不義，則亦戒之而已矣。」

孟子曰：「事孰爲大？事親爲大；守孰爲大？守身爲大。不失其身而能事其親者，吾聞之矣；失其身而能事其親者，吾未之聞也。守身，持守其身，使不陷於不義也。一失其身，則虧體辱親，雖日用三牲之養，亦不足以爲孝矣。孰不爲事？事親，事之本也；孰不爲守？守身，守之本也。事親孝，則忠可移於君，順可移於長。身正，則家齊國治而天下平。曾子養曾晳，必有酒肉。將徹，必請所與。問有餘，必曰『有』。曾晳死，曾元養曾子，必有酒肉。將徹，不請所與。問有餘，曰『亡矣』。將以復進也。此所謂養口體者也。若曾子，則可謂養志也。養，去聲。復，扶又反。○此承上文事親言之。曾晳，名點，曾子父也。曾元，曾子子也。曾子養其父，每食必有酒肉。食畢將徹去，必請於父曰：「此餘者與誰？」或父問此物尚有餘否？必曰「有」，恐親意更欲與人也。曾元不請所與，雖有言無，其意將以復進於親，不欲其與人也。此但能養父母之口體而已。曾子則能承順父母之志，而不忍傷之也。**事親若曾子者，可也。」**言當如曾子之養志，不可如曾元但養口體。程子曰：「子之身所能爲者，皆所當爲，無過分之事也。故事親若曾子可謂至矣，而孟子止曰可也，豈以曾子之孝爲有餘哉？」

孟子曰：「人不足與適也，政不足間也。惟大人爲能格君心之非。君仁莫不仁，君義莫不義，君正莫不正。一正君而國定矣。」適，音謫。間，去聲。○趙氏曰：「適，過也。間，非也。格，正也。」徐氏曰：「格者，物之所取正也。書曰：『格其非心。』」愚謂間字上亦當有與字。言人君用人之非，不足過謫；行政之失，不足非間。惟有大人之德，則能格其君心之不正以歸於正，而國無不治矣。大人者，大德之人，正己而物正者也。○程子曰：「天下之治亂，繫乎人君之仁與不仁耳。心之非，即害於政，不待乎發之於外也。昔者孟子三見齊王而不言事，門人疑之。孟子曰：『我先攻其邪心，心既正，而後天下之事可從而理也。』夫政事之失，用人之非，知者能更之，直者能諫之。然非心存焉，則事事而更之，後復有其事，將不勝其更矣；人人而去之，後復用其人，將不勝其去矣。是以輔相之職，必在乎格君心之非，然後無所不正；而欲格君心之非者，非有大人之德，則亦莫之能也。」

孟子曰：「有不虞之譽，有求全之毁。」虞，度也。呂氏曰：「行不足以致譽而偶得譽，是謂不虞之譽。求免於毁而反致毁，是謂求全之毁。言毁譽之言，未必皆實，修己者不可以是遽爲憂喜，觀人者不可以是輕爲進退。」

孟子曰：「人之易其言也，無責耳矣。」易，去聲。○人之所以輕易其言者，以其未遭失言之責故耳。蓋常人之情，無所懲於前，則無所警於後。非以爲君子之學，必俟有責而後不敢易其言也。然此豈亦有爲而言之與？

孟子曰：「人之患在好爲人師。」好，去聲。○王勉曰：「學問有餘，人資於己，不得已而應之可也。若好爲人師，則自足而不復有進矣，此人之大患也。」

樂正子從於子敖之齊。子敖，王驩字。**樂正子見孟子。孟子曰：「子亦來見我乎？」曰：「先生何爲出此言也？」曰：「子來幾日矣？」曰：「昔者。」曰：「昔者，則我出此言也，不亦宜乎？」曰：「舍館未定。」曰：「子聞之也，舍館定，然後求見長者乎？」**長，上聲。○昔者，前日也。館，客舍也。王驩，孟子所不與言者，則其人可知矣。樂正子乃從之行，其失身之罪大矣；又不早見長者，則其罪又有甚者焉，故孟子姑以此責之。**曰：「克有罪。」**陳氏曰：「樂正子固不能無罪矣，然其勇於受責如此，非好善而篤信之，其能若是乎？世有强辯飾非，聞諫愈甚者，又樂正子之罪人也。」

孟子謂樂正子曰：「子之從於子敖來，徒餔啜也。我不意子學古之道，而以餔啜也。」餔，博孤反。啜，昌悦反。○徒，但也。餔，食也。啜，飲也。言其不擇所從，但求食耳。此乃正其罪而切責之。

孟子曰：「不孝有三，無後爲大。趙氏曰：「於禮有不孝者三事：謂阿意曲從，陷親不義，一也；家貧親老，不爲禄仕，二也；不娶無子，絶先祖祀，三也。三者之中，無後爲大。」**舜不告而娶，爲無後也，君子以爲猶告也。」**爲無之爲，去聲。○舜告焉則不得娶，而終於無後矣。告者禮也，不告者權也。猶告，言與告同也。蓋權而得中，則不離於正矣。○范氏曰：「天下之道，有正有權。正者萬世之常，權者一時之用。常道人皆可守，權非體道者不能用也。蓋權出於不得已者也，若父非瞽瞍，子非大舜，而欲不告而娶，則天下之罪人也。」

孟子曰：「仁之實，事親是也；義之實，從兄是也。仁主於愛，而愛莫切於事親；義主於敬，而敬莫先於從兄。故仁義之道，其用至廣，而其實不越於事親從兄之間。蓋良心之發，最爲切近而精實者。有子以孝弟爲爲仁之本，其意亦猶此也。智之實，知斯二者弗去是也；禮之實，節文斯二者是也；樂之實，樂斯二者，樂則生矣，生則惡可已也，惡可已，則不知足之蹈之、手之舞之。」樂斯、樂則之樂，音洛。惡，平聲。○斯二者，指事親從兄而言。知而弗去，則見之明而守之固矣。節文，謂品節文章。樂則生矣，謂和順從容，無所勉强，事親從兄之意油然自生，如草木之有生意也。既有生意，則其暢茂條達，自有不可遏者，所謂惡可已也。其又盛，則至於手舞足蹈而不自知矣。○此章言事親從兄，良心真切，天下之道，皆原於此。然必知之明而守之固，然後節之密而樂之深也。

孟子曰：「天下大悦而將歸己。視天下悦而歸己，猶草芥也，惟舜爲然。不得乎親，不可以爲人；不順乎親，不可以爲子。言舜視天下之歸己如草芥，而惟欲得其親而順之也。得者，曲爲承順以得其心之悦而已。順則有以諭之於道，心與之一而未始有違，尤人所難也。爲人蓋泛言之，爲子則愈密矣。舜盡事親之道而瞽瞍厎豫，瞽瞍厎豫而天下化，瞽瞍厎豫而天下之爲父子者定，此之謂大孝。」厎，之爾反。○瞽瞍，舜父名。厎，致也。豫，悦樂也。瞽瞍至頑，嘗欲殺舜，至是而厎豫焉。書所謂「不格姦」「亦允若」是也。蓋舜至此而有以順乎親矣。是以天下之爲子者，知天下無不可事之親，顧吾所以事之者未若舜耳。於是莫不勉而爲孝，至於其親亦厎豫焉，則天下之爲父者，亦莫不慈，所謂化也。子孝父慈，各止其所，而無不安其位之意，所謂定也。爲法於天下，可傳於後世，非止一身一家之孝而已，此所以爲大孝也。○李氏曰：「舜之所以能使瞽瞍厎豫者，盡事親之道，其爲子職，不見父母之非而已。昔羅仲素語此云：『只爲天下無不是底父母。』了翁聞而善之曰：『惟如此而後天下之爲父子者定。彼臣弑其君、子弑其父者，常始於見其有不是處耳。』」

孟子集注卷八

離婁章句下　凡三十三章。

孟子曰："舜生於諸馮，遷於負夏，卒於鳴條，東夷之人也。諸馮、負夏、鳴條，皆地名，在東方夷服之地。**文王生於岐周，卒於畢郢，西夷之人也。**岐周，岐山下周舊邑，近畎夷。畢郢，近豐鎬，今有文王墓。**地之相去也，千有餘里；世之相後也，千有餘歲。得志行乎中國，若合符節。**得志行乎中國，謂舜爲天子，文王爲方伯，得行其道於天下也。符節，以玉爲之，篆刻文字而中分之，彼此各藏其半，有故則左右相合以爲信也。若合符節，言其同也。**先聖後聖，其揆一也。"**揆，度也。其揆一者，言度之而其道無不同也。○范氏曰："言聖人之生，雖有先後遠近之不同，然其道則一也。"

子産聽鄭國之政，以其乘輿濟人於溱洧。乘，去聲。溱，音臻。洧，榮美反。○子産，鄭大夫公孫僑也。溱洧，二水名也。子産見人有徒涉此水者，以其所乘之車載而渡之。**孟子曰："惠而不知爲政。**惠，謂私恩小利。政，則有公平正大之體，綱紀法度之施焉。**歲十一月徒杠成，十二月輿梁成，民未病涉也。**杠，音江。○杠，方橋也。徒杠，可通徒行者。梁，亦橋也。輿梁，可通車輿者。周十一月，夏九月也。周十二月，夏十月也。夏令曰："十月成梁。"蓋農功已畢，可用民力，又時將寒沍，水有橋梁，則民不患於徒涉，亦王政之一事也。**君子平其**

政，行辟人可也。焉得人人而濟之？辟，與闢同。焉，於虔反。○辟，辟除也，如周禮閽人爲之辟之辟。言
能平其政，則出行之際，辟除行人，使之避己，亦不爲過。況國中之水，當涉者衆，豈能悉以乘輿濟之哉？故爲政者，
每人而悦之，日亦不足矣。」言每人皆欲致私恩以悦其意，則人多日少，亦不足於用矣。諸葛武侯嘗言，「治世以
大德，不以小惠」，得孟子之意矣。

孟子告齊宣王曰：「君之視臣如手足，則臣視君如腹心；君之視臣如犬馬，則臣視君如
國人；君之視臣如土芥，則臣視君如寇讎。」孔氏曰：「宣王之遇臣下，恩禮衰薄，至於昔者所進，今日不知其
亡，則其於羣臣，可謂邈然無敬矣，故孟子告之以此。手足腹心，相待一體，恩義之至也。如犬馬則輕賤之，然猶有豢養
之恩焉。國人，猶言路人，言無怨無德也。土芥，則踐踏之而已矣，斬艾之而已矣，其賤惡之又甚矣。寇讎之報，不亦宜
乎？」王曰：「禮，爲舊君有服，何如斯可爲服矣？」爲，去聲，下爲之同。○儀禮曰：「以道去君而未絶者，
服齊衰三月。」王疑孟子之言太甚，故以此禮爲問。曰：「諫行言聽，膏澤下於民；有故而去，則君使人導
之出疆，又先於其所往；去三年不反，然後收其田里。此之謂三有禮焉。如此，則爲之服
矣。導之出疆，防剽掠也。先於其所往，稱道其賢，欲其收用之也。三年而後收其田禄里居，前此猶望其歸也。今也
爲臣，諫則不行，言則不聽，膏澤不下於民；有故而去，則君搏執之，又極之於其所往；去之
日，遂收其田里。此之謂寇讎。寇讎何服之有？」極，窮也。窮之於其所往之國，如晉錮欒盈也。○潘
興嗣曰：「孟子告齊王之言，猶孔子對定公之意也；而其言有迹，不若孔子之渾然也。蓋聖賢之別如此。」楊氏曰：「君臣

若君子之自處，則豈處其薄乎？孟子曰「王庶幾改之，予日望之」，君子之言蓋如此。」以義合者也。故孟子爲齊王深言報施之道，使知爲君者不可不以禮遇其臣耳。

孟子曰：「無罪而殺士，則大夫可以去；無罪而戮民，則士可以徙。」言君子當見幾而作，禍已迫，則不能去矣。

孟子曰：「君仁莫不仁，君義莫不義。」張氏曰：「此章重出。然上篇主言人臣當以正君爲急，此章直戒人君，義亦小異耳。」

孟子曰：「非禮之禮，非義之義，大人弗爲。」察理不精，故有二者之蔽。大人則隨事而順理，因時而處宜，豈爲是哉？

孟子曰：「中也養不中，才也養不才，故人樂有賢父兄也。如中也棄不中，才也棄不才，則賢不肖之相去，其閒不能以寸。」樂，音洛。○無過不及之謂中，足以有爲之謂才。養，謂涵育薰陶，俟其自化也。賢，謂中而才者也。樂有賢父兄者，樂其終能成己也。爲父兄者，若以子弟之不賢，遂遽絶之而不能教，則吾亦過中而不才矣。其相去之閒，能幾何哉？

孟子曰：「人有不爲也，而後可以有爲。」程子曰：「有不爲，知所擇也。惟能有不爲，是以可以有爲。無所不爲者，安能有所爲邪？」

孟子曰：「言人之不善，當如後患何？」此亦有爲而言。

孟子曰：「仲尼不爲已甚者。」已，猶太也。楊氏曰：「言聖人所爲，本分之外，不加毫末。非孟子真知孔子，不能以是稱之。」

孟子曰：「大人者，言不必信，行不必果，惟義所在。」行，去聲。○必，猶期也。大人言行，不先期於信果，但義之所在，則必從之，卒亦未嘗不信果也。○尹氏曰：「主於義，則信果在其中矣；主於信果，則未必合義。」王勉曰：「若不合於義而不信不果，則妄人爾。」

孟子曰：「大人者，不失其赤子之心者也。」大人之心，通達萬變；赤子之心，則純一無僞而已。然大人之所以爲大人，正以其不爲物誘，而有以全其純一無僞之本然。是以擴而充之，則無所不知，無所不能，而極其大也。

孟子曰：「養生者不足以當大事，惟送死可以當大事。」養，去聲。○事生固當愛敬，然亦人道之常耳；至於送死，則人道之大變。孝子之事親，舍是無以用其力矣。故尤以爲大事，而必誠必信，不使少有後日之悔也。

孟子曰：「君子深造之以道，欲其自得之也。自得之，則居之安；居之安，則資之深；資之深，則取之左右逢其原，故君子欲其自得之也。」造，七到反。○造，詣也。深造之者，進而不已之意。道，則其進爲之方也。資，猶藉也。左右，身之兩旁，言至近而非一處也。逢，猶值也。原，本也，水之來處也。言君子務於深造而必以其道者，欲其有所持循，以俟夫默識心通，自然而得之於己也。自得於己，則所以處之者安固而不摇；處之安固，則所借者深遠而無盡；所借者深，則日用之閒取之至近，無所往而不值其所資之本也。○程子曰：「學不言而自得者，乃自得也。有安排布置者，皆非自得也。然必潛心積慮，優游饜飫於其閒，然後可以有得。若急迫求之，則是私己而已，終不足以得之也。」

孟子曰：「博學而詳説之，將以反説約也。」言所以博學於文而詳説其理者，非欲以誇多而鬭靡也；欲其融會貫通，有以反而説到至約之地耳。蓋承上章之意而言，學非欲其徒博，而亦不可以徑約也。

孟子曰：「以善服人者，未有能服人者也；以善養人，然後能服天下。天下不心服而王者，未之有也。」王，去聲。○服人者，欲以取勝於人；養人者，欲其同歸於善。蓋心之公私小異，而人之嚮背頓殊，學者於此不可以不審也。

孟子曰：「言無實不祥。不祥之實，蔽賢者當之。」或曰：「天下之言無有實不祥者，惟蔽賢爲不祥之實。」或曰：「言而無實者不祥，故蔽賢爲不祥之實。」二説不同，未知孰是，疑或有闕文焉。

徐子曰：「仲尼亟稱於水，曰：『水哉，水哉！』何取於水也？」亟，去吏反。○亟，數也。水哉水哉，歎美之辭。孟子曰：「原泉混混，不舍晝夜。盈科而後進，放乎四海，有本者如是，是之取爾。舍、放，皆上聲。○原泉，有原之水也。混混，湧出之貌。不舍晝夜，言常出不竭也。盈，滿也。科，坎也。言其進以漸也。放，至也。言水有原本，不已而漸進以至於海；如人有實行，則亦不已而漸進以至於極也。苟爲無本，七八月之閒雨集，溝澮皆盈；其涸也，可立而待也。故聲聞過情，君子恥之。」澮，古外反。涸，下各反。聞，去聲。○集，聚也。澮，田閒水道也。涸，乾也。如人無實行，而暴得虚譽，不能長久也。聲聞，名譽也。情，實也。恥者，恥其無實而將不繼也。林氏曰：「徐子之爲人，必有躐等干譽之病，故孟子以是答之。」○鄒氏曰：「孔子之稱水，其旨微矣。孟子獨取此者，自徐子之所急者言之也。孔子嘗以聞達告子張矣，達者有本之謂也，聞則無本之謂也。然則學者其可以不務本乎？」

孟子曰：「人之所以異於禽獸者幾希，庶民去之，君子存之。幾希，少也。庶，衆也。人物之生，同得天地之理以爲性，同得天地之氣以爲形；其不同者，獨人於其間得形氣之正，而能有以全其性，爲少異耳。雖曰少異，然人物之所以分，實在於此。衆人不知此而去之，則名雖爲人，而實無以異於禽獸。君子知此而存之，是以戰兢惕厲，而卒能有以全其所受之理也。**舜明於庶物，察於人倫，由仁義行，非行仁義也。」**物，事物也。明，則有以識其理也。人倫，說見前篇。察，則有以盡其理之詳也。物理固非度外，而人倫尤切於身，故其知之有詳略之異。在舜則皆生而知之也。由仁義行，非行仁義，則仁義已根於心，而所行皆從此出。非以仁義爲美，而後勉强行之，所謂安而行之也。此則聖人之事，不待存之，而無不存矣。○尹氏曰：「存之者，君子也；存者，聖人也。君子所存，存天理也。由仁義行，存者能之。」

孟子曰：「禹惡旨酒而好善言。惡、好，皆去聲。○戰國策曰：「儀狄作酒，禹飲而甘之，曰『後世必有以酒亡其國者』，遂疏儀狄而絕旨酒。」書曰：「禹拜昌言。」**湯執中，立賢無方。**執，謂守而不失。中者，無過不及之名。方，猶類也。立賢無方，惟賢則立之於位，不問其類也。**文王視民如傷，望道而未之見。**而，讀爲如，古字通用。○民已安矣，而視之猶若有傷；道已至矣，而望之猶若未見。聖人之愛民深而求道切如此。不自滿足，終日乾乾之心也。**武王不泄邇，不忘遠。**泄，狎也。邇者人所易狎而不泄，遠者人所易忘而不忘，德之盛，仁之至也。**周公思兼三王，以施四事；其有不合者，仰而思之，夜以繼日；幸而得之，坐以待旦。」**三王：禹也，湯也，文武也。四事，上四條之事也。時異勢殊，故其事或有所不合，思而得之，則其理初不異矣。坐以待旦，急於行也。○此承上章言舜，因歷敍群聖以繼之；而各舉其一事，以見其憂勤惕厲之意。蓋天理之所以常存，而人心之所以不死也。○程子曰：「孟子所稱，各因其一事而言，非謂武王不能執中立賢，湯卻泄邇忘遠也。人謂各舉其盛，亦非也，聖人亦無不盛。」

孟子曰："王者之迹熄而詩亡，詩亡然後春秋作。王者之迹熄，謂平王東遷，而政教號令不及於天下也。詩亡，謂黍離降爲國風而雅亡也。春秋，魯史記之名。孔子因而筆削之。始於魯隱公之元年，實平王之四十九年也。晉之乘，楚之檮杌，魯之春秋，一也。乘，去聲。檮，音逃。杌，音兀。○乘義未詳。趙氏以爲興於田賦乘馬之事。或曰："取記載當時行事而名之也。"檮杌，惡獸名，古者因以爲凶人之號，取記惡垂戒之義也。春秋者，記事者必表年以首事。年有四時，故錯舉以爲所記之名也。古者列國皆有史官，掌記時事。此三者皆其所記册書之名也。其事則齊桓、晉文，其文則史。孔子曰：『其義則丘竊取之矣。』"春秋之時，五霸迭興，而桓文爲盛。史，史官也。竊取者，謙辭也。公羊傳作"其辭則丘有罪焉爾"，意亦如此。蓋言斷之在己，所謂筆則筆、削則削，游夏不能贊一辭者也。尹氏曰："言孔子作春秋，亦以史之文載當時之事也，而其義則定天下之邪正，爲百王之大法。"○此又承上章歷敍羣聖，因以孔子之事繼之，而孔子之事莫大於春秋，故特言之。

孟子曰："君子之澤五世而斬，小人之澤五世而斬。澤，猶言流風餘韻也。父子相繼爲一世，三十年亦爲一世。斬，絶也。大約君子小人之澤，五世而絶也。楊氏曰："四世而緦，服之窮也；五世袒免，殺同姓也；六世親屬竭矣。服窮則遺澤寖微，故五世而斬。"予未得爲孔子徒也，予私淑諸人也。"私，猶竊也。淑，善也。李氏以爲方言是也。人，謂子思之徒也。自孔子卒至孟子游梁時，方百四十餘年，而孟子已老。然則孟子之生，去孔子未百年也。故孟子言予雖未得親受業於孔子之門，然聖人之澤尚存，猶有能傳其學者。故我得聞孔子之道於人，而私竊以善其身，蓋推尊孔子而自謙之辭也。○此又承上三章，歷叙舜禹，至於周孔，而以是終之。其辭雖謙，然其所以自任之重，亦有不得而辭者矣。

孟子曰：「可以取，可以無取，取傷廉；可以與，可以無與，與傷惠；可以死，可以無死，死傷勇。」先言可以者，略見而自許之辭也；後言可以無者，深察而自疑之辭也。過取固害於廉，然過與亦反害其惠，過死亦反害其勇，蓋過猶不及之意也。林氏曰：「公西華受五秉之粟，是傷廉也；冉子與之，是傷惠也；子路之死於衛，是傷勇也。」

逄蒙學射於羿，盡羿之道，思天下惟羿爲愈己，於是殺羿。孟子曰：「是亦羿有罪焉。」公明儀曰：「宜若無罪焉。」曰：「薄乎云爾，惡得無罪？逄，薄江反。惡，平聲。○羿，有窮后羿也。逄蒙，羿之家衆也。羿善射，篡夏自立，後爲家衆所殺。愈，猶勝也。薄，言其罪差薄耳。鄭人使子濯孺子侵衛，衛使庾公之斯追之。子濯孺子曰：『今日我疾作，不可以執弓，吾死矣夫！』問其僕曰：『追我者誰也？』其僕曰：『庾公之斯也。』曰：『吾生矣。』其僕曰：『庾公之斯，衛之善射者也，夫子曰「吾生」，何謂也？』曰：『庾公之斯學射於尹公之他，尹公之他學射於我。夫尹公之他，端人也，其取友必端矣。』庾公之斯至，曰：『夫子何爲不執弓？』曰：『今日我疾作，不可以執弓。』曰：『小人學射於尹公之他，尹公之他學射於夫子。我不忍以夫子之道反害夫子。雖然，今日之事，君事也，我不敢廢。』抽矢扣輪，去其金，發乘矢而後反。」他，徒何反。矣夫、夫尹之夫，並音扶。去，上聲。乘，去聲。○之，語助也。僕，御也。尹公他亦衛人也。端，正也。孺子以尹公正人，知其取友必正，故度庾公必不害己。小人，庾公自稱也。金，鏃也。扣輪出鏃，令不害人，乃以射也。乘矢，四矢也。孟子言使羿如子濯孺子得尹公他而教之，則必無逢蒙之禍。然夷羿篡弑之賊，蒙乃逆儔；庾斯雖全私恩，亦廢公義。其事皆無足論者，孟子蓋特以取友而言耳。

孟子曰：「西子蒙不潔，則人皆掩鼻而過之。西子，美婦人。蒙，猶冒也。不潔，汙穢之物也。掩鼻，惡其臭也。**雖有惡人，齊戒沐浴，則可以祀上帝。」**齊，側皆反。○惡人，醜貌者也。○尹氏曰：「此章戒人之喪善，而勉人以自新也。」

孟子曰：「天下之言性也，則故而已矣。故者，以利爲本。性者，人物所得以生之理也。故者，其已然之迹，若所謂天下之故者也。利，猶順也，語其自然之勢也。言事物之理，雖若無形而難知；然其發見之已然，則必有迹而易見。故天下之言性者，但言其故而理自明，猶所謂善言天者必有驗於人也。然其所謂故者，又必本其自然之勢，如人之善、水之下，非有所矯揉造作而然者也。若人之爲惡、水之在山，則非自然之故矣。**所惡於智者，爲其鑿也。如智者若禹之行水也，則無惡於智矣。禹之行水也，行其所無事也。如智者亦行其所無事，則智亦大矣。**惡、爲，皆去聲。○天下之理，本皆順利，小智之人，務爲穿鑿，所以失之。禹之行水，則因其自然之勢而導之，未嘗以私智穿鑿而有所事，是以水得其潤下之性而不爲害也。**天之高也，星辰之遠也，苟求其故，千歲之日至，可坐而致也。」**天雖高，星辰雖遠，然求其已然之迹，則其運有常。雖千歲之久，其日至之度，可坐而得。況於事物之近，若因其故而求之，豈有不得其理者，而何以穿鑿爲哉？必言日至者，造曆者以上古十一月甲子朔夜半冬至爲曆元也。○程子曰：「此章專爲智而發。」愚謂事物之理，莫非自然。順而循之，則爲大智。若用小智而鑿以自私，則害於性而反爲不智。程子之言，可謂深得此章之旨矣。

公行子有子之喪，右師往弔，入門，有進而與右師言者，有就右師之位而與右師言者。公行子，齊大夫。右師，王驩也。孟子不與右師言，右師不悅曰：「諸君子皆與驩言，孟子獨不與驩言，是簡驩也。」簡，略也。孟子聞之，曰：「禮，朝廷不歷位而相與言，不踰階而相揖也。我欲行禮，子敖以我爲簡，不亦異乎？」朝，音潮。○是時齊卿大夫以君命弔，各有位次。若周禮，凡有爵者之喪禮，則職喪涖其禁令，序其事，故云朝廷也。歷，更涉也。位，他人之位也。右師未就位而進與之言，則右師歷己之位矣；右師已就位而就與之言，則已歷右師之位矣。孟子右師之位又不同階，孟子不敢失此禮，故不與右師言也。

孟子曰：「君子所以異於人者，以其存心也。君子以仁存心，以禮存心。以仁禮存心，言以是存於心而不忘也。仁者愛人，有禮者敬人。此仁禮之施。愛人者人恒愛之，敬人者人恒敬之。恒，胡登反。○此仁禮之驗。有人於此，其待我以橫逆，則君子必自反也：我必不仁也，必無禮也，此物奚宜至哉？橫，去聲，下同。○橫逆，謂強暴不順理也。物，事也。其自反而仁矣，自反而有禮矣，其橫逆由是也，君子必自反也：我必不忠。由與猶同，下放此。○忠者，盡己之謂。我必不忠，恐所以愛敬人者，有所不盡其心也。自反而忠矣，其橫逆由是也，君子曰：『此亦妄人也已矣。如此則與禽獸奚擇哉？於禽獸又何難焉？』難，去聲。○奚擇，何異也。又何難焉，言不足與之校也。是故君子有終身之憂，無一朝之患也。乃若所憂則有之：舜人也，我亦人也。舜爲法於天下，可傳於後世，我由未免爲鄉人也，是則可憂也。憂之如何？如舜而已矣。若夫君子所患則亡矣。

非仁無爲也，非禮無行也。如有一朝之患，則君子不患矣。」夫，音扶。○鄉人，鄉里之常人也。君子存心不苟，故無後憂。

禹、稷當平世，三過其門而不入，孔子賢之。事見前篇。顔子當亂世，居於陋巷，一簞食，一瓢飲，人不堪其憂，顔子不改其樂，孔子賢之。食，音嗣。樂，音洛。孟子曰：「禹、稷、顔回同道。聖賢之道，進則救民，退則修己，其心一而已矣。禹思天下有溺者，由己溺之也；稷思天下有飢者，由己飢之也，是以如是其急也。由，與猶同。○禹稷身任其職，故以爲己責而救之急也。禹、稷、顔子易地則皆然。聖賢之心無所偏倚，隨感而應，各盡其道。故使禹稷居顔子之地，則亦能樂顔子之樂；使顔子居禹稷之任，亦能憂禹稷之憂也。今有同室之人鬭者，救之，雖被髮纓冠而救之，可也。不暇束髮，而結纓往救，言急也。以喻禹稷。鄉鄰有鬭者，被髮纓冠而往救之，則惑也，雖閉户可也。」喻顔子也。○此章言聖賢心無不同，事則所遭或異；然處之各當其理，是乃所以爲同也。尹氏曰：「當其可之謂時，前聖後聖，其心一也，故所遇皆盡善。」

公都子曰：「匡章，通國皆稱不孝焉。夫子與之遊，又從而禮貌之，敢問何也？」匡章，齊人。通國，盡一國之人也。禮貌，敬之也。孟子曰：「世俗所謂不孝者五：惰其四支，不顧父母之養，一不孝也；博弈好飲酒，不顧父母之養，二不孝也；好貨財，私妻子，不顧父母之養，三不孝也；從耳目之欲，以爲父母戮，四不孝也；好勇鬭很，以危父母，五不孝也。章子有一於是乎？好、養、從皆去聲。很，胡懇反。○戮，羞辱也。很，忿戾也。夫章子，子父責善而不相遇也。夫，音扶。○遇，合也。相責以善而不相合，故爲父所逐也。責善，朋友之道也；父子責善，賊恩之大者。賊，害也。朋友當相責以善。父子行之，則害天性之恩也。夫章子，豈不欲有夫妻子母之屬哉？爲得罪於父，不得近。出妻屏子，終身不養焉。其設心以爲不若是，是則罪之大者，是則章子已矣。」夫章之夫，音扶。爲，去聲。屏，必井反。養，去聲。○言章子非不欲身有夫妻之配、子有子母之屬，但爲身不得近於父，故不敢受妻子之養，以自責罰。其心以爲不如此，則其罪益大也。○此章之旨，於衆所惡而必察焉，可以見聖賢至公至仁之心矣。楊氏曰：「章子之行，孟子非取之也，特哀其志而不與之絶耳。」

曾子居武城，有越寇。或曰：「寇至，盍去諸？」曰：「無寓人於我室，毁傷其薪木。」寇退，則曰：「修我牆屋，我將反。」寇退，曾子反。左右曰：「待先生，如此其忠且敬也。寇至則先去以爲民望，寇退則反，殆於不可。」沈猶行曰：「是非汝所知也。昔沈猶有負芻之禍，從先生者七十人，未有與焉。」與，去聲。○武城，魯邑名。盍，何不也。左右，曾子之門人也。忠敬，言武城之大夫事曾子，忠誠恭敬也。爲民望，言使民望而效之。沈猶行，弟子姓名也。言曾子嘗舍於沈猶氏，時有負芻者作亂，來攻沈猶氏，曾子率其弟子去之，不與其難。言師賓不與臣同。子思居於衛，有齊寇。或曰：「寇至，盍去諸？」子思曰：「如伋去，君誰與守？」言所以不去之意如此。孟子曰：「曾子、子思同道。曾子，師也，父兄也；子思，臣也，微也。曾子、子思易地則皆然。」微，猶賤也。尹氏曰：「或遠害，或死難，其事不同者，所處之地不同也。君子之心不繫於利害，惟其是而已，故易地則皆能爲之。」○孔氏曰：「古之聖賢，言行不同，事業亦異，而其道未始不同也。學者知此，則因所遇而應之；若權衡之稱物，低昂屢變，而不害其爲同也。」

儲子曰：「王使人瞯夫子，果有以異於人乎？」孟子曰：「何以異於人哉？堯舜與人同耳。」瞯，古莧反。○儲子，齊人也。瞯，竊視也。聖人亦人耳，豈有異於人哉？

齊人有一妻一妾而處室者，其良人出，則必饜酒肉而後反。其妻問所與飲食者，則盡富貴也。其妻告其妾曰：「良人出，則必饜酒肉而後反；問其與飲食者，盡富貴也，而未嘗有顯者來，吾將瞯良人之所之也。」蚤起，施從良人之所之，徧國中無與立談者。卒之東郭墦閒，之祭者，乞其餘；不足，又顧而之他，此其爲饜足之道也。其妻歸，告其妾曰：「良人者，所仰望而終身也。今若此。」與其妾訕其良人，而相泣於中庭。而良人未之知也，施施從外來，驕其妻妾。施，音迤，又音易。墦，音燔。施施，如字。○章首當有「孟子曰」字，闕文也。良人，夫也。饜，飽也。顯者，富貴人也。施，邪施而行，不使良人知也。墦，冢也。顧，望也。訕，怨詈也。施施，喜悅自得之貌。由君子觀之，則人之所以求富貴利達者，其妻妾不羞也，而不相泣者，幾希矣。孟子言自君子而觀，今之求富貴者，皆若此人耳。使其妻妾見之，不羞而泣者少矣，言可羞之甚也。○趙氏曰：「言今之求富貴者，皆以枉曲之道，昬夜乞哀以求之，而以驕人於白日，與斯人何以異哉？」

孟子集注卷九

萬章章句上 凡九章。

萬章問曰：「舜往于田，號泣于旻天，何爲其號泣也？」孟子曰：「怨慕也。」號，平聲。○舜往于田，耕歷山時也。仁覆閔下，謂之旻天。號泣于旻天，呼天而泣也。事見虞書大禹謨篇。怨慕，怨己之不得其親而思慕也。

萬章曰：「父母愛之，喜而不忘；父母惡之，勞而不怨。然則舜怨乎？」曰：「長息問於公明高曰：『舜往于田，則吾既得聞命矣；號泣于旻天，于父母，則吾不知也。』公明高曰：『是非爾所知也。』夫公明高以孝子之心，爲不若是恝，我竭力耕田，共爲子職而已矣，父母之不我愛，於我何哉？惡，去聲。夫，音扶。恝，苦八反。共，平聲。○長息，公明高弟子。公明高，曾子弟子。于父母，亦書辭，言呼父母而泣也。恝，無愁之貌。於我何哉，自責不知己有何罪耳，非怨父母也。楊氏曰：「非孟子深知舜之心，不能爲此言。蓋舜惟恐不順於父母，未嘗自以爲孝也；若自以爲孝，則非孝矣。」帝使其子九男二女，百官牛羊倉廩備，以事舜於畎畝之中。天下之士多就之者，帝將胥天下而遷之焉。爲不順於父母，如窮人無所歸。爲，去聲。○帝，堯也。史記云：「二女妻之，以觀其內；九男事之，以觀其外。」又言：「一年所居成聚，二年成邑，三年成都。」是天下之士就之也。胥，相視也。遷之，移以與之也。如窮人之無所歸，言其怨慕迫切之甚也。天下之士悦之，人之所欲也，而不足以解憂；好色，人之所欲，妻帝之二女，而不足以解憂；富，人之所欲，富有天下，而不足以解憂；貴，人之所欲，貴爲天子，而不足以解憂。人悦之、好色、富貴，無足以解憂者，惟順於父母，可以解憂。孟子推舜之心如此，以解上文之意。極天下之欲，不足以解憂；而惟順於父母，可以解憂。孟子真知舜之心哉！人少，則慕父母；知好色，則慕少艾；有妻子，則慕妻子；仕則慕君，不得於君則熱中。大孝終身慕父母。五十而慕者，予於大舜見之矣。」少、好，皆去聲。○言常人之情，因物有遷，惟聖人爲能不失其本心也。艾，美好也。楚辭、戰國策所謂幼艾，義與此同。不得，失意也。熱中，躁急心熱也。言五十者，舜攝政時年五十也。五十而慕，則其終身慕可知矣。○此章言舜不以得衆人之所欲爲己樂，而以不順乎親之心爲己憂。非聖人之盡性，其孰能之？

萬章問曰：「詩云：『娶妻如之何？必告父母。』信斯言也，宜莫如舜。舜之不告而娶，何也？」孟子曰：「告則不得娶。男女居室，人之大倫也。如告，則廢人之大倫，以懟父母，是以不告也。」懟，直類反。○詩齊國風南山之篇也。信，誠也，誠如此詩之言也。懟，讎怨也。舜父頑母嚚，常欲害舜。告則不聽其娶，是廢人之大倫，以讎怨於父母也。

萬章曰：「舜之不告而娶，則吾既得聞命矣；帝之妻舜而不告，何也？」曰：「帝亦知告焉則不得妻也。」妻，去聲。○以女爲人妻曰妻。程子曰：「堯妻舜而不告者，以君治之而已，如今之官府治民之私者亦多。」

萬章曰：「父母使舜完廩，捐階，瞽瞍焚廩。使浚井，出，從而揜之。象曰：『謨蓋都君咸我績。牛羊父母，倉廩父母，干戈朕，琴朕，弤朕，二嫂使治朕棲。』象往入舜宫，舜在牀琴。象曰：『鬱陶思君爾。』忸怩。舜曰：『惟茲臣庶，汝其于予治。』不識舜不知象之將殺己與？」曰：「奚而不知也？象憂亦憂，象喜亦喜。」弤，都禮反。忸，女六反。怩，音尼。與，平聲。○完，治也。捐，去也。階，梯也。揜，蓋也。按史記，曰：「使舜上塗廩，瞽瞍從下縱火焚廩，舜乃以兩笠自捍而下去，得不死。後又使舜穿井，舜穿井爲匿空旁出。舜既入深，瞽瞍與象共下土實井，舜從匿空中出去。」即其事也。象，舜異母弟也。謨，謀也。蓋，蓋井也。舜所居三年成都，故謂之都君。咸，皆也。績，功也。舜既入井，象不知舜已出，欲以殺舜爲己功也。干，盾也。戈，戟也。琴，舜所彈五弦琴也。弤，琱弓也。象欲以舜之牛羊倉廩與父母，而自取此物也。二嫂，堯二女也。棲，牀也。象欲使爲己妻也。象往舜宫，欲分取所有，見舜生在牀彈琴，蓋既出即潛歸其宫也。鬱陶，思之甚而氣不得伸也。象言己思君之甚，故來見爾。忸怩，慚色也。臣庶，謂其百官也。象素憎舜，不至其宫，故舜見其來而喜，使之治其臣庶也。孟子言舜非不知其將殺己，但見其憂則憂，見其喜則喜，兄弟之情，自有所不能已耳。萬章所言，其有無不可知，然舜之心則孟子有以知之矣，他亦不足辨也。程子曰：「象憂亦憂，象喜亦喜，人情天理，於是爲至。」曰：「然則舜僞喜者與？」曰：「否。昔者有饋生魚於鄭子產，子產使校人畜之池。校人烹之，反命曰：『始舍之圉圉焉，少則洋洋焉，攸然而逝。』子產曰：『得其所哉！得其所哉！』校人出，曰：『孰謂子產智？予既烹而食之，曰：得其所哉，得其所哉。』故君子可欺以其方，難罔以非其道。彼以愛兄之道來，故誠信而喜之，奚僞焉？」與，平聲。校，音效，又音教。畜，許六反。○校人，主池沼小吏也。圉圉，困而未紓之貌。洋洋，則稍縱矣。攸然而逝者，自得而遠去也。方，亦道也。罔，蒙蔽也。欺以其方，謂誑之以理之所有。罔以非其道，謂昧之以理之所無。象以愛兄之道來，所謂欺之以其方也。舜本不知其僞，故實喜之，何僞之有？○此章又言舜遭人倫之變，而不失天理之常也。

萬章問曰：「象日以殺舜爲事，立爲天子，則放之，何也？」孟子曰：「封之也，或曰放焉。」放，猶置也。置之於此，使不得去也。萬章疑舜何不誅之，孟子言舜實封之，而或者誤以爲放也。萬章曰：「舜流共工于幽州，放驩兜于崇山，殺三苗于三危，殛鯀于羽山，四罪而天下咸服，誅不仁也。象至不仁，封之有庳。有庳之人奚罪焉？仁人固如是乎？在他人則誅之，在弟則封之。」共工，官名。驩兜，人名。二人比周，相與爲黨。三苗，國名，負固不服。殺，殺其君也。殛，誅也。鯀，禹父名，方命圮族，治水無功，皆不仁之人也。幽州、崇山、三危、羽山、有庳，皆地名也。或曰：「今道州鼻亭，即有庳之地也。」未知是否？萬章疑舜不當封象，使彼有庳之民無罪而遭象之虐，非仁人之心也。藏怒，謂藏匿其怒。宿怨，謂留蓄其怨。曰：「仁人之於弟也，不藏怒焉，不宿怨焉，親愛之而已矣。親之欲其貴也，愛之欲其富也。封之有庳，富貴之也。身爲天子，弟爲匹夫，可謂親愛之乎？」庳，音鼻。○流，徙也。

「敢問或曰放者，何謂也？」曰：「象不得有爲於其國，天子使吏治其國，而納其貢稅焉，故謂之放。豈得暴彼民哉？雖然，欲常常而見之，故源源而來。『不及貢，以政接于有庳』，此之謂也。」孟子言象雖封爲有庳之君，然不得治其國，天子使吏代之治，而納其所收之貢稅於象。有似於放，故或者以爲放也。蓋象至不仁，處之如此，則既不失吾親愛之心，而彼亦不得虐有庳之民也。源源，若水之相繼也。來，謂來朝覲也。「不及貢，以政接于有庳」，謂不待及諸侯朝貢之期，而以政事接見有庳之君。蓋古書之辭，而孟子引以證源源而來之意，見其親愛之無已如此也。○吴氏曰：「言聖人不以公義廢私恩，亦不以私恩害公義。舜之於象，仁之至，義之盡也。」

咸丘蒙問曰：「語云：『盛德之士，君不得而臣，父不得而子。』舜南面而立，堯帥諸侯北面而朝之，瞽瞍亦北面而朝之。舜見瞽瞍，其容有蹙。孔子曰：『於斯時也，天下殆哉，岌岌乎！』不識此語誠然乎哉？」孟子曰：「否。此非君子之言，齊東野人之語也。堯老而舜攝也。堯典曰：『二十有八載，放勳乃徂落，百姓如喪考妣，三年，四海遏密八音。』孔子曰：『天無二日，民無二王。』舜既爲天子矣，又帥天下諸侯以爲堯三年喪，是二天子矣。」朝，音潮。岌，魚及反。○咸丘蒙，孟子弟子。語者，古語也。蹙，顰蹙不自安也。岌岌，不安貌也。言人倫乖亂，天下將危也。齊東，齊國之東鄙也。孟子言堯但老不治事，而舜攝天子之事耳。堯在時，舜未嘗即天子位，堯何由北面而朝乎？又引書及孔子之言以明之。堯典，虞書篇名。今此文乃見於舜典，蓋古書二篇或合爲一耳。言舜攝位二十八年而堯死也。徂，升也。落，降也。人死則魂升而魄降，故古者謂死爲徂落。遏，止也。密，静也。八音，金、石、絲、竹、匏、土、革、木，樂器之音也。

咸丘蒙曰：「舜之不臣堯，則吾既得聞命矣。詩云：『普天之下，莫非王土；率土之濱，莫非王臣。』而舜既爲天子矣，敢問瞽瞍之非臣，如何？」曰：「是詩也，非是之謂也；勞於王事，而不得養父母也。曰：『此莫非王事，我獨賢勞也。』故説詩者，不以文害辭，不以辭害志。以意逆志，是爲得之。如以辭而已矣，雲漢之詩曰：『周餘黎民，靡有孑遺。』信斯言也，是周無遺民也。不臣堯，不以堯爲臣，使北面而朝也。詩小雅北山之篇也。普，徧也。率，循也。此詩今毛氏序云：「役使不均，已勞於王事而不得養其父母焉。」其詩下文亦云：「大夫不均，我從事獨賢。」乃作詩者自言天下皆王臣，何爲獨使我以賢才而勞苦乎？非謂天子可臣其父也。文，字也。辭，語也。逆，迎也。雲漢，大雅篇名也。孑，獨立之貌。遺，脱也。言説詩之法，不可以一字而害一句之義，不可以一句而害設辭之志，當以己意迎取作者之志，乃可得之。若但以其辭而已，則如雲漢所言，是周之民真無遺種矣。惟以意逆之，則知作詩者之志在於憂旱，而非真無遺民也。孝子之至，莫大乎尊親；尊親之至，莫大乎以天下養。爲天子父，尊之至也；以天下養，養之至也。詩曰：『永言孝思，孝思維則。』此之謂也。養，去聲。○言瞽瞍既爲天子之父，則當享天下之養，此舜之所以爲尊親養親之至也。豈有使之北面而朝之理乎？詩大雅下武之篇。言人能長言孝思而不忘，則可以爲天下法則也。書曰：『祗載見瞽瞍，夔夔齊栗，瞽瞍亦允若。』是爲父不得而子也。」見，音現。齊，側皆反。○書大禹謨篇也。祗，敬也。載，事也。夔夔齊栗，敬謹恐懼之貌。允，信也。若，順也。言舜敬事瞽瞍，往而見之，敬謹如此，瞽瞍亦信而順之也。孟子引此而言瞽瞍不能以不善及其子，而反見化於其子，則是所謂父不得而子者，而非如咸丘蒙之説也。

萬章曰：「堯以天下與舜，有諸？」孟子曰：「否。天子不能以天下與人。」天下者，天下之天下，非一人之私有故也。「然則舜有天下也，孰與之？」曰：「天與之。」萬章問而孟子答也。「天與之者，諄諄然命之乎？」諄，之淳反。○萬章問也。諄諄，詳語之貌。曰：「否。天不言，以行與事示之而已矣。」行，去聲，下同。○行之於身謂之行，措諸天下謂之事。言但因舜之行事，而示以與之之意耳。曰：「以行與事示之者如之何？」曰：「天子能薦人於天，不能使天與之天下；諸侯能薦人於天子，不能使天子與之諸侯；大夫能薦人於諸侯，不能使諸侯與之大夫。昔者堯薦舜於天而天受之，暴之於民而民受之，故曰：天不言，以行與事示之而已矣。」暴，步卜反，下同。○暴，顯也。言下能薦人於上，不能令上必用之。舜爲天人所受，是因舜之行與事，而示之以與之之意也。

曰：「敢問薦之於天而天受之，暴之於民而民受之，如何？」曰：「使之主祭而百神享之，是天受之；使之主事而事治，百姓安之，是民受之也。天與之，人與之，故曰：天子不能以天下與人。治，去聲。舜相堯二十有八載，非人之所能爲也，天也。堯崩，三年之喪畢，舜避堯之子於南河之南。天下諸侯朝覲者，不之堯之子而之舜；訟獄者，不之堯之子而之舜；謳歌者，不謳歌堯之子而謳歌舜，故曰天也。夫然後之中國，踐天子位焉。而居堯之宮，逼堯之子，是篡也，非天與也。相，去聲。朝，音潮。夫，音扶。○南河在冀州之南，其南即豫州也。訟獄，謂獄不決而訟之也。太誓曰『天視自我民視，天聽自我民聽』，此之謂也。」自，從也。天無形，其視聽皆從於民之視聽。民之歸舜如此，則天與之可知矣。

萬章問曰：「人有言：『至於禹而德衰，不傳於賢而傳於子。』有諸？」孟子曰：「否，不然也。天與賢，則與賢；天與子，則與子。昔者舜薦禹於天，十有七年，舜崩。三年之喪畢，禹避舜之子於陽城。天下之民從之，若堯崩之後，不從堯之子而從舜也。禹薦益於天，七年，禹崩。三年之喪畢，益避禹之子於箕山之陰。朝覲訟獄者不之益而之啓，曰：『吾君之子也。』謳歌者不謳歌益而謳歌啓，曰：『吾君之子也。』朝，音潮。○陽城，箕山之陰，皆嵩山下深谷中可藏處。啓，禹之子也。楊氏曰：「此語孟子必有所受，然不可考矣。但云天與賢則與賢，天與子則與子，可以見堯、舜、禹之心，皆無一毫私意也。」丹朱之不肖，舜之子亦不肖。舜之相堯，禹之相舜也，歷年多，施澤於民久。啓賢，能敬承繼禹之道。益之相禹也，歷年少，施澤於民未久。舜、禹、益相去久遠，其子之賢不肖皆天也，非人之所能爲也。莫之爲而爲者，天也；莫之致而至者，命也。之相之相，去聲。相去之相，如字。○堯舜之子皆不肖，而舜禹之爲相久，此堯舜之子所以不有天下，而舜禹有天下也。禹之子賢，而益相不久，此啓所以有天下而益不有天下也。然此皆非人力所爲而自爲，非人力所致而自至者。蓋以理言之謂之天，自人言之謂之命，其實則一而已。匹夫而有天下者，德必若舜禹，而又有天子薦之者，故仲尼不有天下。孟子因禹益之事，歷舉此下兩條以推明之。言仲尼之德，雖無愧於舜禹，而無天子薦之者，故不有天下。繼世以有天下，天之所廢，必若桀紂者也，故益、伊尹、周公不有天下。繼世而有天下者，其先世皆有大功德於民，故必有大惡如桀紂，則天乃廢之。如啓及大甲、成王雖不及益、伊尹、周公之賢聖，但能嗣守先業，則天亦不廢之。故益、伊尹、周公，雖有舜禹之德，而亦不有天下。伊尹相湯以王於天下。湯崩，太丁未立，外丙二年，仲壬四年。太甲顛覆湯之典刑，伊尹放之於桐。三年，太甲悔過，自怨自艾，於桐處仁遷義；三年，以聽伊尹之訓己也，復歸于亳。相、王，皆去聲。艾，音乂。○此承上文言伊尹不有天下之事。趙氏曰：「太丁，湯之太子，未立而死。外丙立二年，仲壬立四年，皆太丁弟也。太甲，太丁子也。」程子曰：「古人謂歲爲年。湯崩時，外丙方二歲，仲壬方四歲，惟大甲差長，故立之也。」二說未知孰是。顛覆，壞亂也。典刑，常法也。桐，湯墓所在。艾，治也。說文云「芟草也」，蓋斬絕自新之意。亳，商所都也。周公之不有天下，猶益之於夏，伊尹之於殷也。此復言周公所以不有天下之意。孔子曰：『唐虞禪，夏后、殷、周繼，其義一也。』」禪，音擅。○禪，授也。或禪或繼，皆天命也。聖人豈有私意於其間哉？○尹氏曰：「孔子曰：『唐虞禪，夏后、殷、周繼，其義一也。』孟子曰：『天與賢則與賢，天與子則與子。』知前聖之心者，無如孔子，繼孔子者，孟子而已矣。」

萬章問曰：「人有言『伊尹以割烹要湯』有諸？」要，平聲，下同。○要，求也。按史記「伊尹欲行道以致君而無由，乃爲有莘氏之媵臣，負鼎俎以滋味説湯，致於王道」。蓋戰國時有爲此説者。孟子曰：「否，不然。伊尹耕於有莘之野，而樂堯舜之道焉。非其義也，非其道也，禄之以天下，弗顧也；繫馬千駟，弗視也。非其義也，非其道也，一介不以與人，一介不以取諸人。樂，音洛。○莘，國名。樂堯舜之道者，誦其詩，讀其書，而欣慕愛樂之也。駟，四匹也。介與草芥之芥同。言其辭受取與，無大無細，一以道義而不苟也。湯使人以幣聘之，囂囂然曰：『我何以湯之聘幣爲哉？我豈若處畎畝之中，由是以樂堯舜之道哉？』囂，五高反，又户驕反。○囂囂，無欲自得之貌。湯三使往聘之，既而幡然改曰：『與我處畎畝之中，由是以樂堯舜之道，吾豈若使是君爲堯舜之君哉？吾豈若使是民爲堯舜之民哉？吾豈若於吾身親見之哉？幡然，變動之貌。於吾身親見之，言於我之身親見其道之行，不徒誦説向慕之而已也。天之生此民也，使先知覺後知，使先覺覺後覺也。予，天民之先覺者也；予將以斯道覺斯民也。非予覺之，而誰也？』此亦伊尹之言也。知，謂識其事之所當然。覺，謂悟其理之所以然。覺後知後覺，如呼寐者而使之寤也。言天使者，天理當然，若使之也。程子曰：「予天民之先覺，謂我乃天生此民中，盡得民道而先覺者也。既爲先覺之民，豈可不覺其未覺者。及彼之覺，亦非分我所有以予之也，皆彼自有此理，我但能覺之而已。」**思天下之民匹夫匹婦有不被堯舜之澤者，若己推而内之溝中。其自任以天下之重如此，故就湯而説之以伐夏救民。**推，吐回反。内，音納。説，音税。○書曰：「昔先正保衡作我先王，曰：『予弗克俾厥后爲堯舜，其心愧恥，若撻于市。』一夫不獲，則曰：『時予之辜。』」孟子之言蓋取諸此。是時夏桀無道，暴虐其民，故欲使湯伐夏以救之。徐氏曰：「伊尹樂堯舜之道。堯舜揖遜，而伊尹説湯以伐夏者，時之不同，義則一也。」**吾未聞枉己而正人者也，況辱己以正天下者乎？聖人之行不同也，或遠或近，或去或不去，歸潔其身而已矣。**行，去聲。○辱己甚於枉己，正天下難於正人。若伊尹以割烹要湯，辱己甚矣，何以正天下乎？遠，謂隱遁也。近，謂仕近君也。言聖人之行雖不必同，然其要歸在潔其身而已。伊尹豈肯以割烹要湯哉？**吾聞其以堯舜之道要湯，未聞以割烹也。**林氏曰：「以堯舜之道要湯者，非實以是要之也，道在此而湯之聘自來耳，猶子貢言夫子之求之，異乎人之求之也。」愚謂此語亦猶前章所論父不得而子之意。**伊訓曰：『天誅造攻自牧宮，朕載自亳。』」**伊訓，商書篇名。孟子引以證伐夏救民之事也。今〔一〕書牧宮作鳴條。造、載，皆始也。伊尹言始攻桀無道，由我始其事於亳也。

萬章問曰：「或謂孔子於衛主癰疽，於齊主侍人瘠環，有諸乎？」孟子曰：「否，不然也。

〔一〕「今」原作「令」，據清仿宋大字本改。

好事者爲之也。癰，於容反。疽，七余反。好，去聲。○主，謂舍於其家，以之爲主人也。癰疽，瘍醫也。侍人，奄人也。瘠，姓。環，名。皆時君所近狎之人也。好事，謂喜造言生事之人也。於衛主顏讎由。彌子之妻與子路之妻，兄弟也。彌子謂子路曰：『孔子主我，衛卿可得也。』子路以告。孔子曰：『有命。』孔子進以禮，退以義，得之不得曰『有命』。而主癰疽與侍人瘠環，是無義無命也。讎，如字，又音犨。○顏讎由，衛之賢大夫也，史記作顏濁鄒。彌子，衛靈公幸臣彌子瑕也。徐氏曰：「禮主於辭遜，故進以禮；義主於制斷，故退以義。難進而易退者也，在我者有禮義而已，得之不得則有命存焉。」孔子不悅於魯衛，遭宋桓司馬將要而殺之，微服而過宋。是時孔子當阨，主司城貞子，爲陳侯周臣。要，平聲。○不悅，不樂居其國也。桓司馬，宋大夫向魋也。司城貞子，亦宋大夫之賢者也。陳侯，名周。按史記：「孔子爲魯司寇，齊人饋女樂以閒之，孔子遂行。適衛月餘，去衛適宋。司馬魋欲殺孔子，孔子去至陳，主於司城貞子。」孟子言孔子雖當阨難，然猶擇所主，況在齊衛無事之時，豈有主癰疽侍人之事乎？吾聞觀近臣，以其所爲主；觀遠臣，以其所主。若孔子主癰疽與侍人瘠環，何以爲孔子？」近臣，在朝之臣。遠臣，遠方來仕者。君子小人各從其類，故觀其所爲主與其所主者，而其人可知。

萬章問曰：「或曰：『百里奚自鬻於秦養牲者五羊之皮，食牛，以要秦穆公。』信乎？」孟子曰：「否，不然。好事者爲之也。食，音嗣。好，去聲，下同。○百里奚，虞之賢臣。人言其自賣於秦養牲者之家，得五羊之皮而爲之食牛，因以干秦穆公也。百里奚，虞人也。晉人以垂棘之璧與屈產之乘，假道於虞以伐虢。宮之奇諫，百里奚不諫。屈，求勿反。乘，去聲。○虞、虢，皆國名。垂棘之璧，垂棘之地所出之璧也。屈産之乘，屈地所生之良馬也。乘，四匹也。晉欲伐虢，道經於虞，故以此物借道，其實欲并取虞。宮之奇，亦虞之賢臣。諫虞公令勿許，虞公不用，遂爲晉所滅。百里奚知其不可諫，故不諫而去之。知虞公之不可諫而去，之秦，年已七十矣，曾不知以食牛干秦穆公之爲汙也，可謂智乎？不可諫而不諫，可謂不智乎？知虞公之將亡而先去之，不可謂不智也。時舉於秦，知穆公之可與有行也而相之，可謂不智乎？相秦而顯其君於天下，可傳於後世，不賢而能之乎？自鬻以成其君，鄉黨自好者不爲，而謂賢者爲之乎？」相，去聲。○自好，自愛其身之人也。孟子言百里奚之智如此，必知食牛以干主之爲汙。其賢又如此，必不肯自鬻以成其君也。然此事當孟子時已無所據。孟子直以事理反覆推之，而知其必不然耳。○范氏曰：「古之聖賢未遇之時，鄙賤之事，不恥爲之。如百里奚爲人養牛，無足怪也。惟是人君不致敬盡禮，則不可得而見。豈有先自汙辱以要其君哉？莊周曰：『百里奚爵禄不入於心，故飯牛而牛肥，使穆公忘其賤而與之政。』亦可謂知百里奚矣。伊尹、百里奚之事，皆聖賢出處之大節，故孟子不得不辯。」尹氏曰：「當時好事者之論大率類此，蓋以其不正之心度聖賢也。」

孟子集注卷十

萬章章句下 凡九章。

孟子曰：「伯夷，目不視惡色，耳不聽惡聲。非其君不事，非其民不使。治則進，亂則退。橫政之所出，橫民之所止，不忍居也。思與鄉人處，如以朝衣朝冠坐於塗炭也。當紂之時，居北海之濱，以待天下之清也。故聞伯夷之風者，頑夫廉，懦夫有立志。治，去聲，下同。橫，去聲。朝，音潮。○橫，謂不循法度。頑者，無知覺。廉者，有分辨。懦，柔弱也。餘並見前篇。伊尹曰：『何事非君？何使非民？』治亦進，亂亦進。曰：『天之生斯民也，使先知覺後知，使先覺覺後覺。予，天民之先覺者也；予將以此道覺此民也。』思天下之民匹夫匹婦有不與被堯舜之澤者，若己推而內之溝中，其自任以天下之重也。與，音預。○何事非君，言所事即君。何使非民，言所使即民。無不可事之君，無不可使之民也。餘見前篇。柳下惠，不羞汙君，不辭小官。進不隱賢，必以其道。遺佚而不怨，阨窮而不憫。與鄉人處，由由然不忍去也。『爾爲爾，我爲我，雖袒裼裸裎於我側，爾焉能浼我哉？』故聞柳下惠之風者，鄙夫寬，薄夫敦。鄙，狹陋也。敦，厚也。餘見前篇。**孔子之去齊，接淅而行；去魯，曰：『遲遲吾行也。』去父母國之道也。可以速而速，可以久而久，可以處而處，可以仕而仕，孔子也。」**淅，先歷反。○接，猶承也。淅，漬米水也。漬米將炊，而欲去之速，故以手承水取米而行，不及炊也。舉此一端，以見其久、速、仕、止，各當其可也。或曰：「孔子去魯，不稅冕而行，豈得爲遲？」楊氏曰：「孔子欲去之意久矣，不欲苟去，故遲遲其行也。膰肉不至，則得以微罪行矣，故不稅冕而行，非速也。」**孟子曰：「伯夷，聖之清者也；伊尹，聖之任者也；柳下惠，聖之和者也；孔子，聖之時者也。**張子曰：「無所雜者清之極，無所異者和之極。勉而清，非聖人之清；勉而和，非聖人之和。所謂聖者，不勉不思而至焉者也。」孔氏曰：「任者，以天下爲己責也。」愚謂孔子仕、止、久、速，各當其可，蓋兼三子之所以聖者而時出之，非如三子之可以一德名也。或疑伊尹出處合乎孔子，而不得爲聖之時，何也？程子曰：「終是任底意思在。」**孔子之謂集大成。集大成也者，金聲而玉振之也。金聲也者，始條理也；玉振之也者，終條理也。始條理者，智之事也；終條理者，聖之事也。**此言孔子集三聖之事而爲一大聖之事；猶作樂者，集衆音之小成而爲一大成也。成者，樂之一終，書所謂「簫韶九成」是也。金，鐘屬。聲，宣也，如聲罪致討之聲。玉，磬也。振，收也，如振河海而不洩之振。始，始之也。終，終之也。條理，猶言脈絡，指衆音而言也。智者，知之所及；聖者，德之所就也。蓋樂有八音：金、石、絲、竹、匏、土、革、木。若獨奏一音，則其一音自爲始終，而爲一小成，猶三子之所知偏於一，而其所就亦偏於一也。八音之中，金石爲重，故特爲衆音之綱紀。又金始震而玉終詘然也，故並奏八音，則於其未作，而先擊鎛鐘以宣其聲；俟其既闋，而後擊特磬以收其韻。宣以始之，收以終之。二者之間，脈絡通貫，無所不備，則合衆小成而爲一大成，猶孔子之知無不盡而德無不全也。金聲玉振，始終條理，疑古樂經之言。故兒寬云：「惟天子建中和之極，兼總條貫，金聲而玉振之。」亦此意也。智，譬則巧也；聖，譬則力也。由射於百步之外也，其至，爾力也；其中，非爾力也。」中，去聲。○此復以射之巧力發明智、聖二字之義。見孔子巧力俱全，而聖智兼備，三子則力有餘而巧不足，是以一節雖至於聖，而智不足以及乎時中也。○此章言三子之行各極其一偏，孔子之道兼全於衆理。所以偏者，由其蔽於始，是以缺於終；所以全者，由其知之至，是以行之盡。三子猶春夏秋冬之各一其時，孔子則大和元氣之流行於四時也。

北宮錡問曰：「周室班爵禄也，如之何？」錡，魚綺反。○北宮，姓；錡，名，衛人。班，列也。孟子曰：「其詳不可得聞也。諸侯惡其害己也，而皆去其籍。然而軻也，嘗聞其略也。惡，去聲。去，上聲。○當時諸侯兼并僭竊，故惡周制妨害己之所爲也。天子一位，公一位，侯一位，伯一位，子、男同一位，凡五等也。君一位，卿一位，大夫一位，上士一位，中士一位，下士一位，凡六等。此班爵之制也。五等通於天下，六等施於國中。天子之制，地方千里，公侯皆方百里，伯七十里，子、男五十里，凡四等。不能五十里，不達於天子，附於諸侯，曰附庸。此以下，班禄之制也。不能，猶不足也。小國之地不足五十里者，不能自達於天子，因大國以姓名通，謂之附庸，若春秋邾儀父之類是也。天子之卿受地視侯，大夫受地視伯，元士受地視子、男。視，比也。徐氏曰：「王畿之内，亦制都鄙受地也。」元士，上士也。大國地方百里，君十卿禄，卿禄四大夫，大夫倍上士，上士倍中士，中士倍下士，下士與庶人在官者同禄，禄足以代其耕也。十，十倍之也。四，四倍之也。倍，加一倍也。徐氏曰：「大國君田三萬二千畝，其入可食二千八百八十人。卿田三千二百畝，可食二百八十八人。大夫田八百畝，可食七十二人。上士田四百畝，可食三十六人。中士田二百畝，可食十八人。下士與庶人在官者田百畝，可食九人至五人。庶人在官，府史胥徒也。」愚按：君以下所食之禄，皆助法之公田，藉農夫之力以耕而收其租。士之無田，與庶人在官者，則但受禄於官，如田之入而已。**次國地方七十里，君十卿禄，卿禄三大夫，大夫倍上士，上士倍中士，中士倍下士，下士與庶人在官者同禄，禄足以代其耕也。**三，謂三倍之也。徐氏曰：「次國君田二萬四千畝，可食二千一百六十人。卿田二千四百畝，可食二百十六人。」**小國地方五十里，君十卿禄，卿禄二大夫，大夫倍上士，上士倍中士，中士倍下士，下士與庶人在官者同禄，禄足以代其耕也。**二，即倍也。徐氏曰：「小國君田一萬六千畝，可食千四百四十人。卿田一千六百畝，可食百四十四人。」**耕者之所獲，一夫百畝。百畝之糞，上農夫食九人，上次食八人，中食七人，中次食六人，下食五人。庶人在官者，其禄以是爲差。**」食，音嗣。○獲，得也。一夫一婦，佃田百畝。加之以糞，糞多而力勤者爲上農，其所收可供九人。其次用力不齊，故有此五等。庶人在官者，其受禄不同，亦有此五等也。○愚按：此章之説，與周禮、王制不同，蓋不可攷，闕之可也。程子曰：「孟子之時，去先王未遠，載籍未經秦火，然而班爵禄之制已不聞其詳。今之禮書，皆掇拾於煨燼之餘，而多出於漢儒一時之傳會，柰何欲盡信而句爲之解乎？然則其事固不可一一追復矣。」

萬章問曰：「敢問友。」孟子曰：「不挾長，不挾貴，不挾兄弟而友。友也者，友其德也，

〔一〕「二」原作「三」，據清仿宋大字本改。

不可以有挾也。挾者，兼有而恃之之稱。孟獻子，百乘之家也，有友五人焉：樂正裘、牧仲，其三人，則予忘之矣。獻子之與此五人者友也，無獻子之家者也。此五人者，亦有獻子之家，則不與之友矣。乘，去聲，下同。○孟獻子，魯之賢大夫仲孫蔑也。張子曰：「獻子忘其勢，五人者忘人之勢。不資其勢而利其有，然後能忘人之勢。若五人者有獻子之家，則反爲獻子之所賤矣。」非惟百乘之家爲然也。雖小國之君亦有之。費惠公曰：『吾於子思，則師之矣；吾於顏般，則友之矣；王順、長息則事我者也。』費，音祕。般，音班。○惠公，費邑之君也。師，所尊也。友，所敬也。事我者，所使也。非惟小國之君爲然也，雖大國之君亦有之。晉平公之於亥唐也，入云則入，坐云則坐，食云則食。雖疏食菜羹，未嘗不飽，蓋不敢不飽也。然終於此而已矣。弗與共天位也，弗與治天職也，弗與食天禄也，士之尊賢者也，非王公之尊賢也。疏食之食，音嗣。平公、王公下，諸本多無之字，疑闕文也。○亥唐，晉賢人也。平公造之，唐言入，公乃入。言坐乃坐，言食乃食也。疏食，糲飯也。不敢不飽，敬賢者之命也。范氏曰：「位曰天位，職曰天職，禄曰天禄。言天所以待賢人，使治天民，非人君所得專者也。」舜尚見帝，帝館甥于貳室，亦饗舜，迭爲賓主，是天子而友匹夫也。尚，上也。舜上而見於帝堯也。館，舍也。禮，妻父曰外舅。謂我舅者，吾謂之甥。堯以女妻舜，故謂之甥。貳室，副宮也。堯舍舜於副宮，而就饗其食。用下敬上，謂之貴貴；用上敬下，謂之尊賢。貴貴、尊賢，其義一也。」貴貴、尊賢，皆事之宜者。然當時但知貴貴，而不知尊賢，故孟子曰「其義一也」。○此言朋友人倫之一，所以輔仁，故以天子友匹夫而不爲詘，以匹夫友天子而不爲僭。此堯舜所以爲人倫之至，而孟子言必稱之也。

萬章問曰：「敢問交際何心也？」孟子曰：「恭也。」際，接也。交際，謂人以禮儀幣帛相交接也。曰：「卻之卻之爲不恭，何哉？」曰：「尊者賜之，曰『其所取之者，義乎，不義乎』，而後受之，以是爲不恭，故弗卻也。」卻，不受而還之也。再言之，未詳。萬章疑交際之間，有所卻者，人便以爲不恭，何哉？孟子言尊者之賜，而心竊計其所以得此物者，未知合義與否，必其合義，然後可受，不然則卻之矣，所以卻之爲不恭也。曰：「請無以辭卻之，以心卻之，曰『其取諸民之不義也』，而以他辭無受，不可乎？」曰：「其交也以道，其接也以禮，斯孔子受之矣。」萬章以爲彼既得之不義，則其餽不可受。但無以言語間而卻之，直以心度其不義，而託於他辭以卻之，如此可否耶？交以道，如餽贐、聞戒、周其飢餓之類。接以禮，謂辭命恭敬之節。孔子受之，如受陽貨烝豚之類也。萬章曰：「今有禦人於國門之外者，其交也以道，其餽也以禮，斯可受禦與？」曰：「不可。康誥曰：『殺越人于貨，閔不畏死，凡民罔不譈。』是不待教而誅者也。殷受夏，周受殷，所不辭也。於今爲烈，如之何其受之？」與，平聲。譈，書作憝，徒對反。○禦，止也。止人而殺之，且奪其貨也。國門之外，無人之處也。萬章以爲苟不問其物之所從來，而但觀其交接之禮，則設有禦人者，用其禦得之貨以禮餽我，則可受之乎？康誥，周書篇名。越，顛越也。今書閔作愍，無凡民二字。譈，怨也。言殺人而顛越之，因取其貨，閔然不知畏死，凡民無不怨之。孟子言此乃不待教戒而當即誅者也。如何而可受之乎？「殷〔一〕受」至「爲烈」十四字，語意不倫。李氏以爲此必有斷簡或闕文者近之，而愚意其直爲衍字耳。然不可攷，姑闕之

〔一〕「殷」原作「商」，據清仿宋大字本改。

可也。曰：「今之諸侯取之於民也，猶禦也。苟善其禮際矣，斯君子受之，敢問何說也？」曰：「子以爲有王者作，將比今之諸侯而誅之乎？其教之不改而後誅之乎？夫謂非其有而取之者盜也，充類至義之盡也。孔子之仕於魯也，魯人獵較，孔子亦獵較。獵較猶可，而況受其賜乎？」比，去聲。夫，音扶。較，音角。○比，連也。言今諸侯之取於民，固多不義，然有王者起，必不連合而盡誅之。必教之不改而後誅之，則其與禦人之盜，不待教而誅者不同矣。夫禦人於國門之外，與非其有而取之，二者固皆不義之類，然必禦人乃爲真盜。其謂非有而取爲盜者，乃推其類，至於義之至精至密之處而極言之耳，非便以爲真盜也。然則今之諸侯，雖曰取非其有，而豈可遽以同於禦人之盜也哉？又引孔子之事，以明世俗所尚，猶或可從，況受其賜，何爲不可乎？獵較未詳。趙氏以爲田獵相較，奪禽獸以祭。孔子不違，所以小同於俗也。張氏以爲獵而較所獲之多少也。二說未知孰是。曰：「然則孔子之仕也，非事道與？」曰：「事道也。」「事道奚獵較也？」曰：「孔子先簿正祭器，不以四方之食供簿正。」曰：「奚不去也？」曰：「爲之兆也。兆足以行矣，而不行，而後去，是以未嘗有所終三年淹也。與，平聲。○此因孔子事而反覆辯論也。事道者，以行道爲事也。事道奚獵較也，萬章問也。先簿正祭器，未詳。徐氏曰：「先以簿書正其祭器，使有定數，不以四方難繼之物實之。夫器有常數、實有常品，則其本正矣，彼獵較者，將久而自廢矣。」未知是否也。兆，猶卜之兆，蓋事之端也。孔子所以不去者，亦欲小試行道之端，以示於人，使知吾道之果可行也。若其端既可行，而人不能遂行之，然後不得已而必去之。蓋其去雖不輕，而亦未嘗不決，是以未嘗終三年留於一國也。孔子有見行可之仕，有際可之仕，有公養之仕。於季桓子，見行可之仕也；於衛靈公，際可之仕也；於衛孝公，公養之仕也。」見行可，見其道之可行也。際可，接遇以禮也。公養，國君養賢之禮也。季桓子，魯卿季孫斯也。衛靈公，衛侯元也。孝公，春秋、史記皆無之，疑出公輒也。因孔子仕魯，而言其仕有此三者。故於魯則兆足以行矣而不行然後去，而於衛之事，則又受其交際問餽而不卻之一驗也。○尹氏曰：「不聞孟子之義，則自好者爲於陵仲子而已。聖賢辭受進退，惟義所在。」

愚按：此章文義多不可曉，不必强爲之説。

孟子曰：「仕非爲貧也，而有時乎爲貧；娶妻非爲養也，而有時乎爲養。爲、養，並去聲，下同。○仕本爲行道，而亦有家貧親老，或道與時違，而但爲禄仕者。如娶妻本爲繼嗣，而亦有爲不能親操井臼而欲資其餽養者。**爲貧者，辭尊居卑，辭富居貧。**貧富，謂禄之厚薄。蓋仕不爲道，已非出處之正，故其所處但當如此。**辭尊居卑，辭富居貧，惡乎宜乎？抱關擊柝。**惡，平聲。柝，音託。○柝，行夜所擊木也。蓋爲貧者雖不主於行道，而亦不可以苟禄。故惟抱關擊柝之吏，位卑禄薄，其職易稱，爲所宜居也。李氏曰：「道不行矣，爲貧而仕者，此其律令也。若不能然，則是貪位慕禄而已矣。」**孔子嘗爲委吏矣，曰『會計當而已矣』。嘗爲乘田矣，曰『牛羊茁壯，長而已矣』。**委，烏僞反。會，工外反。當，丁浪反。乘，去聲。茁，阻刮反。長，上聲。○此孔子之爲貧而仕者也。委吏，主委積之吏也。乘田，主苑囿芻牧之吏也。茁，肥貌。言以孔子大聖，而嘗爲賤官不以爲辱者，所謂爲貧而仕，官卑禄薄，而職易稱也。**位卑而言高，罪也；立乎人之本朝，而道不行，恥也。」**朝，音潮。○以出位爲罪，則無行道之責；以廢道爲恥，則非竊禄之官，此爲貧者之所以必辭尊富而寧處貧賤也。○尹氏曰：「言爲貧者不可以居尊，居尊者必欲以行道。」

萬章曰：「士之不託諸侯，何也？」孟子曰：「不敢也。諸侯失國，而後託於諸侯，禮也；士

之託於諸侯，非禮也。」託，寄也，謂不仕而食其禄也。古者諸侯出奔他國，食其廩餼，謂之寄公。士無爵土，不得比諸侯。不仕而食禄，則非禮也。

萬章曰：「君餽之粟，則受之乎？」曰：「受之。」「受之何義也？」曰：「君之於氓也，固周之。」周，救也。視其空乏，則周卹之，無常數，君待民之禮也。曰：「周之則受，賜之則不受，何也？」曰：「不敢也。」曰：「敢問其不敢何也？」曰：「抱關擊柝者，皆有常職以食於上。無常職而賜於上者，以爲不恭也。」賜，謂予之禄，有常數，君所以待臣之禮也。曰：「君餽之，則受之，不識可常繼乎？」曰：「繆公之於子思也，亟問，亟餽鼎肉。子思不悦。於卒也，摽使者出諸大門之外，北面稽首再拜而不受。曰：『今而後知君之犬馬畜伋。』蓋自是臺無餽也。悦賢不能舉，又不能養也，可謂悦賢乎？」亟，去聲，下同。摽，音杓。使，去聲。○亟，數也。鼎肉，熟肉也。卒，末也。摽，麾也。數以君命來餽，當拜受之，非養賢之禮，故不悦。而於其末後復來餽時，麾使者出拜而辭之。犬馬畜伋，言不以人禮待己也。臺，賤官，主使令者。蓋繆公愧悟，自此不復令臺來致餽也。舉，用也。能養者未必能用也，況又不能養乎？曰：「敢問國君欲養君子，如何斯可謂養矣？」曰：「以君命將之，再拜稽首而受。其後廩人繼粟，庖人繼肉，不以君命將之。子思以爲鼎肉使己僕僕爾亟拜也，非養君子之道也。初以君命來餽，則當拜受。其後有司各以其職繼續所無，不以君命來餽，不使賢者有亟拜之勞也。僕僕，煩猥貌。堯之於舜也，使其子九男事之，二女女焉，百官牛羊倉廩備，以養舜於畎畝之中，後舉而加諸上位。故曰：『王公之尊賢者也。』」女下字，去聲。○能養能舉，悦賢之至也，惟堯舜爲能盡之，而後世之所當法也。

萬章曰：「敢問不見諸侯，何義也？」孟子曰：「在國曰市井之臣，在野曰草莽之臣，皆謂庶人。庶人不傳質爲臣，不敢見於諸侯，禮也。」質，與贄同。○傳，通也。質者，士執雉，庶人執鶩，相見以自通者也。國内莫非君臣，但未仕者與執贄在位之臣不同，故不敢見也。

萬章曰：「庶人，召之役，則往役；君欲見之，召之，則不往見之，何也？」曰：「往役，義也；往見，不義也。往役者，庶人之職；不往見者，士之禮。且君之欲見之也，何爲也哉？」曰：「爲其多聞也，爲其賢也。」曰：「爲其多聞也，則天子不召師，而況諸侯乎？爲其賢也，則吾未聞欲見賢而召之也。爲並去聲。繆公亟見於子思，曰：『古千乘之國以友士，何如？』子思不悦，曰：『古之人有言：曰事之云乎，豈曰友之云乎？』子思之不悦也，豈不曰：『以位，則子，君也；我，臣也。何敢與君友也？以德，則子事我者也，奚可以與我友？』千乘之君求與之友，而不可得也，而況可召與？亟、乘，皆去聲。召與之與，平聲。○孟子引子思之言而釋之，以明不可召之意。齊景公田，招虞人以旌，不至，將殺之。志士不忘在溝壑，勇士不忘喪其元。孔子奚取焉？取非其招不往也。」喪，息浪反。○説見前篇。曰：「敢問招虞人何以？」曰：「以皮冠。庶人以旃，士以旂，大夫以旌。皮冠，田獵之冠也。事見春秋傳。然則皮冠者，虞人之所有事也，故以是招之。庶人，未仕之臣。通帛曰旃。士，謂已仕者。交龍爲旂，析羽而注於旂干之首曰旌。以大夫之招招虞人，虞人死不敢往。以士之招招庶人，庶人豈敢往哉？況乎以不賢人之招招賢人乎？欲見而召之，是不賢人之招也。以士之招招庶人，則不敢往；以不賢人之招招賢人，則不可往矣。欲見賢人而不以其道，猶欲其入而閉之門也。夫義，路也；禮，門也。惟君子能由是路，出入是門也。詩云：『周道如底，其直如矢；君子所履，小人所視。』」夫，音扶。底，詩作砥，之履反。○詩小雅大東之篇。底，與砥同，礪石也。言其平也。矢，言其直也。視，視以爲法也。引此以證上文能由是路之義。

萬章曰：「孔子，君命召，不俟駕而行。然則孔子非與？」曰：「孔子當仕有官職，而以其官召之也。」與，平聲。○孔子方仕而任職，君以其官名召之，故不俟駕而行。徐氏曰：「孔子、孟子，易地則皆然。」○此章言不見諸侯之義，最爲詳悉，更合陳代、公孫丑所問者而觀之，其說乃盡。

孟子謂萬章曰：「一鄉之善士，斯友一鄉之善士；一國之善士，斯友一國之善士；天下之善士，斯友天下之善士。言己之善蓋於一鄉，然後能盡友一鄉之善士。推而至於一國、天下皆然，隨其高下以爲廣狹也。以友天下之善士爲未足，又尚論古之人。頌其詩，讀其書，不知其人，可乎？是以論其世也。是尚友也。」尚，上同。言進而上也。頌，誦通。論其世，論其當世行事之迹也。言既觀其言，則不可以不知其爲人之實，是以又考其行也。夫能友天下之善士，其所友衆矣，猶以爲未足，又進而取於古人。是能進其取友之道，而非止爲一世之士矣。

齊宣王問卿。孟子曰：「王何卿之問也？」王曰：「卿不同乎？」曰：「不同。有貴戚之卿，有異姓之卿。」王曰：「請問貴戚之卿。」曰：「君有大過則諫，反覆之而不聽，則易位。」大過，謂足以亡其國者。易位，易君之位，更立親戚之賢者。蓋與君有親親之恩，無可去之義。以宗廟爲重，不忍坐視其亡，故不得已而至於此也。**王勃然變乎色。**勃然，變色貌。**曰：「王勿異也。王問臣，臣不敢不以正對。」**孟子言也。**王色定，然後請問異姓之卿。曰：「君有過則諫，反覆之而不聽，則去。」**君臣義合，不合則去。○此章言大臣之義，親疏不同，守經行權，各有其分。貴戚之卿，小過非不諫也，但必大過而不聽，乃可易位。異姓之卿，大過非不諫也，雖小過而不聽，已可去矣。然三仁貴戚，不能行之於紂；而霍光異姓，乃能行之於昌邑。此又委任權力之不同，不可以執一論也。

孟子集注卷十一

告子章句上　凡二十章。

告子曰：「性，猶杞柳也；義，猶桮棬也。以人性爲仁義，猶以杞柳爲桮棬。」桮，音杯。棬，丘圓反。○性者，人生所稟之天理也。杞柳，柜柳。桮棬，屈木所爲，若巵匜之屬。告子言人性本無仁義，必待矯揉而後成，如荀子性惡之説也。孟子曰：「子能順杞柳之性而以爲桮棬乎？將戕賊杞柳而後以爲桮棬也？如將戕賊杞柳而以爲桮棬，則亦將戕賊人以爲仁義與？率天下之人而禍仁義者，必子之言夫！」戕，音牆。與，平聲。夫，音扶。○言如此則天下之人皆以仁義爲害性而不肯爲，是因子之言而爲仁義之禍也。

告子曰：「性猶湍水也，決諸東方則東流，決諸西方則西流。人性之無分於善不善也，猶水之無分於東西也。」湍，他端反。○湍，波流瀠回之貌也。告子因前説而小變之，近於揚子善惡混之説。孟子曰：「水信無分於東西，無分於上下乎？人性之善也，猶水之就下也。人無有不善，水無有不下。言水誠不分東西矣，然豈不分上下乎？性即天理，未有不善者也。今夫水，搏而躍之，可使過顙；激而行之，可使在山。是豈水之性哉？其勢則然也。人之可使爲不善，其性亦猶是也。」夫，音扶。搏，補各反。○搏，擊也。躍，跳也。顙，額也。水之過額在山，皆不就下也。然其本性未嘗不就下，但爲搏激所使而逆其性耳。○此章言性本善，故順之而無不善；本無惡，故反之而後爲惡，非本無定體，而可以無所不爲也。

告子曰：「生之謂性。」生，指人物之所以知覺運動者而言。告子論性，前後四章，語雖不同，然其大指不外乎此，與近世佛氏所謂作用是性者畧相似。孟子曰：「生之謂性也，猶白之謂白與？」曰：「然。」「白羽之白也，猶白雪之白；白雪之白，猶白玉之白與？」曰：「然。」與，平聲。下同。○白之謂白，猶言凡物之白者，同謂之白，更無差別也。白羽以下，孟子再問而告子曰然，則是謂凡有生者同是一性矣。「然則犬之性，猶牛之性；牛之性，猶人之性與？」孟子又言若果如此，則犬牛與人皆有知覺，皆能運動，其性皆無以異矣，於是告子自知其說之非而不能對也。○愚按：性者，人之所得於天之理也；生者，人之所得於天之氣也。性，形而上者也；氣，形而下者也。人物之生，莫不有是性，亦莫不有是氣。然以氣言之，則知覺運動，人與物若不異也；以理言之，則仁義禮智之稟，豈物之所得而全哉？此人之性所以無不善，而爲萬物之靈也。告子不知性之爲理，而以所謂氣者當之，是以杞柳湍水之喻，食色無善無不善之説，縱横繆戾，紛紜舛錯，而此章之誤乃其本根。所以然者，蓋徒知知覺運動之蠢然者，人與物同；而不知仁義禮智之粹然者，人與物異也。孟子以是折之，其義精矣。

告子曰：「食色，性也。仁，内也，非外也；義，外也，非内也。」告子以人之知覺運動者爲性，故言人之甘食悅色者即其性。故仁愛之心生於内，而事物之宜由乎外。學者但當用力於仁，而不必求合於義也。孟子曰：「何以謂仁内義外也？」曰：「彼長而我長之，非有長於我也；猶彼白而我白之，從其白於外也，故謂之外也。」長，上聲，下同。○我長之，我以彼爲長也；我白之，我以彼爲白也。曰：「異於白馬之白也，無以異於白人之白也；不識長馬之長也，無以異於長人之長與？且謂長者義乎？長之者義乎？」與，平聲，下同。○張氏曰：「上異於二字疑衍。」李氏曰：「或有闕文焉。」愚按：白馬白人，所謂彼白而我白之也；長馬長人，所謂彼長而我長之也。白馬白人不異，而長馬長人不同，是乃所謂義也。義不在彼之長，而在我長之之心，則義之非外明矣。

曰：「吾弟則愛之，秦人之弟則不愛也，是以我爲悅者也，故謂之内。長楚人之長，亦長吾之長，是以長爲悅者也，故謂之外也。」言愛主於我，故仁在内；敬主於長，故義在外。曰：「耆秦人之炙，無以異於耆吾炙。夫物則亦有然者也，然則耆炙亦有外與？」耆，與嗜同。夫，音扶。○言長之耆之，皆出於心也。林氏曰：「告子以食色爲性，故因其所明者而通之。」○自篇首至此四章，告子之辯屢屈，而屢變其説以求勝，卒不聞其能自反而有所疑也。此正其所謂不得於言勿求於心者，所以卒於鹵莽而不得其正也。

孟季子問公都子曰：「何以謂義内也？」孟季子，疑孟仲子之弟也。蓋聞孟子之言而未達，故私論之。曰：「行吾敬，故謂之内也。」所敬之人雖在外，然知其當敬而行吾心之敬以敬之，則不在外也。「鄉人長於伯兄一歲，則誰敬？」曰：「敬兄。」「酌則誰先？」曰：「先酌鄉人。」「所敬在此，所長在彼，果在外，非由内也。」長，上聲。○伯，長也。酌，酌酒也。此皆季子問、公都子答，而季子又言，如此則敬長之心，果不由中出也。公都子不能答，以告孟子。孟子曰：「敬叔父乎？敬弟乎？彼將曰『敬叔父』。

曰：『弟爲尸，則誰敬？』彼將曰『敬弟』。子曰：『惡在其敬叔父也？』彼將曰『在位故也』。子亦曰：『在位故也。庸敬在兄，斯須之敬在鄉人。』」惡，平聲。○尸，祭祀所主以象神，雖子弟爲之，然敬之當如祖考也。在位，弟在尸位，鄉人在賓客之位也。庸，常也。斯須，暫時也。言因時制宜，皆由中出也。季子聞之曰：「敬叔父則敬，敬弟則敬，果在外，非由內也。」公都子曰：「冬日則飲湯，夏日則飲水，然則飲食亦在外也？」此亦上章耆炙之意。○范氏曰：「二章問答，大指畧同，皆反覆譬喻以曉當世，使明仁義之在內，則知人之性善，而皆可以爲堯舜矣。」

公都子曰：「告子曰：『性無善無不善也。』此亦「生之謂性、食色性也」之意，近世蘇氏、胡氏之說蓋如此。或曰：『性可以爲善，可以爲不善；是故文武興，則民好善；幽厲興，則民好暴。』好，去聲。○此即湍水之說也。或曰：『有性善，有性不善；是故以堯爲君而有象，以瞽瞍爲父而有舜；以紂爲兄之子且以爲君，而有微子啓、王子比干。』韓子性有三品之說蓋如此。按此文，則微子、比干皆紂之叔父，而書稱微子爲商王元子，疑此或有誤字。今曰『性善』，然則彼皆非與？」與，平聲。孟子曰：「乃若其情，則可以爲善矣，乃所謂善也。乃若，發語辭。情者，性之動也。人之情，本但可以爲善而不可以爲惡，則性之本善可知矣。若夫爲不善，非才之罪也。夫，音扶。○才，猶材質，人之能也。人有是性，則有是才，性既善則才亦善。人之爲不善，乃物欲陷溺而然，非其才之罪也。惻隱之心，人皆有之；羞惡之心，人皆有之；恭敬之心，人皆有之；是非之心，人皆有之。惻隱之心，仁也；羞惡之心，義也；恭敬之心，禮也；是非之心，智也。仁義禮智，非由外鑠我也，我固有之也，弗思耳矣。故曰：『求則得之，舍則失之。』或相倍蓰而無算者，不能盡其才者也。惡，去聲。舍，上聲。蓰，音師。○恭者，敬之發於外者也；敬者，恭之主於中者也。鑠，以火銷金之名，自外以至內也。算，數也。言四者之心人所固有，但人自不思而求之耳，所以善惡相去之遠，由不思不求而不能擴充以盡其才也。前篇言是四者爲仁義禮智之端，而此不言端者，彼欲其擴而充之，此直因用以著其本體，故言有不同耳。詩曰：『天生蒸民，有物有則。民之秉夷，好是懿德。』孔子曰：『爲此詩者，其知道乎！故有物必有則，民之秉夷也，故好是懿德。』」好，去聲。○詩大雅烝民之篇。蒸，詩作烝，衆也。物，事也。則，法也。夷，詩作彝，常也。懿，美也。有物必有法：如有耳目，則有聰明之德；有父子，則有慈孝之心，是民所秉執之常性也，故人之情無不好此懿德者。以此觀之，則人性之善可見，而公都子所問之三說，皆不辯而自明矣。○程子曰：「性即理也，理則堯舜至於塗人一也。才稟於氣，氣有清濁，稟其清者爲賢，稟其濁者爲愚。學而知之，則氣無清濁，皆可至於善而復性之本，湯武身之是也。孔子所言下愚不移者，則自暴自棄之人也。」又曰：「論性不論氣，不備；論氣不論性，不明，二之則不是。」張子曰：「形而後有氣質之性，善反之則天地之性存焉。故氣質之性，君子有弗性者焉。」愚按：程子此說才字，與孟子本文小異。蓋孟子專指其發於性者言之，故以爲才無不善；程子兼指其稟於氣者言之，則人之才固有昏明强弱之不同矣，張子所謂氣質之性是也。二說雖殊，各有所當，然以事理考之，程子爲密。蓋氣質所稟雖有不善，而不害性之本善；性雖本善，而不可以無省察矯揉之功，學者所當深玩也。

孟子曰：「富歲，子弟多賴；凶歲，子弟多暴，非天之降才爾殊也，其所以陷溺其心者然也。富歲，豐年也。賴，藉也。豐年衣食饒足，故有所顧藉而爲善；凶年衣食不足，故有以陷溺其心而爲暴。今夫麰麥，播種而耰之，其地同，樹之時又同，浡然而生，至於日至之時，皆熟矣。雖有不同，則地有肥磽，雨露之養，人事之不齊也。夫，音扶。麰，音牟。耰，音憂。磽，苦交反。○麰，大麥也。耰，覆種也。日至之時，謂當成熟之期也。磽，瘠薄也。故凡同類者，舉相似也，何獨至於人而疑之？聖人與我同類者。聖人亦人耳，其性之善，無不同也。故龍子曰：『不知足而爲屨，我知其不爲蕢也。』屨之相似，天下之足同也。蕢，音匱。○蕢，草器也。不知人足之大小而爲之屨，雖未必適中，然必似足形，不至成蕢也。口之於味，有同耆也。易牙先得我口之所耆者也。如使口之於味也，其性與人殊，若犬馬之與我不同類也，則天下何耆皆從易牙之於味也？至於味，天下期於易牙，是天下之口相似也。耆，與嗜同，下同。○易牙，古之知味者。言易牙所調之味，則天下皆以爲美也。惟耳亦然。至於聲，天下期於師曠，是天下之耳相似也。師曠，能審音者也。言師曠所和之音，則天下皆以爲美也。惟目亦然。至於子都，天下莫不知其姣也。不知子都之姣者，無目者也。姣，古卯反。○子都，古之美人也。姣，好也。故曰：口之於味也，有同耆焉；耳之於聲也，有同聽焉；目之於色也，有同美焉。至於心，獨無所同然乎？心之所同然者何也？謂理也，義也。聖人先得我心之所同然耳。故理義之悦我心，猶芻豢之悦我口。」然，猶可也。草食曰芻，牛羊是也；穀食曰豢，犬豕是也。程子曰：「在物爲理，處物爲義，體用之謂也。孟子言人心無不悦理義者，但聖人則先知先覺乎此耳，非有以異於人也。」程子又曰：

「理義之悦我心，猶芻豢之悦我口，此語親切有味。須實體察得理義之悦心，真猶芻豢之悦口，始得。」

孟子曰：「牛山之木嘗美矣，以其郊於大國也，斧斤伐之，可以爲美乎？是其日夜之所息，雨露之所潤，非無萌櫱之生焉，牛羊又從而牧之，是以若彼濯濯也。人見其濯濯也，以爲未嘗有材焉，此豈山之性也哉？櫱，五割反。○牛山，齊之東南山也。邑外謂之郊。言牛山之木，前此固嘗美矣，今爲大國之郊，伐之者衆，故失其美耳。息，生長也。日夜之所息，謂氣化流行未嘗間斷，故日夜之閒，凡物皆有所生長也。萌，芽也。櫱，芽之旁出者也。濯濯，光潔之貌。材，材木也。言山木雖伐，猶有萌櫱，而牛羊又從而害之，是以至於光潔而無草木也。雖存乎人者，豈無仁義之心哉？其所以放其良心者，亦猶斧斤之於木也，旦旦而伐之，可以爲美乎？其日夜之所息，平旦之氣，其好惡與人相近也者幾希，則其旦晝之所爲，有梏亡之矣。梏之反覆，則其夜氣不足以存；夜氣不足以存，則其違禽獸不遠矣。人見其禽獸也，而以爲未嘗有才焉者，是豈人之情也哉？好、惡，並去聲。○良心者，本然之善心，即所謂仁義之心也。平旦之氣，謂未與物接之時，清明之氣也。好惡與人相近，言得人心之所同然也。幾希，不多也。梏，械也。反覆，展轉也。言人之良心雖已放失，然其日夜之間，亦必有所生長。故平旦未與物接，其氣清明之際，良心猶必有發見者。但其發見至微，而旦晝所爲之不善，又已隨而梏亡之，如山木既伐，猶有萌櫱，而牛羊又牧之也。晝之所爲，既有以害其夜之所息；夜之所息，又不能勝其晝之所爲，是以展轉相害。至於夜氣之生，日以寖薄，而不足以存其仁義之良心，則平旦之氣亦不能清，而所好惡遂與人遠矣。故苟得其養，無物不長；苟失其養，無物不消。長，上聲。○山木人心，其理一也。孔子曰：『操則存，舍則亡；出入無時，莫知其鄉。』惟心之謂與？」舍，音捨。與，平聲。○孔子言心，操之則在此，舍之則失去，其出入無定時，亦無定處如此。孟子引之，以明心之神明不測，得失之易，而保守之難，不可頃刻失其養。學者當無時而不用其力，使神清氣定，常如平旦之時，則此心常存，無適而非仁義也。程子曰：「心豈有出入，亦以操舍而言耳。操之之道，敬以直内而已。」○愚聞之師曰：「人，理義之心未嘗無，惟持守之即在爾。若於旦晝之間，不至梏亡，則夜氣愈清。夜氣清，則平旦未與物接之時，湛然虚明氣象，自可見矣。」孟子發此夜氣之説，於學者極有力，宜熟玩而深省之也。

孟子曰：「無或乎王之不智也。或，與惑同，疑怪也。王，疑指齊王。雖有天下易生之物也，一日暴之，十日寒之，未有能生者也。吾見亦罕矣，吾退而寒之者至矣，吾如有萌焉何哉？易，去聲。暴，步卜反。見，音現。○暴，温之也。我見王之時少，猶一日暴之也；我退則諂諛雜進之日多，是十日寒之也。雖有萌蘖之生，我亦安能如之何哉？今夫弈之爲數，小數也；不專心致志，則不得也。弈秋，通國之善弈者也。使弈秋誨二人弈，其一人專心致志，惟弈秋之爲聽。一人雖聽之，一心以爲有鴻鵠將至，思援弓繳而射之，雖與之俱學，弗若之矣。爲是其智弗若與？曰：非然也。」夫，音扶。繳，音灼。射，食亦反。爲是之爲，去聲。若與之與，平聲。○弈，圍棊也。數，技也。致，極也。弈秋，善弈者名秋也。繳，以繩繫矢而射也。○程子爲講官，言於上曰：「人主一日之間，接賢士大夫之時多，親宦官宫妾之時少，則可以涵養氣質，而薰陶德性。」時不能用，識者恨之。范氏曰：「人君之心，惟在所養。君子養之以善則智，小人養之以惡則愚。然賢人易疏，小人易親，是以寡不能勝衆，正不能勝邪。自古國家治日常少，而亂日常多，蓋以此也。」

孟子曰：「魚，我所欲也；熊掌，亦我所欲也，二者不可得兼，舍魚而取熊掌者也。生，亦我所欲也，義，亦我所欲也，二者不可得兼，舍生而取義者也。舍，上聲。○魚與熊掌皆美味，而熊掌尤美也。生亦我所欲，所欲有甚於生者，故不爲苟得也；死亦我所惡，所惡有甚於死者，故患有所不辟也。惡、辟，皆去聲，下同。○釋所以舍生取義之意。得，得生也。欲生惡死者，雖衆人利害之常情，而欲惡有甚於生死者，乃秉彝義理之良心，是以欲生而不爲苟得，惡死而有所不避也。如使人之所欲莫甚於生，則凡可以得生者，何不用也？使人之所惡莫甚於死者，則凡可以辟患者，何不爲也？設使人無秉彝之良心，而但有利害之私情，則凡可以偷生免死者，皆將不顧禮義而爲之矣。由是則生而有不用也，由是則可以辟患而有不爲也。由其必有秉彝之良心，是以其能舍生取義如此。是故所欲有甚於生者，所惡有甚於死者，非獨賢者有是心也，人皆有之，賢者能勿喪耳。喪，去聲。○羞惡之心，人皆有之，但衆人汩於利欲而忘之，惟賢者能存之而不喪耳。一簞食，一豆羹，得之則生，弗得則死。嘑爾而與之，行道之人弗受；蹴爾而與之，乞人不屑也。食，音嗣。嘑，呼故反。蹴，子六反。○豆，木器也。嘑，咄啐之貌。行道之人，路中凡人也。蹴，踐踏也。乞人，丐乞之人也。不屑，不以爲潔也。言雖欲食之急而猶惡無禮，有寧死而不食者。是其羞惡之本心，欲惡有甚於生死者，人皆有之也。萬鍾則不辨禮義而受之，萬鍾於我何加焉？爲宫室之美、妻妾之奉、所識窮乏者得我與？爲，去聲。與，平聲。○萬鍾於我何加，言於我身無所增益也。所識窮乏者得我，謂所知識之窮乏者感我之惠也。上言人皆有羞惡之心，此言衆人所以喪之，由此三者。蓋理義之心雖曰固有，而物欲之蔽，亦人所易昏也。鄉爲身死而不受，今爲宫室之美爲之；鄉爲身死而不受，今爲妻妾之奉爲之；鄉爲身死而不受，今爲所識窮乏者得我而爲之，是亦不可以已乎？此之謂失其本心。」鄉、爲，並去聲。爲之之爲，並如字。○言三者身外之物，其得失比生死爲甚輕。鄉爲身死猶不肯受嘑蹴之食，今乃爲此三者而受無禮義之萬鍾，是豈不可以止乎？本心，謂羞惡之心。○此章言羞惡之心人所固有，或能決死生於危迫之際，而不免計豐約於宴安之時，是以君子不可頃刻而不省察於斯焉。

孟子曰：「仁，人心也；義，人路也。仁者心之德，程子所謂「心如穀種，仁則其生之性」是也。然但謂之仁，則人不知其切於己，故反而名之曰人心，則可以見其爲此身酬酢萬變之主，而不可須臾失矣。義者行事之宜，謂之人路，則可以見其爲出入往來必由之道，而不可須臾舍矣。舍其路而弗由，放其心而不知求，哀哉！舍，上聲。○哀哉二字，最宜詳味，令人惕然有深省處。人有雞犬放，則知求之；有放心，而不知求。程子曰：「心至重，雞犬至輕。雞犬放則知求之，心放而不知求，豈愛其至輕而忘其至重哉？弗思而已矣。」愚謂上兼言仁義，而此下專論求放心者，能求放心，則不違於仁而義在其中矣。學問之道無他，求其放心而已矣。」學問之事固非一端，然其道則在於求其放心而已。蓋能如是則志氣清明，義理昭著，而可以上達；不然則昏昧放逸，雖曰從事於學，而終不能有所發明矣。故程子曰：「聖賢千言萬語，只是欲人將已放之心約之，使反復入身來，自能尋向上去，下學而上達也。」此乃孟子開示切要之言，程子又發明之，曲盡其指，學者宜服膺而勿失也。

孟子曰：「今有無名之指，屈而不信，非疾痛害事也，如有能信之者，則不遠秦楚之路，爲指之不若人也。信，與伸同。爲，去聲。○無名指，手之第四指也。指不若人，則知惡之；心不若人，則不知惡，此之謂不知類也。」惡，去聲。○不知類，言其不知輕重之等也。

孟子曰：「拱把之桐梓，人苟欲生之，皆知所以養之者。至於身，而不知所以養之者，豈愛身不若桐梓哉？弗思甚也。」拱，兩手所圍也。把，一手所握也。桐梓，二木名。

孟子曰：「人之於身也，兼所愛。兼所愛，則兼所養也。無尺寸之膚不愛焉，則無尺寸之膚不養也。所以考其善不善者，豈有他哉？於己取之而已矣。人於一身，固當兼養，然欲考其所養之善否者，惟在反之於身，以審其輕重而已矣。體有貴賤，有小大。無以小害大，無以賤害貴。養其小者爲小人，養其大者爲大人。賤而小者，口腹也；貴而大者，心志也。今有場師，舍其梧檟，養其樲棘，則爲賤場師焉。舍，上聲。檟，音賈。樲，音貳。○場師，治場圃者。梧，桐也；檟，梓也，皆美材也。樲棘，小棗，非美材也。養其一指而失其肩背，而不知也，則爲狼疾人也。狼善顧，疾則不能，故以爲失肩背之喻。飲食之人，則人賤之矣，爲其養小以失大也。爲，去聲。○飲食之人，專養口腹者也。飲食之人無有失也，則口腹豈適爲尺寸之膚哉？」此言若使專養口腹，而能不失其大體，則口腹之養，軀命所關，不但爲尺寸之膚而已。但養小之人，無不失其大者，故口腹雖所當養，而終不可以小害大、賤害貴也。

公都子問曰：「鈞是人也，或爲大人，或爲小人，何也？」孟子曰：「從其大體爲大人，從其小體爲小人。」鈞，同也。從，隨也。大體，心也。小體，耳目之類也。曰：「鈞是人也，或從其大體，或從其小體，何也？」曰：「耳目之官不思，而蔽於物，物交物，則引之而已矣。心之官則思，思則得之，不思則不得也。此天之所與我者，先立乎其大者，則其小者弗能奪也。此爲大人而已矣。」官之爲言司也。耳司聽，目司視，各有所職而不能思，是以蔽於外物。既不能思而蔽於外物，則亦一物而已。又以外物交於此物，其引之而去不難矣。心則能思，而以思爲職。凡事物之來，心得其職，則得其理，而物不能蔽；失其職，則不得其理，而物來蔽之。此三者，皆天之所以與我者，而心爲大。若能有以立之，則事無不思，而耳目之欲不能奪之矣，此所以爲大人也。然此天之此，舊本多作比，而趙注亦以比方釋之。今本既多作此，而注亦作此，乃未詳孰是。但作比字〔一〕，於義爲短，故且從今本云。○范浚心箴曰：「茫茫堪輿，俯仰無垠。人於其間，眇然有身。是身之微，大倉稊米，參爲三才，曰惟心耳。往古來今，孰無此心？心爲形役，乃獸乃禽。惟口耳目，手足動静，投閒抵隙，爲厥心病。一心之微，衆欲攻之，其與存者，嗚呼幾希！君子存誠，克念克敬，天君泰然，百體從令。」

孟子曰：「有天爵者，有人爵者。仁義忠信，樂善不倦，此天爵也；公卿大夫，此人爵也。樂，音洛。○天爵者，德義可尊，自然之貴也。古之人修其天爵，而人爵從之。修其天爵，以爲吾分之所當然者耳。人爵從之，蓋不待求之而自至也。今之人修其天爵，以要人爵；既得人爵，而棄其天爵，則惑之甚者也，終亦必亡而已矣。」要，音邀。○要，求也。修天爵以要人爵，其心固已惑矣；得人爵而棄天爵，則其惑又甚焉，終必并其所得之人爵而亡之也。

孟子曰：「欲貴者，人之同心也。人人有貴於己者，弗思耳。貴於己者，謂天爵也。人之所貴者，非良貴也。趙孟之所貴，趙孟能賤之。人之所貴，謂人以爵位加己而後貴也。良者，本然之善也。

〔一〕「字」原作「方」，據清仿宋大字本改。

趙孟，晉卿也。能以爵禄與人而使之貴，則亦能奪之而使之賤矣。若良貴，則人安得而賤之哉？**詩云：『既醉以酒，既飽以德。』言飽乎仁義也，所以不願人之膏粱之味也；令聞廣譽施於身，所以不願人之文繡也。」**聞，去聲。○詩大雅既醉之篇。飽，充足也。願，欲也。膏，肥肉。粱，美穀。令，善也。聞，亦譽也。文繡，衣之美者也。仁義充足而聞譽彰著，皆所謂良貴也。○尹氏曰：「言在我者重，則外物輕。」

孟子曰：「仁之勝不仁也，猶水勝火。今之爲仁者，猶以一杯水救一車薪之火也；不熄，則謂之水不勝火。此又與於不仁之甚者也。與，猶助也。仁之能勝不仁，必然之理也。但爲之不力，則無以勝不仁，而人遂以爲真不能勝，是我之所爲有以深助於不仁者也。**亦終必亡而已矣。」**言此人之心，亦且自怠於爲仁，終必并與其所爲而亡之。○趙氏曰：「言爲仁不至，而不反諸己也。」

孟子曰：「五穀者，種之美者也；苟爲不熟，不如荑稗。夫仁亦在乎熟之而已矣。」荑，音蹄。稗，蒲賣反。夫，音扶。○荑稗，草之似穀者，其實亦可食，然不能如五穀之美也。但五穀不熟，則反不如荑稗之熟；猶爲仁而不熟，則反不如爲他道之有成。是以爲仁必貴乎熟，而不可徒恃其種之美，又不可以仁之難熟，而甘爲他道之有成也。○尹氏曰：「日新而不已則熟。」

孟子曰：「羿之教人射，必志於彀，學者亦必志於彀。彀，古候反。○羿，善射者也。志，猶期也。彀，弓滿也。滿而後發，射之法也。學，謂學射。**大匠誨人，必以規矩，學者亦必以規矩。」**大匠，工師也。規矩，匠之法也。○此章言事必有法，然後可成，師舍是則無以教，弟子舍是則無以學。曲藝且然，況聖人之道乎？

孟子集注卷十二

告子章句下 凡十六章。

任人有問屋廬子曰：「禮與食孰重？」曰：「禮重。」任，平聲。○任，國名。屋廬子，名連，孟子弟子也。「色與禮孰重？」任人復問也。曰：「禮重。」曰：「以禮食，則飢而死；不以禮食，則得食，必以禮乎？親迎，則不得妻；不親迎，則得妻，必親迎乎！」迎，去聲。屋廬子不能對，明日之鄒以告孟子。孟子曰：「於答是也何有？於，如字。○何有，不難也。不揣其本而齊其末，方寸之木可使高於岑樓。揣，初委反。○本，謂下。末，謂上。方寸之木至卑，喻食色。岑樓，樓之高鋭似山者，至高，喻禮。若不取其下之平，而升寸木於岑樓之上，則寸木反高，岑樓反卑矣。金重於羽者，豈謂一鉤金與一輿羽之謂哉？鉤，帶鉤也。金本重而帶鉤小，故輕，喻禮有輕於食色者；羽本輕而一輿多，故重，喻食色有重於禮者。取食之重者與禮之輕者而比之，奚翅食重？取色之重者與禮之輕者而比之，奚翅色重？翅，與啻同，古字通用，施智反。○禮食親迎，禮之輕者也。飢而死以滅其性，不得妻而廢人倫，食色之重者也。奚翅，猶言何但。言其相去懸絶，不但有輕重之差而已。往應之曰：『紾兄之臂而奪之食，則得食；不紾，則不得食，則將紾之乎？踰東家牆而摟其處子，則得妻；不摟，則不得妻，則將摟之乎？』」紾，音軫。摟，音婁。○紾，戾也。摟，牽也。處子，處女也。此二者，禮與食色皆其重者，而以之相較，則禮爲尤重也。○此章言義理事物，其輕重固有大分，然於其中，又各自有輕重之別。聖賢於此，錯綜斟酌，毫髮不差，固不肯枉尺而直尋，亦未嘗膠柱而調瑟，所以斷之，一視於理之當然而已矣。

曹交問曰：「人皆可以爲堯舜，有諸？」孟子曰：「然。」趙氏曰：「曹交，曹君之弟也。」人皆可以爲堯舜，疑古語，或孟子所嘗言也。「交聞文王十尺，湯九尺，今交九尺四寸以長，句。食粟而已，如何則可？」曹交問也。食粟而已，言無他材能也。曰：「奚有於是？亦爲之而已矣。有人於此，力不能勝一匹雛，則爲無力人矣；今曰舉百鈞，則爲有力人矣。然則舉烏獲之任，是亦爲烏獲而已矣。夫人豈以不勝爲患哉？弗爲耳。勝，平聲。○匹，字本作鴄，鴨也，從省作匹。禮記說「匹爲鶩」是也。烏獲，古之有力人也，能舉移千鈞。徐行後長者謂之弟，疾行先長者謂之不弟。夫徐行者，豈人所不能哉？所不爲也。堯舜之道，孝弟而已矣。後，去聲。長，上聲。先，去聲。夫，音扶。○陳氏曰：「孝弟者，人之良知良能，自然之性也。堯舜人倫之至，亦率是性而已。豈能加毫末於是哉？」楊氏曰：「堯舜之道大矣，而所以爲之，乃在夫行止疾徐之閒，非有甚高難行之事也，百姓蓋日用而不知耳。」子服堯之服，誦堯之言，行堯之行，是堯而已矣；子服桀之服，誦桀之言，行桀之行，是桀而已矣。」之、行，並去聲。○言爲善爲惡，皆在我而已。詳曹交之問，淺陋麤率，必其進見之時，禮貌衣冠言動之閒，多不循理，故孟子告之如此兩節云。曰：

「交得見於鄒君，可以假館，願留而受業於門。」見，音現。○假館而後受業，又可見其求道之不篤。曰：「夫道若大路然，豈難知哉？人病不求耳。子歸而求之，有餘師。」夫，音扶。○言道不難知，若歸而求之事親敬長之閒，則性分之内，萬理皆備，隨處發見，無不可師，不必留此而受業也。○曹交事長之禮既不至，求道之心又不篤，故孟子教之以孝弟，而不容其受業。蓋孔子餘力學文之意，亦不屑之教誨也。

公孫丑問曰：「高子曰：『小弁，小人之詩也。』」孟子曰：「何以言之？」曰：「怨。」弁，音盤。○高子，齊人也。小弁，小雅篇名。周幽王娶申后，生太子宜臼；又得褒姒，生伯服，而黜申后、廢宜臼。於是宜臼之傅爲作此詩，以叙其哀痛迫切之情也。曰：「固哉，高叟之爲詩也！有人於此，越人關弓而射之，則己談笑而道之；無他，疏之也。其兄關弓而射之，則己垂涕泣而道之；無他，戚之也。小弁之怨，親親也。親親，仁也。固矣夫，高叟之爲詩也！」關，與彎同。射，食亦反。夫，音扶。○固，謂執滯不通也。爲，猶治也。越，蠻夷國名。道，語也。親親之心，仁之發也。曰：「凱風何以不怨？」凱風，邶風篇名。衛有七子之母，不能安其室，七子作此以自責也。曰：「凱風，親之過小者也；小弁，親之過大者也。親之過大而不怨，是愈疏也；親之過小而怨，是不可磯也。愈疏，不孝也；不可磯，亦不孝也。磯，音機。○磯，水激石也。不可磯，言微激之而遽怒也。孔子曰：『舜其至孝矣，五十而慕。』」言舜猶怨慕，小弁之怨，不爲不孝也。○趙氏曰：「生之膝下，一體而分。喘息呼吸，氣通於親。當親而疏，怨慕號天。是以小弁之怨，未足爲愆也。」

宋牼將之楚，孟子遇於石丘。牼，口莖反。○宋，姓；牼，名。石丘，地名。曰：「先生將何之？」趙氏曰：「學士年長者，故謂之先生。」曰：「吾聞秦楚構兵，我將見楚王說而罷之。楚王不悅，我將見秦王說而罷之。二王我將有所遇焉。」說，音稅。○時宋牼方欲見楚王，恐其不悅，則將見秦王也。遇，合也。按莊子書：「有宋鈃者，禁攻寢兵，救世之戰。上說下教，强聒不舍。」疏云：「齊宣王時人。」以事考之，疑即此人也。曰：「軻也請無問其詳，願聞其指。說之將何如？」曰：「我將言其不利也。」曰：「先生之志則大矣，先生之號則不可。徐氏曰：「能於戰國擾攘之中，而以罷兵息民爲說，其志可謂大矣，然以利爲名則不可也。」先生以利說秦楚之王，秦楚之王悅於利，以罷三軍之師，是三軍之士樂罷而悅於利也。爲人臣者懷利以事其君，爲人子者懷利以事其父，爲人弟者懷利以事其兄，是君臣、父子、兄弟終去仁義，懷利以相接，然而不亡者，未之有也。樂，音洛，下同。先生以仁義說秦楚之王，秦楚之王悅於仁義，而罷三軍之師，是三軍之士樂罷而悅於仁義也。爲人臣者懷仁義以事其君，爲人子者懷仁義以事其父，爲人弟者懷仁義以事其兄，是君臣、父子、兄弟去利，懷仁義以相接也，然而不王者，未之有也。何必曰利？」王，去聲。○此章言休兵息民，爲事則一，然其心有義利之殊，而其效有興亡之異，學者所當深察而明辨之也。

孟子居鄒，季任爲任處守，以幣交，受之而不報。處於平陸，儲子爲相，以幣交，受之而不報。任，平聲。相，去聲，下同。○趙氏曰：「季任，任君之弟。任君朝會於鄰國，季任爲之居守其國也。儲子，齊相也。」不報者，來見則當報之，但以幣交，則不必報也。他日由鄒之任，見季子；由平陸之齊，不見儲子。

屋廬子喜曰：「連得閒矣。」屋廬子知孟子之處此必有義理，故喜得其閒隙而問之。問曰：「夫子之任見季子，之齊不見儲子，爲其爲相與？」爲其之爲，去聲，下同。與，平聲。○言儲子但爲齊相，不若季子攝守君位，故輕之邪？曰：「非也。書曰：『享多儀，儀不及物曰不享，惟不役志于享。』書周書洛誥之篇。享，奉上也。儀，禮也。物，幣也。役，用也。言雖享而禮意不及其幣，則是不享矣，以其不用志於享故也。爲其不成享也。」孟子釋書意如此。屋廬子悅。或問之。屋廬子曰：「季子不得之鄒，儲子得之平陸。」徐氏曰：「季子爲君居守，不得往他國以見孟子，則以幣交而禮意已備。儲子爲齊相，可以至齊之境內而不來見，則雖以幣交，而禮意不及其物也。」

淳于髡曰：「先名實者，爲人也；後名實者，自爲也。夫子在三卿之中，名實未加於上下而去之，仁者固如此乎？」先、後、爲，皆去聲。○名，聲譽也。實，事功也。言以名實爲先而爲之者，是有志於救民也；以名實爲後而不爲者，是欲獨善其身者也。名實未加於上下，言上未能正其君，下未能濟其民也。孟子曰：「居下位，不以賢事不肖者，伯夷也；五就湯，五就桀者，伊尹也；不惡汙君，不辭小官者，柳下惠也。三子者不同道，其趨一也。一者何也？曰：仁也。君子亦仁而已矣，何必同？」惡、趨，並去聲。○仁者，無私心而合天理之謂。楊氏曰：「伊尹之就湯，以三聘之勤也。其就桀也，湯進之也。湯豈有伐桀之意哉？其進伊尹以事之也，欲其悔過遷善而已。伊尹既就湯，則以湯之心爲心矣；及其終也，人歸之，天命之，不得已而伐之耳。若湯初求伊尹即有伐桀之心，而伊尹遂相之以伐桀，是以取天下爲心也。以取天下爲心，豈聖人之心哉？」曰：「魯繆公之時，公儀子爲政，子柳、子思爲臣，魯之削也滋甚。若是乎賢者之無益於國也！」公儀子，名休，爲魯相。子柳，泄柳也。削，地見侵奪也。髡譏孟子雖不去，亦未必能有爲也。曰：「虞不用百里奚而亡，秦穆公用之而霸。不用賢則亡，削何可得與？」與，平聲。○百里奚，事見前篇。曰：「昔者王豹處於淇，而河西善謳；緜駒處於高唐，而齊右善歌；華周、杞梁之妻善哭其夫，而變國俗。有諸内必形諸外。爲其事而無其功者，髡未嘗覩之也。是故無賢者也，有則髡必識之。」華，去聲。○王豹，衛人，善謳。淇，水名。緜駒，齊人，善歌。高唐，齊西邑。華周、杞梁，二人皆齊臣，戰死於莒。其妻哭之哀，國俗化之皆善哭。髡以此譏孟子仕齊無功，未足爲賢也。曰：「孔子爲魯司寇，不用，從而祭，燔肉不至，不税冕而行。不知者以爲爲肉也，其知者以爲爲無禮也，乃孔子則欲以微罪行，不欲爲苟去。君子之所爲，衆人固不識也。」税，音脱。爲肉、爲無之爲，並去聲。○按史記：「孔子爲魯司寇，攝行相事。齊人聞而懼，於是以女樂遺魯君。季桓子與魯君往觀之，怠於政事。子路曰：『夫子可以行矣。』孔子曰：『魯今且郊，如致膰于大夫，則吾猶可以止。』桓子卒受齊女樂，郊又不致膰俎于大夫，孔子遂行。」孟子言以爲爲肉者，固不足道；以爲爲無禮，則亦未爲深知孔子者。蓋聖人於父母之國，不欲顯其君相之失，又不欲爲無故而苟去，故不以女樂去，而以膰肉行。其見幾明决，而用意忠厚，固非衆人所能識也。然則孟子之所爲，豈髡之所能識哉？

○尹氏曰：「淳于髡未嘗知仁，亦〔一〕未嘗識賢也，宜乎其言若是。」

孟子曰：「五霸者，三王之罪人也；今之諸侯，五霸之罪人也；今之大夫，今之諸侯之罪人也。趙氏曰：「五霸：齊桓、晉文、秦穆、宋襄、楚莊也。三王，夏禹、商湯、周文、武也。」丁氏曰：「夏昆吾，商大彭、豕韋，周齊桓、晉文，謂之五霸。」天子適諸侯曰巡狩，諸侯朝於天子曰述職。春省耕而補不足，秋省斂而助不給。入其疆，土地辟，田野治，養老尊賢，俊傑在位，則有慶，慶以地。入其疆，土地荒蕪，遺老失賢，掊克在位，則有讓。一不朝，則貶其爵；再不朝，則削其地；三不朝，則六師移之。是故天子討而不伐，諸侯伐而不討。五霸者，摟諸侯以伐諸侯者也，故曰：五霸者，三王之罪人也。朝，音潮。辟，與闢同。治，去聲。○慶，賞也，益其地以賞之也。掊克，聚斂也。讓，責也。移之者，誅其人而變置之也。討者，出命以討其罪，而使方伯連帥帥諸侯以伐之也。伐者奉天子之命，聲其罪而伐之也。摟，牽也。五霸牽諸侯以伐諸侯，不用天子之命也。自入其疆至則有讓，言巡狩之事；自一不朝至六師移之，言述職之事。五霸，桓公爲盛。葵丘之會諸侯，束牲、載書而不歃血。初命曰：『誅不孝，無易樹子，無以妾爲妻。』再命曰：『尊賢育才，以彰有德。』三命曰：『敬老慈幼，無忘賓旅。』四命曰：『士無世官，官事無攝，取士必得，無專殺大夫。』五命曰：『無曲防，無遏糴，無有封而不

〔一〕「亦」原作「而」，據清仿宋大字本改。

告。』曰：『凡我同盟之人，既盟之後，言歸于好。』今之諸侯，皆犯此五禁，故曰：今之諸侯，五霸之罪人也。歃，所洽反。糴，音狄。好，去聲。○按春秋傳：「僖公九年，葵丘之會，陳牲而不殺。讀書加於牲上，壹明天子之禁。」樹，立也。已立世子，不得擅易。初命三事，所以修身正家之要也。賓，賓客也。旅，行旅也。皆當有以待之，不可忽忘也。士世禄而不世官，恐其未必賢也。官事無攝，當廣求賢才以充之，不可以闕人廢事也。取士必得，必得其人也。無專殺大夫，有罪則請命於天子而後殺之也。無曲防，不得曲爲隄防，壅泉〔一〕激水，以專小利，病鄰國也。無遏糴，鄰國凶荒，不得閉糴也。無有封而不告者，不得專封國邑而不告天子也。長君之惡其罪小，逢君之惡其罪大。今之大夫，皆逢君之惡，故曰：今之大夫，今之諸侯之罪人也。」長，上聲。○君有過不能諫，又順之者，長君之惡也。君之過未萌，而先意導之者，逢君之惡也。○林氏曰：「邵子有言：『治春秋者，不先治五霸之功罪，則事無統理，而不得聖人之心。春秋之間，有功者未有大於五霸，有過者亦未有大於五霸。故五霸者，功之首，罪之魁也。』孟子此章之義，其亦若此也與？然五霸得罪於三王，今之諸侯得罪於五霸，皆出於異世，故得以逃其罪。至於今之大夫，其得罪於今之諸侯，則同時矣；而諸侯非惟莫之罪也，乃反以爲良臣而厚禮之，不以爲罪而反以爲功，何其謬哉！」

魯欲使慎子爲將軍。慎子，魯臣。孟子曰：「不教民而用之，謂之殃民。殃民者，不容於堯舜之世。教民者，教之禮義，使知入事父兄，出事長上也。用之，使之戰也。一戰勝齊，遂有南陽，然且不

〔一〕「泉」原作「水」，據清仿宋大字本改。按說文：「泉，水原（源）也。」「壅泉」即下文「專小利」，「激水」即下文「病鄰國」。

可。」是時魯蓋欲使慎子伐齊，取南陽也。故孟子言就使慎子善戰有功如此，且猶不可。慎子勃然不悅曰：「此則滑釐所不識也。」滑，音骨。○滑釐，慎子名。曰：「吾明告子。天子之地方千里；不千里，不足以待諸侯。待諸侯，謂待其朝覲聘問之禮。諸侯之地方百里；不百里，不足以守宗廟之典籍。宗廟典籍，祭祀會同之常制也。周公之封於魯，爲方百里也；地非不足，而儉於百里。大公之封於齊也，亦爲方百里也；地非不足也，而儉於百里。二公有大勳勞於天下，而其封國不過百里。儉，止而不過之意也。今魯方百里者五，子以爲有王者作，則魯在所損乎？在所益乎？魯地之大，皆并吞小國而得之。有王者作，則必在所損矣。徒取諸彼以與此，然且仁者不爲，況於殺人以求之乎？徒，空也，言不殺人而取之也。君子之事君也，務引其君以當道，志於仁而已。」當道，謂事合於理；志仁，謂心在於仁。

孟子曰：「今之事君者曰：『我能爲君辟土地，充府庫。』今之所謂良臣，古之所謂民賊也。君不鄉道，不志於仁，而求富之，是富桀也。爲，去聲。辟，與闢同。鄉，與向同，下皆同。○辟，開墾也。『我能爲君約與國，戰必克。』今之所謂良臣，古之所謂民賊也。君不鄉道，不志於仁，而求爲之强戰，是輔桀也。約，要結也。與國，和好相與之國也。由今之道，無變今之俗，雖與之天下，不能一朝居也。」言必争奪而至於危亡也。

白圭曰：「吾欲二十而取一，何如？」白圭，名丹，周人也。欲更稅法，二十分而取其一分。林氏曰：「按史記：白圭能薄飲食，忍嗜欲，與童僕同苦樂。樂觀時變，人棄我取，人取我與，以此居積致富。其爲此論，蓋欲以其術施之國家也。」孟子曰：「子之道，貉道也。貉，音陌。○貉，北方夷狄之國名也。萬室之國，一人陶，則可乎？」曰：「不可，器不足用也。」孟子設喻以詰圭，而圭亦知其不可也。曰：「夫貉，五穀不生，惟黍生之。無城郭、宫室、宗廟、祭祀之禮，無諸侯幣帛饔飧，無百官有司，故二十取一而足也。夫，音扶。○北方地寒，不生五穀，黍早熟，故生之。饔飧，以飲食饋客之禮也。今居中國，去人倫，無君子，如之何其可也？無君臣、祭祀、交際之禮，是去人倫；無百官有司，是無君子。陶以寡，且不可以爲國，況無君子乎？因其辭以折之。欲輕之於堯舜之道者，大貉小貉也；欲重之於堯舜之道者，大桀小桀也。」什一而稅，堯舜之道也。多則桀，寡則貉。今欲輕重之，則是小貉、小桀而已。

白圭曰：「丹之治水也愈於禹。」趙氏曰：「當時諸侯有小水，白圭爲之築隄，壅而注之他國。」孟子曰：「子過矣。禹之治水，水之道也。順水之性也。是故禹以四海爲壑，今吾子以鄰國爲壑。壑，受水處也。水逆行，謂之洚水。洚水者，洪水也，仁人之所惡也。吾子過矣。」惡，去聲。○水逆行者，下流壅塞，故水逆流。今乃壅水以害人，則與洪水之災無異矣。

孟子曰：「君子不亮，惡乎執？」惡，平聲。○亮，信也，與諒同。惡乎執，言凡事苟且，無所執持也。

魯欲使樂正子爲政。孟子曰：「吾聞之，喜而不寐。」喜其道之得行。公孫丑曰：「樂正子强乎？」曰：「否。」「有知慮乎？」曰：「否。」「多聞識乎？」曰：「否。」知，去聲。○此三者，皆當世之所尚，而樂正子之所短，故丑疑而歷問之。「然則奚爲喜而不寐？」丑問也。曰：「其爲人也好善。」好，去聲，下同。「好善足乎？」丑問也。曰：「好善優於天下，而況魯國乎？優，有餘裕也。言雖治天下，尚有餘力也。夫苟好善，則四海之内，皆將輕千里而來告之以善。夫，音扶，下同。○輕，易也，言不以千里爲難也。夫苟不好善，則人將曰：『訑訑，予既已知之矣。』訑訑之聲音顔色，距人於千里之外。士止於千里之外，則讒諂面諛之人至矣。與讒諂面諛之人居，國欲治，可得乎？」訑，音移。治，去聲。○訑訑，自足其智，不嗜善言之貌。君子小人，迭爲消長。直諒多聞之士遠，則讒諂面諛之人至，理勢然也。○此章言爲政，不在於用一己之長，而貴於有以來天下之善。

陳子曰：「古之君子何如則仕？」孟子曰：「所就三，所去三。其目在下。迎之致敬以有禮，言將行其言也，則就之；禮貌未衰，言弗行也，則去之。所謂見行可之仕，若孔子於季桓子是也。受女樂而不朝，則去之矣。其次，雖未行其言也，迎之致敬以有禮，則就之；禮貌衰，則去之。所謂際可之仕，若孔子於衛靈公是也。故與公遊於囿，公仰視蜚鴈而後去之。其下，朝不食，夕不食，飢餓不能出門户。君聞之曰：『吾大者不能行其道，又不能從其言也，使飢餓於我土地，吾恥之。』周之，亦可受也，免死而已矣。」所謂公養之仕也。君之於民，固有周之之義，況此又有悔過之言，所以可受。然未至於飢餓不能出門户，則猶不受也。其曰免死而已，則其所受亦有節矣。

孟子曰：「舜發於畎畝之中，傅説舉於版築之閒，膠鬲舉於魚鹽之中，管夷吾舉於士，孫叔敖舉於海，百里奚舉於市。說，音悅。○舜耕歷山，三十登庸。說築傅巖，武丁舉之。膠鬲遭亂，鬻販魚鹽，文王舉之。管仲囚於士官，桓公舉以相國。孫叔敖隱處海濱，楚莊王舉之爲令尹。百里奚事見前篇。故天將降大任於是人也，必先苦其心志，勞其筋骨，餓其體膚，空乏其身，行拂亂其所爲，所以動心忍性，曾益其所不能。曾，與增同。○降大任，使之任大事也，若舜以下是也。空，窮也。乏，絶也。拂，戾也，言使之所爲不遂，多背戾也。動心忍性，謂竦動其心，堅忍其性也。然所謂性，亦指氣稟食色而言耳。程子曰：「若要熟，也須從這裏過。」人恒過，然後能改；困於心，衡於慮，而後作；徵於色，發於聲，而後喻。衡，與橫同。○恒，常也。猶言大率也。横，不順也。作，奮起也。徵，驗也。喻，曉也。此又言中人之性，常必有過，然後能改。蓋不能謹於平日，故必事勢窮蹙，以至困於心，横於慮，然後能奮發而興起；不能燭於幾微，故必事理暴著，以至驗於人之色，發於人之聲，然後能警悟而通曉也。入則無法家拂士，出則無敵國外患者，國恒亡。拂，與弼同。○此言國亦然也。法家，法度之世臣也。拂士，輔弼之賢士也。然後知生於憂患而死於安樂也。」樂，音洛。○以上文觀之，則知人之生全，出於憂患，而死亡由於安樂矣。○尹氏曰：「言困窮拂鬱，能堅人之志，而熟人之仁，以安樂失之者多矣。」

孟子曰：「教亦多術矣，予不屑之教誨也者，是亦教誨之而已矣。」多術，言非一端。屑，潔也。不以其人爲潔而拒絶之，所謂不屑之教誨也。其人若能感此，退自修省，則是亦我教誨之也。○尹氏曰：「言或抑或揚，或與或不與，各因其材而篤之，無非教也。」

孟子集注卷十三

盡心章句上　凡四十六章。

孟子曰：「**盡其心者，知其性也。知其性，則知天矣。**心者，人之神明，所以具衆理而應萬事者也。性則心之所具之理，而天又理之所從以出者也。人有是心，莫非全體，然不窮理，則有所蔽而無以盡乎此心之量。故能極其心之全體而無不盡者，必其能窮夫理而無不知者也。既知其理，則其所從出，亦不外是矣。以大學之序言之，知性則物格之謂，盡心則知至之謂也。**存其心，養其性，所以事天也。**存，謂操而不舍；養，謂順而不害。事，則奉承而不違也。**殀壽不貳，修身以俟之，所以立命也。**」殀壽，命之短長也。貳，疑也。不貳者，知天之至。修身以俟死，則事天以終身也。立命，謂全其天之所付，不以人爲害之。○程子曰：「心也、性也、天也，一理也。自理而言謂之天，自稟受而言謂之性，自存諸人而言謂之心。」張子曰：「由太虛，有天之名；由氣化，有道之名；合虛與氣，有性之名；合性與知覺，有心之名。」愚謂盡心知性而知天，所以造其理也；存心養性以事天，所以履其事也。不知其理，固不能履其事，然徒造其理而不履其事，則亦無以有諸己矣。知天而不以殀壽貳其心，智之盡也；事天而能修身以俟死，仁之至也。智有不盡，固不知所以爲仁，然智而不仁，則亦將流蕩不法，而不足以爲智矣。

孟子曰：「**莫非命也，順受其正。**人物之生，吉凶禍福，皆天所命，然惟莫之致而至者，乃爲正命，故君子修身以俟之，所以順受乎此也。是故知命者，不立乎巖牆之下。命，謂正命。巖牆，牆之將覆者。知正命，則不處危地以取覆壓之禍。盡其道而死者，正命也。盡其道，則所值之吉凶，皆莫之致而至者矣。桎梏死者，非正命也。」桎梏，所以拘罪人者。言犯罪而死，與立巖牆之下者同，皆人所取，非天所爲也。○此章與上章蓋一時之言，所以發其末句未盡之意。

孟子曰：「求則得之，舍則失之，是求有益於得也，求在我者也。舍，上聲。○在我者，謂仁義禮智，凡性之所有者。求之有道，得之有命，是求無益於得也，求在外者也。」有道，言不可妄求。有命，則不可必得。在外者，謂富貴利達，凡外物皆是。○趙氏曰：「言爲仁由己，富貴在天，如不可求，從吾所好。」

孟子曰：「萬物皆備於我矣。此言理之本然也。大則君臣父子，小則事物細微，其當然之理，無一不具於性分之内也。反身而誠，樂莫大焉。樂，音洛。○誠，實也。言反諸身，而所備之理，皆如惡惡臭、好好色之實然，則其行之不待勉强而無不利矣，其爲樂孰大於是。强恕而行，求仁莫近焉。」强，上聲。○强，勉强也。恕，推己以及人也。反身而誠則仁矣，其有未誠，則是猶有私意之隔，而理未純也。故當凡事勉强，推己及人，庶幾心公理得而仁不遠也。○此章言萬物之理具於吾身，體之而實，則道在我而樂有餘；行之以恕，則私不容而仁可得。

孟子曰：「行之而不著焉，習矣而不察焉，終身由之而不知其道者，衆也。」著者，知之明；察者，識之精。言方行之而不能明其所當然，既習矣而猶不識其所以然，所以終身由之而不知其道者多也。

孟子曰：「人不可以無恥。無恥之恥，無恥矣。」趙氏曰：「人能恥己之無所恥，是能改行從善之人，終身無復有恥辱之累矣。」

孟子曰：「恥之於人大矣。恥者，吾所固有羞惡之心也。存之則進於聖賢，失之則入於禽獸，故所繫爲甚大。爲機變之巧者，無所用恥焉。爲機械變詐之巧者，所爲之事皆人所深恥，而彼方且自以爲得計，故無所用其愧恥之心也。不恥不若人，何若人有？」但無恥一事不如人，則事事不如人矣。或曰：「不恥其不如人，則何能有如人之事。」其義亦通。○或問：「人有恥不能之心如何？」程子曰：「恥其不能而爲之可也，恥其不能而掩藏之不可也。」

孟子曰：「古之賢王好善而忘勢，古之賢士何獨不然？樂其道而忘人之勢。故王公不致敬盡禮，則不得亟見之。見且由不得亟，而況得而臣之乎？」好，去聲。樂，音洛。亟，去吏反。○言君當屈己以下賢，士不枉道而求利。二者勢若相反，而實則相成，蓋亦各盡其道而已。

孟子謂宋句踐曰：「子好遊乎？吾語子遊。句，音鉤。好、語，皆去聲。○宋，姓。句踐，名。遊，遊説也。人知之，亦囂囂；人不知，亦囂囂。」趙氏曰：「囂囂，自得無欲之貌。」曰：「何如斯可以囂囂矣？」曰：「尊德樂義，則可以囂囂矣。樂，音洛。○德，謂所得之善。尊之，則有以自重，而不慕乎人爵之榮。義，謂所守之正。樂之，則有以自安，而不殉乎外物之誘矣。故士窮不失義，達不離道。離，力智反。○言不以貧賤而移，不以富貴而淫，此尊德樂義見於行事之實也。窮不失義，故士得己焉；達不離道，故民不失望焉。得己，言不失己也。民不失望，言人素望其興道致治，而今果如所望也。古之人，得志，澤加於民；

不得志，脩身見於世。窮則獨善其身，達則兼善天下。」見，音現。○見，謂名實之顯著也。此又言士得己、民不失望之實。○此章言内重而外輕，則無往而不善。

孟子曰：「待文王而後興者，凡民也。若夫豪傑之士，雖無文王猶興。」夫，音扶。○興者，感動奮發之意。凡民，庸常之人也。豪傑，有過人之才智者也。蓋降衷秉彝，人所同得，惟上智之資無物欲之蔽，爲能無待於教，而自能感發以有爲也。

孟子曰：「附之以韓魏之家，如其自視欿然，則過人遠矣。」欿，音坎。○附，益也。韓魏，晉卿富家也。欿然，不自滿之意。尹氏曰：「言有過人之識，則不以富貴爲事。」

孟子曰：「以佚道使民，雖勞不怨；以生道殺民，雖死不怨殺者。」程子曰：「以佚道使民，謂本欲佚之也，播穀乘屋之類是也。以生道殺民，謂本欲生之也，除害去惡之類是也。蓋不得已而爲其所當爲，則雖咈民之欲而民不怨，其不然者反是。」

孟子曰：「霸者之民，驩虞如也；王者之民，皞皞如也。皞，胡老反。○驩虞，與歡娱同。皞皞，廣大自得之貌。程子曰：「驩虞，有所造爲而然，豈能久也？耕田鑿井，帝力何有於我？如天之自然，乃王者之政。」楊氏曰：「所以致人驩虞，必有違道干譽之事；若王者則如天，亦不令人喜，亦不令人怒。」殺之而不怨，利之而不庸，民日遷善而不知爲之者。此所謂皞皞如也。庸，功也。豐氏曰：「因民之所惡而去之，非有心於殺之也，何怨之有？因民之所利而利之，非有心於利之也，何庸之有？輔其性之自然，使自得之，故民日遷善而不知誰之所爲也。」夫君子所過者化，所存者神，上下與天地同流，豈曰小補之哉？」夫，音扶。○君子，聖人之通稱也。所過者化，身所經歷之處，即人無不化，如舜之耕歷山而田者遜畔，陶河濱而器不苦窳也。所存者神，心所存主處便神妙不測，如孔子之立斯立、道斯行、綏斯來、動斯和，莫知其所以然而然也。是其德業之盛，乃與天地之化同運並行，舉一世而甄陶之，非如霸者但小小補塞其罅漏而已。此則王道之所以爲大，而學者所當盡心也。

孟子曰：「仁言，不如仁聲之入人深也。程子曰：「仁言，謂以仁厚之言加於民。仁聲，謂仁聞，謂有仁之實而爲衆所稱道者也。此尤見仁德之昭著，故其感人尤深也。」善政，不如善教之得民也。政，謂法度禁令，所以制其外也。教，謂道德齊禮，所以格其心也。善政民畏之，善教民愛之；善政得民財，善教得民心。」得民財者，百姓足而君無不足也；得民心者，不遺其親，不後其君也。

孟子曰：「人之所不學而能者，其良能也；所不慮而知者，其良知也。良者，本然之善也。程子曰：「良知良能，皆無所由；乃出於天，不繫於人。」孩提之童，無不知愛其親者；及其長也，無不知敬其兄也。長，上聲，下同。○孩提，二三歲之閒，知孩笑、可提抱者也。愛親敬長，所謂良知良能者也。親親，仁也；敬長，義也。無他，達之天下也。」言親親敬長，雖一人之私，然達之天下無不同者，所以爲仁義也。

孟子曰：「舜之居深山之中，與木石居，與鹿豕遊，其所以異於深山之野人者幾希。及其聞一善言，見一善行，若決江河，沛然莫之能禦也。」行，去聲。○居深山，謂耕歷山時也。蓋聖人之心，至虛至明，渾然之中，萬理畢具。一有感觸，則其應甚速，而無所不通，非孟子造道之深，不能形容至此也。

孟子曰：「無爲其所不爲，無欲其所不欲，如此而已矣。」李氏曰：「有所不爲不欲，人皆有是心也。

至於私意一萌，而不能以禮義制之，則爲所不爲、欲所不欲者多矣。能反是心，則所謂擴充其羞惡之心者，而義不可勝用矣，故曰如此而已矣。」

孟子曰：「人之有德慧術知者，恒存乎疢疾。知，去聲。疢，丑刃反。○德慧者，德之慧。術知者，術之知。疢疾，猶災患也。言人必有疢疾，則能動心忍性，增益其所不能也。獨孤臣孽子，其操心也危，其慮患也深，故達。」孤臣，遠臣；孽子，庶子，皆不得於君親，而常有疢疾者也。達，謂達於事理，即所謂德慧術知也。

孟子曰：「有事君人者，事是君則爲容悦者也。阿殉以爲容，逢迎以爲悦，此鄙夫之事、妾婦之道也。有安社稷臣者，以安社稷爲悦者也。言大臣之計安社稷，如小人之務悦其君，眷眷於此而不忘也。有天民者，達可行於天下而後行之者也。民者，無位之稱。以其全盡天理，乃天之民，故謂之天民。必其道可行於天下，然後行之；不然，則寧没世不見知而不悔，不肯小用其道以殉於人也。張子曰：「必功覆斯民然後出，如伊呂之徒。」有大人者，正己而物正者也。」大人，德盛而上下化之，所謂「見龍在田，天下文明」者。○此章言人品不同，略有四等。容悦佞臣不足言。安社稷則忠矣，然猶一國之士也。天民則非一國之士矣，然猶有意也。無意無必，惟其所在而物無不化，惟聖者能之。

孟子曰：「君子有三樂，而王天下不與存焉。樂，音洛。王、與，皆去聲，下並同。父母俱存，兄弟無故，一樂也。此人所深願而不可必得者，今既得之，其樂可知。仰不愧於天，俯不怍於人，二樂也。程子曰：「人能克己，則仰不愧，俯不怍，心廣體胖，其樂可知，有息則餒矣。」得天下英才而教育之，三樂也。盡得一世明睿之才，而以所樂乎己者教而養之，則斯道之傳，得之者衆，而天下後世將無不被其澤矣。聖人之心所願欲者，莫大於此，今既得之，其樂爲何如哉？君子有三樂，而王天下不與存焉。」林氏曰：「此三樂者，一係於天，一係於人。其可以自致者，惟不愧不怍而已，學者可不勉哉？」

孟子曰：「廣土衆民，君子欲之，所樂不存焉。樂，音洛，下同。○地闢民聚，澤可遠施，故君子欲之，然未足以爲樂也。中天下而立，定四海之民，君子樂之，所性不存焉。其道大行，無一夫不被其澤，故君子樂之，然其所得於天者則不在是也。君子所性，雖大行不加焉，雖窮居不損焉，分定故也。分，去聲。○分者，所得於天之全體，故不以窮達而有異。君子所性，仁義禮智根於心。其生色也，睟然見於面，盎於背，施於四體，四體不言而喻。」睟，音粹。見，音現。盎，烏浪反。○上言所性之分，與所欲所樂不同，此乃言其藴也。仁義禮智，性之四德也。根，本也。生，發見也。睟然，清和潤澤之貌。盎，豐厚盈溢之意。施於四體，謂見於動作威儀之閒也。喻，曉也。四體不言而喻，言四體不待吾言，而自能曉吾意也。蓋氣稟清明，無物欲之累，則性之四德根本於心，其積之盛，則發而著見於外者，不待言而無不順也。程子曰：「睟面盎背，皆積盛致然。四體不言而喻，惟有德者能之。」○此章言君子固欲其道之大行，然其所得於天者，則不以是而有所加損也。

孟子曰：「伯夷辟紂，居北海之濱，聞文王作興，曰：『盍歸乎來！吾聞西伯善養老者。』大公辟紂，居東海之濱，聞文王作興，曰：『盍歸乎來！吾聞西伯善養老者。』天下有善養老，則仁人以爲己歸矣。辟，去聲，下同。大，他蓋反。○己歸，謂己之所歸。餘見前篇。五畝之宅，樹牆下以桑，匹婦蠶之，則老者足以衣帛矣。五母雞，二母彘，無失其時，老者足以無失肉矣。百畝之田，匹夫耕之，八口之家足以無飢矣。衣，去聲。○此文王之政也。一家養母雞五，母彘二也。餘見前篇。所謂西伯善養老者，制其田里，教之樹畜，導其妻子，使養其老。五十非帛不煖，七十非肉不飽。不煖不飽，謂之凍餒。文王之民，無凍餒之老者，此之謂也。」田，謂百畝之田。里，謂五畝之宅。樹，謂耕桑。畜，謂雞彘也。趙氏曰：「善養老者，教導之使可以養其老耳，非家賜而人益之也。」

孟子曰：「易其田疇，薄其稅斂，民可使富也。易、斂，皆去聲。○易，治也。疇，耕治之田也。食之以時，用之以禮，財不可勝用也。勝，音升。○教民節儉，則財用足也。民非水火不生活，昏暮叩人之門户，求水火，無弗與者，至足矣。聖人治天下，使有菽粟如水火。菽粟如水火，而民焉有不仁者乎？」焉，於虔反。○水火，民之所急，宜其愛之，而反不愛者，多故也。尹氏曰：「言禮義生於富足，民無常産，則無常心矣。」

孟子曰：「孔子登東山而小魯，登大山而小天下。故觀於海者難爲水，遊於聖人之門者難爲言。此言聖人之道大也。東山，蓋魯城東之高山，而太山則又高矣。此言所處益高，則其視下益小；所見既大，則其小者不足觀也。難爲水，難爲言，猶仁不可爲衆之意。觀水有術，必觀其瀾。日月有明，容光必照焉。此言道之有本也。瀾，水之湍急處也。明者，光之體；光者，明之用也。觀水之瀾，則知其源之有本矣；觀日月於容光之隙無不照，則知其明之有本矣。流水之爲物也，不盈科不行；君子之志於道也，不成章不達。」言學當以漸，乃能至也。成章，所積者厚，而文章外見也。達者，足於此而通於彼也。○此章言聖人之道大而有本，學之者必以其漸，乃能至也。

孟子曰：「雞鳴而起，孳孳爲善者，舜之徒也。孳孳，勤勉之意。言雖未至於聖人，亦是聖人之徒也。雞鳴而起，孳孳爲利者，蹠之徒也。蹠，盜蹠也。欲知舜與蹠之分，無他，利與善之閒也。」程子曰：「言閒者，謂相去不遠，所爭毫末耳。善與利，公私而已矣。纔出於善，便以利言也。」○楊氏曰：「舜蹠之相去遠矣，而其分，乃在利善之閒而已，是豈可以不謹？然講之不熟，見之不明，未有不以利爲義者，又學者所當深察也。」或問：「雞鳴而起，若未接物，如何爲善？」程子曰：「只主於敬，便是爲善。」

孟子曰：「楊子取爲我，拔一毛而利天下，不爲也。爲我之爲，去聲。○楊子，名朱。取者，僅足之意。取爲我者，僅足於爲我而已，不及爲人也。列子稱其言曰「伯成子高不以一毫利物」，是也。墨子兼愛，摩頂放踵利天下，爲之。放，上聲。○墨子，名翟。兼愛，無所不愛也。摩頂，摩突其頂也。放，至也。子莫執中，執中爲近之，執中無權，猶執一也。子莫，魯之賢人也。知楊墨之失中也，故度於二者之閒而執其中。近，近道也。權，稱錘也，所以稱物之輕重而取中也。執中而無權，則膠於一定之中而不知變，是亦執一而已矣。程子曰：「中字最難識，須是默識心通。且試言一廳，則中央爲中；一家，則廳非中而堂爲中；一國，則堂非中而國之中爲中，推此類可見矣。」又曰：「中不可執也，識得則事事物物皆有自然之中，不待安排，安排著則不中矣。」所惡執一者，爲其賊道也，舉一而廢百也。」惡、爲，皆去聲。○賊，害也。爲我害仁，兼愛害義，執中者害於時中，皆舉一而廢百者也。○此章言道之所貴者中，中之所貴者權。楊氏曰：「禹稷三過其門而不入，苟不當其可，則與墨子無異。顏子在陋巷，不改其樂，苟不當其可，則與楊氏無異。子莫執爲我兼愛之中而無權，鄉鄰有鬬而不知閉户，同室有鬬而不知救之，是亦猶執一耳，故孟子以爲賊道。禹、稷、顔回，易地則皆然，以其有權也；不然，則是亦楊墨而已矣。」

孟子曰：「飢者甘食，渴者甘飲，是未得飲食之正也，飢渴害之也。豈惟口腹有飢渴之害？人心亦皆有害。口腹爲飢渴所害，故於飲食不暇擇，而失其正味；人心爲貧賤所害，故於富貴不暇擇，而失其正理。人能無以飢渴之害爲心害，則不及人不爲憂矣。」人能不以貧賤之故而動其心，則過人遠矣。

孟子曰：「柳下惠不以三公易其介。」介，有分辨之意。柳下惠進不隱賢，必以其道，遺佚不怨，阨窮不憫，直道事人，至於三黜，是其介也。○此章言柳下惠和而不流，與孔子論夷齊不念舊惡意正相類，皆聖賢微顯闡幽之意也。

孟子曰：「有爲者辟若掘井，掘井九軔而不及泉，猶爲棄井也。」辟，讀作譬。軔，音刃，與仞同。○八尺爲仞。言鑿井雖深，然未及泉而止，猶爲自棄其井也。○吕侍講曰：「仁不如堯，孝不如舜，學不如孔子，終未入於聖人之域，終未至於天道，未免爲半塗而廢、自棄前功也。」

孟子曰：「堯舜，性之也；湯武，身之也；五霸，假之也。堯舜天性渾全，不假修習。湯武修身體道，以復其性。五霸則假借仁義之名，以求濟其貪欲之私耳。久假而不歸，惡知其非有也。」惡，平聲。○歸，還也。有，實有也。言竊其名以終身，而不自知其非真有。或曰：「蓋歎世人莫覺其僞者。」亦通。舊説，久假不歸，即爲真有，則誤矣。○尹氏曰：「性之者，與道一也；身之者，履之也，及其成功則一也。五霸則假之而已，是以功烈如彼其卑也。」

公孫丑曰：「伊尹曰：『予不狎于不順。』放大甲于桐，民大悦。大甲賢，又反之，民大悦。予不狎于不順，大甲篇文。狎，習見也。不順，言大甲所爲，不順義理也。餘見前篇。賢者之爲人臣也，其君不賢，則固可放與？」與，平聲。孟子曰：「有伊尹之志則可，無伊尹之志則篡也。」伊尹之志，公天下以爲心而無一毫之私者也。

公孫丑曰：「詩曰『不素餐兮』，君子之不耕而食，何也？」孟子曰：「君子居是國也，其君用之，則安富尊榮；其子弟從之，則孝弟忠信。『不素餐兮』，孰大於是？」餐，七丹反。○詩魏國風伐檀之篇。素，空也。無功而食祿，謂之素餐，此與告陳相、彭更之意同。

王子墊問曰：「士何事？」墊，丁念反。○墊，齊王之子也。上則公卿大夫，下則農工商賈，皆有所事；而士居其閒，獨無所事，故王子問之也。孟子曰：「尚志。」尚，高尚也。志者，心之所之也。士既未得行公、卿、大夫之道，又不當爲農、工、商、賈之業，則高尚其志而已。曰：「何謂尚志？」曰：「仁義而已矣。殺一無罪，非仁也；非其有而取之，非義也。居惡在？仁是也；路惡在？義是也。居仁由義，大人之事備矣。」惡，平聲。○非仁非義之事，雖小不爲；而所居所由，無不在於仁義，此士所以尚其志也。大人，謂公、卿、大夫。言士雖未得大人之位，而其志如此，則大人之事體用已全。若小人之事，則固非所當爲也。

孟子曰：「仲子，不義與之齊國而弗受，人皆信之，是舍簞食豆羹之義也。人莫大焉亡親戚、君臣、上下。以其小者信其大者，奚可哉？」舍，音捨。食，音嗣。○仲子，陳仲子也。言仲子設若非義而與之齊國，必不肯受。齊人皆信其賢，然此但小廉耳。其辟兄離母，不食君祿，無人道之大倫，罪莫大焉。豈可以小廉信其大節，而遂以爲賢哉？

桃應問曰：「舜爲天子，皋陶爲士，瞽瞍殺人，則如之何？」桃應，孟子弟子也。其意以爲舜雖愛父，而不可以私害公；皋陶雖執法，而不可以刑天子之父。故設此問，以觀聖賢用心之所極，非以爲真有此事也。孟子曰：「執之而已矣。」言皋陶之心，知有法而已，不知有天子之父也。「然則舜不禁與？」與，平聲。○桃應問也。曰：「夫舜惡得而禁之？夫有所受之也。」夫，音扶。惡，平聲。○言皋陶之法，有所傳受，非所敢私，雖天子之命亦不得而廢之也。「然則舜如之何？」桃應問也。曰：「舜視棄天下猶棄敝蹝也。竊負而逃，遵海濱而處，終身訢然，樂而忘天下。」蹝，音徙。訢，與欣同。樂，音洛。○蹝，草履也。遵，循也。言舜之心，知有父而已，不知有天下也。孟子嘗言舜視天下猶草芥，而惟順於父母可以解憂，與此意互相發。○此章言爲士者，但知有法，而不知天子父之爲尊；爲子者，但知有父，而不知天下之爲大。蓋其所以爲心者，莫非天理之極，人倫之至。學者察此而有得焉，則不待較計論量，而天下無難處之事矣。

孟子自范之齊，望見齊王之子。喟然歎曰：「居移氣，養移體，大哉居乎！夫非盡人之子與？」夫，音扶。與，平聲。○范，齊邑。居，謂所處之位。養，奉養也。言人之居處，所繫甚大，王子亦人子耳，特以所居不同，故所養不同而其氣體有異也。孟子曰：張鄒皆云羨文也。「王子宮室、車馬、衣服多與人同，而王子若彼者，其居使之然也；況居天下之廣居者乎？廣居，見前篇。尹氏曰：「睟然見於面，盎於背，居天下之廣居者然也。」魯君之宋，呼於垤澤之門。守者曰：『此非吾君也，何其聲之似我君也？』此無他，居相似也。」呼，去聲。○垤澤，宋城門名也。孟子又引此事爲證。

孟子曰：「食而弗愛，豕交之也；愛而不敬，獸畜之也。食，音嗣。畜，許六反。○交，接也。畜，養也。獸，謂犬馬之屬。恭敬者，幣之未將者也。將，猶奉也。詩曰：「承筐是將。」程子曰：「恭敬雖因威儀幣帛而後發見，然幣之未將時，已有此恭敬之心，非因幣帛而後有也。」恭敬而無實，君子不可虛拘。」此言當時諸侯之待賢者，特以幣帛爲恭敬，而無其實也。拘，留也。

孟子曰：「形色，天性也；惟聖人，然後可以踐形。」人之有形有色，無不各有自然之理，所謂天性也。踐，如踐言之踐。蓋衆人有是形，而不能盡其理，故無以踐其形；惟聖人有是形，而又能盡其理，然後可以踐其形而無歉也。○程子曰：「此言聖人盡得人道而能充其形也。蓋人得天地之正氣而生，與萬物不同。既爲人，須盡得人理，然後稱其名。衆人有之而不知，賢人踐之而未盡，能充其形，惟聖人也。」楊氏曰：「天生烝民，有物有則。物者，形色也。則者，性也。各盡其則，則可以踐形矣。」

齊宣王欲短喪。公孫丑曰：「爲期之喪，猶愈於已乎？」已，猶止也。孟子曰：「是猶或紾其兄之臂，子謂之姑徐徐云爾，亦教之孝弟而已矣。」紾，之忍反。○紾，戾也。教之以孝弟之道，則彼當自知兄之不可戾，而喪之不可短矣。孔子曰：「子生三年，然後免於父母之懷，予也有三年之愛於其父母乎？」所謂教之以孝弟者如此。蓋示之以至情之不能已者，非强之也。王子有其母死者，其傅爲之請數月之喪。公孫丑曰：「若此者，何如也？」爲，去聲。○陳氏曰：「王子所生之母死，厭於嫡母而不敢終喪。其傅爲請於王，欲使得行數月之喪也。時又適有此事，丑問如此者，是非何如？」按儀禮：「公子爲其母練冠、麻衣、縓緣，既葬除之。」疑當時此禮已廢，或既葬而未忍即除，故請之也。曰：「是欲終之而不可得也。雖加一日愈於已，謂夫莫之禁而弗爲者也。」夫，音扶。○言王子欲終喪而不可得，其傅爲請，雖止得加一日，猶勝不加。我前所譏，乃謂夫莫之禁而自不爲者耳。○此章言三年通喪，天經地義，不容私意有所短長。示之至情，則不肖者有以企而及之矣。

孟子曰：「君子之所以教者五：下文五者，蓋因人品高下，或相去遠近先後之不同。有如時雨化之者，時雨，及時之雨也。草木之生，播種封植，人力已至而未能自化，所少者，雨露之滋耳。及此時而雨之，則其化速矣。教人之妙，亦猶是也，若孔子之於顔曾是已。有成德者，有達財者，財，與材同。此各因其所長而教之者也。成德，如孔子之於冉閔；達財，如孔子之於由賜。有答問者，就所問而答之，若孔孟之於樊遲、萬章也。有私淑艾者。艾，音乂。○私，竊也。淑，善也。艾，治也。人或不能及門受業，但聞君子之道於人，而竊以善治其身，是亦君子教誨之所及，若孔孟之於陳亢、夷之是也。孟子亦曰：「予未得爲孔子徒也，予私淑諸人也。」此五者，君子之所以教也。」聖賢施教，各因其材，小以成小，大以成大，無棄人也。

公孫丑曰：「道則高矣，美矣，宜若登天然，似不可及也。何不使彼爲可幾及而日孳孳也？」幾，音機。孟子曰：「大匠不爲拙工改廢繩墨，羿不爲拙射變其彀率。爲，去聲。彀，古候反。率，音律。○彀率，彎弓之限也。言教人者，皆有不可易之法，不容自貶以殉學者之不能也。君子引而不發，躍如也。中道而立，能者從之。」引，引弓也。發，發矢也。躍如，如踴躍而出也。因上文彀率，而言君子教人，但授以學之之法，而不告以得之之妙，如射者之引弓而不發矢，然其所不告者，已如踴躍而見於前矣。中者，無過不及之謂。中道而立，言其非難非易。能者從之，言學者當自勉也。○此章言道有定體，教有成法；卑不可抗，高不可貶；語不能顯，默不能藏。

孟子曰：「天下有道，以道殉身；天下無道，以身殉道。殉，如殉葬之殉，以死隨物之名也。身出則道在必行，道屈則身在必退，以死相從而不離也。未聞以道殉乎人者也。」以道從人，妾婦之道。

公都子曰：「滕更之在門也，若在所禮。而不答，何也？」更，平聲。○趙氏曰：「滕更，滕君之弟，來學者也。」孟子曰：「挾貴而問，挾賢而問，挾長而問，挾有勳勞而問，挾故而問，皆所不答也。滕更有二焉。」長，上聲。○趙氏曰：「二，謂挾貴、挾賢也。」尹氏曰：「有所挾，則受道之心不專，所以不答也。」○此言君子雖誨人不倦，又惡夫意之不誠者。

孟子曰：「於不可已而已者，無所不已；於所厚者薄，無所不薄也。已，止也。不可止，謂所不得不爲者也。所厚，所當厚者也。此言不及者之弊。其進鋭者，其退速。」進鋭者，用心太過，其氣易衰，故退速。○三者之弊，理勢必然，雖過不及之不同，然卒同歸於廢弛。

孟子曰：「君子之於物也，愛之而弗仁；於民也，仁之而弗親。親親而仁民，仁民而愛物。」物，謂禽獸草木。愛，謂取之有時，用之有節。程子曰：「仁，推己及人，如老吾老以及人之老，於民則可，於物則不可。統而言之則皆仁，分而言之則有序。」楊氏曰：「其分不同，故所施不能無差等，所謂理一而分殊者也。」尹氏曰：「何以有是差等？一本故也，無僞也。」

孟子曰：「知者無不知也，當務之爲急；仁者無不愛也，急親賢之爲務。堯舜之知而不

徧物，急先務也；堯舜之仁不徧愛人，急親賢也。知者、之知，並去聲。○知者固無不知，然常以所當務者爲急，則事無不治，而其爲知也大矣；仁者固無不愛，然常急於親賢，則恩無不洽，而其爲仁也博矣。**不能三年之喪，而緦小功之察；放飯流歠，而問無齒決，是之謂不知務。」**飯，扶晚反。歠，昌悅反。○三年之喪，服之重者也。緦麻三月，小功五月，服之輕者也。察，致詳也。放飯，大飯。流歠，長歠，不敬之大者也。齒決，齧斷乾肉，不敬之小者也。問，講求之意。○此章言君子之於道，識其全體，則心不狹；知所先後，則事有序。豐氏曰：「智不急於先務，雖徧知人之所知、徧能人之所能，徒弊精神，而無益於天下之治矣。仁不急於親賢，雖有仁民愛物之心，小人在位，無由下達，聰明日蔽於上，而惡政日加於下，此孟子所謂不知務也。」

孟子集注卷十四

盡心章句下　凡三十八章。

孟子曰：「不仁哉，梁惠王也！仁者以其所愛及其所不愛，不仁者以其所不愛及其所愛。」親親而仁民，仁民而愛物，所謂以其所愛及其所不愛也。公孫丑曰：「何謂也？」「梁惠王以土地之故，糜爛其民而戰之，大敗，將復之，恐不能勝，故驅其所愛子弟以殉之，是之謂以其所不愛及其所愛也。」梁惠王以下，孟子答辭也。糜爛其民，使之戰鬭，糜爛其血肉也。復之，復戰也。子弟，謂太子申也。以土地之故及其民，以民之故及其子，皆以其所不愛及其所愛也。○此承前篇之末三章之意，言仁人之恩，自内及外；不仁之禍，由疏逮親。

孟子曰：「春秋無義戰。彼善於此，則有之矣。春秋每書諸侯戰伐之事，必加譏貶，以著其擅興之罪，無有以爲合於義而許之者。但就中彼善於此者則有之，如召陵之師之類是也。征者上伐下也，敵國不相征也。」征，所以正人也。諸侯有罪，則天子討而正之，此春秋所以無義戰也。

孟子曰：「盡信書，則不如無書。程子曰：「載事之辭，容有重稱而過其實者，學者當識其義而已；苟執於辭，則時或有害於義，不如無書之愈也。」吾於武成，取二三策而已矣。武成，周書篇名，武王伐紂歸而記事之書也。策，竹簡也。取其二三策之言，其餘不可盡信也。程子曰：「取其奉天伐暴之意、反政施仁之法而已。」**仁人無敵於天下。以至仁伐至不仁，而何其血之流杵也？」**杵，舂杵也。或作鹵，楯也。武成言武王伐紂，紂之「前徒倒戈，攻于後以北，血流漂杵」。孟子言此則其不可信者。然書本意，乃謂商人自相殺，非謂武王殺之也。孟子之設是言，懼後世之惑，且長不仁之心耳。

孟子曰：「有人曰：『我善爲陳，我善爲戰。』大罪也。陳，去聲。○制行伍曰陳，交兵曰戰。**國君好仁，天下無敵焉。**好，去聲。**南面而征北狄怨，東面而征西夷怨。曰：『奚爲後我？』**此引湯之事以明之，解見前篇。**武王之伐殷也，革車三百兩，虎賁三千人。**兩，去聲。賁，音奔。○又以武王之事明之也。兩，車數，一車兩輪也。千，書序作百。**王曰：『無畏！寧爾也，非敵百姓也。』若崩厥角稽首。**書大誓文與此小異。孟子之意當云：王謂商人曰：無畏我也。我來伐紂，本爲安寧汝，非敵商之百姓也。於是商人稽首至地，如角之崩也。**征之爲言正也，各欲正己也，焉用戰？」**焉，於虔反。○民爲暴君所虐，皆欲仁者來正己之國也。

孟子曰：「梓匠輪輿能與人規矩，不能使人巧。」尹氏曰：「規矩，法度可告者也。巧則在其人，雖大匠亦末如之何也已。蓋下學可以言傳，上達必由心悟，莊周所論斲輪之意蓋如此。」

孟子曰：「舜之飯糗茹草也，若將終身焉；及其爲天子也，被袗衣，鼓琴，二女果，若固有之。」飯，上聲。糗，去久反。茹，音汝。袗，之忍反。果，說文作婐，烏果反。○飯，食也。糗，乾糒也。茹，亦食也。

袗，畫衣也。二女，堯二女也。果，女侍也。言聖人之心，不以貧賤而有慕於外，不以富貴而有動於中，隨遇而安，無預於己，所性分定故也。

孟子曰：「吾今而後知殺人親之重也：殺人之父，人亦殺其父；殺人之兄，人亦殺其兄。然則非自殺之也，一閒耳。」閒，去聲。○言吾今而後知者，必有所爲而感發也。一閒者，我往彼來，閒一人耳，其實與自害其親無異也。范氏曰：「知此則愛敬人之親，人亦愛敬其親矣。」

孟子曰：「古之爲關也，將以禦暴。譏察非常。今之爲關也，將以爲暴。」征税出入。○范氏曰：「古之耕者什一，後世或收大半之税，此以賦斂爲暴也。文王之囿，與民同之；齊宣王之囿，爲阱國中，此以園囿爲暴也。後世爲暴，不止於關，若使孟子用於諸侯，必行文王之政，凡此之類，皆不終日而改也。」

孟子曰：「身不行道，不行於妻子；使人不以道，不能行於妻子。」身不行道者，以行言之。不行者，道不行也。使人不以道者，以事言之。不能行者，令不行也。

孟子曰：「周于利者，凶年不能殺；周于德者，邪世不能亂。」周，足也，言積之厚則用有餘。

孟子曰：「好名之人，能讓千乘之國；苟非其人，簞食豆羹見於色。」好、乘、食，皆去聲。見，音現。○好名之人，矯情干譽，是以能讓千乘之國；然若本非能輕富貴之人，則於得失之小者，反不覺其真情之發見矣。蓋觀人不於其所勉，而於其所忽，然後可以見其所安之實也。

孟子曰：「不信仁賢，則國空虛。空虛，言若無人然。無禮義，則上下亂。禮義，所以辨上下，定民志。無政事，則財用不足。」生之無道，取之無度，用之無節故也。○尹氏曰：「三者以仁賢爲本。無仁賢，則禮義政事，處之皆不以其道矣。」

孟子曰：「不仁而得國者，有之矣；不仁而得天下，未之有也。」言不仁之人，騁其私智，可以盜千乘之國，而不可以得丘民之心。鄒氏曰：「自秦以來，不仁而得天下者有矣；然皆一再傳而失之，猶不得也。所謂得天下者，必如三代而後可。」

孟子曰：「民爲貴，社稷次之，君爲輕。社，土神。稷，穀神。建國則立壇壝以祀之。蓋國以民爲本，社稷亦爲民而立，而君之尊，又係於二者之存亡，故其輕重如此。是故得乎丘民而爲天子，得乎天子爲諸侯，得乎諸侯爲大夫。丘民，田野之民，至微賤也，然得其心，則天下歸之。天子至尊貴也，而得其心者，不過爲諸侯耳，是民爲重也。諸侯危社稷，則變置。諸侯無道，將使社稷爲人所滅，則當更立賢君，是君輕於社稷也。犧牲既成，粢盛既潔，祭祀以時，然而旱乾水溢，則變置社稷。」盛，音成。○祭祀不失禮，而土穀之神不能爲民禦災捍患，則毁其壇壝而更置之，亦年不順成，八蜡不通之意，是社稷雖重於君而輕於民也。

孟子曰：「聖人，百世之師也，伯夷、柳下惠是也。故聞伯夷之風者，頑夫廉，懦夫有立志；聞柳下惠之風者，薄夫敦，鄙夫寬。奮乎百世之上。句。百世之下，聞者莫不興起也。非聖人而能若是乎，而況於親炙之者乎？」興起，感動奮發也。親炙，親近而熏炙之也，餘見前篇。

孟子曰：「仁也者，人也。合而言之，道也。」仁者，人之所以爲人之理也。然仁，理也；人，物也。以仁之理，合於人之身而言之，乃所謂道者也。程子曰：「中庸所謂率性之謂道是也。」○或曰：「外國本『人也』之下，有『義也者宜也，禮也者履也，智也者知也，信也者實也』，凡二十字。」今按如此，則理極分明，然未詳其是否也。

孟子曰：「孔子之去魯，曰：『遲遲吾行也。』去父母國之道也。去齊，接淅而行，去他國之道也。」重出。

孟子曰：「君子之戹於陳蔡之閒，無上下之交也。」君子，孔子也。戹，與厄同。君臣皆惡，無所與交也。

貉稽曰：「稽大不理於口。」貉，音陌。○趙氏曰：「貉姓，稽名，爲衆口所訕。理，賴也。」今按漢書無俚，方言亦訓賴。孟子曰：「無傷也。士憎兹多口。趙氏曰：「爲士者益多，爲衆口所訕。」按此則憎當從土，今本皆從心，蓋傳寫之誤。詩云：『憂心悄悄，愠于羣小。』孔子也。『肆不殄厥愠，亦不隕厥問。』文王也。」詩邶風柏舟，及大雅緜之篇也。悄悄，憂貌。愠，怒也。本言衛之仁人見怒於羣小。孟子以爲孔子之事，可以當之。肆，發語辭。隕，墜也。問，聲問也。本言大王事昆夷，雖不能殄絶其愠怒，亦不自墜其聲問之美。孟子以爲文王之事，可以當之。○尹氏曰：「言人顧自處如何，盡其在我者而已。」

孟子曰：「賢者以其昭昭，使人昭昭；今以其昏昏，使人昭昭。」昭昭，明也。昏昏，闇也。尹氏曰：「大學之道，在自昭明德，而施於天下國家，其有不順者寡矣。」

孟子謂高子曰：「山徑之蹊閒，句。介然用之而成路。句。爲閒不用，則茅塞之矣。今茅塞子之心矣。」介，音戛。○徑，小路也。蹊，人行處也。介然，倏然之頃也。用，由也。路，大路也。爲閒，少頃也。茅塞，茅草生而塞之也。言理義之心，不可少有間斷也。

高子曰：「禹之聲尚文王之聲。」尚，加尚也。豐氏曰：「言禹之樂，過於文王之樂。」孟子曰：「何以言之？」曰：「以追蠡。」追，音堆。蠡，音禮。○豐氏曰：「追，鐘紐也。周禮所謂旋蟲是也。蠡者，齧木蟲也。言禹時鐘在者，鐘紐如蟲齧而欲絶，蓋用之者多，而文王之鐘不然，是以知禹之樂過於文王之樂也。」曰：「是奚足哉？城門之軌，兩馬之力與？」與，平聲。○豐氏曰：「奚足，言此何足以知之也。軌，車轍迹也。兩馬，一車所駕也。城中之涂容九軌，車可散行，故其轍迹淺；城門惟容一車，車皆由之，故其轍迹深。蓋日久車多所致，非一車兩馬之力能使之然也。言禹在文王前千餘年，故鐘久而紐絶；文王之鐘，則未久而紐全，不可以此而議優劣也。」○此章文義本不可曉，舊説相承如此，而豐氏差明白，故今存之，亦未知其是否也。

齊饑。陳臻曰：「國人皆以夫子將復爲發棠，殆不可復。」復，扶又反。○先時齊國嘗饑，孟子勸王發棠邑之倉以振貧窮。至此又饑，陳臻問言齊人望孟子復勸王發棠，而又自言恐其不可也。孟子曰：「是爲馮婦也。晉人有馮婦者，善搏虎，卒爲善士。則之野，有衆逐虎。虎負嵎，莫之敢攖。望見馮婦，趨而迎之。馮婦攘臂下車。衆皆悦之，其爲士者笑之。」手執曰搏。卒爲善士，後能改行爲善也。之，適也。負，依也。山曲曰嵎。攖，觸也。笑之，笑其不知止也。疑此時齊王已不能用孟子，而孟子亦將去矣，故其言如此。

孟子曰：「口之於味也，目之於色也，耳之於聲也，鼻之於臭也，四肢之於安佚也，性也，有命焉，君子不謂性也。程子曰：「五者之欲，性也。然有分，不能皆如其願，則是命也。不可謂我性之所有，而求必得之也。」愚按：不能皆如其願，不止爲貧賤，蓋雖富貴之極，亦有品節限制，則是亦有命也。**仁之於父子也，義之於君臣也，禮之於賓主也，智之於賢者也，聖人之於天道也，命也，有性焉，君子不謂命也。」**程子曰：「仁義禮智天道，在人則賦於命者，所稟有厚薄清濁，然而性善可學而盡，故不謂之命也。」張子曰：「晏嬰智矣，而不知仲尼。是非命邪？」愚按：所稟者厚而清，則其仁之於父子也至，義之於君臣也盡，禮之於賓主也恭，智之於賢否也哲，聖人之於天道也，無不脗合而純亦不已焉。薄而濁，則反是，是皆所謂命也。或曰「者」當作否，「人」衍字，更詳之。○愚聞之師曰：「此二條者，皆性之所有而命於天者也。然世之人，以前五者爲性，雖有不得，而必欲求之；以後五者爲命，一有不至，則不復致力，故孟子各就其重處言之，以伸此而抑彼也。張子所謂『養則付命於天，道則責成於己』。其言約而盡矣。」

浩生不害問曰：「樂正子，何人也？」孟子曰：「善人也，信人也。」趙氏曰：「浩生，姓；不害，名，齊人也。」**「何謂善？何謂信？」**不害問也。**曰：「可欲之謂善，**天下之理，其善者必可欲，其惡者必可惡。其爲人也，可欲而不可惡，則可謂善人矣。**有諸己之謂信。**凡所謂善，皆實有之，如惡惡臭，如好好色，是則可謂信人矣。○張子曰：「志仁無惡之謂善，誠善於身之謂信。」**充實之謂美，**力行其善，至於充滿而積實，則美在其中而無待於外矣。**充實而有光輝之謂大，**和順積中，而英華發外；美在其中，而暢於四支，發於事業，則德業至盛而不可加矣。**大而化之之謂聖，**大而能化，使其大者泯然無復可見之迹，則不思不勉、從容中道，而非人力之所能爲矣。張子曰：「大可爲也，化不可爲也，在熟之而已矣。」**聖而不可知之之謂神。**程子曰：「聖不可知，謂聖之至妙，人所不能測，非聖人之上又有一等神人也。」樂正子，二之中，四之下也。」蓋在善信之閒，觀其從於子敖，則其有諸己者或未實也。張子曰：「顔淵、樂正子皆知好仁矣。樂正子志仁無惡而不致於學，所以但爲善人信人而已；顔子好學不倦，合仁與智，具體聖人，獨未至聖人之止耳。」○程子曰：「士之所難者，在有諸己而已。能有諸己，則居之安，資之深，而美且大可以馴致矣。徒知可欲之善，而若存若亡而已，則能不受變於俗者鮮矣。」尹氏曰：「自可欲之善，至於聖而不可知之神，上下一理。擴充之至於神，則不可得而名矣。」

孟子曰：「逃墨必歸於楊，逃楊必歸於儒。歸，斯受之而已矣。墨氏務外而不情，楊氏太簡而近實，故其反正之漸，大略如此。歸斯受之者，憫其陷溺之久，而取其悔悟之新也。今之與楊墨辯者，如追放豚，既入其苙，又從而招之。」放豚，放逸之豕豚也。苙，闌也。招，罥也，羈其足也。言彼既來歸，而又追咎其既往之失也。○此章見聖賢之於異端，距之甚嚴，而於其來歸，待之甚恕。距之嚴，故人知彼説之爲邪；待之恕，故人知此道之可反，仁之至，義之盡也。

孟子曰：「有布縷之征，粟米之征，力役之征。君子用其一，緩其二。用其二而民有殍，用其三而父子離。」征賦之法，歲有常數，然布縷取之於夏，粟米取之於秋，力役取之於冬，當各以其時；若並取之，則民力有所不堪矣。今兩税三限之法，亦此意也。尹氏曰：「言民爲邦本，取之無度，則其國危矣。」

孟子曰：「諸侯之寶三：土地，人民，政事。寶珠玉者，殃必及身。」尹氏曰：「言寶得其實者安，寶失其實者危。」

盆成括仕於齊。孟子曰：「死矣盆成括！」盆成括見殺。門人問曰：「夫子何以知其將見殺？」曰：「其爲人也小有才，未聞君子之大道也，則足以殺其軀而已矣。」盆成，姓；括，名也。恃才妄作，所以取禍。徐氏曰：「君子道其常而已。括有死之道焉，設使幸而獲免，孟子之言猶信也。」

孟子之滕，館於上宮。有業屨於牖上，館人求之弗得。館，舍也。上宮，别宫名。業屨，織之有次業而未成者，蓋館人所作，置之牖上而失之也。或問之曰：「若是乎從者之廋也？」曰：「子以是爲竊屨來與？」曰：「殆非也。夫子之設科也，往者不追，來者不距。苟以是心至，斯受之而已矣。」從、爲，並去聲。與，平聲。夫子，如字，舊讀爲扶余者非。○或問之者，問於孟子也。廋，匿也。言子之從者，乃匿人之物如此乎？孟子答之，而或人自悟其失，因言此從者固不爲竊屨而來，但夫子設置科條以待學者，苟以向道之心而來，則受之耳，雖夫子亦不能保其往也。門人取其言，有合於聖賢之指，故記之。

孟子曰：「人皆有所不忍，達之於其所忍，仁也；人皆有所不爲，達之於其所爲，義也。惻隱羞惡之心，人皆有之，故莫不有所不忍不爲，此仁義之端也。然以氣質之偏、物欲之蔽，則於他事或有不能者，但推所能達之於所不能，則無非仁義矣。人能充無欲害人之心，而仁不可勝用也；人能充無穿踰之心，而義不可勝用也。勝，平聲。○充，滿也。穿，穿穴；踰，踰牆，皆爲盜之事也。能推所不忍，以達於所忍，則能滿其無欲害人之心，而無不仁矣；能推其所不爲，以達於所爲，則能滿其無穿踰之心，而無不義矣。人能充無受爾汝之實，無所往而不爲義也。此申説上文充無穿踰之心之意也。蓋爾汝人所輕賤之稱，人雖或有所貪昧隱忍而甘受之者，然其中心必有慚忿而不肯受之之實。人能即此而推之，使其充滿無所虧缺，則無適而非義矣。士未可以言而言，是以言餂之也；可以言而不言，是以不言餂之也，是皆穿踰之類也。」餂，音忝。○餂，探取之也。今人以舌取物曰餂，即此意也。便佞隱默，皆有意探取於人，是亦穿踰之類。然其事隱微，人所易忽，故特舉以見例，明必推無穿踰之心，以達於此而悉去之，然後爲能充其無穿踰之心也。

孟子曰：「言近而指遠者，善言也；守約而施博者，善道也。君子之言也，不下帶而道存焉。古人視不下於帶，則帶之上，乃目前常見至近之處也。舉目前之近事，而至理存焉，所以爲言近而指遠也。君子之守，修其身而天下平。此所謂守約而施博也。人病舍其田而芸人之田，所求於人者重，而所以自任者輕。」舍，音捨。○此言不守約而務博施之病。

孟子曰：「堯舜，性者也；湯武，反之也。性者，得全於天，無所汙壞，不假修爲，聖之至也。反之者，修爲以復其性，而至於聖人也。程子曰：「性之反之，古未有此語，蓋自孟子發之。」呂氏曰：「無意而安行，性者也。有意利行而至於無意，復性者也。堯舜不失其性，湯武善反其性，及其成功則一也。」動容周旋中禮者，盛德之至也；哭死而哀，非爲生者也；經德不回，非以干祿也；言語必信，非以正行也。中、爲、行，並去聲。○細微曲折，無不中禮，乃其盛德之至。自然而中，而非有意於中也。經，常也。回，曲也。三者亦皆自然而然，非有意而爲之也，皆聖人之事，性之之德也。君子行法，以俟命而已矣。」法者，天理之當然者也。君子行之，而吉凶禍福有所不計，蓋雖未至於自然，而已非有所爲而爲矣。此反之之事，董子所謂「正其義不謀其利，明其道不計其功」，正此意也。○程子曰：「動容周旋中禮者，盛德之至。行法以俟命者，『朝聞道夕死可矣』之意也。」呂氏曰：「法由此立，命由此出，聖人也；行法以俟命，君子也。聖人性之，君子所以復其性也。」

孟子曰：「説大人，則藐之，勿視其巍巍然。說，音稅。藐，音眇。○趙氏曰：「大人，當時尊貴者也。藐，輕之也。巍巍，富貴高顯之貌。藐焉而不畏之，則志意舒展，言語得盡也。」堂高數仞，榱題數尺，我得志弗爲也；食前方丈，侍妾數百人，我得志弗爲也；般樂飲酒，驅騁田獵，後車千乘，我得志弗爲也。在彼者，皆我所不爲也；在我者，皆古之制也，吾何畏彼哉？」榱，楚危反。般，音盤。樂，音洛。乘，去聲。○榱，桷也。題，頭也。食前方丈，饌食列於前者，方一丈也。此皆其所謂巍巍然者，我雖得志，有所不爲，而所守者皆古聖賢之法，則彼之巍巍者，何足道哉！○楊氏曰：「孟子此章，以己之長，方人之短，猶有此等氣象，在孔子則無此矣。」

孟子曰：「養心莫善於寡欲。其爲人也寡欲，雖有不存焉者，寡矣；其爲人也多欲，雖有存焉者，寡矣。」欲，如口鼻耳目四支之欲，雖人之所不能無，然多而不節，未有不失其本心者，學者所當深戒也。程子曰：「所欲不必沈溺，只有所向便是欲。」

曾晳嗜羊棗，而曾子不忍食羊棗。羊棗，實小黑而圓，又謂之羊矢棗。曾子以父嗜之，父殁之後，食必思親，故不忍食也。公孫丑問曰：「膾炙與羊棗孰美？」孟子曰：「膾炙哉！」公孫丑曰：「然則曾子何爲食膾炙而不食羊棗？」曰：「膾炙所同也，羊棗所獨也。諱名不諱姓，姓所同也，名所獨也。」肉聶而切之爲膾。炙，炙肉也。

萬章問曰：「孔子在陳曰：『盍歸乎來！吾黨之士狂簡，進取，不忘其初。』孔子在陳，何思魯之狂士？」盍，何不也。狂簡，謂志大而略於事。進取，謂求望高遠。不忘其初，謂不能改其舊也。此語與論語小異。孟子曰：「孔子『不得中道而與之，必也狂獧乎！狂者進取，獧者有所不爲也』。孔子豈不欲中道哉？不可必得，故思其次也。」獧，音絹。○不得中道，至有所不爲，據論語亦孔子之言。然則孔子字下當有曰字。論語道作行，獧作狷。有所不爲者，知恥自好，不爲不善之人也。孔子豈不欲中道以下，孟子言也。「敢問何如斯可謂狂矣？」萬章問。曰：「如琴張、曾晳、牧皮者，孔子之所謂狂矣。」琴張，名牢，字子張。子桑户死，琴張臨其喪而歌。事見莊子。雖未必盡然，要必有近似者。曾晳見前篇。季武子死，曾晳倚其門而歌，事見檀弓。又言志異乎三子者之撰，事見論語。牧皮，未詳。「何以謂之狂也？」萬章問。曰：「其志嘐嘐然，曰『古之人，古之人』。夷考其行而不掩焉者也。嘐，火交反。行，去聲。○嘐嘐，志大言大也。重言古之人，見其動輒稱之，不一稱而已也。夷，平也。掩，覆也。言平考其行，則不能覆其言也。程子曰：「曾晳言志，而夫子與之。蓋與聖人之志同，便是堯舜氣象也，特行有不掩焉耳，此所謂狂也。」狂者又不可得，欲得不屑不潔之士而與之，是獧也，是又其次也。此因上文所引，遂解所以思得獧者之意。狂，有志者也；獧，有守者也。有志者能進於道，有守者不失其身。屑，潔也。孔子曰：『過我門而不入我室，我不憾焉者，其惟鄉原乎！鄉原，德之賊也。』」曰：「何如斯可謂之鄉原矣？」鄉人，非有識者。原，與愿同。荀子「原慤」，字皆讀作愿，謂謹愿之人也。故鄉里所謂愿人，謂之鄉原。孔子以其似德而非德，故以爲德之賊。過門不入而不恨之，以其不見親就爲幸，深惡而痛絶之也。萬章又引孔子之言而問也。曰：「『何以是嘐嘐也？言不顧行，行不顧言，則曰：古之人，古之人。行何爲踽踽涼涼？生斯世也，爲斯世也，善斯可矣。』閹然

媚於世也者，是鄉原也。」行，去聲。踽，其禹反。閹，音奄。○踽踽，獨行不進之貌。涼涼，薄也，不見親厚於人也。鄉原譏狂者曰：何用如此嘐嘐然，行不掩其言，而徒每事必稱古人邪？又譏獧者曰：何必如此踽踽涼涼，無所親厚哉？人既生於此世，則但當爲此世之人，使當世之人皆以爲善則可矣，此鄉原之志也。閹，如奄人之奄，閉藏之意也。媚，求悅於人也。孟子言此深自閉藏，以求親媚於世，是鄉原之行也。**萬子曰：「一鄉皆稱原人焉，無所往而不爲原人，孔子以爲德之賊，何哉？」**原，亦謹厚之稱，而孔子以爲德之賊，故萬章疑之。**曰：「非之無舉也，刺之無刺也，同乎流俗，合乎汙世，居之似忠信，行之似廉潔，衆皆悅之，自以爲是，而不可與入堯舜之道，故曰德之賊也。**呂侍講曰：「言此等之人，欲非之則無可舉，欲刺之則無可刺也。」流俗者，風俗頹靡，如水之下流，衆莫不然也。汙，濁也。非忠信而似忠信，非廉潔而似廉潔。**孔子曰：『惡似而非者：惡莠，恐其亂苗也；惡佞，恐其亂義也；惡利口，恐其亂信也；惡鄭聲，恐其亂樂也；惡紫，恐其亂朱也；惡鄉原，恐其亂德也。』**惡，去聲。莠，音有。○孟子又引孔子之言以明之。莠，似苗之草也。佞，才智之稱，其言似義而非義也。利口，多言而不實者也。鄭聲，淫樂也。樂，正樂也。紫，閒色。朱，正色也。鄉原不狂不獧，人皆以爲善，有似乎中道而實非也，故恐其亂德。**君子反經而已矣。經正，則庶民興；庶民興，斯無邪慝矣。」**反，復也。經，常也，萬世不易之常道也。興，興起於善也。邪慝，如鄉原之屬是也。世衰道微，大經不正，故人人得爲異說以濟其私，而邪慝并起，不可勝正，君子於此，亦復其常道而已。常道既復，則民興於善，而是非明白，無所回互，雖有邪慝，不足以惑之矣。○尹氏曰：「君子取夫狂獧者，蓋以狂者志大而可與進道，獧者有所不爲，而可與有爲也。所惡於鄉原，而欲痛絶之者，爲其似是而非，惑人之深也。絶之之術無他焉，亦曰反經而已矣。」

孟子曰：「由堯舜至於湯，五百有餘歲，若禹、皋陶，則見而知之；若湯，則聞而知之。趙氏曰：「五百歲而聖人出，天道之常；然亦有遲速，不能正五百年，故言有餘也。」尹氏曰：「知，謂知其道也。」**由湯至於文王，五百有餘歲，若伊尹、萊朱則見而知之；若文王，則聞而知之。**趙氏曰：「萊朱，湯賢臣。」或曰：「即仲虺也，爲湯左相。」**由文王至於孔子，五百有餘歲，若大公望、散宜生，則見而知之；若孔子，則聞而知之。**散，素亶反。○散，氏；宜生，名，文王賢臣也。子貢曰：「文武之道，未墜於地，在人。賢者識其大者，不賢者識其小者，莫不有文武之道焉。夫子焉不學？」此所謂聞而知之也。**由孔子而來至於今，百有餘歲，去聖人之世，若此其未遠也；近聖人之居，若此其甚也，然而無有乎爾，則亦無有乎爾。**」林氏曰：「孟子言孔子至今時未遠，鄒魯相去又近，然而已無有見而知之者矣，則五百餘歲之後，又豈復有聞而知之者乎？」愚按：此言，雖若不敢自謂已得其傳，而憂後世遂失其傳，然乃所以自見其有不得辭者，而又以見夫天理民彝不可泯滅，百世之下，必將有神會而心得之者耳。故於篇終，歷序群聖之統，而終之以此，所以明其傳之有在，而又以俟後聖於無窮也，其指深哉！○有宋元豐八年，河南程顥伯淳卒。潞公文彦博題其墓曰：「明道先生。」而其弟頤正叔序之曰：「周公殁，聖人之道不行；孟軻死，聖人之學不傳。道不行，百世無善治；學不傳，千載無真儒。無善治，士猶得以明夫善治之道，以淑諸人，以傳諸後；無真儒，則天下貿貿焉莫知所之，人欲肆而天理滅矣。先生生乎千四百年之後，得不傳之學於遺經，以興起斯文爲己任，辨異端，闢邪説，使聖人之道涣然復明於世。蓋自孟子之後，一人而已。然學者於道不知所向，則孰知斯人之爲功？不知所至，則孰知斯名之稱情也哉？」

附録

四書章句附考序

朱子之注四書也，畢生心力於斯，臨没前數日，猶有改筆。但其本行世早，而世之得其定本者鮮，此注本所以有異也。又有因傳寫而異者，亦未免焉。定本如大學「欲其必自慊」，後爲「欲其一於善」而定也；論語「行道而有得於心」，後爲「得於心而不失」而定也，此類是也。傳寫而異，如論語「衞大夫公孫拔」，誤爲公孫枝；孟子「自武丁至紂凡九世」，誤爲「七世」之類耳。傳寫之誤，固注疏家之常事，若夫注是書而畢生心力於斯，没前有改筆，則朱子之注四書也，其用心良苦，其用力獨瘁矣。

夫朱子之意，必欲精之又精，以造乎其極，亦何爲也哉？立志於爲聖賢，在自得躬行，而不在於注之有定本也；用以治國平天下，在體諸身，施於政，亦不在於注之有定本也；即以講論四書經文，亦在於大本大源，而不在於一句一字之閒也。然則我子朱子之苦心瘁力於斯者，何爲也哉？蓋以四子之書爲兩閒至精之理，爲孔門至精之文。爲之注者，必至當而不可易，乃與斯文爲無所負焉耳，此子朱子之意也。況有非朱子原文，爲傳寫所誤者耶？況不惟注也，經文歷漢以來，授受既遠，亦不免有傳寫之誤者耶！

英自癸卯而後，困於棘闈者二十餘年。此二三十年間，頗亦手不釋卷，而於朱子注之異同處不暇詳也。未嘗不研摩於朱子文集及朱門諸子集中語録，然於其自論注處則置之。未嘗不涉歷於朱子儀禮經傳通解、東發黄氏日抄，然於其中學庸注則置之。何也？以爲通經致用之學不繫此也。十三經經義之未通而求通者，汲汲不暇，而奚暇於此也！

慨自丁卯，英與兒志忠偕入省，未數日，母病信至，與兒偕返，已抱恨終天。自是每聞人言鄉試則心痛，盡棄所業，而就業名山。忠兒感予心之摧傷，亦不樂習帖括。今歲，忠遍覓借古本四書及疏釋四書之書，以求朱子章句集注最後改定本及傳寫未誤者，别録一部，而私記考證附於後。有疑則折衷於予，然不能多得善本，予懼其折衷之猶未當，命付梓以廣其就正有道之帙。斯役也，固幼學壯行者所不屑爲之之事也。鄉使英於屢躓場屋之年，即得所願，則兒當亦相從於青雲之路，求所謂通經致用之學而學焉，又奚暇爲此學？乃今而英之所遇可謂窮矣，窮況及於家人，非聽兒之不自量而爲此迂遠也。四方諸君子見其書而教正其中之繆謁，尚其哀英之遇，而諒忠之情也夫！

嘉慶辛未重陽日，吴邑吴英序

四書章句集注定本辨

吴邑吴英伯和氏撰

辛未夏，兒志忠學輯四書朱子注之定本，句考之而有所疑，折衷於予。此非易事也，得不盡心焉！定本句有不待辨者，有猶待辨者，有不可不辨者。

不待辨者維何？如大學誠意章「故必謹之於此，以審其幾焉」，爲定本；其初本則曰：「慊與不慊，其幾甚微。」如此之類是也。猶待辨者維何？如大學聖經章「欲其必自慊」，此初本，非定本；其定本則曰：「欲其一於善。」論語爲政章「行道而有得於心也」，此初本，非定本；其定本則曰：「得於心而不失也。」如此之類是也。不可不辨者維何？如中庸首章「蓋人知己之有性，而不知其出於天；知事之有道，而不知其由於性；知聖人之有教，而不知其因我之所固有者裁之也。故子思於此首發明之，而董子所謂道之大原出於天，亦此意也」，此實非定本，其定本則曰：「蓋人之所以爲人，道之所以爲道，聖人之所以爲教，原其所自，無一不本於天而備於我。學者知之，則其於學知所用力而自不能已矣。故子思於此首發明之，讀者所宜深體而默識也。」如此之類是也。

所以一爲不待辨，一爲猶待辨，一爲不可不辨，何哉？吾蘇坊間所行之本，多從永樂大全本。相習既久，人情每安於所習，而先入者常爲主。誠意章「故必謹之於此，以審其幾焉」，凡所習坊本既與之相合矣，久而安之矣，此固宜不待辨矣。若夫聖經章「一於善」句、爲政章「得於心」句，二者雖有善本可證，又有朱子及先儒之説，然皆與坊本不合，所以猶待辨也。「蓋人之所以爲人」一段，既與所習熟之坊本不合，爲見聞所駭異，而善本及先儒疏釋本又但從定本而無所辨説，而又爲小儒之所訾，得毋益甚其駭異？所以不可不辨也。

今試辨之：所以知「人之所以」一段之爲定論者，我朝所橅刻宋淳祐版大字本原自如此，即此可知其爲定本而無疑矣。朱子儀禮經傳通解全載學庸注，其於此段，亦原自如此。朱子之子敬止跋云：「先公晚歲所親定，爲絶筆之書，未脱藁者八篇。」則歿後而書始出也。歿而始出，則學庸注豈非所改定者乎？於此又可知其爲定本而無疑矣。是則此段之爲定本，得斯二者，正可以決然從焉而不必有旁求矣；而況又下及納蘭氏翻刻西山真氏四書集編亦如是。集編惟學庸爲真氏所手定。真氏親受業於朱子，而得其精微者也，則其手定學庸集編，安有不從最後定本而遽取未定本以苟且從事者乎？於此又益可知其爲定本而無疑也。格菴趙氏四書纂疏亦如是。趙氏，其父受業於朱子之門人，故以所得於家庭者遡求朱門之源委而作纂疏，又豈有不從最後定本者？於此又益可知其爲定本而無疑也。東發黄氏所著日鈔，亦全載學庸注，而此段亦如是。黄氏亦淵源朱子而深有得者，日鈔皆其著作，而乃載章句，豈苟然哉？此其爲定本又益可無疑也。雲峰胡氏四書通，此段亦如是。自南宋至前明，爲朱子注作疏解者多矣，若四書通，可謂最善，而通於此段亦如是，但惜無辨説。然以他處有辨者推之，此其爲定本又益可無疑也。旁求之，復有如此，何不可決之堅矣，而坊本則皆作「知己之有性」云云。考其緣由，則惟輯釋之故；而窮究其源，則自四書附録始也。輯釋者，元新安倪氏士毅所作也；附録者，宋建安祝氏洙所作也。今坊本四書注，皆仍明胡氏廣永樂大全本。大全衹勦襲輯釋，學庸尤無增減，雖謂永樂大全即倪氏之書可耳，其於胡氏又何責焉？故論坊本所從之緣由，不謂大全而謂輯釋也。倪氏之師，定宇陳氏櫟也。陳氏著四書發明，惟主祝氏附録而已。倪氏惟師是從，亦惟主附録而已。故窮究坊本所從之源，則惟在祝氏之附録也。諸儒或多從祝氏者，衹以其父諱穆，字和父，爲朱子母黨，嘗受業於朱子。然跡和父所著方輿勝覽一書，則其人近於風華淹雅，未必内專性學者。今祝氏四書附録雖未見其全書，而即輯釋所載引諸説以觀之，是直不知有定本，已爲四書通道之矣。四書通曰：「如爲政章祝本作『有得於心』，則於改作『得於心而不失』，祝未之見也。」通之説有如此，仍倪氏後生不能擇善以從，而因阿其師以及祝氏。至顛倒是非，即朱子口講指畫之言，而亦弗之信焉，何其無識歟？而祝本之爲非定本可以決然矣。然猶可委者，曰「源略遠，派亦分矣」；乃祝本之爲非定本，更有即出於朱子後嗣之人之言爲祝氏微辨者，即出於信從祝氏之人自呈破綻者。倪氏輯釋引陳氏四書發明之言曰：「文公適孫鑑書祝氏附録本卷端云：『四書元本，則以鑑向得先公晚年絶筆所更定而刊之興國者爲據。』」按此語：曰「元」，宗之也；曰「則以」、曰「所」、曰「者」，别有指之辭也；曰「得」，則已失也。子明題祝本也如是，則是明明謂祝本與子明所得之本不合矣，明明謂祝本非刊之興國之本矣，明明謂祝本非絶筆更定之本矣。朱子之家猶自失之而覓得之，況祝氏何從得乎？其不直告以此非定本，必自有故，不可考矣。然其辭其意則顯然也，而祝氏不達。陳氏信祝本而載之於發明，而倪氏又述之於輯釋，皆引之以爲祝本重，亦未達也。又何其竝皆出於鹵莽耶？而祝本之爲非定本更可以決然矣。祝本如此，則其相傳以至於輯釋，亦如此矣；輯釋如此，則其脱胎於此之大全，亦如此矣；大全如此，則從大全之坊本，亦如此矣。總之不知朱子改筆之所以然爾。

今取此段而細繹之，熟玩之，即其所以必改之旨有可得而窺見者。「人之所以爲人，道之所以爲道」二句，渾括「天命之謂性，率性之謂道」二句，不復分貼，以首節三句，原非三平列也。道從性命而來，性命從天而來。「脩道之謂教」，即道中之事，即天命中之事也。其不曰「性之所以爲性」者，以經義繫於明吾人之有道，而不繫於明性也。「人之所以爲人，道之所以爲道，聖人之所以爲教」三句，一氣追出「原其所自，無一不本於天而備於我」二句來，方纔略頓，使下文「學者知之，則其於學知所用力而自不能已矣」二句，直騰而上接也。「本於天而備於我」，與此章總注「本原出於天，實體備於己」恰相針對，雖總注多「不可易」、「不可離」兩層，然「不可易」即「出於天」足言之耳，「不可離」即「備於己」足言之耳，非有添出也。即此「無一不本於天而備於我」一句之中，亦已具有「不可易」、「不可離」之意。性、道、教無一非不可易，無一非不可離也。次節經文，特從首節三句中所藴含之意抽出而顯言之，使首次二節筋絡相聯耳。「學者知之，則其於學知所用力而自不能已矣」，此二句正爲此節經文推原立言之所以然處，正得子思喫緊啓發後學心胸之旨。此節注要義在此，故下文「子思於此首發明之」二句，十分有力。一部中庸，其使學者知所用力自不能已之意居其半也。「讀者所宜深體而默識也」，乃是勉勵之辭。改本之精妙如此。若初本「知己之有性」云云，尚覺粗淺而未及精深，况三平列，亦依文而失旨，雖似整齊，而仍於第一句遺「命」字，於第三句遺「道」字，文亦未能盡依。董子所謂「道之大原」云云，爲知言則可矣；若引來證中庸此節，則爲偏重「本於天」意，而未及「備於我」意，則是仍未免遺卻親切一邊意矣。定本與未定本相較，雖皆朱子之筆，而盡善與未盡善縣殊。朱子豈徒爲好勞？豈樂人之取其所舍而舍其所取耶？乃輯釋反爲引陳氏之言曰：「元本含蓄未盡，至定本則盡發無餘藴。」是粗淺則得解而以爲盡發，精深則不得解而以爲含蓄，似爲無學。又引史氏之言曰：「『學者知之，則其於學知所用力而自不能已矣』，不過稱讚子思勉勵學者之言，不復有所發明於經。」是以鉤深致遠之言，僅視爲稱讚而勉勵，似爲無見。又引陳氏之言曰：「『知己有性』六句，義理貫通，造語瑩潔，『所以爲人』三句，未見貫通之妙。至『無一不本於天而備於我』，其義方始貫耳。」是討尋章句而僅乃用其批評帖括之筆，似爲無知。此所以繆從祝本，而致令聖經賢傳傳授心法之文，大儒畢生盡心力而爲之以成其至粹者，千百闕其一二，故曰不可不辨也。

「欲其一於善而無自欺也」一句，四書通曰：「初本『必自慊』，後改作『一於善』。朱子嘗曰：『只是一箇心，便是誠；纔有兩，便自欺。』愚謂易以陽爲君子，陰爲小人，陽一而陰二也。一則誠，二則不誠。改『一於善』，旨哉！」通之説如此，則「一於善」爲定本無疑也。誠其意者，自修之首，故提善字，以下文「致其知」句方有知爲善以去惡之義，而此節後言致知，先言誠意，不比下節及第六章皆承致知來也。「一於」二字，有用其力之意，正與第六章注「知爲善以去其惡，則當實用其力」，恰相針對也。若作「必自慊」，則終不如「一於善」之顯豁而縝密也。改本之勝於初本又如此，而輯釋顧乃又引陳氏之言曰：「『一於善』，不若『必自慊』對『毋自欺』，只以傳語釋經文，尤爲痛快該備。」夫傳本釋經，何勞挹注？以用傳釋經爲快，不如不注，而但讀傳文矣。聖經三綱領猶必言善，若注自修之首而不提善字，何以反謂該備耶？

「得於心而不失也」一句，四書通曰：「初改本云：『行道而有得於心。』後改本云：『得於心而不失。』門人胡泳嘗侍坐武夷亭，文公手執扇一柄，謂泳曰：『便如此扇，既得之而復失之，如無此扇一般。』所以解『德』字用『不失』字。」通之所引如此，則「不失」爲最後定本無疑也。政者，正也；德者，得也。得字承上「爲政」二字來。得於心者，心正也。心正而後身正，身正而後朝廷正，朝廷正而後天下正，所謂「正人之不正」者，此也。不失者，兢兢業業，儆戒無虞，罔失法度也。不失，便是不已無息也。若作「行道」，則上文既言「政之爲言正也，德之爲言得也」，則「得於心」句正宜直接，而於此復加以「行道」二字，豈不贅乎？初本是「行道而有得於身」，次改「身」作「心」而仍未去「行道」二字者，沿古注而未能盡消鎔耳。況不失，則道之行也自在其中而不待言矣。行道，則雖有得於心而未見其必不失也。最後改本之勝於初次二本又如此，而輯釋顧乃又引陳氏之言曰：「此必非末後定本，終不如『行道而有得於心』之精當。『得於心而不失』，得於心者何物乎？方解德字，未到持守處，不必遽云不失。『據於德』注『得之於心而守之不失』，道得於心而不失，乃是自『據』字上説來。況上文先云德，則行道而有得於心者也；若遽云不失，則失之急。大學序謂『本之躬行心得』，躬行即行道，心得即有得於心，參觀之而祝氏定本爲尤信。」是又皆繆證。夫大學序之言躬行也，上有「自王公以下至於庶人之子弟，自天子之元子、衆子，以至公、卿、大夫、元士之適子，與凡民之俊秀」之文，下有「當世之人」之文，故其間不得不言躬行也。若爲政以德，則其所爲者即其所以。所爲所以，非有異時，何得多添「行道」二字於其閒乎？「據於德」注之言行道也，經文上有「志於道」之文。「據於德」德字原根道字來，故注德字不得不言行道也。若爲政以德，德字即承政字來，何必增「行道」二字，反似政在行道之外乎？中庸説到「不顯惟德」，亦此德字，何得謂方解德字，未到持守處耶？又引史氏之言曰：「定字謂得於心者何物？此説極是。大學釋明德曰：『所得乎天。』便見所得實處。今但曰得於心，而不言所得之實，可乎？況不失爲進德者言，爲政以德是盛德，不失不足以言之。」是又繆議。不失二字即得字而足言之也。爲邦章注曰：「一日不謹則法壞矣。」故必言不失以足之。豈盛德不可言不失耶？大學注謂「人之所得乎天」，以見德非大人所獨有；此節注不言行道，以見聖人之德所性而有，而乃妄以爲罅漏也而議之耶？故曰猶待辨也。

若夫誠意章注，坊本與定本合，固不待辨矣。然祝本有諸處不合定本，而獨於最後所改之誠意章「故必謹之於此，以審其幾焉」無殊。夫此以年譜考之，是在没前三日所改者也，何以祝本反得與之合耶？陳氏信祝本爲定本，以他本爲未定本，而惟此無殊，陳氏亦自不解。即倪氏從陳氏，而倪氏亦自不解。然此亦易解也。子明之題祝本也，既曰「向得先公晚年絶筆所更定」，則晚年所更必不能縷述，而絶筆所更必爲之述於此，以揚先人之精勤。祝氏得此語，潛爲改正，而秘其因題得改之由。自謂此本今而後人之見之者，皆以爲晚年絶筆所更定之本矣，於是但述所云「四書元本」以下二十六字，示人謂此最定本之證也。況朱子之疾，來問者衆，殁前有改筆，及門必述傳一時，祝氏因得聞而竊改。若其餘諸處，安得盡聞之而改之乎？此所以他處多未定本，此處反得定本也。陳氏既不得其解，易年譜以就之。輯釋引陳氏之言曰：「『欲其必自慊而無自欺也』一句，惟祝氏附録本如此，他本皆作『欲其一於善』。年譜謂：『慶元庚申四月辛酉，公改誠意章句。甲子，公易簀。』今觀誠意章，則祝本與諸本無一字殊，惟此處有『一於善』三字異，是其絶筆改定在此三字也。」倪氏又不得其解，亦疑年譜。於輯釋摘録年譜而附其説於後曰：「鑑有晚年改本之説，愚考之年譜，無一語及晚年改本之論，似爲可疑。」信如陳氏、倪氏之言，是年譜有譌文也。夫惟知信祝本，而於其罅隙可疑之處，不能因疑生悟，而强斷年譜之文爲有譌，抑何愚乎！不待辨者，竊更有所解如此，若不可不辨者甚多，不能盡記。

予有健忘之疾，恐盡忘而無以請正於先生朋友也，故姑取其尤要者記焉。忠所學附攷粗就，因命忠刻此以弁於卷首。